Jornada de fé

365 reflexões de Gênesis a Apocalipse

Publicações
Pão Diário

Jornada de fé

365 reflexões de Gênesis a Apocalipse

Originally published in English under the title
*How Firm a Foundation: 365 Devotions from
Genesis to Revelation for Help, Hope, and Strength*
©2022 by Our Daily Bread Ministries. All rights reserved.
Tradução e impressão em português com permissão
© 2024 Publicações Pão Diário, Brasil

Coordenação editorial: Adolfo A. Hickmann
Tradução e adaptação: Giovana Caetano, Rita Rosário
Revisão: Marília P. Lara, Rita Rosário
Coordenação gráfica: Audrey Novac Ribeiro
Diagramação: Rebeka Werner

Dados Internacionais de Catalogação na Publicação (CIP)

BRANON, Dave (Compilador e editor)
Jornada de fé — 365 reflexões de Gênesis a Apocalipse
Tradução: Giovana Caetano, Rita Rosário — Curitiba/PR, Publicações Pão Diário
Título original: *How Firm a Foundation: 365 Devotions from Genesis to Revelation for Help, Hope, and Strength*

1. Religião   2. Vida cristã   3. Espiritualidade   4. Devocional

---

Proibida a reprodução total ou parcial, sem prévia autorização, por escrito, da editora.
Todos os direitos reservados e protegidos pela Lei 9.610 de 19/02/1998.

Os devocionais compilados neste livro foram publicados, pela primeira vez, ao longo de vários anos, no devocional *Pão Diário*. As introduções dos livros bíblicos foram retiradas de *Our Daily Bread Bible Sourcebook: The Who, What, Where, Wow Guide to the Bible*, por Dave Branon (Grand Rapids, MI: Our Daily Bread Publishing, 2019). Usado com permissão. A lista completa de autores encontra-se ao final desta obra (p. 453).

Exceto se indicado o contrário, as citações bíblicas são extraídas da Bíblia Sagrada: Nova Versão Transformadora © Editora Mundo Cristão, 2016

Publicações Pão Diário
Caixa Postal 9740,
82620-981 Curitiba/PR, Brasil
publicacoes@paodiario.org
www.publicacoespaodiario.com.br
Telefone: (41) 3257-4028

VS014 • ISBN: 978-65-5350-405-9

1.ª edição: 2024

Impresso na China

Sumário

Parte 1: Pentateuco, 9
   Gênesis, 10
   Êxodo, 18
   Levítico, 23
   Números, 29
   Deuteronômio, 38

Parte 2: Históricos, 46
   Josué, 47
   Juízes, 56
   Rute, 65
   1 Samuel, 72
   2 Samuel, 81
   1 Reis, 90
   2 Reis, 97
   1 Crônicas, 104
   2 Crônicas, 109
   Esdras, 115
   Neemias, 120
   Ester, 125

Parte 3: Poéticos e de sabedoria, 130
   Jó, 131
   Salmos, 138
   Provérbios, 148
   Eclesiastes, 156
   Cântico dos Cânticos, 160

Parte 4: Profetas maiores, 163
   Isaías, 164
   Jeremias, 170
   Lamentações, 178
   Ezequiel, 181
   Daniel, 186

Parte 5: Profetas menores, 193
   Oseias, 194
   Joel, 197
   Amós, 200
   Obadias, 203
   Jonas, 206
   Miqueias, 211
   Naum, 214
   Habacuque, 217
   Sofonias, 221
   Ageu, 224
   Zacarias, 228
   Malaquias, 232

Parte 6: Evangelhos, 237
    Mateus, 238
    Marcos, 248
    Lucas, 257
    João, 267

Parte 7: Histórico, 278
    Atos, 279

Parte 8: Cartas, 288
    Romanos, 289
    1 Coríntios, 299
    2 Coríntios, 307
    Gálatas, 314
    Efésios, 320
    Filipenses, 329
    Colossenses, 338
    1 Tessalonicenses, 347
    2 Tessalonicenses, 356
    1 Timóteo, 363
    2 Timóteo, 372
    Tito, 381
    Filemom, 386
    Hebreus, 386
    Tiago, 398
    1 Pedro, 407
    2 Pedro, 415
    1 João, 421
    2 João, 428
    3 João, 432
    Judas, 436

Parte 9: Profecia, 441
    Apocalipse, 442

Os autores, 453

Introdução

É surpreendente o quanto se pode aprender, em um ano, sobre Deus e o Seu amor por nós. Muitos seguidores de Jesus usam um plano de leitura da Bíblia para os orientar diariamente sobre o que Deus quer que saibamos, tal como revelado nesse livro que costumamos chamar de "a Palavra de Deus".

Desde 1956, milhões de pessoas que creem em Jesus aumentaram o seu conhecimento sobre a verdade de Deus por meio da leitura do devocional *Pão Diário*. Todos os dias, os leitores são expostos às pequenas porções das verdades bíblicas. Esta é uma maneira segura de fortalecer a comunhão com Deus, descobrir os ensinamentos divinos e ser encorajado pela amplitude e profundidade do Livro inspirado por Deus.

Em certo sentido, este livro lhe oferece uma combinação desses dois métodos. Transporta-o numa viagem diária, guiada diretamente pela Bíblia, permite que você leia muito do que ela diz e provê pontos de parada ao longo do caminho para que você se aprofunde em passagens específicas.

A partir do método de ensino encorajador e desafiador do *Pão Diário*, já testado pelo tempo, *Jornada de fé* o conduz pela Palavra de Deus e o orienta à prática diária da sua fé. Com isso, você encontrará auxílio nas passagens familiares e nas que ainda não conhece, a fim de experimentar um mergulho abençoador em porções da Bíblia que a maioria de nós rotineiramente ignora.

Além disso, oferecemos alguns ensinamentos sobre cada seção e cada livro da Bíblia, ajudando-o a incrementar os seus conhecimentos sobre o mais grandioso Livro já escrito.

Esperamos que você aprecie esta viagem, e que ela fortaleça o seu relacionamento e comunhão com Deus achegando-o a Ele, mais do que você jamais esteve.

Oramos para que, na medida em que você passar um ano usufruindo da leitura dos textos devocionais e da Bíblia, você possa construir sobre a base que já tem e estabelecer a sua vida em Cristo sobre um fundamento mais sólido. Confiamos que, quando terminar, você poderá louvar com renovada confiança: "Como é firme o alicerce oferecido para a minha fé na Sua excelente Palavra!"[1].

Dave Branon, compilador e editor

---

[1] N.T.: Tradução livre versos do hino *How Firm a Foundation*, de John Rippon (1751–1836).

PARTE 1

Pentateuco

Gênesis, Êxodo, Levítico, Números, Deuteronômio

O Pentateuco, que significa literalmente "cinco rolos", é uma série de livros que nos dá uma visão clara de começos. São registrados nesses cinco livros inspirados por Deus: a criação do mundo, a criação da humanidade e a criação do povo escolhido de Deus, os judeus. Vemos a queda da humanidade do seu estado original sem pecado e o início do plano eterno de Deus para redimir a humanidade do pecado que infectou todas as pessoas depois do pecado de Adão no jardim do Éden. O Pentateuco relata as histórias de alguns dos mais interessantes e notáveis personagens da Bíblia: Noé, Abraão, José e Moisés.

---

* As introduções dos livros bíblicos são retiradas da *Bíblia Pão Diário*. Dave Branon fez a compilação sobre: Quem, o quê, onde e como. Material utilizado com permissão.

GÊNESIS

As páginas de Gênesis contêm alguns dos acontecimentos sobre a origem da humanidade. Sem um registro da criação, não saberíamos como chegamos até aqui. Sem a história da queda, não compreenderíamos por que precisamos de um Salvador. Sem a repetição da história do dilúvio, não compreenderíamos a ira de Deus pelo pecado e a Sua graça para prover a salvação. Sem os detalhes sobre a vida de Abraão e a sua família, não seríamos capazes de compreender plenamente o sistema sacrificial que apontava para o verdadeiro Cordeiro de Deus. Gênesis nos fornece todos esses antecedentes e estabelece a nossa necessidade, a promessa de um Salvador e os princípios da história do povo por meio do qual o Salvador viria à Terra para nos salvar.

ESBOÇO

Criação, GÊNESIS 1:1–2:25
Queda do homem, GÊNESIS 3:1–24
O dilúvio, GÊNESIS 6:1–10:32
A torre de Babel, GÊNESIS 11:1–32
O chamado e resposta de Abraão, GÊNESIS 12:1–20:18
A vida de Isaque, GÊNESIS 21:1–26:25
A vida de Jacó, GÊNESIS 27:1–36:43
A vida de José, GÊNESIS 37:1–50:26

1º DE JANEIRO

Quem fez isto?

Gênesis 1

Então Deus disse: "Façamos o ser humano à nossa imagem; ele será semelhante a nós. Dominará sobre os peixes do mar, sobre as aves do céu, sobre os animais domésticos, sobre os peixes do mar, sobre todos os animais selvagens da terra, e sobre os animais que rastejam pelo chão". GÊNESIS 1:26

A palavra mistério sempre fez parte das *histórias de detetive*. O mistério mais importante de todos os tempos sempre foi a questão da criação.

Algumas pessoas desejam que a Bíblia tivesse começado assim: "No princípio, Deus não era necessário". Para elas, é inaceitável dizer: "No princípio, Deus criou os céus e a terra" (Gênesis 1:1) ou "Façamos o ser humano à nossa imagem" (v.26).

Em vez disso, tais pessoas creem que depois de uma explosão de certa energia sem origem e de matéria não existente, de alguma forma, criou-se uma atmosfera que conduz à geração de vida. Depois disso, creem que os organismos unicelulares se transformaram, sem interferência do Senhor e por si sós, nas formas de vida extremamente complexas que temos hoje.

Não existe necessidade de Deus, dizem elas, pois tudo ocorreu naturalmente. Sem a interferência de alguém na Terra e na atmosfera, as forças se uniram num projeto que ninguém concebeu para colocar a Terra no local perfeito para a vida prosperar harmoniosamente.

E, então, o que fazemos com a citação: "No princípio, Deus" que está no cerne disso tudo? Ou cremos na Palavra de Deus e tudo o que Sua Palavra afirma ou devemos crer que a nossa vida sem sentido é a consequência de uma corrente de reações acidentais e impensadas. Que contraste absoluto com o que Deus diz: "Façamos o ser humano à nossa imagem"!

No princípio. Terá sido Deus? Ou foi o acaso?

Nossa resposta a esse mistério revela o quão verdadeiramente adoramos ou não o majestoso Deus da criação.

Dave Branon

2 DE JANEIRO

Feitos um para o outro

Gênesis 2

O Senhor Deus disse: "Não é bom que o homem esteja sozinho. Farei alguém que o ajude e o complete".
GÊNESIS 2:18

Estela nos diz: "Eu cuido dele. Quando ele está feliz, eu também fico feliz". Mário responde: "Fico feliz quando ela está por perto". Na época desse diálogo, o casamento deles já celebrava 79 anos. Quando Mário foi colocado numa casa de repouso, ele sentiu-se muito triste, mas sua esposa prontamente o levou de volta para casa. Ele tinha 101 anos e ela 95. Embora Estela precisasse do andador para se locomover, ela fazia o que podia para o marido e preparava as comidas que ele gostava. Mas a senhora não conseguia fazer tudo sozinha, portanto, os netos e vizinhos a ajudavam naquilo que ela precisava. Quando Mario morreu com 102 anos, o casal já tinha completado 80 anos de matrimônio.

A vida deles é um exemplo de Gênesis 2, pois ali Deus diz: "Não é bom que o homem esteja sozinho. Farei alguém que o ajude e o complete" (Gênesis 2:18). Nenhuma das criaturas que Deus fez antes de Adão se encaixa nessa descrição. Somente em Eva, feita a partir da costela de Adão, o homem encontrou uma ajudante e companheira adequada (vv.19-24).

Eva foi a companhia perfeita para Adão, e por meio deles Deus instituiu o casamento. Não foi apenas para que um ajudasse o outro, mas também para iniciar uma família e cuidar da Sua criação, que inclui outras pessoas e seres (1:28). Daquela primeira família, surgiu uma comunidade para que, casados ou solteiros, idosos ou jovens, nenhum de nós permanecesse sozinho.

Como uma comunidade, Deus nos deu o privilégio de compartilharmos "os fardos uns dos outros" (Gálatas 6:2).

Alyson Kieda

3 DE JANEIRO

O remorso do comprador

Gênesis 3:1-8

É imensa a minha alegria no SENHOR, meu Deus! Pois ele me vestiu com roupas de salvação e pôs sobre mim um manto de justiça. Sou como o noivo com suas vestes de casamento, como a noiva com suas joias.

ISAÍAS 61:10

Você já experimentou o remorso do comprador? Eu já. Um pouco antes de efetuar uma compra, sinto o ímpeto de empolgação que me vem ao adquirir algo novo. Após comprar o item, no entanto, algumas vezes vem sobre mim uma onda de remorso. Eu realmente precisava disso? Deveria ter gastado esse dinheiro?

Em Gênesis 3, encontramos o primeiro registro do remorso de um comprador. Tudo começou com a astuta serpente e sua lábia para vendas. O réptil persuadiu Eva a duvidar da Palavra de Deus (v.1) e em seguida tirou proveito desse sentimento dela, levantando dúvidas sobre o caráter de Deus (vv.4-5). A serpente prometeu que os olhos de Eva seriam abertos e que ela seria como Deus (v.5).

Assim Eva comeu. Adão comeu. E o pecado entrou no mundo. Mas o primeiro homem e a primeira mulher receberam mais do que haviam pedido. Os seus olhos foram realmente abertos, mas eles não passaram a ser "como Deus". Na verdade, a primeira atitude deles foi esconder-se de Deus (vv.7-8).

O pecado tem consequências, e sempre nos impede de conseguir o melhor de Deus. Mas o Senhor, em Sua misericórdia e graça, vestiu Adão e Eva com roupas feitas de peles de animais (v.21), anunciando o que Jesus faria por nós morrendo na cruz por nossos pecados. Seu sangue foi derramado para que fôssemos revestidos com a Sua justiça — sem remorso!

Poh Fang Chia

4 DE JANEIRO

Fazendo compras

Gênesis 3:14-19

Farei que haja inimizade entre você e a mulher,
e entre a sua descendência e o descendente dela.
Ele lhe ferirá a cabeça, e você lhe ferirá o calcanhar.
GÊNESIS 3:15

Meu filho gosta muito de colher as flores chamadas dentes-de-leão e oferecê-las à mãe. Até hoje ela não se cansou de ganhar essas flores amarelas que crescem no meio da grama. O que para o homem é uma erva daninha é flor para uma criança.

Certa vez o levei para fazermos compras juntos. Ao passarmos rapidamente pela seção de flores, ele apontou empolgado para um arranjo de tulipas amarelas. "Papai," ele exclamou, "você deveria comprar esses dentes-de-leão para a mamãe!" Seu conselho me fez rir e a foto foi parar na página do *Facebook* da mãe dele. (E claro, acabei comprando as tulipas).

Alguns veem nas ervas daninhas um lembrete do pecado de Adão. Ao comer o fruto proibido, Adão e Eva trouxeram para si a maldição de um mundo decaído; trabalho permanente, nascimento com agonia e morte eventual (Gênesis 3:16-19).

Mas os olhos inocentes de meu filho me lembram de algo mais. Há beleza até mesmo em ervas daninhas. A angústia do parto traz esperança para todos nós. A morte está definitivamente derrotada. O "descendente" do qual Deus falou em Gênesis 3:15 travaria guerra com a descendência da serpente. O "descendente" é o próprio Jesus, que nos resgatou da maldição da morte (Gálatas 3:16).

O mundo pode estar fragmentado, mas prodígios nos aguardam a cada esquina. Até mesmo as ervas daninhas nos relembram da promessa de redenção e do Criador que nos ama.

Tim Gustafson

5 DE JANEIRO

Uma janela

Gênesis 6:9-16

Deixe uma abertura de 45 centímetros debaixo do teto ao redor de toda a arca. Coloque uma porta lateral e construa três pisos na parte interna: inferior, médio e superior. GÊNESIS 6:16

As janelas têm duas funções principais: uma é deixar as pessoas olharem para fora e a outra é deixar a luz entrar. Quando Deus deu a Noé as instruções para construir uma arca para salvar sua família, o Senhor a projetou com apenas uma janela em toda a enorme estrutura. Deveria estar perto do topo do barco, talvez circundando todo o navio. Noé podia olhar para as águas e em direção ao céu.

Temos aqui muitas lições espirituais. A arca é uma representação de Cristo (1 Pedro 3:20-22), que carrega os Seus por meio das águas do julgamento para os lugares celestiais de segurança e comunhão divina (Efésios 2:6). Assim como Noé e sua família não seriam tocados pelas águas da ira de Deus, nós também seremos libertos.

A escuridão pode cercar o cristão, mas a imensidão celeste do amor de Deus, o calor e a luz de Seu sorriso aguardam a alma resgatada que simplesmente olhará para Deus em Sua Palavra. Se o Senhor Jesus não voltar logo e a morte física nos alcançar, não precisamos temer a passagem pelo vale profundo da morte ou o açoite pelas ondas do julgamento.

Nas páginas da Bíblia, podemos visualizar esperançosos as magníficas realidades da eternidade!

Henry Bosch

6 DE JANEIRO

Em uma colina distante

Gênesis 22:1-12

Deus disse: "Tome seu filho, seu único filho, Isaque, a quem você tanto ama, e vá à terra de Moriá. Lá, em um dos montes que eu lhe mostrarei, ofereça-o como holocausto". GÊNESIS 22:2

Com muita frequência, fico pensando no tempo em que meus filhos eram pequenos. Uma lembrança bem específica e muito especial para mim é a de nossa rotina matinal de despertar. Todas as manhãs eu entrava no quarto deles, chamando-os carinhosamente pelos nomes e lhes dizia que era a hora de levantar e se preparar para o dia.

Quando leio que Abraão se levantou cedo de manhã para obedecer à ordenança de Deus, penso naqueles momentos em que acordava meus filhos e me questiono se parte da rotina diária de Abraão era ir até a cama de Isaque para acordá-lo. Como teria sido diferente naquela manhã em particular em que ele planejava levar o seu filho a uma colina distante para sacrificá-lo. Como deve ter sido difícil para Abraão acordar seu filho naquele dia!

Abraão amarrou Isaque e o colocou no altar, mas naquele exato momento, Deus lhe proveu um sacrifício alternativo. Centenas de anos depois, Deus supriria outro sacrifício — o sacrifício final — Seu próprio Filho. Pense em como deve ter sido agonizante para Deus sacrificar o Seu Filho Jesus, Seu Filho único e unigênito a quem Ele tanto amava! E Deus passou por tudo isso porque Ele o ama.

Se você se questiona se é ou não amado por Deus, não duvide mais.

Joe Stowell

7 DE JANEIRO

Vontade de quem?

Gênesis 39:1-6, 20-23

Ele avançou um pouco, curvou-se com o rosto no chão e orou: "Meu Pai! Se for possível, afasta de mim este cálice. Contudo, que seja feita a tua vontade, e não a minha". MATEUS 26:39

"Que as coisas aconteçam segundo a sua vontade", esta é a saudação que trocamos costumeiramente ao celebrarmos o Ano-Novo em países da Ásia. Por mais maravilhoso que isso possa parecer, os acontecimentos parecem correr melhor quando a vontade de Deus é feita, em vez de a minha.

Se pudesse optar, José não teria sido escravo no Egito (Gênesis 39:1). Mas apesar desse cativeiro, ele foi "bem-sucedido", porque "o Senhor estava com ele" (v.2). O Senhor abençoou a casa do egípcio "por causa de José" (v.5).

José nunca teria escolhido ir para a prisão no Egito. No entanto, ele foi por ter sido falsamente acusado de agressão sexual. Mas pela segunda vez, lemos: "...o Senhor estava com ele" (v.21). Na prisão, José conquistou a confiança do carcereiro (v.22), portanto "...O Senhor estava com ele e lhe dava sucesso" (v.23). A sucessão de acontecimentos que levaram José à prisão acabou por ser o início de sua ascensão à posição superior no Egito. Poucas pessoas escolheriam ser promovidas da maneira que Deus promoveu José. Mas Deus derrama as Suas bênçãos apesar das circunstâncias adversas e, até mesmo, por meio delas.

Deus tinha um propósito ao levar José ao Egito, e o Senhor tem um propósito ao nos colocar onde estamos. Em vez de desejarmos que tudo aconteça de acordo com a nossa vontade, poderíamos dizer, como nosso Salvador disse, antes de ir para a cruz: "...seja feita a tua vontade, e não a minha" (Mateus 26:39).

C. P. Hia

ÊXODO

◆

No livro de Êxodo, Deus não deixa dúvidas sobre quem Ele é e o que Ele pode fazer. Para o restante do Antigo Testamento e para o Novo, os feitos de Deus nestes 40 capítulos dão o tom para a fé e crença de todos os que precisam de uma base sólida de verdade e grandeza. Primeiro, tirando os hebreus das mãos do Faraó e resgatando-os dos exércitos assustadores do Egito e, em seguida, levando o povo de volta à Terra Prometida, Deus mostra que Ele é o Rei da redenção. Cada um dos Seus milagres ao longo do caminho do deserto e até na Terra Prometida, enquanto Israel se restabelecia nesse território, demonstrava a fidedignidade do Seu poder. Além disso, Deus revelou a Sua presença com o Seu povo da aliança, tanto no deserto como na pátria. O Tabernáculo permitiu que o povo experimentasse em primeira mão a presença de Deus entre eles.

ESBOÇO

A opressão dos israelitas, ÊXODO 1:1-22
O nascimento de Moisés, ÊXODO 2:1-25
O chamado de Deus para Moisés, ÊXODO 3:1-4:31
Israel é liberto do Egito, ÊXODO 5:1-14:31
Israel é preservado no deserto, ÊXODO 15:1-18:27
A Lei é revelada, ÊXODO 19:1-24:18
A revelação do Tabernáculo, ÊXODO 25:1-31:18
Os rebeldes de Israel, ÊXODO 32:1-35
A intercessão de Moisés, ÊXODO 33:1-34:35
Instruções sobre o Tabernáculo e suas peças, ÊXODO 35:1-40:38

8 DE JANEIRO

Quem sou eu?

Êxodo 3:10-17

*Deus respondeu a Moisés:
"Eu Sou o que Sou. Diga ao povo de Israel:
Eu Sou me enviou a vocês".*

ÊXODO 3:14

Apesar de gostar do seu trabalho, Davi, por um longo tempo, sentiu o desejo por algo mais. Agora ele estava prestes a realizar seu sonho e ingressar no trabalho missionário. Mas, estranhamente, ele começou a ter sérias dúvidas.

"Não mereço isso, o conselho da missão não conhece o meu verdadeiro eu. Não sou bom o suficiente", disse ele a um amigo.

Davi está entre boa companhia. Mencione o nome de Moisés e pensamos em liderança, força e nos Dez Mandamentos. Tendemos a esquecer que Moisés fugiu para o deserto após assassinar um homem. Perdemos de vista seus 40 anos como fugitivo. Negligenciamos seu problema com a ira e sua intensa relutância em dizer "sim" a Deus.

Quando Deus apareceu com ordens de marcha (Êxodo 3:1-10), Moisés deu a cartada: "Eu não sou bom o suficiente". Moisés até mesmo discutiu longamente com Deus, perguntando-lhe: "Quem sou eu…?" (v.11). Na sequência, Deus disse a Moisés quem Ele era: "Eu Sou o que Sou" (v.14). A nós é impossível explicarmos esse nome misterioso por meio do qual o nosso Deus indescritível está descrevendo a Sua eterna presença para Moisés.

É saudável termos a percepção de nossas fraquezas, mas se a usarmos como mera desculpa para impedir que Deus aja por meio de nós, nós o insultamos. Na verdade, com isso dizemos que Deus não é bom o suficiente.

A questão não é *quem sou eu?* A questão é *quem é o Eu Sou?*

Tim Gustafson

9 DE JANEIRO

O cenário da Páscoa

Êxodo 12:1-20

Cristo, nosso Cordeiro pascal, foi sacrificado.
1 CORÍNTIOS 5:7

O dia da primeira Páscoa de Israel foi cheio de emoção e mistério para os meninos e meninas hebreus. Eles viram seus pais assando cordeiros em fogueiras. Observavam seus pais enquanto eles espalhavam o sangue dos cordeiros nas laterais e no topo dos batentes das portas de suas casas. Eles ouviram com os olhos arregalados de espanto quando seus pais lhes disseram que um anjo da morte mataria o primogênito em cada casa que não estivesse marcada pelo sangue.

À noite, de sandálias e vestidos para partir imediatamente, os membros da família se reuniram em grupos grandes o suficiente para consumir um cordeiro inteiro. Eles comeram a refeição da Páscoa, que incluía ervas amargas e pão sem fermento. Depois da meia-noite, eles reuniram seus pertences e deixaram o Egito para começar um novo modo de vida como um povo livre.

A escravidão de Israel no Egito representa para nós, como seguidores de Cristo, a escravidão ao pecado da qual fomos libertos. O cordeiro abatido aponta para Jesus Cristo, "nosso Cordeiro pascal, [que] foi sacrificado [por nós]" (1 Coríntios 5:7). A aspersão do sangue é a representação do ato de fé pelo qual recebemos a salvação.

Você já experimentou a alegria da salvação que vem para aqueles que colocam sua confiança no Cordeiro de Deus?

Herb Vander Lugt

10 DE JANEIRO

O lado legal do amor

Êxodo 20:1-17

É mais fácil o céu e a terra desaparecerem que ser anulado até o menor traço da lei de Deus.
LUCAS 16:17

Um cartum na revista cristã *Cristianismo Hoje* retratou Moisés no topo do monte Sinai segurando as tábuas de pedra contendo os Dez Mandamentos. Olhando em direção ao céu, ele diz a Deus: "Eles tendem a perder o interesse rapidamente. Eu poderia ter cada um numa frase única em vez disso?"

Em certo sentido, Deus deu "uma frase única" em cada mandamento. Suas dez leis são claras e precisas.

1. Ame o único Deus verdadeiro.
2. Não faça uma imagem de Deus.
3. Santifique Seu nome.
4. Santifique o Seu dia.
5. Honre seus pais.
6. Não mate.
7. Não cometa adultério.
8. Não roube.
9. Não minta.
10. Não cobice.

Essas leis expressam a natureza santa de Deus, e somos melhores espelhos de Sua imagem quando somos obedientes a elas.

Os pecadores não perdem o interesse nas leis de Deus por elas serem complexas, mas porque têm aversão a elas. A palavra hebraica para *lei* é *torah*, e se refere ao tipo de instrução que os pais amorosos dão aos seus filhos para que eles sejam felizes. E quando confiamos em Jesus como Salvador, o Seu Espírito nos concede o desejo de obedecer.

Os mandamentos de Deus agem para o nosso bem. Eles são o lado ordeiro e legal do amor.

Dennis DeHaan

11 DE JANEIRO

O toque do artífice

Êxodo 31:1-5

Pois somos obra-prima de Deus, criados em Cristo Jesus a fim de realizar as boas obras que ele de antemão planejou para nós.
EFÉSIOS 2:10

Recentemente, assisti um documentário sobre a fabricação do piano Steinway, o qual descrevia o meticuloso cuidado para fabricar esse excelente instrumento. Do corte das árvores até o piano aparecer numa loja, ele passa por ajustes incontáveis e delicados feitos por habilidosos artífices. Quando o processo, que dura um ano, está completo, músicos talentosos tocam o piano e, frequentemente, comentam sobre como a afinação tão apurada nunca seria produzida por uma linha de montagem computadorizada. O segredo para o produto final é o toque do artífice.

Na construção do tabernáculo, vemos que Deus também valorizou o toque do artífice. Ele escolheu o artífice Bezalel e, a seu respeito, disse: "Enchi-o do Espírito de Deus e lhe dei grande sabedoria, habilidade e perícia para trabalhos artísticos de todo tipo. Ele é exímio artesão, perito no trabalho com ouro, prata e bronze. Tem aptidão para gravar e encravar pedras preciosas e entalhar madeira. É mestre em todo trabalho artístico" (Êxodo 31:3-5).

Hoje, Deus habita no coração dos cristãos. Mas, o chamado para a função de artífice não terminou. Agora, cada cristão, individualmente, é "obra-prima" de Deus (Efésios 2:10). O Artífice Mestre é o Espírito Santo, que desbasta as imperfeições do nosso caráter para tornar-nos semelhantes a Jesus (Romanos 8:28-29). E, ao nos submetermos à Sua feitura, descobriremos que o segredo para o produto ser finalizado é o toque do Artífice.

Dennis Fisher

LEVÍTICO

Se você precisasse se inscrever para ser um sacerdote do Antigo Testamento, este livro lhe seria muito útil. Ele enumera as tarefas a serem realizadas pelos sacerdotes e os sacrifícios que deveriam ser feitos. Mas, não sendo este o caso, qual é o valor do livro para você? Os apóstolos Paulo e Pedro, escrevendo no Novo Testamento, sugeriram que podemos aprender com esses ensinamentos do Antigo Testamento (Romanos 15:4, 1 Coríntios 10:11). Apesar do fato de os sacrifícios e cerimônias específicas do livro de Levítico não se aplicarem a nós hoje, podemos aprender sobre a santidade de Deus e a Sua elevada consideração por padrões bíblicos sólidos.

ESBOÇO

Leis relativas a ofertas a Deus, LEVÍTICO 1:1-7:38
Leis relativas ao sacerdócio, LEVÍTICO 8:1-10:20
Leis sobre a pureza, LEVÍTICO 11:1-15:33
Leis sobre a expiação e sacrifícios, LEVÍTICO 16:1-17:16
Como viver: santificação e santidade, LEVÍTICO 18:1-27:34

12 DE JANEIRO

Não intencional

Levítico 4:1-3; Romanos 3:21-26

"Dê as seguintes instruções ao povo de Israel.
É isto que devem fazer aqueles que pecam sem intenção,
quebrando algum dos mandamentos do S<small>ENHOR</small>*.*
Se o sacerdote ungido pecar, trazendo culpa sobre todo o povo,
apresentará ao S<small>ENHOR</small> *um novilho sem defeito*
como oferta pelo pecado que cometeu. LEVÍTICO 4:2-3

Certa vez, enquanto eu levava o nosso neto Alex de volta para a sua casa após uma visita, o tráfego parecia especialmente complicado. Os carros em alta velocidade me impediram de tomar a pista correta para o pedágio, o que me forçou a ir à pista onde apenas carros com o pedágio pré-pago eram permitidos, e esse não era o meu caso. Alex me disse que a placa do carro seria fotografada e talvez eu recebesse uma multa. Fiquei frustrado porque uma penalidade teria que ser paga ainda que minha infração tivesse sido involuntária.

Para os judeus da antiguidade, uma violação das leis de Deus mesmo sendo cometida sob ignorância era levada muito a sério. O Antigo Testamento reconheceu e providenciou algo para os pecados não intencionais por meio de sacrifícios apropriados: "É isto que devem fazer aqueles que pecam sem intenção [...] apresentará ao S<small>ENHOR</small> um novilho sem defeito como oferta pelo pecado que cometeu" (Levítico 4:2-3).

Os sacrifícios do Antigo Testamento eram mais do que um lembrete de que os erros acidentais têm consequências. Eles eram oferecidos na esperança de que Deus em Sua graça trouxesse a propiciação até mesmo pelos erros que nós não percebíamos que estávamos cometendo. Ele fez isso por meio da morte de Jesus em nosso lugar. A graça de Deus é muito maior do que jamais poderíamos imaginar!

Dennis Fisher

13 DE JANEIRO

Propriedade de quem?

Levítico 6:1-7

Quando alguém pecar, enganando seu próximo, tambémestará cometendo um delito contra o SENHOR. Se esse alguém for desonesto num negócio que envolve depósito como garantia, ou roubar [...] será culpado pelo pecado que cometeu. Devolverá o que roubou, ou o valor que extorquiu, ou o depósito feito como garantia, ou o objeto perdido que encontrou. LEVÍTICO 6:2,4

Um ladrão de Nova Jersey roubou uma considerável quantia em joias, moedas antigas e dinheiro de uma viúva. Os itens levados eram tudo o que lhe restava da herança de seu marido.

Ao examinar o que havia roubado, o ladrão encontrou vários envelopes de doação para uma igreja com o dinheiro que a mulher daria ao Senhor. Deixando o conteúdo dentro, ele os colocou dentro de outro envelope, endereçou-o para a igreja dessa senhora e devolveu a quantia em dinheiro pelo correio.

Quando o pastor ouviu o que havia acontecido, comentou: "É uma característica da confusão moral de nosso tempo que alguém considere roubar uma viúva e seus filhos, mas considere repreensível roubar da igreja".

Aquele ladrão ignorou uma verdade importante: um pecado contra o nosso próximo é um pecado contra Deus (Levítico 6:2). Receio que, todos nós, tendemos a pensar que a propriedade de Deus termina em algum lugar perto da parte de trás da igreja. Mas não é assim. Tudo e todos pertencem a Deus. Reverenciá-lo é respeitar a propriedade que Ele confiou aos Seus filhos.

Sábia é a pessoa que teme a Deus e reconhece que pecar contra os outros é pecar contra o Senhor.

Mart DeHaan

14 DE JANEIRO

O lembrete de Levítico

Levítico 11:41-45

*...pois eu sou o SENHOR, seu Deus.
Consagrem-se e sejam santos, pois eu sou santo.
Não se contaminem com nenhum desses
animais pequenos que rastejam pelo chão.*
LEVÍTICO 11:44

Talvez o livro de Levítico seja um dos livros menos lidos da Bíblia, e quem sabe você se questione qual é realmente o propósito dele. Por que todas essas leis e regulamentos com relação a animais puros e impuros? (Capítulo 11). Que mensagem Deus estava transmitindo aos israelitas e a nós?

O comentarista bíblico Gordon Wenham diz: "Assim como as leis distinguiam animais puros dos impuros, da mesma forma o povo era lembrado de que Deus os tinha separado de todas as outras nações da Terra, para pertencerem a Ele. O maior dever do homem é imitar o Seu criador".

Deus diz cinco vezes em Levítico: "Sejam santos, porque eu sou santo" (11:44-45; 19:2; 20:7,26). E 45 vezes: "Eu sou o SENHOR... o seu Deus". Um dos temas mais importantes do livro é o chamado de Deus para que o Seu povo seja santo. Jesus repetiu este chamado divino quando disse: "Portanto, sejam perfeitos, como perfeito é seu Pai celestial" (Mateus 5:48).

Ao ler Levítico 11, lembre-se de que você é especial para Deus, e deve "mostrar às pessoas como é admirável aquele que os chamou das trevas para sua maravilhosa luz" (1 Pedro 2:9).

Precisamos deste lembrete do livro de Levítico, todos os dias.

Anne Cetas

15 DE JANEIRO

Elevadores de fixação

Levítico 19:9-18

*...ame o seu próximo como a si mesmo.
Eu sou o SENHOR.* LEVÍTICO 19:18

Sara sofre com uma doença rara que faz suas juntas se deslocarem e isso a torna dependente de uma cadeira de rodas elétrica para poder se locomover. Recentemente, ela precisou ir a uma reunião e dirigiu-se à estação de trens, mas o elevador estava quebrado. De novo. Impossibilitada de subir à plataforma, instruíram-na a pegar um táxi para outra estação a 40 minutos distantes daquele local. O táxi chamado nunca chegou e Sara desistiu de sua tarefa e voltou para casa.

Infelizmente, isso lhe acontece regularmente. Os elevadores quebrados impedem-na de embarcar em trens e as rampas danificadas impossibilitam a sua descida. Às vezes, ela é tratada como um incômodo por funcionários da estação por precisar de assistência. Muitas vezes, Sara fica à beira das lágrimas.

Dentre as muitas leis bíblicas que regem os relacionamentos humanos, "amar o próximo como a si mesmo" é essencial (Levítico 19:18; Romanos 13:8-10). Embora este amor nos impeça de mentir, roubar e enganar os outros (Levítico 19:11,14) também muda a maneira como trabalhamos. Os trabalhadores devem ser tratados com justiça (v.13), e devemos ser generosos com os pobres (vv.9-10). No caso de Sara, os que consertam elevadores e rampas não realizam tarefas irrelevantes e sem consequências, mas sim, eles oferecem serviços que são importantes para outras pessoas.

Se tratarmos o trabalho apenas como um meio de remuneração ou outro benefício pessoal, em breve trataremos os outros como incômodos. Mas, se consideramos o nosso trabalho como oportunidades para amar, a tarefa mais cotidiana se tornará um empreendimento sagrado.

Sheridan Voysey

16 DE JANEIRO

Encontro sagrado

Leitura: Levítico 23:33-36,39-44

*Celebrem com alegria diante do Senhor,
seu Deus, por sete dias.*
LEVÍTICO 23:40

Reuni-me com amigos para um fim de semana juntos às margens de um lindo lago. Passávamos os dias brincando na água e compartilhando as refeições, mas eram as conversas noturnas que eu mais apreciava. Quando a escuridão caía, abríamos o coração com profundidade e vulnerabilidade incomuns, compartilhando as dores dos casamentos vacilantes e as consequências de traumas que alguns de nossos filhos estavam sofrendo. Sem minimizar nossos problemas, relembrávamos da completa fidelidade de Deus perante essas dificuldades tão extremas. Essas noites estão entre as mais sagradas da minha vida.

Imagino que tais momentos foram iguais ao que Deus pretendia quando instruiu Seu povo a se reunir anualmente para a Festa das Cabanas. Essa festa, como muitas outras, exigia que os israelitas fossem a Jerusalém. Quando eles chegavam, Deus instruía Seu povo a reunir-se em adoração e a não fazer "nenhum trabalho habitual" durante a festa por cerca de uma semana (Levítico 23:35). A Festa das Cabanas celebrava a provisão de Deus e comemorava o tempo no deserto após o Seu povo ter sido liberto da escravidão no Egito (vv.42-43).

Essa Festa reforçava o senso de identidade dos israelitas como povo de Deus e proclamava a bondade do Senhor, apesar das dificuldades coletivas e individuais do povo. Quando nos reunimos com aqueles que amamos para relembrar a provisão e a presença de Deus em nossa vida, também somos fortalecidos na fé.

Kirsten Holmberg

NÚMEROS

Este livro começa com o recenseamento de "toda a comunidade de Israel" (1:2). Detalha a viagem do povo de Israel, começando no segundo ano da sua fuga do Egito. A narrativa cobre os próximos 38 anos e leva o povo para o lado oriental da Jordânia, enquanto se preparam para entrar na Terra Prometida.

ESBOÇO

Realização do recenseamento, NÚMEROS 1:1-54
A organização de Israel, NÚMEROS 2:1-34
A nomeação dos levitas para o serviço, NÚMEROS 3:1-4:49
Votos especiais, NÚMEROS 5:1-6:27
Ofertas para a consagração entregue no Tabernáculo, NÚMEROS 7:1-89
Consagração dos levitas, NÚMEROS 8:1-26
Páscoa, NÚMEROS 9:1-23
O povo em movimento, NÚMEROS 10:1-36
Deus envia codornas, NÚMEROS 11:1-35
Os irmãos de Moisés o desafiam, NÚMEROS 12:1-16
Doze espiões fazem o reconhecimento de Canaã, NÚMEROS 13:1-25
Cades e a rebelião, NÚMEROS 13:26-16:50
A vara de Arão e morte, NÚMEROS 17:1-20:29
A serpente de bronze colocada no lugar, NÚMEROS 21:1-35
Balaão, NÚMEROS 22:1-24:25
Moabitas e midianitas, NÚMEROS 25:1-18
Novo recenseamento, NÚMEROS 26:1-65
Josué é escolhido como sucessor de Moisés, NÚMEROS 27:1-23
Explicação sobre as Festas, NÚMEROS 28:1-29:40
Leis, Midiã e distribuição da terra, NÚMEROS 30:1-32:42
História, as fronteiras da terra, as cidades de refúgio, NÚMEROS 33:1-36:13

17 DE JANEIRO

Promessas antigas

Leitura: Números 6:22-27

Que o Senhor o abençoe e o proteja.
NÚMEROS 6:24

Em 1979, o Dr. Gabriel Barkay e sua equipe descobriram dois pergaminhos de prata em um cemitério fora da Cidade Velha de Jerusalém. Em 2004, após 25 anos de cuidadosa pesquisa, os estudiosos confirmaram que os manuscritos eram o mais antigo texto bíblico existente, tendo sido enterrados 600 a.C. Acho particularmente tocante os pergaminhos conterem a bênção sacerdotal que Deus queria que Seu povo ouvisse: "Que o Senhor o abençoe e o proteja. Que o Senhor olhe para você com favor e lhe mostre bondade. Que o Senhor se agrade de você e lhe dê a paz" (Números 6:24-26).

Ao conceder esta bênção, Deus mostrou a Arão e seus filhos (por intermédio de Moisés) como abençoar o povo em Seu nome. Os líderes deveriam memorizar as palavras na forma que Deus lhes dera, para que falassem ao povo exatamente como o Senhor desejava. Note como essas palavras enfatizam que Deus é quem abençoa, pois três vezes é dito "o Senhor". E Deus dirige-se pessoalmente a eles para refletir o quanto Ele deseja que o Seu povo receba o Seu amor e favor.

Pondere por um momento que os fragmentos mais antigos existentes da Bíblia relatam sobre o desejo de Deus de abençoar. Que lembrança do ilimitado amor divino e como o Senhor quer ter um relacionamento conosco! Se você se sente longe de Deus hoje, apegue-se firmemente à promessa contida nestas antigas palavras. Que o Senhor o abençoe e o proteja.

18 DE JANEIRO

Soem as trombetas

Leitura: Números 10:8-10

Façam soar as trombetas também em ocasiões alegres, nas festas anuais e no começo de cada mês, e toquem as trombetas...
NÚMEROS 10:10

O "Toque do silêncio" é uma chamada de trompete tocada pelos militares no final do dia e também em funerais. Fiquei surpresa quando li as diversas letras não oficiais e descobri que muitos versos terminam com a frase "Deus está próximo". Seja antes que o escurecer se instale ou enquanto se lamenta a perda de um ente querido, as palavras dessa canção oferecem aos soldados a reconfortante garantia de que Deus está próximo.

No Antigo Testamento, as trombetas também lembravam os israelitas de que Deus estava próximo. No meio da celebração das festas e festivais que faziam parte da aliança entre Deus e a nação de Israel, os judeus deveriam tocar "as trombetas" (Números 10:10). Fazer soar a trombeta era um lembrete não somente da presença de Deus, mas também de que o Senhor estava disponível quando os israelitas mais precisavam dele, e desejava ajudá-los.

Ainda hoje precisamos dos lembretes de que Deus está próximo. E em nossa adoração também podemos invocar a Deus em oração e louvor. Talvez as nossas orações possam soar como as trombetas clamando a Deus para nos ajudar. E o maravilhoso encorajamento é que os ouvidos de Deus estão abertos às nossas orações (1 Pedro 3:12). A cada um de nossos apelos, Ele responde com a certeza de Sua presença que nos fortalece e nos conforta nas dificuldades e tristezas da vida.

Lisa M. Samra

19 DE JANEIRO

Entendendo a gratidão

Leitura: Números 11:1-11

Mesmo que pegássemos todos os peixes do mar, seria suficiente? NÚMEROS 11:22

Os anos de cansaço causados pela dor crônica e frustrações com a minha mobilidade limitada finalmente me afetaram. Em meu descontentamento, tornei-me exigente e ingrata. Passei a reclamar dos cuidados que o meu marido me oferecia, e a me queixar até da forma como ele limpava a casa. Embora ele seja o melhor cozinheiro que conheço, eu reclamava até da falta de variedade em nossas refeições. Quando ele finalmente confessou sobre o quanto as minhas reclamações o magoavam, eu me ressenti. Ele não fazia ideia do que eu estava vivendo. Por fim, Deus me ajudou a ver os meus erros, e pedi perdão ao meu marido e ao Senhor.

Desejar por circunstâncias diferentes pode levar a queixas e até mesmo a uma forma egoísta de relacionamento. Os israelitas conheciam esse dilema. Parece que nunca estavam satisfeitos e sempre reclamavam das provisões divinas (Êxodo 17:1-3). Embora o Senhor cuidasse do Seu povo no deserto enviando "comida do céu" (16:4), eles queriam outro alimento (Números 11:4). Em vez de alegrarem-se com os milagres diários e com o cuidado de Deus, os israelitas queriam algo mais, algo melhor, algo diferente, ou até mesmo, algo que já tivessem tido (vv.4-6). Eles descontaram as suas frustrações em Moisés (vv.10-14).

Confiar na bondade e na fidelidade de Deus pode nos ajudar a sermos gratos. Hoje, podemos lhe agradecer pelas incontáveis maneiras como Ele cuida de nós.

Xochitl Dixon

20 DE JANEIRO

Não apenas se aposente

Leitura: Números 8:23-26

*...ajudarão seus colegas no trabalho de cuidar
da tenda do encontro...* NÚMEROS 8:26

Os primeiros alpinistas a escalarem o Everest, a montanha mais alta do mundo, foram Edmund Hillary e Tenzing Norgay em 1953. Hillary tinha apenas 33 anos. A sua vitória garantiu-lhe fama, riqueza e a percepção de que já tinha vivido uma vida extraordinária.

O que ele fez nos 55 anos seguintes? Aposentou-se e repousou sobre os seus louros? De jeito nenhum.

Embora Hillary não tivesse montanhas ainda mais altas para escalar, isso não o impediu de prosseguir. Ele atingiu outras metas significativas, inclusive concentrando seus esforços para melhorar a renda do povo nepalês que morava próximo ao monte Everest. Ele cumpriu essa missão até o dia da sua morte em 2008.

Você sabia que Deus disse aos levitas para se aposentarem das suas obrigações aos 50 anos de idade? (Números 8:24-25). No entanto, Deus não queria que eles deixassem de ajudar os outros. Deus lhes disse que deveriam ajudar "seus colegas no trabalho" e atender as necessidades, e "cuidar da tenda do encontro" (Números 8:26). Não podemos tomar este fato como um ensino completo sobre a aposentadoria, mas podemos reconhecer como sendo uma boa ideia a sugestão divina de continuar servindo aos outros depois que os nossos dias de trabalho formal cessarem.

Muitas pessoas descobrem que nada têm de significativo para fazer com o seu tempo ao se aposentarem. Todavia, como fizeram os levitas e Sir Edmund Hillary, podemos ter um novo objetivo ao nos aposentarmos — dedicar nosso tempo para ajudar os outros.

C. P. Hia

21 DE JANEIRO

O paraíso dos chimpanzés

Leitura: Números 14:1-10

*E, se o Senhor se agradar de nós,
ele nos levará em segurança até ela e a dará a nós.*
NÚMEROS 14:8

Eugene Cussons resgata chimpanzés. Muitos são órfãos devido ao trabalho dos mercadores de carnes exóticas e foram retirados da floresta quando eram bebês. Muitos passaram a vida toda confinados em espaços menores do que a cela de uma prisão. Quando Cussons se aproxima para levá-los para a reserva que ele chama de "Paraíso dos chimpanzés", geralmente, encontra criaturas hostis e desconfiadas.

"Estes chimpanzés não percebem que eu sou da turma do bem", afirma Cussons. Quando ele tenta colocá-los em uma jaula menor para transportá-los ao seu novo lar, eles reagem com agressividade. "Não sabem que vou levá-los de volta ao Paraíso dos chimpanzés e dar-lhes uma vida muito melhor".

Numa escala muito maior, a oferta de Deus para nos libertar da escravidão do pecado normalmente encontra resistência. Quando o Senhor resgatou o povo de Israel do Egito, Ele os levou a lugares difíceis que os fizeram duvidar sobre as boas intenções de Deus. "Não nos seria melhor voltarmos para o Egito?", murmuravam (Números 14:3).

Em nossa jornada de fé, há momentos em que a "liberdade" para pecar, a qual já deixamos para trás, é mais atraente do que as restrições impostas diante de nós pela fé. Precisamos confiar nos limites de proteção oferecidos pela Palavra de Deus como o único caminho para chegarmos ao lugar da liberdade suprema.

Julie Ackerman Link

22 DE JANEIRO

Olhe para as franjas

Leitura: Números 15:37-41

...recordarão todos os mandamentos do SENHOR e os cumprirão.
NÚMEROS 15:39

O autor best-seller Chaim Potok começou seu romance *The Chosen* (Os escolhidos, inédito em português) descrevendo um jogo de beisebol entre dois times judaicos em Nova Iorque. Reuven Malter, o personagem principal do livro, percebe que, nos uniformes dos jogadores do outro time, havia um acessório singular: quatro longas franjas semelhantes a cordas que se estendiam abaixo das camisetas de cada jogador. Malter reconheceu as franjas como sinal de severa obediência às leis de Deus no Antigo Testamento.

A história dessas franjas, conhecidas como *tzitzit*, começou com uma mensagem de Deus. Por intermédio de Moisés, Deus disse a Seu povo que criasse franjas com alguns filamentos de linha azul e as prendessem aos quatro cantos de suas vestes (Números 15:38). Deus disse: "Quando virem as franjas, recordarão todos os mandamentos do SENHOR e os cumprirão..." (v.39).

O artifício criado por Deus para ativar a memória dos antigos israelitas tem um paralelo para nós, nos dias de hoje. Podemos olhar para Cristo que, consistentemente, guardou toda a lei em nosso lugar e obedeceu a Seu Pai celestial (João 8:29). Por termos recebido Sua obra em nosso favor, nós agora nos revestimos "...do Senhor Jesus Cristo e não [ficamos] imaginando formas de satisfazer [nossos] desejos pecaminosos" (Romanos 13:14). Manter os nossos olhos no Filho de Deus nos ajuda a honrar o nosso Pai celestial.

Jennifer Benson Schuldt

23 DE JANEIRO

Você está ouvindo?

Leitura: Números 20:1-13

*Enquanto eles observam,
falem àquela rocha ali, e dela jorrará água.*
NÚMEROS 20:8

Ele estava frustrado, zangado e cansado de ser culpado por tudo o que acontecia de errado. Ano após ano, ele os havia ajudado a passarem por uma dificuldade após outra, uma tragédia após outra. Ele intercedia continuamente em favor de todos para livrá-los da dificuldade, mas tudo que obtinha por seus esforços era mais murmuração. Finalmente, irritado: "Ouçam, seus rebeldes!", gritou Moisés. "Será que é desta rocha que teremos de tirar água para vocês?" (Números 20:10).

A sugestão poderia soar irracional, mas não era. Quarenta anos antes, a geração anterior tivera a mesma reclamação: falta de água. Deus dissera a Moisés que golpeasse a rocha com seu cajado (Êxodo 17:6). Quando ele obedeceu, a água jorrou, muita água. Anos depois, quando o povo reiniciou suas lamúrias, Moisés fez o que havia funcionado antes. Mas nessa ocasião não era a atitude correta. Moisés disse aos israelitas que ouvissem, mas era exatamente o que Ele não tinha feito. Desta vez, Deus havia dito a Moisés que falasse com a rocha, em vez de golpeá-la.

Algumas vezes, quando estamos exaltados ou exasperados, não damos a devida atenção a Deus. Acreditamos que Ele sempre agirá da mesma forma. Mas não é assim que acontece. Às vezes, Ele nos aconselha a agir; outras a falar; outras a esperar. Por esse motivo, devemos ser sempre cuidadosos em ouvir antes de tomarmos alguma atitude.

Julie Ackerman Link

24 DE JANEIRO

Aquele que vê

Leitura: Números 32:16-24

*Mas, se não fizerem como prometeram,
terão pecado contra o* SENHOR
e não escaparão das consequências.
NÚMEROS 32:23

"Não!", ouvi a voz da minha esposa quando ela entrou na cozinha. Nesse mesmo momento, o nosso cão labrador retriever de 40 quilos, Max, saiu correndo do local.

O pernil de cordeiro que estava muito perto da borda do balcão tinha sumido. Max o tinha comido, deixando apenas uma panela vazia. Ele tentou se esconder embaixo da cama, mas apenas a cabeça e os ombros cabiam ali. A traseira dele e a cauda expostas revelaram seu paradeiro quando fui procurá-lo.

"Max, o seu 'pecado' o descobrirá", murmurei.

A frase foi emprestada de Moisés, quando ele advertiu duas tribos de Israel a serem obedientes a Deus e a cumprirem as promessas que tinham feito. Deus lhes havia dito: "Mas, se não fizerem como prometeram, terão pecado contra o SENHOR e não escaparão das consequências" (Números 32:23).

O pecado pode parecer bom por um momento, mas causa suprema dor e significa separar-se de Deus. Moisés estava lembrando ao seu povo de que Deus não deixa passar nada. Veja como um dos escritores da Bíblia coloca: "Nada, em toda a criação, está escondido de Deus. Tudo está descoberto e exposto diante de seus olhos, e é a ele que prestamos contas" (Hebreus 4:13).

Embora Ele veja tudo, o nosso santo Deus nos atrai com amor para confessarmos o nosso pecado e a nos arrependermos (nos afastarmos do pecado) e andarmos corretamente com Ele (1 Joao 1:9). Que o sigamos em amor hoje.

James Banks

DEUTERONÔMIO

O livro de Deuteronômio contém três mensagens entregues por Moisés como despedida ao seu povo. Uma mensagem aborda a história do povo (1:1–4:43). Outra, a mensagem faz uma revisão sobre a Lei de Deus (4–26). E a última (27–30) é uma revisão da aliança que Deus fez com o Seu povo escolhido. Depois de Moisés ter concluído os seus sermões ao povo, lemos sobre a transição da liderança de Moisés para Josué (31–34). O livro termina com o registro da morte de Moisés.

ESBOÇO

Moisés revê as ações de Deus, DEUTERONÔMIO 1:1-4:49
Moisés revê a Lei de Deus, DEUTERONÔMIO 5:1-6:25
Assegurando-se da terra, DEUTERONÔMIO 7:1-26
Apelos à obediência, DEUTERONÔMIO 8:1-13:18
Leis sobre separação, DEUTERONÔMIO 14:1-29
Calendário dos eventos/Festas, DEUTERONÔMIO 15:1-16:22
**Profecias, diretrizes e leis sobre
    a governança,** DEUTERONÔMIO 17:1-30:20
Atos finais de Moisés, DEUTERONÔMIO 31:1-33:29
A morte de Moisés, DEUTERONÔMIO 34:1-12

25 DE JANEIRO

Registro de confiança

Leitura: Deuteronômio 1:21-33

Vejam, o Senhor, seu Deus, colocou a terra diante de vocês! [...] Não tenham medo nem desanimem!
DEUTERONÔMIO 1:21

Antes de meu marido e eu entregarmos a nossa vida a Cristo, tínhamos considerado seriamente o divórcio. Mas depois de nos comprometermos a amar e obedecer a Deus, reassumimos o nosso mútuo compromisso. Buscamos conselhos sábios e convidamos o Espírito Santo a nos transformar individualmente e como casal. O nosso Pai continua nos ajudando a desenvolver habilidades de comunicação saudáveis. Ele nos ensina a amar e a confiar nele, e a confiar um no outro, não importam as circunstâncias.

Estamos nos aproximando da celebração das nossas bodas de prata e ocasionalmente me esqueço de tudo o que Deus tem feito em e por meio de nossas provações. Às vezes, luto com um profundo medo do desconhecido e isso me causa ansiedade em vez de eu confiar em Deus e reconhecer o que Ele já fez.

Em Deuteronômio 1, Moisés reafirmou a confiabilidade do Senhor. Ele encorajou os israelitas a avançarem na fé para que pudessem desfrutar da sua herança (v.21). Mas o povo de Deus exigiu detalhes sobre o que estaria à frente e o que receberiam antes de se comprometerem a confiar no Senhor em relação ao seu futuro (vv.22-33).

Os que creem em Cristo não são imunes a sucumbir ao medo ou à ansiedade. Preocuparmo-nos sobre as dificuldades que podemos ou não encontrar pode nos impedir de confiar nele, e prejudicar o nosso relacionamento com Deus e com os outros. Mas o Espírito Santo pode nos ajudar a ter confiança na fidelidade que já vivenciamos no Senhor. Ele pode nos capacitar corajosamente a confiar na fidelidade de Deus ontem, hoje e sempre.

Xochitl Dixon

26 DE JANEIRO

Obedeça ao que Ele diz

Leitura: Deuteronômio 5:28-33

Permaneçam no caminho que o Senhor, seu Deus, ordenou que seguissem.
DEUTERONÔMIO 5:33

Como eu precisava de uma cisterna subterrânea e sabia exatamente como a queria, dei instruções claras ao empreiteiro. No dia seguinte, quando inspecionei o projeto, irritei-me ao perceber que ele não tinha seguido as instruções que eu havia dado. Ele havia mudado o plano e, portanto, o resultado. A desculpa que deu irritou tanto quanto o seu fracasso em seguir minhas orientações.

Enquanto o observava refazer a parte de concreto, e conforme a minha frustração diminuía, a convicção de culpa tomou conta de mim: Quantas vezes precisei refazer coisas em minha vida por obediência ao Senhor?

Como os israelitas da antiguidade que frequentemente falhavam em fazer o que Deus lhes pedia, com frequência agimos igual. Contudo a obediência é o que se espera quando aprofundamos o nosso relacionamento com Deus. Moisés disse ao povo: "Tenham o cuidado de obedecer a todos os mandamentos do Senhor [...]. Permaneçam no caminho que o Senhor, seu Deus, ordenou que seguissem..." (Deuteronômio 5:32-33). Muito tempo depois de Moisés, Jesus instou os Seus discípulos a confiar nele e a amar uns aos outros.

Esta submissão do nosso coração nos traz bem-estar. À medida que o Espírito nos ajuda a obedecer, é bom nos lembrarmos de que "Deus está agindo" em nós, dando-nos o desejo e o poder de realizarmos "aquilo que é do agrado dele" (Filipenses 2:13).

Lawrence Darmani

27 DE JANEIRO

Acheguem-se

Leitura: Deuteronômio 6:1-9

*Guarde sempre no coração as palavras
que hoje eu lhe dou [...] Amarre-as às mãos
e prenda-as à testa como lembrança.*
DEUTERONÔMIO 6:6,8

Minha caminhada de volta à casa após deixar minha filha na escola é de 1,5 km, e isso me dá a oportunidade de memorizar alguns versículos da Bíblia, se assim eu me propuser. Quando uso este tempo para mentalmente meditar na Palavra de Deus, com frequência percebo que essas passagens mais tarde, e durante todo o dia, voltam à minha mente trazendo-me consolo e sabedoria.

Quando Moisés preparou os israelitas para entrarem na Terra Prometida, ele os exortou instando-os a cumprirem os mandamentos e decretos de Deus (vv.1-2). Querendo que prosperassem, disse-lhes que deveriam guardar e repetir aquelas instruções incutindo-as na mente e discutindo-as com seus filhos (vv.6-7). Moisés também lhes disse que deveriam amarrá-las às mãos e pendurá-las na testa (v.8). O profeta não queria que eles esquecessem as ordens de Deus para que vivessem como um povo que honrava ao Senhor e desfrutava de Suas bênçãos.

De que maneira você pode considerar as palavras de Deus hoje? Uma ideia é escrever um versículo das Escrituras e, cada vez que lavar as suas mãos ou beber alguma coisa, ler essas palavras e incuti-las em sua mente. Ou, antes de ir dormir, como último ato do dia, investir um tempo significativo na leitura de uma pequena passagem da Bíblia. Há muitas maneiras de manter a Palavra de Deus em nosso coração!

Amy Boucher Pye

28 DE JANEIRO

Seja grato por tudo

Leitura: Deuteronômio 8:6-18

Quando tiverem comido até se saciarem, lembrem-se de louvar o SENHOR, seu Deus, pela boa terra que ele lhes deu.
DEUTERONÔMIO 8:10

Na Austrália, dirigir entre as cidades tão distantes e a fadiga podem causar acidentes. Assim, nas férias e feriados bem concorridos, são montadas paradas de descanso nas principais rodovias e os voluntários oferecem café gratuito. Minha esposa, Merryn, e eu gostamos de aproveitar essas paradas durante as nossas longas viagens.

Numa dessas viagens, paramos para tomar o nosso café. A atendente entregou duas xícaras, e cobrou 2 dólares. Perguntei-lhe o porquê, e ela nos mostrou o pequeno sinal na placa. Naquela parada, apenas o motorista recebia o café grátis; os passageiros tinham que pagar. Irritado, disse-lhe que isso era publicidade falsa, paguei o que pediu e saí. De volta ao carro, minha esposa apontou o meu erro: eu tinha transformado um presente num direito adquirido e sido ingrato pelo que eu tinha recebido. Ela estava certa.

Quando os israelitas estavam prontos para entrar na Terra Prometida, Moisés os encorajou a serem um povo agradecido (v.10). Graças às bênçãos de Deus, a terra era abundante, mas eles poderiam facilmente tratar esta prosperidade como algo merecido (vv.17-18). A partir disso, os judeus desenvolveram a prática de dar graças em cada refeição, por mínima que fosse. Para eles, tudo era um presente.

Voltei até a atendente do balcão e lhe pedi desculpas. O café grátis era um presente imerecido e algo pelo qual eu deveria agradecer.

Sheridan Voysey

29 DE JANEIRO

A conta está paga

Leitura: Deuteronômio 26:12-15

A cada três anos, separem um dízimo especial de suas colheitas. Nesse ano, entreguem seus dízimos aos levitas, aos estrangeiros, aos órfãos e às viúvas, para que eles comam até se saciarem em suas cidades.
DEUTERONÔMIO 26:12

"O que aconteceu com você?", perguntou Zeal, um empresário nigeriano, enquanto se inclinava sobre uma cama de hospital em Lagos. "Alguém atirou em mim", respondeu o jovem, com a coxa enfaixada. Embora o rapaz ferido estivesse bem o suficiente para voltar para casa, ele não seria liberado até que pagasse sua conta. Muitos hospitais do governo dessa região seguem essa mesma política. Depois de Zeal consultar um assistente social, ele cobriu os custos do jovem anonimamente com o fundo de caridade que criou como forma de expressar sua fé cristã. Em contrapartida, ele espera que as pessoas que recebem tais dádivas um dia também as retribuam a outros.

O tema da retribuição à generosidade de Deus ressurge por toda a Bíblia. Por exemplo, quando Moisés instruiu os israelitas sobre como viver na Terra Prometida, disse-lhes para retribuírem a Deus primeiro (vv.1-3) e para cuidarem dos necessitados: os estrangeiros, órfãos e viúvas (v.12). Por viverem numa "terra que produz leite e mel com fartura" (v.15), eles deveriam demonstrar o amor de Deus aos necessitados.

Nós também podemos espalhar o amor de Deus por meio da partilha de nossos bens materiais, sejam eles grandes ou pequenos. Podemos não ter a oportunidade de doar pessoalmente exatamente conforme Zeal o fez, mas podemos pedir a Deus que nos mostre como doar ou quem precisa de nossa ajuda.

Amy Boucher Pye

30 DE JANEIRO

Escolha a vida

Leitura: Deuteronômio 30:11-20

Escolham a vida, para que vocês e seus filhos vivam! Façam isso amando, obedecendo e apegando-se fielmente ao SENHOR, *pois ele é a sua vida!*
DEUTERONÔMIO 30:19-20

Qual é a vontade de Deus para minha vida? Essa pergunta me assombrou enquanto crescia. E se eu não conseguisse descobri-la? E se não a reconhecesse? A vontade de Deus parecia uma agulha num palheiro. Escondida. Confundida entre as demais escolhas. Vencidas pelas escolhas falsas.

Mas minha visão da vontade de Deus estava errada porque minha visão de Deus também era incorreta. Deus não tem prazer em nos ver perdidos, perambulando, buscando. Ele quer que conheçamos a Sua vontade. Ele a expõe de modo claro e simples; não há sequer a opção de múltipla escolha. Ele a apresenta em duas escolhas: "vida e a morte" ou "prosperidade e a calamidade" (Deuteronômio 30:15). Caso a melhor escolha não seja óbvia, Ele ainda nos diz qual devemos escolher: "Escolham a vida..." (v.19). Escolher a vida é escolher o próprio Deus e obedecer à Sua Palavra.

Quando Moisés dirigiu-se aos israelitas pela última vez, pediu-lhes que fizessem a escolha certa observando seriamente "...todas as advertências que hoje lhes dei [...] Não são palavras vazias; são a vida de vocês!" (32:46-47). A vontade de Deus para nós é vida. Sua Palavra é vida. E Jesus é a Palavra. Deus pode não nos conceder uma receita para cada decisão, mas Ele nos deu um exemplo perfeito para seguirmos — Jesus. A escolha certa pode não ser fácil, mas quando a Palavra é o nosso guia e a adoração o nosso objetivo, Deus nos concederá a sabedoria para fazermos escolhas que geram vida abundante nele.

Julie Ackerman Link

31 DE JANEIRO

Qual é a sua música?

Leitura: Deuteronômio 31:15-22

Assim, naquele mesmo dia, Moisés escreveu as palavras da canção e a ensinou aos israelitas.
DEUTERONÔMIO 31:22

Até 2015, a maioria dos norte-americanos conhecia pouco sobre Alexander Hamilton. Entretanto, quando Lin-Manuel Miranda escreveu um hit musical sobre Hamilton, um dos pais fundadores de sua nação, as crianças aprenderam sobre a história dele e agora cantam alegremente sobre esse herói em seus momentos de recreio e no transporte para a escola.

Deus conhece o poder da música, e disse a Moisés: "Escrevam, portanto, as palavras desta canção e ensinem-na aos israelitas. Ajudem o povo a aprendê-la" (Deuteronômio 31:19). Deus sabia que, muito tempo depois de Moisés ter ido embora, mesmo tendo ele levado o povo de Israel para a Terra Prometida, o povo se rebelaria e adoraria outros deuses. Portanto, o Senhor disse a Moisés: "esta canção servirá de prova contra eles, pois seus descendentes jamais se esquecerão dela" (v.21).

É quase impossível esquecer algumas canções, por isso é bom sermos seletivos sobre o que cantamos. Algumas cantamos apenas por diversão, e isso é bom, porém nós nos beneficiamos das canções que glorificam Jesus e encorajam a nossa fé. Uma das maneiras de seguirmos o conselho de aproveitar ao "máximo todas as oportunidades" é cantarmos "salmos, hinos e cânticos [...] ao Senhor de coração com música" (Efésios 5:16,19).

As canções podem ser um indicador de onde está o nosso coração. As palavras que cantamos priorizam Jesus? Será que cantamos de todo o coração? O que cantamos influencia a nossa fé, portanto, escolhamos com sabedoria e cantemos em alta voz.

Mike Wittmer

Parte 2

Históricos

Josué, Juízes, Rute, 1-2 Samuel,
1-2 Reis, 1-2 Crônicas, Esdras, Neemias, Ester

Embora os primeiros cinco livros (Gênesis até Deuteronômio) sejam de natureza histórica, tornaram-se também uma seção separada em virtude da sua singularidade. Foram escritos por Moisés e intitulados como o Pentateuco, ou cinco pergaminhos, e merecem esse destaque. Os nossos amigos judeus referem-se a esses livros como "a Torá". No entanto, o relato da história da redenção de Deus continua nos 12 livros seguintes, que são conhecidos como Históricos. Relatam sobre o povo judeu desde a sua entrada na Terra Prometida, passando por dois períodos (o de juízes e o de reis), e seguem até a época do exílio e do regresso. Ao completarmos a leitura de Josué a Ester, temos uma imagem completa da nação hebraica desde Abraão até à última vez que ouvimos falar deles, 400 anos antes do nascimento do Messias Jesus.

JOSUÉ

Finalmente, após 40 anos, os israelitas foram autorizados a entrar na Terra Prometida a Abraão e à sua descendência há tanto tempo. Depois de terem atravessado miraculosamente o rio Jordão que transbordava sobre as margens, eles têm acesso à terra, mas será necessário muito esforço para se estabelecerem nela, sentirem-se proprietários e distribuírem a população por todo o país. À medida que assumem esta tarefa, eles devem ter a coragem sobre a qual Deus falou a Josué (1:6-9) e aprender que a obediência às instruções de Deus ainda é o segredo para realizarem o que o Senhor quer que façam. Para essas centenas de milhares de pessoas saber que agora lhes era possível parar de peregrinar, arrumar seus pertences e estabelecer-se nas cidades e aldeias por toda a extensão daquela terra lhes parecia uma excelente perspectiva.

ESBOÇO

Deus instrui Josué, o novo líder, JOSUÉ 1:1-18
Os espiões avaliam Jericó; Raabe oferece sua ajuda, JOSUÉ 2:1-24
Israel atravessa o Jordão, JOSUÉ 3:1-17
Um memorial no Jordão, JOSUÉ 4:1-24
Israel e Deus derrotam Jericó, JOSUÉ 5:1-6:27
Lidando com Ai e Gibeom, JOSUÉ 7:1-9:27
Israel conquista a terra, norte e sul, JOSUÉ 10:1-12:24
A terra é dividida entre as tribos de Israel, JOSUÉ 13:1-22:34
A despedida de Josué, JOSUÉ 23:1-16
O pacto é renovado em Siquém e Josué morre, JOSUÉ 24:1-33

1º DE FEVEREIRO

Forte e corajoso

Leitura: Josué 1:1-9

*Enquanto você viver, ninguém será capaz
de lhe resistir, pois eu estarei com você, assim como estive
com Moisés. Não o deixarei nem o abandonarei.*
JOSUÉ 1:5

Toda noite, ao fechar seus olhos, Calebe sentia a escuridão envolvê-lo. O silêncio de seu quarto era interrompido regularmente pelo rangido da casa de madeira na Costa Rica. No silêncio, os morcegos no sótão se agitavam. Sua mãe havia posto uma luz noturna em seu quarto, mas o menino ainda tinha medo do escuro. Uma noite, o pai de Calebe colocou um versículo bíblico no pé da cama dele, que dizia: "Seja forte e corajoso! Não tenha medo nem desanime, pois o Senhor, seu Deus, estará com você por onde você andar" (Josué 1:9). Calebe começou a ler essas palavras todas as noites e ele deixou essa promessa de Deus colada em sua cama até ir para a faculdade.

Em Josué 1, lemos sobre a transição da liderança para Josué depois que Moisés morreu. A ordem divina para ser "forte e corajoso" foi repetida várias vezes a Josué e aos israelitas para enfatizar sua importância (vv.6-7,9). Certamente, eles sentiram apreensão ao enfrentarem um futuro incerto, mas Deus os tranquilizou dizendo: "assim como estive com Moisés. Não o deixarei nem o abandonarei" (v.5).

É natural termos receios, mas é prejudicial para a nossa saúde física e espiritual vivermos em estado de constante medo. Assim como Deus encorajou os Seus servos na antiguidade, também podemos ser fortes e corajosos por causa do Senhor, pois Ele promete estar sempre conosco.

Cindy Hess Kasper

2 DE FEVEREIRO

Até ela?

Leitura: Josué 2:1-14

Raabe, a prostituta, é outro exemplo. Ela foi declarada justa por causa de suas ações quando escondeu os mensageiros e os fez sair em segurança por um caminho diferente.
TIAGO 2:25

Imagine percorrer sua árvore genealógica e encontrar essa descrição de sua ancestral: "Prostituta, abrigou em sua casa inimigos do governo. Quando confrontada pelas autoridades, ela mentiu a respeito do fato".

O que você faria a respeito dela? Esconderia a sua história de todos os que perguntassem sobre sua família? Ou lhe daria destaque e louvor nas legendas de seu histórico familiar?

Apresento-lhe Raabe. Se o que lemos sobre ela no livro de Josué 2 fosse tudo o que soubéssemos, poderíamos amontoá-la com todos os outros renegados e maus exemplos da Bíblia. Mas, sua história não termina ali. O livro de Mateus 1:5-6 revela que ela foi a tataravó do rei Davi, e pertence à linhagem do nosso Salvador, Jesus. Ainda mais, Hebreus 11:31 cita Raabe como uma mulher de fé, que foi poupada da queda de Jericó (Josué 6:17). E, na carta de Tiago, suas obras de resgate foram dadas como evidência para ela ser "declarada justa" (2:25).

O amor de Deus é surpreendente nesse sentido. Ele pode escolher pessoas com má reputação, transformar suas vidas e torná-las exemplos de Seu amor e perdão. Se você acredita que é mau demais para ser perdoado, ou se conhece outra pessoa que se sinta assim, leia sobre Raabe e alegre-se. Se Deus pode transformá-la num farol de justiça, existe esperança para todos nós.

Dave Branon

3 DE FEVEREIRO

Rompendo em fé

Leitura: Josué 3:9-17

*O povo deixou o acampamento
para atravessar o Jordão, e os sacerdotes que levavam
a arca da aliança foram à frente deles.*
JOSUÉ 3:14

Minha filhinha ficou apreensiva à beira da piscina. Como ainda não sabia nadar, estava tentando se sentir confortável na água. Na piscina, seu instrutor a esperava com os braços estendidos. Quando a minha filha hesitou, vi a dúvida em seus olhos: Você vai me pegar? O que vai acontecer se minha cabeça afundar?

Os israelitas podem ter se perguntado o que aconteceria quando eles atravessassem o rio Jordão. Podiam confiar em Deus para secar o solo no leito do rio? Deus estava conduzindo seu novo líder, Josué, como havia conduzido Moisés? Deus ajudaria Seu povo a derrotar os ameaçadores cananeus que habitavam do outro lado do rio?

Para saber as respostas a essas perguntas, os israelitas tiveram de se submeter a um teste de fé — tiveram que agir: "O povo deixou o acampamento para atravessar o Jordão, e os sacerdotes que levavam a arca da aliança foram à frente deles" (v.14). Exercitar a sua fé lhes permitiu que vissem que Deus estava com eles. O Senhor ainda estava dirigindo Josué e os ajudaria a se estabelecerem em Canaã (vv.7:10,17).

Se você estiver enfrentando um teste de fé, também poderá ir adiante, fundamentado no caráter de Deus e em Suas infalíveis promessas. Confiar nele o ajudará a mover-se de onde você está para onde Ele deseja que você esteja.

Jennifer Benson Schuldt

4 DE FEVEREIRO

Uma estratégia vencedora

Leitura: Josué 7:1-13

Israel pecou e quebrou a minha aliança!
JOSUÉ 7:11

Durante meus dias de técnico de basquetebol numa escola de Ensino Médio, cometi um enorme engano. Enviei alguns de meus jogadores para espiarem uma equipe adversária. Eles retornaram com o seguinte relatório: Podemos derrotá-los facilmente. Hiper confiantes, perdemos para aquela equipe. Isso lhe soa familiar? A mim, faz lembrar a situação na cidade de Ai, quando Josué enviou seus espias, que julgaram equivocadamente a força do adversário.

Mas, outras coisas levaram à derrota em Ai além da má espia. Israel perdeu a batalha e 36 soldados por vários motivos que, penso, podem nos ensinar.

Pouco antes da derrota em Ai, Josué conduziu seu exército com sucesso contra Jericó porque conhecia o plano de Deus para o ataque. Mas, não há menção de Josué consultando Deus antes da derrota em Ai. Antes da batalha de Jericó, os homens tinham se consagrado a Deus (Josué 5:2-8). Antes da batalha de Ai, nada é dito sobre os homens de Josué terem se preparado espiritualmente. Na Bíblia, o motivo dado para a derrota dos israelitas é o pecado no acampamento. Acã havia roubado dos despojos de Jericó "coisas separadas para o SENHOR" (Josué 7:1). Eles não podiam derrotar Ai até que confessassem o pecado e se consagrassem (7:16-26). Depois disso, Deus lhes deu um plano para a vitória (8:1-7).

Uma estratégia vencedora para nossas batalhas diárias: confessar o nosso pecado e viver sob o poder que Deus dispensa.

Dave Branon

5 DE FEVEREIRO

Ajuda do céu

Leitura: Josué 10:6-15

Certamente o SENHOR lutou por Israel naquele dia!
JOSUÉ 10:14

SOS, o sinal em código Morse foi criado em 1905, porque os marinheiros precisavam de uma forma para indicar o perigo extremo. O sinal ganhou fama, em 1910, ao ser usado pelo navio *Steamship Kentucky*, que estava afundando, o que salvou a vida de todas as 46 pessoas a bordo.

Embora o SOS seja uma invenção recente, o grito de socorro é tão antigo quanto a humanidade. Vemos isso mencionado no Antigo Testamento, na história de Josué, que enfrentou a oposição dos israelitas (9:18) e terreno difícil (3:15-17) durante mais de 14 anos, enquanto o povo lentamente conquistava e se estabelecia na terra que lhes fora prometida. Durante essa luta, o "SENHOR estava com Josué" (6:27).

Em Josué 10, os israelitas vão ao auxílio dos gibeonitas, aliados de Israel que estavam sendo atacados por cinco reis. Josué sabia que precisava da ajuda do Senhor para derrotar tantos inimigos poderosos (v.12). Deus respondeu com uma chuva de granizo, e até parou o Sol a fim de dar mais tempo para Israel derrotar o inimigo. Josué 10:14 relata: "Certamente o SENHOR lutou por Israel naquele dia".

Se você está em meio a uma situação desafiadora, pode enviar um SOS para Deus. Embora a ajuda possa ser diferente do apoio que Josué recebeu, talvez ela venha por meio de um trabalho inesperado, um médico compreensivo ou paz em meio ao luto. Encoraje-se, pois estas são as maneiras de o Senhor responder ao seu pedido de socorro e lutar por você.

Lisa Samra

6 DE FEVEREIRO

Com a ajuda de Deus

Leitura: Josué 14:7-15

Hoje estou com 85 anos. Continuo forte como no dia em que Moisés me enviou, e ainda posso viajar e lutar tão bem quanto naquela época.
JOSUÉ 14:10-11

À medida que os dias passam, tenho dores nas articulações, especialmente quando o tempo esfria. Alguns dias, sinto-me menos como uma conquistadora e mais como alguém conquistada pelos desafios de se tornar idosa.

Por isso, meu herói agora é o idoso Calebe, o antigo espião enviado por Moisés para explorar Canaã, a Terra Prometida (Números 13–14). Após os outros espias darem um relatório desfavorável, Calebe e Josué eram os únicos espiões, dentre os 12, que Deus havia permitido que entrassem em Canaã. Chegara a hora de Calebe receber sua porção de terra (Josué 14). Mas ainda havia inimigos para expulsar. Não contente em se aposentar e deixar a batalha para a geração mais jovem, Calebe declarou: "…descobrimos que os descendentes de Enaque viviam ali em grandes cidades fortificadas. Mas, se o Senhor estiver comigo, eu os expulsarei da terra, como o Senhor prometeu" (v.12).

"Se o Senhor estiver comigo." Pensar dessa maneira o preparou para a batalha. Ele se concentrou no poder de Deus, não em seu próprio, nem em sua idade. Deus o ajudaria no que fosse necessário ser feito.

A maioria de nós não pensa em fazer algo grandioso quando alcançamos uma determinada idade. Mas, mesmo sendo idosos ainda podemos fazer grandes coisas para Deus, não importa quantos anos tenhamos. Quando as oportunidades como as de Calebe surgirem em nosso caminho, não precisamos nos esquivar delas. Com o Senhor nos ajudando, podemos conseguir!

Linda Washington

7 DE FEVEREIRO

Temos fruta!

Leitura: Josué 24:2,8-14

*Eu lhes dei uma terra que vocês
não cultivaram, e cidades que não construíram…*
JOSUÉ 24:13

A jovem mãe suspirou enquanto procurava algo para alimentar sua filha de 3 anos. Vendo a cesta de frutas vazia sobre a mesa da pequena cozinha, ela lamentou e falou em voz audível: "Se eu tivesse algumas frutas me sentiria rica!" Sua pequena filha a ouviu.

Várias semanas se passaram e Deus continuou sustentando a pequena família. Mas a mãe continuava preocupada. Um dia, a menina entrou na cozinha e, apontando para a cesta cheia de frutas, exclamou: "Olha, mamãe, nós somos ricos!". Nada havia se alterado, a não ser que a família tinha comprado um pacote de maçãs.

Quando Josué, o líder israelita, estava para morrer, ele mencionou tudo o que Deus havia feito por eles: "vocês viveram muitos anos no deserto", e o Senhor "lhes [deu] uma terra que vocês não cultivaram, e cidades que não construíram" e "lhes [deu] vinhedos e olivais para alimentá-los, embora vocês não os tenham plantado" (Josué 24:7,13). "Como lembrança do pacto" Josué ergueu uma grande pedra para que Israel se lembrasse da provisão divina (v.26).

Assim como os israelitas, depois de um período de dificuldades e escassez, aquela família agora mora num lugar diferente e desfruta de árvores frutíferas em um quintal espaçoso, plantadas anos antes pelo proprietário anterior. Se você os visitar, encontrará uma tigela de frutas em sua cozinha. Isso os lembra da bondade de Deus e de como uma criança de apenas 3 anos infundiu fé, alegria e perspectiva em sua família.

Tim Gustafson

8 DE FEVEREIRO

Escolha seu Deus

Leitura: Josué 24:14-18

Mas, se vocês se recusarem a servir ao SENHOR, *escolham hoje a quem servirão [...]? Quanto a mim, eu e minha família serviremos ao* SENHOR.

JOSUÉ 24:15

Vi, recentemente, um anúncio para um jogo *on-line* baseado na mitologia grega. Falava sobre exércitos, deuses mitológicos, heróis e perseguições. O que chamou a minha atenção foi a descrição de como o jogo começava. Você se registra *on-line*, escolhe o seu deus, e em seguida, constrói o seu império.

Uau! "escolher o seu deus". Essas palavras, embora apresentadas casualmente no anúncio, atingiram-me como sendo características de uma das coisas mais perigosas do nosso mundo. Em um jogo virtual, pode ser insignificante qual "deus" você escolhe; mas no mundo real essa escolha tem consequências eternas.

Para uma geração de israelitas cercada pelos deuses dos seus dias, Josué declarou que eles deveriam escolher seu deus, mas isto não deveria ser feito de maneira improvisada. Ele deu o exemplo ao dizer: "Mas, se vocês se recusarem a servir ao SENHOR, escolham hoje a quem servirão. Escolherão servir os deuses aos quais seus antepassados serviam além do Eufrates? Ou os deuses dos amorreus, em cuja terra vocês habitam? Quanto a mim, eu e minha família serviremos ao SENHOR" (Josué 24:15).

Hoje, como nos dias de Josué, há muitas opções. Há, contudo, somente uma escolha sábia — o Deus verdadeiro. Josué fez a escolha certa. "Serviremos ao SENHOR".

Bill Crowder

JUÍZES

Sob a liderança de Josué, os israelitas conquistaram a Terra Prometida e estabeleceram-se de acordo com as suas tribos ancestrais nos seus próprios territórios. Uma geração inteira envelheceu nesta nova terra sob a liderança de Josué e sob a direção de Deus. Depois da morte de Josué, no entanto, as coisas mudaram. Após uma vitória preliminar liderada por Calebe, os israelitas começaram a perder a sua vantagem, a começar por Juízes 1:19, que relata: "não conseguiu expulsar os habitantes da planície". Repetidamente, não conseguiram fazer o que lhes fora ordenado: livrar a região do povo pagão. "A tribo de Benjamim, porém, não conseguiu expulsar os jebuseus" (v.21). "A tribo de Manassés, porém, não expulsou os habitantes de Bete-Sã" (v.27). Pouco a pouco, o povo começou a aceitar os caminhos dos cananeus em suas práticas religiosas pagãs. Esta explicação é descrita em Juízes: "Assim, os israelitas viveram entre os cananeus, os hititas, os amorreus, os ferezeus, os heveus e os jebuseus. Casaram-se com as filhas deles e deram suas filhas em casamento aos filhos deles. E serviram aos deuses deles" (Juízes 3:5-6). Ao longo dessa época, observamos um padrão na atitude do povo. Eles desobedeciam aos padrões de Deus e adotavam a prática idólatra dos grupos ao seu redor. Na sequência, Deus traria o julgamento do povo por meio das nações inimigas e, então, lhes daria um juiz para os libertar e os levar ao arrependimento. E, assim, o ciclo se repetiria.

ESBOÇO

Canaã é conquistada, mas não totalmente, JUÍZES 1:1-36
Um padrão de incredulidade, JUÍZES 2:1-23
Débora, Gideão, e outros juízes servem bem, JUÍZES 3:1-8:35
Vários juízes maus, JUÍZES 9:1-10:18

Jefté se torna juiz, JUÍZES 11:1-12:15
Sansão e Dalila, JUÍZES 13:1-16
Mica e a idolatria, JUÍZES 17:1-18:31
Crime dos juízes de GIBEÁ 19:1-21:2

9 DE FEVEREIRO

Vivenciando a fé

Leitura: Juízes 2:6-12

*...surgiu uma nova geração que não conhecia
o Senhor nem tinha visto as grandes coisas
que ele havia feito por Israel.*
JUÍZES 2:10

Lembro-me de que, enquanto crescia em Singapura, alguns de meus amigos de escola foram expulsos de seus lares por seus pais incrédulos, por ousar crerem em Jesus Cristo. Eles sofreram por sua fé e emergiram com convicções mais fortes. Em contraste, eu nasci e fui criado em uma família cristã. Embora não tenha sofrido perseguição, também tive que me apropriar das minhas convicções.

Os israelitas que entraram inicialmente na Terra Prometida com Josué viram as obras poderosas de Deus e creram (Juízes 2:7). Infelizmente a geração logo a seguir "...não conhecia o Senhor, nem tinha visto as grandes coisas que ele havia feito por Israel" (v.10). Por isso não demorou muito para que se desviassem a fim de adorar outros deuses (v.12). Eles não se apropriaram da fé de seus pais.

Nenhuma geração pode viver da fé da geração que a precedeu. Cada geração precisa da fé original. Quando somos confrontados com problemas de qualquer espécie, a fé não-individual provavelmente será levada pelas circunstâncias e vacilará.

Os que são cristãos de segunda, terceira, ou mesmo quarta geração têm um legado maravilhoso, com certeza. Entretanto, não existe fé por herança! Descubra o que Deus diz em Sua Palavra e aproprie-se dela para que a sua fé seja revigorada e individual (Josué 1:8).

C. P. Hia

10 DE FEVEREIRO

Quem é aquele herói?

Leitura: Juízes 3:7-11

*Da mesma forma, suas boas obras devem brilhar,
para que todos as vejam e louvem seu Pai, que está no céu.*
MATEUS 5:16

Ler o livro de Juízes, com suas batalhas e poderosos guerreiros, pode algumas vezes parecer como se fosse a leitura de uma história de super-heróis em quadrinhos. Temos Débora, Baraque, Gideão e Sansão. No entanto, na linha dos juízes (ou libertadores), encontramos também Otoniel.

O relato de sua vida é breve e direto (Juízes 3:7-11). Sem drama. Nenhuma exibição de bravura. Mas o que vemos é o que Deus fez por intermédio de Otoniel: "...pediram socorro ao SENHOR, ele levantou um libertador para salvá-los...." (v.9), "O Espírito do SENHOR veio sobre Otoniel [...], Otoniel guerreou contra Cusã-Risataim, rei de Arã, e o derrotou, pois o SENHOR o entregou em suas mãos..." (v.10).

O relato de Otoniel nos ajuda a nos concentrarmos no que é mais importante: a atuação de Deus. As histórias interessantes e as pessoas fascinantes podem obscurecer a atuação divina. Acabamos concentrando nisso e não conseguimos ver o que o Senhor está fazendo.

Quando eu era mais jovem, desejava ser mais talentosa para que pudesse levar mais pessoas a Cristo. Mas estava olhando para a perspectiva errada. Deus frequentemente usa pessoas comuns para Sua obra extraordinária. É a Sua luz brilhando por meio de nossa vida que glorifica a Deus e atrai outros a Ele (Mateus 5:16).

Quando outros observam a maneira que vivemos, é mais importante que vejam a Deus, não a nós.

Poh Fang Chia

11 DE FEVEREIRO

Bata de novo

Leitura: Juízes 5:19-21

...que eu marche adiante com coragem!
JUÍZES 5:21

Em 2012, três jovens lançaram a música *Tell Your Heart to Beat Again* (Diga ao seu coração para bater novamente), que foi inspirada na história de um cirurgião cardiovascular. Após remover o coração de uma paciente para repará-lo, o cirurgião o devolveu ao peito dela e começou a massageá-lo suavemente de volta à vida. Mas o órgão recém-colocado não recomeçava a bater. Eles tomaram medidas intensas, mas o coração ainda não reagia. Finalmente, o cirurgião se ajoelhou ao lado da paciente inconsciente dizendo: "Sou o seu cirurgião. Tudo correu perfeitamente. Seu coração foi reparado, diga-lhe para bater de novo". E ele recomeçou a bater.

Dizer ao coração físico para fazer algo pode parecer estranho, mas isso tem paralelos espirituais. O salmista diz: "Por que você está tão abatida, ó minha alma? [...] Espere em Deus" (Salmo 42:5). "Volte, minha alma, a descansar, pois o Senhor lhe tem sido bom" (116:7). Após derrotar os inimigos de Israel em guerra, a juíza Débora revelou que também havia falado com o seu coração durante a batalha dizendo: "que eu marche adiante com coragem" (Juízes 5:21), porque o Senhor prometeu a vitória (4:6-7).

Nosso capacitado Cirurgião retificou o nosso coração (Salmo 103:3). Então, quando o medo, a depressão ou a condenação vierem, talvez também devêssemos falar com a nossa alma e lhe dizer: Marche com coragem! Seja forte! Coração fraco, bata novamente!

Sheridan Voysey

12 DE FEVEREIRO

Continue se esforçando!

Leitura: Juízes 6:7-16

Sou eu quem o envia!
JUÍZES 6:14

O que Deus o chama para fazer que você não pode fazer com suas próprias forças? Como você pode confiar em Seu poder hoje?

Deus gosta de usar pessoas que o mundo pode subestimar. William Carey foi criado numa pequena vila nos anos de 1700 e tinha pouca educação formal. Teve pouco sucesso no trabalho que fazia e vivia na pobreza. Porém, Deus lhe deu uma paixão por compartilhar as boas-novas e o chamou para ser missionário. Carey aprendeu grego, hebraico e latim e finalmente traduziu o Novo Testamento para a língua bengali (idioma oficial de Bangladesh). Hoje, ele é considerado o "pai das missões modernas", porém, numa carta ao sobrinho, ele fez uma avaliação humilde de suas habilidades: "Posso esforçar-me e perseverar".

Quando Deus nos chama para uma tarefa, Ele nos concede forças para realizá-la, independentemente de nossas limitações. Em Juízes 6:12, "o anjo do Senhor apareceu a Gideão e disse: 'O Senhor está com você, guerreiro corajoso!'". Em seguida, o anjo lhe disse para resgatar Israel dos midianitas que atacavam suas cidades e colheitas. Mas Gideão, que ainda não tinha recebido o título de "guerreiro corajoso", respondeu humildemente: "…como posso libertar Israel? […] sou o menos importante da minha família" (v.15). Ainda assim, Deus orientou Gideão para libertar o Seu povo.

A chave para o sucesso de Gideão estava nas palavras "o Senhor está com você" (v.12). Ao caminharmos humildemente com nosso Salvador e confiarmos em Sua força, Ele nos capacitará a realizar o que só é possível por intermédio dele.

James Banks

13 DE FEVEREIRO

Deus da minha força

Leitura: Juízes 7:1-8

Eu o fortalecerei e o ajudarei.
ISAÍAS 41:10

Ninguém confundiria os soldados babilônios com cavalheiros. Implacáveis, resilientes e perversos, eles atacavam as nações como uma águia arrebata sua presa. Além de poderosos, eram também orgulhosos. Eles praticamente adoravam suas próprias habilidades de combate. Na verdade, a Bíblia relata que eles "têm como deus sua própria força" (Habacuque 1:11).

Deus não queria que essa autossuficiência contaminasse as forças de Israel à medida que eles se preparavam para combater os midianitas. Assim, Deus disse a Gideão, líder do exército de Israel: "Você tem guerreiros demais. Se eu deixar todos vocês lutarem contra os midianitas, Israel se vangloriará diante de mim, dizendo que se libertou por sua própria força" (Juízes 7:2). Por esse motivo, Gideão dispensou os medrosos. Consequentemente, 22 mil homens partiram, ficando só 10 mil. Deus continuou a reduzir o exército até restarem apenas 300 homens (vv.3-7).

Com menos tropas, Israel estava em enorme desvantagem, seus inimigos, que povoavam um vale próximo, eram como "uma nuvem de gafanhotos" (v.12). Apesar disso, Deus concedeu a vitória ao exército de Gideão.

Às vezes, Deus pode permitir que os nossos recursos diminuam para que possamos contar com a Sua força para continuar. Nossas necessidades revelam o Seu poder, entretanto, Ele é Aquele que diz: "Eu o fortalecerei e o ajudarei; com minha vitoriosa mão direita o sustentarei" (Isaías 41:10).

Jennifer Benson Schuldt

14 DE FEVEREIRO

Boas intenções

Juízes 8:22-27

...fazendo do colete objeto de adoração, e ele se tornou uma armadilha para Gideão e sua família.
JUÍZES 8:27

Você já teve um daqueles momentos de "eu só estava tentando ajudar"? Talvez você tenha se oferecido para levar o bolo para a mesa e o tenha deixado cair. Ou talvez você tenha se oferecido para tomar conta do cachorro do seu vizinho e o pequenino fugiu.

Em Juízes 8, parece que Gideão tentou fazer uma coisa boa. Mas o resultado foi trágico. Impressionados com suas façanhas militares, os homens de Israel pediram a Gideão que fosse seu rei. Para seu crédito, ele recusou (Juízes 8:22-23). Mas então ele lhes pediu que doassem argolas de ouro e os transformou em um "colete sacerdotal" (v.27). Esta era uma vestimenta sagrada usada pelo sumo sacerdote ou algum tipo de imagem. Por que ele fez isso? Não sabemos ao certo, mas talvez ele estivesse pensando em prover-lhes liderança espiritual. Qualquer que tenha sido a motivação dele, Deus não havia lhe dito para fazer isso.

Quando Gideão "fez um colete sacerdotal e o colocou em Ofra, sua cidade" (v.27), isso desviou a atenção do povo da adoração ao Senhor e os levou à idolatria. E assim que Gideão morreu, o povo achou fácil voltar a adorar as imagens de Baal (v.33).

Gideão pode ter tido boas intenções, mas cometeu o erro de agir sem consultar o Senhor. Sejamos cuidadosos para não permitir que nada desvie nossos olhos de nosso amoroso e santo Deus, ou isso desviará a nós e aos outros.

Dave Branon

15 DE FEVEREIRO

Uma mecha de cabelo

Leitura: Juízes 16:4-17

*Os olhos do Senhor passam por toda
a terra para mostrar sua força àqueles cujo coração
é inteiramente dedicado a ele.*
2 CRÔNICAS 16:9

Após seu retorno da Lua, Neil Armstrong era frequentemente importunado pela mídia. Em busca de maior privacidade, mudou-se com sua família para uma cidade menor. Mas ali também sua fama era um incômodo. O barbeiro dele descobriu que as pessoas pagariam um bom dinheiro por uma mecha de seus cabelos. Por isso, após diversos cortes de cabelos do herói do espaço, vendeu as mechas por três mil dólares! Armstrong ficou chocado com tamanha deslealdade do tal barbeiro.

A Palavra de Deus narra uma outra história envolvendo deslealdade e corte de cabelos. Como símbolo do chamado de Deus a Sansão, o consagrado nazireu jamais deveria cortar os seus cabelos (Juízes 13:5). Quando o Espírito de Deus veio com poder sobre ele, deu-lhe força sobre-humana sobre seus inimigos (15:14). Querendo subjugá-lo, os filisteus contrataram Dalila, uma mulher que tinha um relacionamento com ele para descobrir o segredo da sua força. Ele, descuidadamente, contou que sua força o deixaria se os seus cabelos fossem cortados. Ela o persuadiu a dormir e mandou rapar-lhe a cabeça (Juízes 16:5,19).

A ganância pode permitir que sejamos desleais aos outros e a Deus, levando-nos a fazer escolhas pecaminosas. Deveríamos demonstrar o desejo de ter um coração totalmente comprometido a amar ao Senhor e aos outros. "Os olhos do Senhor passam por toda a terra para mostrar sua força àqueles cujo coração é inteiramente dedicado a ele" (2 Crônicas 16:9).

Dennis Fisher

RUTE

◆

Quem não gosta desta história? Tem drama (a família tem de atravessar o rio para conseguir alimento). Tem tragédia (quando o marido e os filhos de Noemi morrem). Não conhecemos os detalhes sobre estas três mortes: talvez numa batalha, talvez por uma doença, quem sabe por acidente. Mas podemos imaginar o desgosto e a tristeza que devem ter acompanhado estas três mulheres. Rute e Noemi não tinham meios de sobrevivência quando chegaram a Belém, e deviam depender da bondade dos outros. Mas Deus antecipou-se e foi adiante para lhes preparar as provisões, e o surpreendente desenrolar da história se tornará um motivo de alegria em meio a um tempo sombrio na trajetória de Israel.

ESBOÇO

Noemi, Rute, e Orfa perderam os seus maridos;
  Rute e Noemi vão a Belém, RUTE 1:1-22
Rute trabalha no campo de Boaz e eles se encontram, RUTE 2:1-23
Rute deita-se aos pés de Boaz, RUTE 3:1-18
Boaz se casa com Rute; e nasce Obede, que viria
  a ser o avô de Davi, RUTE 4:1-22

16 DE FEVEREIRO

Desenterre

Leitura: Rute 1:3-5, 20-21

Livrem-se de toda amargura...
EFÉSIOS 4:31

Quando o seu irmão e a cunhada tiveram problemas matrimoniais, Rebeca orou pela reconciliação, no entanto, eles se divorciaram. Sem os protestos do pai, a mãe das crianças levou suas filhas para outro estado e Rebeca não viu mais as suas amadas sobrinhas. Anos mais tarde, ela disse: "Por lidar sozinha com essa tristeza, uma raiz de amargura cresceu em meu coração e começou a se espalhar para a família e amigos".

O livro de Rute relata sobre uma mulher chamada Noemi cujo coração enlutado também lutou com a amargura. O marido de Noemi tinha morrido numa terra estrangeira, e dez anos mais tarde seus dois filhos também morreram. Ela ficou desamparada com suas noras, Rute e Orfa (Rute 1:3-5). Quando Rute e sua sogra voltaram para o país natal de Noemi, todos na cidade se alegraram por vê-las. Mas Noemi lhes disse: "o Todo-poderoso tornou minha vida muito amarga [...] o Todo-poderoso trouxe calamidade sobre mim" (vv.20-21). Ela até lhes pediu para que a chamassem de "Mara", que significa "amarga".

Quem de nós nunca enfrentou decepção e ficou amargurado quando alguém disse algo doloroso? Quando alguém disse algo que nos feriu, tivemos uma expectativa frustrada ou as exigências dos outros nos deixaram ressentidos? Quando reconhecemos isso diante de Deus e lhe entregamos o que acontece no profundo do nosso coração, nosso afetuoso Jardineiro pode nos ajudar a desenterrar quaisquer raízes de amargura, estejam elas ainda pequenas ou crescendo há anos, e Ele pode substituí-las por um espírito doce e alegre.

Anne Cetas

17 DE FEVEREIRO

Renomeada por Deus

Leitura: Rute 1:19-22

"Não me chamem de Noemi", respondeu ela.
"Chamem-me de Mara, pois o Todo-poderoso
tornou minha vida muito amarga".

RUTE 1:20

Ligeira. *Batgirl.* Brincalhona. Esses são alguns apelidos que são dados aos conselheiros no acampamento que minha família frequenta anualmente. Os apelidos dados pelos outros acampantes geralmente surgem por causa de algo embaraçoso, um hábito engraçado ou um *hobby*.

Porém, os apelidos não são limitados a um acampamento, nós os encontramos até na Bíblia. Por exemplo, Jesus chama os apóstolos Tiago e João de "filhos do trovão" (Marcos 3:17). É raro nas Escrituras que alguém se dê um apelido, mas aconteceu quando uma mulher chamada Noemi pedia que as pessoas a chamassem de "Mara", que significa "amarga" (Rute 1:20), pois seu marido e os dois filhos tinham morrido. Ela sentiu que Deus havia tornado sua vida amarga (v.21).

Esse apelido não vingou, pois, essas perdas devastadoras não foram o fim de sua história. Em meio à tristeza, Deus a abençoou Noemi com uma nora amorosa, Rute, que se casou novamente e teve um filho, criando uma nova família para Noemi.

Embora às vezes estejamos dispostos a nos darmos apelidos depreciativos, como "fracassado" ou "mal-amado", com base nas dificuldades que experimentamos ou nos erros que cometemos, esses nomes não são o fim de nossa história. Podemos substituí-los pelo nome que Deus deu a cada um de nós, "meu povo" (Romanos 9:25), e buscar pelas maneiras que Ele usa para conceder Sua provisão, mesmo nos momentos mais desafiadores.

Lisa Samra

18 DE FEVEREIRO

Complicações da vida

Leitura: Rute 1:15-22

*Por que me chamar de Noemi
se o S*ENHOR *me fez sofrer e se o Todo-poderoso
trouxe calamidade sobre mim?*
RUTE 1:21

Quando encontramos Noemi nas Escrituras, vemos que sua vida era cheia de problemas. Ela e seu esposo tinham ido morar em Moabe, em busca de comida durante uma época de fome. Enquanto estavam naquela terra, seus dois filhos se casaram com mulheres moabitas e a vida era boa, até que seu marido e os dois filhos morreram; e ela sendo viúva numa terra estrangeira.

Embora sincera a respeito de sua dor, Noemi obviamente sabia quem estava no controle: "…o SENHOR me fez sofrer e […] o Todo-poderoso trouxe calamidade sobre mim" (Rute 1:21).

A palavra hebraica para "Todo-Poderoso" *Shaddai* indica a suficiência de Deus para qualquer situação. A palavra "Senhor" (Jeová) refere-se à Sua fidelidade como o Deus amoroso que cumpre a Sua aliança. Eu gosto como Noemi juntou estas duas palavras. Em meio às suas queixas, ela nunca esqueceu o fato de o seu Deus ser o Deus capaz e fiel. E, sem dúvida, Ele provou Sua capacidade em libertá-la e Sua fidelidade ao cuidar dela até o fim.

Se parecer que não há saída para o seu desespero, lembre-se de que o Deus de Noemi também é o seu Deus. E Ele é especialista em lidar com nossos problemas e obter resultados gloriosos e bons. Felizmente, Ele é ambas as coisas: capaz e fiel. Assim, quando a sua vida estiver complicada, lembre-se do seu Deus e do quanto Ele é capaz!

Joe Stowell

19 DE FEVEREIRO

Colheita dos campos

Leitura: Rute 2:1-12

*Certo dia, Rute, a moabita, disse a Noemi:
"Deixe-me ir ao campo ver se alguém,
em sua bondade, me permite recolher as espigas
de cereal que sobrarem".*

RUTE 2:2

Uma amiga tanzaniana tem o sonho de converter uma parte da terra desolada da capital Dodoma. Reconhecendo as necessidades de algumas viúvas locais, Rute quer transformar aqueles solos empoeirados num local para criar galinhas e cultivo de plantas. Seu sonho de ajudar os necessitados tem origem em seu amor por Deus e foi inspirado em Rute, sua xará bíblica.

As leis de Deus permitiam que os pobres ou estrangeiros colhessem dos cantos dos campos (Levítico 19:9-10). Rute (da Bíblia) era estrangeira e, portanto, tinha a permissão de trabalhar nos campos, juntando alimento para ela e sua sogra. Colher no campo de Boaz, um parente próximo, possibilitou que Rute e Noemi por fim encontrassem um lar e proteção. Rute usou sua perspicácia e seus esforços no trabalho do dia, colhendo alimentos deixados à beira dos campos, e Deus a abençoou.

A paixão da minha amiga Rute e a dedicação da Rute da Bíblia me motivam a agradecer a Deus pelo modo como Ele cuida dos pobres e oprimidos. Elas me inspiram a buscar formas de ajudar outras pessoas, tanto da minha comunidade quanto de fora, como meio de expressar minha gratidão ao nosso generoso Deus. Como você poderia adorar a Deus estendendo a misericórdia divina a outras pessoas?

Amy Boucher Pye

20 DE FEVEREIRO

Encontro inesperado

Leitura: Rute 2:11-20

Que o SENHOR, o Deus de Israel,
sob cujas asas você veio se refugiar, a recompense
ricamente pelo que você fez. RUTE 2:12

Diogo, jovem e entusiasta, estava liderando o louvor pela primeira vez em uma igreja grande. Luísa, uma participante antiga, queria encorajá-lo, mas achou que seria difícil demais chegar até a frente da igreja antes que ele fosse embora. Mas, em seguida, ela percebeu um jeito de passar pela multidão, e lhe disse: "Gostei muito do seu entusiasmo ao liderar o louvor. Continue servindo ao Senhor!".

Ao se afastar dali, Luísa encontrou-se com Sara, a quem não via há meses. Após uma curta conversa, Sara lhe disse: "Obrigada pelo que você faz para o Mestre. Continue servindo ao Senhor!" Porque Luísa se dispusera a encorajar outra pessoa, ela agora estava no lugar certo para receber esse encorajamento inesperado.

Após Rute e sua sogra Noemi deixarem Moabe e retornarem a Israel, elas receberam uma bênção inesperada. Ambas eram viúvas sem alguém que lhes concedesse provisão, então Rute foi respigar grãos de um campo (Rute 2:2-3). O campo, no fim das contas, pertencia a Boaz, um parente distante de Noemi. Ele percebeu a presença de Rute, supriu as suas necessidades e, mais tarde, tornou-se seu marido (2:20; 4:13). Rute recebeu esta bênção porque estava no lugar certo e na hora certa (2:11-23).

Algumas vezes Deus usa encontros não planejados para trazer bênçãos inesperadas.

Anne Cetas

21 DE FEVEREIRO

O romance

Leitura: Rute 3:1-11

*As mulheres da vizinhança disseram:
"Noemi tem um filho outra vez!", e lhe deram o nome de Obede.
Ele é o pai de Jessé, pai de Davi.* RUTE 4:17

Nos tempos bíblicos, as viúvas frequentemente enfrentavam uma vida de pobreza. Rute e sua sogra Noemi se encontravam nessa situação, após cada uma ter perdido o seu marido. Entretanto, Deus tinha um plano para proporcionar-lhes segurança envolvendo Rute como parte integrante de um plano muito maior.

Boaz, um rico latifundiário, sabia da existência de Rute e a admirava (Rute 2:5-12), mas ficou surpreso, uma noite, ao acordar e vê-la deitada a seus pés (3:8). Ela lhe pediu para estender a "as abas de sua capa" sobre si, para indicar que, como parente próximo, ele estava disposto a ser seu "resgatador" (v.9). Mais do que um pedido de proteção; Rute o pedia em casamento. Boaz concordou em casar-se com ela (vv.11-13; 4:13).

Não é exatamente uma história romântica típica. Não obstante, a decisão de Rute de seguir as instruções de Noemi (3:3-6) estabeleceu uma série de acontecimentos que a colocaram no plano de redenção de Deus! Do casamento de Rute com Boaz, nasceu um filho, Obede, que veio a ser avô do rei Davi (4:17). Gerações depois, dessa família nasceu José, que se tornou o "pai legal" do filho de Maria (Mateus 1:16-17; Lucas 2:4-5) — nosso Redentor, Jesus.

Rute confiou em Deus e seguiu as instruções de Noemi, mesmo não conseguindo vislumbrar o fim da história. Nós também podemos confiar na provisão divina quando a vida é incerta.

Cindy Hess Kasper

1 SAMUEL

Este livro marcou o fim da teocracia, durante a qual Deus governava a Terra, e o início da monarquia, na qual um rei humano seria o líder do país. Samuel tornou-se o último dos juízes de Israel, mas o povo queria um rei, e por isso Samuel ungiu o alto e belo Saul para tal posição. Saul e Davi, o rei ungido depois dele, tinham um relacionamento conflitante devido ao ciúme que Saul sentia pelo jovem rei na linha de sucessão. Eventualmente, a monarquia exercida por Saul passou de boa a má, e depois tornou-se ainda pior. Por fim, o rei Saul cometeu suicídio em vez de enfrentar a derrota no campo de batalha.

ESBOÇO

Nasce Samuel e sua mãe Ana o dedica a Deus;
    Deus chama Samuel como profeta, 1 SAMUEL 1:1-3:36
Os filisteus capturam a arca da aliança; e esta retorna
    a Israel, 1 SAMUEL 4:1-6:21
O juizado de Samuel, 1 SAMUEL 7:1-17
Israel pede por um rei, 1 SAMUEL 8:1-21
Samuel unge Saul como rei; erros, 1 SAMUEL 9:1-15:35
Davi é ungido como rei, luta contra Golias, 1 SAMUEL 16:1-17:58
Saul tenta matar Davi, 1 SAMUEL 18:1-24:22
Vários cenários 1 SAMUEL 25:1-30:31
Saul comete suicídio, 1 SAMUEL 31:1-13

22 DE FEVEREIRO

Palavras que ferem

Leitura: 1 Samuel 1:1-8

*Os comentários de algumas pessoas ferem,
mas as palavras dos sábios trazem cura.*
PROVÉRBIOS 12:18

"Magrela, magrela", provocou o menino. "Vareta", outro garoto emendou. Em resposta, eu poderia ter respondido "o que vem de baixo não me atinge". Mas, mesmo sendo uma garotinha, eu sabia que não esse ditado não era bem assim. As palavras cruéis e impensadas doíam, às vezes doíam demais, deixando ferimentos que iam mais fundo e duravam muito mais tempo do que o vergão causado por uma pedra ou um pedaço de pau.

Ana certamente conhecia a dor das palavras impensadas. Seu marido, Elcana, amava-a, mas ela não tinha filhos, enquanto a segunda esposa dele, Penina, tinha muitos. Em uma cultura em que se reafirmava o valor da mulher muitas vezes pelo fato de ela ter ou não filhos, Penina aumentava a dor de Ana provocando e zombando dela continuamente por ainda não ter filhos. Penina agia assim até Ana chorar e deixar de comer (1 Samuel 1:6-7).

As intenções de Elcana eram provavelmente boas, mas a sua pergunta impensada: "Ana, por que você chora? [...] Será que não sou melhor para você do que dez filhos?" (v.8) ainda era dolorosa.

Como Ana, nós também cambaleamos quando ouvimos palavras ofensivas. E talvez tenhamos reagido às nossas dores atacando e ferindo outros com as nossas palavras. Mas todos nós podemos recorrer ao nosso Deus amoroso e compassivo em busca de força e cura (Salmo 27:5,12-14). O Senhor se alegra quando o buscamos e nos recebe com palavras de amor e graça.

Alyson Kieda

23 DE FEVEREIRO

Teu servo ouve

Leitura: 1 Samuel 3:1-10

Então o S*enhor* *veio e o chamou, como antes: "Samuel! Samuel!". Samuel respondeu: "Fala, pois teu servo está ouvindo."*

1 SAMUEL 3:10

Se o rádio sem fio estivesse ligado, eles saberiam que o Titanic estava afundando. Cyril Evans, o operador de rádio de outro navio, tentou transmitir uma mensagem a Jack Phillips, o operador de rádio do Titanic avisando-o de que haviam encontrado um campo de gelo. Mas Phillips estava ocupado transmitindo as mensagens dos passageiros e rudemente disse a Evans para ficar quieto. Então Evans relutantemente desligou o rádio e foi dormir. Dez minutos depois, o Titanic atingiu um iceberg. Os sinais de angústia ficaram sem resposta porque ninguém estava ouvindo os pedidos de socorro.

Em 1 Samuel, lemos que os sacerdotes de Israel eram corruptos e haviam perdido a visão e a audição espirituais quando a nação entrou em perigo. "Naqueles dias, as mensagens do Senhor eram muito raras, e visões não eram comuns" (1 Samuel 3:1). No entanto, Deus não desistiria do Seu povo. Ele começou a falar com um garoto chamado Samuel, que estava sendo criado na casa do sacerdote. O nome de Samuel significa "o Senhor ouve", um memorial por Deus ter respondido às orações de sua mãe. Mas Samuel precisaria aprender sobre como ouvir a Deus.

"Fala, pois seu servo está ouvindo" (v.10). É o servo que ouve. Que possamos também escolher ouvir e obedecer ao que Deus revelou nas Escrituras. Vamos submeter nossa vida a Ele e assumamos a atitude de servos humildes, aqueles que têm os seus "rádios" ligados.

Glenn Packiam

24 DE FEVEREIRO

Beleza escondida

Leitura: 1 Samuel 16:1-7

As pessoas julgam pela aparência exterior,
*mas o S*ENHOR*, olha para o coração.*
1 SAMUEL 16:7

Precisei persuadir meus filhos a acreditar que valia a pena colocar o equipamento de mergulho e espiar por baixo da superfície do mar. Porém, depois de mergulharem, eles emergiram cheios de êxtase, dizendo: "Há milhares de peixes de todos os tipos! É lindo! Nunca vimos peixes tão coloridos!".

Como a superfície da água se parecia com a dos lagos que temos perto de casa, se eles não tivessem mergulhado, teriam perdido a beleza escondida sob aquela superfície.

Quando o profeta Samuel foi a Belém ungir um dos filhos de Jessé para ser o próximo rei, ele viu o mais velho, Eliabe, e impressionou-se com a aparência dele. Samuel pensou que já havia encontrado o homem certo, mas o Senhor rejeitou Eliabe. Deus lembrou o profeta Samuel que "O SENHOR não vê as coisas como o ser humano as vê. As pessoas julgam pela aparência exterior, mas o SENHOR olha para o coração" (v.7).

Samuel, então, perguntou se havia mais filhos. Davi, o mais novo, não estava no local, pois cuidava das ovelhas de sua família. Este filho, Davi, foi chamado e o Senhor ordenou a Samuel que o ungisse.

Com frequência, olhamos as pessoas apenas superficialmente e nem sempre nos damos ao trabalho de ver e reconhecer sua beleza interior, por vezes escondida. Nem sempre valorizamos o que Deus valoriza. Mas se tivermos tempo para espreitar abaixo da superfície, poderemos encontrar um grande tesouro.

Lisa Samra

25 DE FEVEREIRO

Amani

Leitura: 1 Samuel 16:14-23

Pois Deus não nos deu um Espírito que produz temor e covardia, mas sim que nos dá poder, amor e autocontrole.
2 TIMÓTEO 1:7

Amani, que significa "paz" na língua suaíli, do Quênia, é o nome de um cão labrador que tem alguns amigos especiais. Amani mora com duas jovens chitas (guepardos) num zoológico norte-americano. Os zoólogos colocaram os animais juntos para que as chitas aprendessem os modos descontraídos de Amani. Considerando que cães são geralmente tranquilos em locais públicos, os especialistas antecipam que Amani será uma "influência serena" na vida das chitas à medida que eles forem crescendo juntos.

Davi foi uma influência que trazia calma à vida do rei Saul quando um "espírito maligno" o atormentava (1 Samuel 16:14). Quando os servos de Saul souberam de seu problema, pensaram que a música poderia aliviar a angústia do rei. Um servo convocou Davi, que era um harpista habilidoso. Sempre que o rei ficava perturbado, Davi tocava a harpa e "Saul se sentia melhor, e o espírito se retirava dele" (v.23).

Ansiamos por alívio e bem-estar quando somos atormentados pela raiva, medo ou tristeza. O Deus da Bíblia é um "Deus da paz" (Hebreus 13:20-21), Aquele que dá o Espírito Santo a todos que creem nele. Quando estamos agitados ou ansiosos podemos nos lembrar de que o Espírito de Deus produz poder, amor e autocontrole (2 Timóteo 1:7). A influência de Deus em nossa vida pode criar um efeito calmante que leva ao consolo e completude.

Jennifer Benson Schuldt

26 DE FEVEREIRO

Poderoso

Leitura: 1 Samuel 17:32, 41-47

*Golias [...] caminhava em direção a Davi,
rindo com desprezo do belo jovem ruivo.*
1 SAMUEL 17:41-42

A bebê Saybie nasceu "microprematura", com 23 semanas e pesando 245 gramas. Os médicos duvidaram de sua sobrevivência e disseram aos pais que teriam provavelmente apenas uma hora com a filha. No entanto, Saybie continuou lutando. Um cartão rosa perto de seu berço dizia: "Minúscula, mas poderosa". Depois de passar 5 meses no hospital, saudável e com 2,5 quilos, Saybie foi milagrosamente para casa. E levou consigo um recorde mundial: o menor bebê sobrevivente do mundo.

É maravilhoso ouvir as histórias daqueles que superam as probabilidades. A Bíblia relata uma dessas histórias. Davi, um menino pastor, ofereceu-se para lutar contra Golias; um guerreiro de enorme estatura que difamou Deus e ameaçou Israel. O rei Saul não deu crédito a Davi e o ridicularizou: "Você não conseguirá lutar contra esse filisteu e vencer! É apenas um rapaz, e ele é guerreiro desde a juventude" (1 Samuel 17:33). Quando o jovem Davi pisou no campo de batalha, Golias riu "com desprezo do belo jovem ruivo" (v.42). No entanto, Davi não entrou naquela batalha sozinho, ele a enfrentou "em nome do Senhor dos Exércitos, o Deus dos exércitos de Israel" (v.45). E quando o dia findou, o vitorioso Davi contemplava o Golias já morto.

Não importa o tamanho do problema, quando Deus está conosco não há nada a temer. Com a Sua força, também somos fortes.

Winn Collier

27 DE FEVEREIRO

A misericórdia de Deus em ação

Leitura: 1 Samuel 24:1-10

Que o Senhor julgue entre nós dois...
1 SAMUEL 24:12

Enchi-me de raiva quando uma mulher me maltratou, culpou-me e promoveu intrigas a meu respeito. Queria que todos soubessem o que ela havia feito e que ela sofresse como eu tinha sofrido por causa da atitude dela. Fiquei ressentida a ponto de sentir uma terrível dor de cabeça. No entanto ao começar a orar para que a dor passasse, o Espírito Santo me convenceu. Como eu poderia planejar vingança enquanto implorava a Deus por alívio? Se eu acreditava que Ele cuidaria de mim, por que não confiar nele para lidar com tal situação? Sabendo que as pessoas que estão sofrendo muitas vezes ferem outras pessoas, pedi a Deus que me ajudasse a perdoá-la e a me esforçar pela reconciliação.

O salmista Davi entendeu a dificuldade de confiar em Deus enquanto sofria tratamento injusto. Embora Davi fizesse o possível para ser um servo amoroso, o rei Saul sucumbiu ao ciúme e queria matá-lo (1 Samuel 24:1-2). Davi sofreu enquanto Deus agia e o preparava para assumir o trono, mas ainda assim escolheu honrar a Deus em vez de buscar vingança (vv.3-7). Ele fez sua parte para se reconciliar com Saul e deixou os resultados nas mãos divinas (vv.8-22).

Quando parece que outras pessoas estão se safando de erros, lutamos com a injustiça. Mas com a misericórdia de Deus agindo em nosso coração e no dos outros, podemos perdoar como Ele nos perdoou e receber as bênçãos que Ele preparou para nós.

Xochitl Dixon

28 DE FEVEREIRO

Conversas difíceis

Leitura: 1 Samuel 25:21-35

No que depender de vocês, vivam em paz com todos.
ROMANOS 12:18

Certa vez, dirigi por longa distância para ter uma conversa difícil com um membro da equipe. Eu soubera, por terceiros, que essa pessoa estava deturpando a reputação da empresa, e isso me preocupava. Senti que deveria dizer algo que pudesse mudar as escolhas dele.

Alguém improvável se arriscou a confrontar o futuro rei de Israel que estava prestes a fazer uma escolha desastrosa. Abigail era casada com Nabal, cujo caráter indicava o significado do seu nome "tolo" (1 Samuel 25:3,25). Nabal tinha se recusado a pagar o que devia a Davi e a suas tropas pela proteção dos animais que lhe pertenciam (vv.10-11). Ouvindo que Davi planejava vingar-se e sabendo que seu tolo marido não a ouviria, Abigail preparou uma oferta de paz, foi até Davi e o persuadiu a mudar de ideia (vv.18-31).

Como Abigail conseguiu isso? Após mandar jumentos carregados de comida para satisfazer Davi e seus homens e pagar pela dívida, ela disse a verdade a Davi. Com sabedoria, levou-o a lembrar-se do chamado de Deus sobre a vida dele. Se ele resistisse ao seu desejo de vingança, quando Deus o estabelecesse como rei, não teria "em sua consciência a tristeza e o peso de ter derramado sangue e se vingado sem necessidade" (v.31).

Talvez você conheça alguém que esteja prestes a cometer um erro que prejudique outros ou comprometa seu futuro planejado por Deus. Como Abigail, será que Deus o chama para ter uma conversa difícil.

Elisa Morgan

29 DE FEVEREIRO

Recuperando o que está perdido

Leitura: 1 Samuel 30:1-6,18-19

Mas Davi encontrou forças no S<small>ENHOR</small>, seu Deus.
1 SAMUEL 30:6

Nosso pastor se preparou para as más notícias quando durante o nosso estudo bíblico o telefone dele caiu acidentalmente. Perda total, certo? Na verdade, não! A funcionária da loja recuperou todos os dados do aparelho, incluindo os vídeos bíblicos e as fotos. Ela também recuperou todas as fotos que ele já havia deletado e substituiu o aparelho por um novo. Como ele disse: "Recuperei tudo o que tinha perdido e um pouco mais".

Certa ocasião, após um ataque dos violentos amalequitas, Davi liderou a sua própria missão de resgate. Rejeitado pelos governantes filisteus, ele e seu exército descobriram que os amalequitas haviam invadido e incendiado sua cidade de Ziclague, levando prisioneiros "suas mulheres, seus filhos e suas filhas" (1 Samuel 30:2-3). Davi e seus soldados "lamentaram e choraram em alta voz até não aguentar mais" (v.4). Os soldados estavam tão amargurados com seu líder Davi que falavam em "apedrejá-lo" (v.6).

"Mas Davi encontrou força no S<small>ENHOR</small>, seu Deus" (v.6). Como Deus prometeu, Davi os perseguiu e "recuperou tudo que os amalequitas haviam tomado [...]. Não faltava coisa alguma: nem pequena nem grande, nem filho nem filha, nem qualquer outra coisa que havia sido tomada. Davi trouxe tudo de volta" (vv.18-19). À medida que enfrentamos ataques espirituais que nos "roubam" até mesmo a esperança, que possamos encontrar forças renovadas em Deus. Ele estará conosco em todos os desafios da vida.

Patricia Raybon

2 SAMUEL

Pelo fato de 1 e 2 Samuel terem sido originalmente registados como um pergaminho, é lógico que a história que termina ao final de 1 Samuel continue em 2 Samuel. Temos, em 2 Samuel, o registro dos acontecimentos pertinentes aos 40 anos de reinado de Davi sobre Israel. Também extremamente importante para a história geral da Bíblia é o pacto davídico, descrito em 2 Samuel. Vemos Davi como líder benevolente e sábio completando a aquisição da Terra Prometida pelos judeus. No entanto, também o vemos como um grande pecador no episódio com Bate-Seba e Urias. Antes desse episódio, o reinado de Davi transcorria normalmente; depois disso, o seu reino esteve repleto de dificuldades.

ESBOÇO

Davi torna-se rei de Judá, 2 SAMUEL 1:1-4:12
Davi torna-se rei de todo o Israel, 2 SAMUEL 5:1-10:19
Davi peca com Bate-Seba, 2 SAMUEL 11:1-12:31
Problemas para Davi, 2 SAMUEL 13:1-21:22
Profecia de Davi e suas palavras finais, 2 SAMUEL 22:1-23:39
**Davi conta os seus combatentes
   em desafio a Deus,** 2 SAMUEL 24:1-25

1º DE MARÇO

Poesia do espírito

Leitura: 2 Samuel 1:17-27

Davi entoou uma canção fúnebre para Saul e Jônatas.
2 SAMUEL 1:17

Em março de 2011, um *tsunami* devastador atingiu o Japão ceifando perto de 16 mil vidas ao destruir cidades e vilas ao longo da costa. A escritora e poetisa Gretel Erlich visitou esse país para testemunhar e documentar tal devastação. Quando ela se sentiu inadequada para relatar o que estava vendo, escreveu um poema. Por ocasião de entrevista, ela afirmou: "Meu velho amigo William Stafford, um poeta já falecido, escreveu: 'Um poema é uma emergência do espírito'".

A poesia é utilizada em toda a Bíblia para expressar emoções profundas, desde o louvor de júbilo à perda angustiante. Quando o rei Saul e seu filho Jônatas foram mortos em batalha, Davi sentiu-se devastado pela dor (2 Samuel 1:1-12). Ele derramou sua alma num poema que chamou de "Cântico do Arco" (v.17): "Quão amados e estimados eram Saul e Jônatas! Estiveram juntos na vida e na morte. [...] Como caíram os valentes na batalha! [...] Como choro por você, meu irmão Jônatas, quanto eu o estimava! Seu amor por mim era precioso..." (vv.23-26).

Quando enfrentamos "uma emergência do espírito", quer seja feliz, quer seja triste, nossas orações podem ser um poema ao Senhor. Mesmo que falhemos em colocar em palavras o que sentimos, o nosso Pai celestial ouve as nossas palavras como a verdadeira expressão do nosso coração.

David McCasland

2 DE MARÇO

Leve como a pluma

Leitura: 2 Samuel 6:12-33

O coração alegre é um bom remédio...
PROVÉRBIOS 17:22

Nós, cristãos, podemos por vezes parecer sem alegria, preocupados em manter a nossa dignidade. Mas isso é uma atitude estranha, uma vez que estamos unidos a um Deus que nos deu o Seu maravilhoso dom da alegria e do riso.

Não há problema em divertir-se! Cada família expressa alegria de formas diferentes, é claro. Sou grato por nossa casa ser uma casa cheia de risos. As brincadeiras na água, divertidas competições (embora às vezes difíceis), suaves cutucões e a risada surgiam com facilidade. O riso tem sido uma dádiva da bondade de Deus que nos amparou por alguns dos dias mais sombrios de nossa vida. A alegria do Senhor muitas vezes foi verdadeiramente o nosso refúgio (Neemias 8:10).

Quando o rei Davi trouxe a arca de Deus à Jerusalém da casa de Obede-Edom, ele dançou "com todas as suas forças" diante do Senhor (2 Samuel 6:14). A palavra hebraica usada traz a ideia da alegria exuberante e, é semelhante a nossa expressão "fazer a festa". De fato, no versículo 16, Davi estava "saltando e dançando". Mical, esposa de Davi, achou que o comportamento dele era inadequado para a dignidade de um rei, e reagiu com severidade. A resposta de Davi foi anunciar que ele se tornaria "ainda mais desprezível" (v.22). O seu espírito estava animado e ele se sentia "tão leve quanto a pluma".

David Roper

3 DE MARÇO

Bondade intencional

Leitura: 2 Samuel 9:3-11

[Davi] gostaria de mostrar a bondade de Deus para com ele.
2 SAMUEL 9:3

Na hora de embarcar no avião, uma jovem mãe que estava sozinha com seus filhos tentou desesperadamente acalmar sua filha de 3 anos, que começou a chutar e a chorar. Logo o seu faminto bebê de 4 meses também começou a chorar.

O passageiro sentado ao lado se ofereceu para segurar o bebê enquanto Jessica afivelava a filha. Recordando os seus dias como jovem pai, o viajante começou a colorir com a criança enquanto a mãe alimentava o bebê. E no voo de conexão, esse mesmo homem se ofereceu para ajudá-la, caso necessário.

A mãe lembrou: "Fiquei impressionada com a provisão de Deus nisso. Poderíamos sentar ao lado de qualquer passageiro, mas estávamos sentados ao lado de um dos homens mais gentis que já conheci".

Temos outro exemplo desse tipo de bondade intencional no texto de 2 Samuel 9. Depois da morte do rei Saul e também de Jônatas, alguns esperavam que Davi matasse qualquer um que pudesse reivindicar o trono. Em vez disso, ele perguntou: "Resta alguém da família de Saul? Se resta, gostaria de mostrar a bondade de Deus para com ele" (v.3). Mefibosete, filho de Jônatas, foi levado a Davi, que restaurou sua herança e, calorosamente o convidou a compartilhar de sua mesa dali em diante "como se fosse um de seus filhos" (v.11).

Como beneficiários da imensa bondade intencional de Deus, que possamos procurar pelas oportunidades para "fazer o bem a todos" (Gálatas 6:10).

Cindy Hess Kasper

4 DE MARÇO

Para onde você se dirige?

Leitura: 2 Samuel 12:1-14

Então Natã disse a Davi: "Você é esse homem!"
2 SAMUEL 12:7

Na Tailândia, a equipe de futebol juvenil *Javalis Selvagens* decidiu explorar uma caverna juntos. Uma hora mais tarde, decidiram voltar e descobriram que a entrada da caverna estava totalmente inundada. A água os empurrou dia após dia até eles ficaram presos a mais de 4 quilômetros da entrada. Quando eles foram heroicamente resgatados duas semanas depois, muitos se admiravam de como eles tinham se afastado tanto. Resposta: um passo de cada vez.

Em Israel, Natã confrontou Davi por matar seu leal soldado Urias. Como um "homem segundo o coração [de Deus]" (1 Samuel 13:14), se tornou culpado de assassinato? Um passo de cada vez. Davi não passou do zero ao assassinato numa única tarde. Ele se preparou para isso, com o passar do tempo, quando uma má decisão se misturou a outras. Tudo começou com um segundo olhar que se transformou num olhar lascivo. Ele abusou de seu poder real mandando buscar Bate-Seba, depois tentou encobrir sua gravidez chamando seu marido de volta para casa. Quando Urias se recusou a visitar sua esposa enquanto seus companheiros lutavam, Davi decidiu pela morte dele.

Podemos não ser culpados de assassinato ou presos numa caverna por própria culpa, porém nos movemos ou em direção a Jesus ou aos problemas. Os grandes problemas não se desenvolvem da noite para o dia; surgem gradualmente, um passo de cada vez.

Mike Wittmer

5 DE MARÇO

Deslocado

Leitura: 2 Samuel 15:13-26

Minha saúde pode acabar e meu espírito fraquejar, mas Deus continua sendo a força de meu coração; ele é minha possessão para sempre.
SALMO 73:26

Davi fugiu de Jerusalém, pois fora expulso de sua casa por seu filho Absalão, que tinha reunido um exército de apoiadores. Enquanto o rei Davi escapava, ele instruiu Zadoque, seu sacerdote, para levar a arca de Deus de volta a Jerusalém e conduzir as pessoas em adoração no local. "Se for da vontade do SENHOR, ele me trará de volta para ver novamente a arca e o santuário", ele meditou: "Mas, se ele não se agradar mais de mim, que faça comigo o que lhe parecer melhor" (2 Samuel 15:25-26).

Talvez, como Davi, você tenha perdido sua autonomia. Alguém assumiu o controle de sua vida, ou assim parece.

Você pode temer que as circunstâncias e o capricho humano tenham derrubado seus planos. Mas nada pode frustrar a intenção amorosa de Deus. Tertuliano (150–220 d.C.) escreveu: "Não se arrependa de algo que foi tomado pelo Senhor Deus, sem cuja vontade nem uma folha desliza de uma árvore, nem um pardal de um centavo cai na terra".

Nosso Pai celestial sabe como cuidar de Seus filhos e permite apenas o que Ele considera melhor. Podemos descansar em Sua infinita sabedoria e bondade.

Portanto, podemos repetir as palavras de Davi: "que faça comigo o que lhe parecer melhor".

David Roper

6 DE MARÇO

Prevenindo os arrependimentos

Leitura: 2 Samuel 18:31–19:4

O rei ficou muito abalado. Foi para o quarto que ficava sobre o portão da cidade e começou a chorar.

2 SAMUEL 18:33

Na década de 1980, a banda britânica *Mike and the Mechanics* gravou um poderosa canção intitulada *The Living Years* (Os anos de vida). O compositor lamenta a morte do seu pai, porque o relacionamento deles havia sido difícil e marcado pelo silêncio em vez de compartilhamento. O cantor diz com remorso: "Eu não disse a ele todas as coisas que eu tinha a dizer". Lutando contra o arrependimento de palavras não ditas e amor não expresso, ele lamenta: "Eu só queria poder dizer a ele enquanto ainda estava vivo".

De igual modo, o rei Davi também se arrependeu do relacionamento rompido com seu filho Absalão. Furioso com a recusa de Davi em punir Amnon por ter estuprador sua irmã Tamar, Absalão matou Amnom e fugiu (2 Samuel 13:21-34). O servo de Davi, Joabe, sabia que o rei desejava encontrar o seu filho fugitivo, então ele providenciou para que Absalão fosse trazido ao rei. Mas o relacionamento deles nunca mais foi o mesmo. A amargura de Absalão desencadeou um conflito que terminou com sua morte (18:14). Foi uma vitória amarga para o rei Davi, levando-o a lamentar seu filho perdido e seu relacionamento fracassado (18:33). Nenhuma quantidade de luto, no entanto, poderia desfazer a imensa dor de cabeça de Davi.

Podemos aprender com o arrependimento de Davi ao lidarmos com relacionamentos fragmentados. A dor de tentar consertar as coisas pode ser difícil. Mas é muito melhor fazer o que pudermos para consertá-las "enquanto estamos vivos".

Bill Crowder

7 DE MARÇO

Braços abertos

Leitura: 2 Samuel 22:1-7,17-20

Em minha aflição, clamei ao SENHOR;
[...] meu clamor chegou a seus ouvidos.
2 SAMUEL 22:7

Saydee e sua família têm uma filosofia de "lar e braços abertos". As pessoas sempre são bem-vindas na casa deles, "especialmente as aflitas", diz ele. Sua casa com seus nove irmãos na Libéria era o exemplo disso. Seus pais sempre acolheram outras pessoas em sua família. Ele diz: "Crescíamos como uma comunidade e amávamos uns aos outros. Todo mundo era responsável por todo mundo. Meu pai nos ensinou a amar, cuidar e proteger um ao outro".

Quando o rei Davi precisou, ele encontrou esse tipo de cuidado amoroso em Deus. Em 2 Samuel 22 e Salmo 18 está registrado o seu cântico de louvor a Deus por Ele ter sido o seu refúgio durante toda a sua vida. Davi lembrou: "Em minha aflição, clamei ao SENHOR; sim, clamei a Deus por socorro. Do seu santuário ele me ouviu; meu clamor chegou a seus ouvidos" (2 Samuel 22:7). Muitas vezes Deus o livrou de seus inimigos, incluindo o rei Saul. Davi louvou a Deus por ser Sua fortaleza e o libertador em quem ele se refugiou (vv.2-3).

Embora as nossas angústias possam parecer pequenas em comparação com as de Davi, Deus nos convida a buscá-lo para nele encontrarmos o abrigo que ansiamos. Seus braços estão sempre abertos. Portanto, cantaremos "louvores ao [Seu] nome" (v.50).

Anne Cetas

8 DE MARÇO

A quem pertence a honra?

Leitura: 2 Samuel 23:13-17

...derramou-a [a água] no chão como oferta ao Senhor.
2 SAMUEL 23:16

A foto me fez rir alto. As multidões haviam se alinhado numa avenida da cidade mexicana, agitando bandeiras e jogando confetes enquanto esperavam o Papa passar. No meio da rua, passeava um filhote de cachorro, parecendo sorrir como se a agitação fosse inteiramente para ele. Sim! Todo cachorro deveria ter o seu dia de glória, e esse dia deveria parecer como uma celebração também!

É engraçado quando um filhote "rouba o show", mas se nós nos apropriamos da honra que pertence ao outro isso pode nos destruir. Davi sabia disso e recusou-se a beber a água que seus poderosos guerreiros haviam arriscado a vida para conseguir. Ele tinha dito que seria ótimo se alguém fosse buscar água no poço de Belém. Três de seus soldados o obedeceram literalmente. Eles romperam as linhas inimigas, puxaram a água e a levaram a ele. Davi ficou positivamente impressionado com a dedicação deles, e queria que tivessem a percepção do seu reconhecimento. O rei recusou-se a beber daquela água e a "derramou-a no chão como oferta ao Senhor" (2 Samuel 23:16).

A maneira como reagimos ao louvor e à honra diz muito sobre nós. Quando o louvor é dirigido a outros, especialmente a Deus, saia da frente. O desfile não é para nós. Quando a honra é dirigida a nós, agradeça-o e depois amplifique esse louvor e gratidão, dando toda a glória a Jesus. A "água" também não é para nós. Agradeça e depois a entregue como oferta diante de Deus.

Mike Wittmer

1 REIS

Quando o livro de 1 Reis começa, o segundo rei de Israel, Davi, está idoso e acamado. O terceiro rei quase foi Adonias, mas Natã e a mãe de Salomão, Bate-Seba, souberam da tentativa de Adonias de usurpar a coroa (felizmente para Salomão). Eles adentraram o quarto de Davi e asseguraram-se de que Salomão se tornasse o monarca governante, o terceiro rei de Israel. O livro segue relatando sobre o reinado de Salomão, os seus projetos de construção, a sua sabedoria, a sua destreza administrativa e, finalmente, a sua morte. O restante do livro detalha como o reino de Israel se dividiu em duas terras: Israel e Judá; na sequência, detalha a vida dos reis que seguiram Salomão. É um olhar fascinante sobre esta parte fundamental da história de Israel.

ESBOÇO

Adonias tenta tornar-se rei quando Davi se aproxima da morte, Davi declara Salomão como rei, 1 REIS 1:1-4:34
O rei Salomão constrói o Templo, 1 REIS 5:1-8:66
A glória e o fracasso de Salomão, 1 REIS 9:1-11:43
O reino divide-se: Israel e Judá, 1 REIS 12:1-16:34
Elias faz a diferença, 1 REIS 17:1-19:21
Acabe reina em rebelião contra Deus, 1 REIS 20:1-22:53

9 DE MARÇO

Procura-se: Sabedoria

Leitura: 1 Reis 3:5-12

Dá a teu servo um coração compreensivo para que eu possa [...] saber a diferença entre o certo e o errado.

1 REIS 3:9

Kevin, 2 anos, tinha desaparecido. No entanto, 3 minutos após sua mãe ligar para a polícia, eles o encontraram na feira do seu bairro a dois quarteirões de casa. Sua mãe havia prometido que ele iria à feira mais tarde naquele dia com o avô. Mas Kevin dirigiu seu trator de brinquedo até o local e o estacionou perto do seu brinquedo favorito. Quando o menino já estava em segurança no seu lar, o pai sabiamente removeu a bateria do brinquedo.

Kevin foi inteligente para chegar no local em que queria, mas as crianças de dois anos ainda não adquiriram outra qualidade fundamental: a sabedoria. E, como adultos, às vezes nós também não a temos. Salomão, que foi nomeado rei por seu pai Davi (1 Reis 2), admitiu que se sentia como criança. Deus lhe apareceu em sonho e disse: "Peça o que quiser, e eu lhe darei" (3:5). Ele respondeu: "sou como uma criança pequena que não sabe o que fazer. [...] Dá a teu servo um coração compreensivo, para que eu possa governar bem o teu povo e saber a diferença entre o certo e o errado" (vv.7-9). Em resposta, Deus concedeu a Salomão "conhecimento tão vasto quanto a areia na beira do mar" (4:29).

Onde podemos obter a tão necessária sabedoria que precisamos? Salomão disse que o princípio da sabedoria é o "temor" ou a reverência a Deus (Provérbios 9:10). Portanto, podemos começar pedindo-lhe que nos ensine sobre si mesmo e nos conceda sabedoria para além da nossa própria.

Anne Cetas

10 DE MARÇO

O jardim zoológico de seu pai

Leitura: 1 Reis 4:29-34

*O justo cuida de seus animais,
mas os perversos são sempre cruéis.*
PROVÉRBIOS 12:10

June Williams tinha apenas 4 anos quando seu pai comprou uma extensa área de terra para construir um jardim zoológico sem grades ou gaiolas. Agora adulta, ela se lembra de como seu pai era criativo na tentativa de ajudar os animais selvagens a se sentirem livres mesmo estando em confinamento. Hoje, o *Chester Zoo* é uma das atrações de vida selvagem mais populares da Inglaterra. É o abrigo de onze mil animais numa área muito vasta. O zoológico reflete a preocupação de seu pai com o bem-estar dos animais, a educação e a conservação.

Salomão teve interesse semelhante pelas criaturas grandes e pequenas. Além de estudar sobre a vida selvagem do Oriente Médio, ele importou animais exóticos, como "macacos e pavões", de terras distantes (1 Reis 10:22). Mas um de seus provérbios nos mostra que o seu conhecimento acerca da natureza ultrapassou a sua curiosidade intelectual. Quando Salomão se expressou sobre as implicações espirituais a respeito de como tratamos os nossos animais, ele expôs algo do coração de nosso Criador: "O justo atenta para a vida dos seus animais, mas o coração dos perversos é cruel" (Provérbios 12:10).

Com a sabedoria dada por Deus, Salomão viu que o nosso relacionamento com o nosso Criador afeta não só a maneira como tratamos as pessoas, mas também quanta consideração damos às criaturas que estão sob o nosso cuidado.

Marvin Williams

11 DE MARÇO

Sabedoria antiga

Leitura: 1 Reis 12:1-7,12-17

*A sabedoria pertence aos idosos,
e o entendimento, aos mais velhos.*
JÓ 12:12

Há alguns anos, um jornal de Singapura publicou uma reportagem que continha lições de vida retiradas da experiência de oito pessoas idosas. Começava com estas palavras: "Embora o envelhecimento traga desafios à mente e ao corpo, também pode causar a expansão de outras áreas. Há abundância de conhecimento emocional e social; qualidades estas que os cientistas começam a definir como a sabedoria dos idosos".

De fato, os sábios idosos têm muito a nos ensinar sobre a vida. No entanto, na Bíblia, conhecemos um rei recém-coroado que foi incapaz de reconhecer isso.

O rei Salomão acabara de morrer e Jeroboão e "toda a comunidade de Israel foram falar com Roboão" sobre a demanda que tinham. Ele pediram ao novo rei para aliviar o trabalho e os impostos que o pai dele, Salomão, tinha exigido deles. Em troca, serviriam Roboão com lealdade (1 Reis 12:3).

O rei consultou "os homens mais velhos que haviam sido conselheiros do seu pai" (v.6), porém rejeitou o conselho recebido e aceitou a sugestão "dos jovens que haviam crescido com ele" (v.8), aumentando ainda mais as cargas impostas sobre o povo! Essa imprudência lhe custou a maior parte de seu reino.

Todos nós precisamos de conselhos adquiridos com os anos de experiência, especialmente daquelas pessoas que andaram com Deus e ouviram atentamente os Seus conselhos. Pense na sabedoria acumulada que lhes foi concedida por Deus! Eles têm muito a compartilhar conosco sobre o Senhor. Vamos procurá-los e ouvir atentos a sua sabedoria.

Poh Fang Chia

12 DE MARÇO

Ordens diretas

Leitura: 1 Reis 13:11-22

...pois o Senhor *me ordenou.*
1 REIS 13:17

Minha segunda filha estava ansiosa para dormir na "cama grande", no quarto da irmã. Todas as noites, eu a colocava sob as cobertas, dando ordens para que ficasse na "cama grande" e para não voltar ao berço, sob pena de ter que dormir no berço novamente. Noite após noite, eu a encontrava no corredor e tinha que levá-la desanimada de volta ao berço. Mais tarde, soube que a sua irmã mais velha, normalmente tão querida, não queria dividir o quarto e, por isso, dizia à pequena que tinha me ouvido chamar por ela. Acreditando na irmã, ela saía à minha procura, e portanto, eu tinha que levá-la de volta ao seu berço.

Ouvir a voz errada pode ter consequências para todos nós. Quando Deus enviou um homem a Betel para falar a Seu favor, deu-lhe instruções explícitas para que não comesse nem bebesse por lá, nem voltasse pelo mesmo caminho (1 Reis 13:9). Quando o rei Jeroboão o convidou a comer, o profeta declinou, seguindo a ordem de Deus. Quando um "profeta idoso" o convidou a jantar, inicialmente o homem recusou, no entanto, depois cedeu e comeu, quando o ancião o enganou dizendo que um anjo lhe dissera que não havia problema. Assim como eu queria que ela ficasse na "cama grande", imagino que Deus também se entristeceu quando o homem não seguiu as Suas instruções.

Podemos confiar completamente em Deus. Suas palavras são nosso caminho para a vida; somos sábios em ouvir e obedecer.

Kirsten Holmberg

13 DE MARÇO

Apenas confie

Leitura: 1 Reis 17:8-16

Ela fez conforme Elias disse.
Assim, Elias, a mulher e a família dela
tiveram alimento para muitos dias.
1 REIS 17:15

As 300 crianças estavam vestidas e aguardando o café da manhã, e foi feita uma oração de agradecimento pelo alimento. Mas eles não tinham o alimento! Situações como essa não eram incomuns para George Mueller (1805–98); o missionário e diretor do orfanato. Era mais uma oportunidade de ver como Deus os proveria. Minutos após a oração feita por Mueller, um padeiro que não conseguira dormir na noite anterior apareceu à porta. Consciente de que o orfanato poderia precisar do pão, ele tinha preparado três quantidades extras. Logo depois, o carrinho do leiteiro da cidade apareceu. Sua carroça tinha quebrado em frente ao orfanato e não querendo que o leite se estragasse, ele o ofereceu a Mueller.

É normal experimentar crises de preocupação, ansiedade e autopiedade quando não temos recursos essenciais para o nosso bem-estar; comida, abrigo, saúde, finanças, amizades. Em 1 Reis 17:8-16, Deus nos lembra de que a Sua ajuda pode vir de fontes tão inesperadas, como de uma viúva necessitada, "não tenho um pedaço sequer de pão em casa. Tenho apenas um punhado de farinha que restou numa vasilha e um pouco de azeite no fundo do jarro" (v.12). Antes disso, era um corvo que providenciava para Elias (vv.4-6).

Nossas preocupações para atender nossas necessidades podem nos levar a buscar em várias direções. Pode ser libertador ter confiança em Deus como o Provedor que nos prometeu suprir por nossas necessidades. Antes de buscarmos soluções, tenhamos o cuidado de buscar primeiro o Senhor. Quando agimos dessa maneira podemos economizar tempo, energia e frustração.

Arthur Jackson

14 DE MARÇO

Quem precisa de mim?

Leitura: 1 Reis 19:9-12,15-18

Quando chegar lá, unja Hazael para ser rei da Síria.
1 REIS 19:15

Como passageiro de um voo noturno, Arthur Brooks, o reconhecido comentarista norte-americano ouviu uma senhora idosa sussurrar ao seu marido: "Não é verdade que ninguém mais precisa de você". O homem murmurou algo sobre o seu desejo de que já estivesse morto, e sua esposa lhe disse: "Pare com isso". Terminado o voo, Brooks se virou e imediatamente reconheceu o homem que ele ouvira pouco antes. Ele era um herói de fama mundial. Outros passageiros apertaram a mão dele, e o piloto lhe agradeceu a coragem que ele demonstrara em décadas anteriores. Como esse gigante tinha afundado em desespero?

O profeta Elias pensou que tinha derrotado sozinho e bravamente os 450 profetas de Baal (1 Reis 18). Na verdade, ele não havia feito isso sozinho; Deus esteve com ele o tempo todo! Mais tarde, porém, sentindo-se sozinho, Elias pediu a Deus que lhe tirasse a vida.

Deus elevou o ânimo de Elias, trazendo-o à Sua presença e dando-lhe novas tarefas. Ele deveria ungir Hazael para ser "rei da Síria", Jeú para ser "rei de Israel" e Eliseu para substituí-lo como profeta (19:15-16). Revigorado e com propósito renovado, Elias encontrou e orientou seu sucessor.

Suas maiores vitórias podem ser vistas por um espelho retrovisor. Talvez você sinta que sua vida atingiu um pico, ou que isso nunca tenha ocorrido. Não importa. Olhe a sua volta. As batalhas podem parecer menores, as marcas menos profundas, mas ainda há outros que precisam de você. Sirva-os bem, por amor a Jesus, e isso contará. Eles são o seu propósito e o motivo de você ainda estar aqui.

Mike Wittmer

2 REIS

Como seria de esperar, este livro é sobre os reis, muitos reis: 28 no total. Entre as histórias dos reis do Reino do Norte e dos reis do Reino do Sul, encontram-se histórias de pessoas fora da realeza, como Elias, Eliseu e Naamã. O que vemos acontecer em 2 Reis é o desaparecimento do grande reino que Deus tinha providenciado para o Seu povo. Ele os tinha levado por meio do deserto e depois permitido que se estabelecessem por toda a terra. A todas as tribos (exceto os levitas) foram dadas porções do território, e a prosperidade era o seu quinhão. Mas, pouco a pouco, tudo desmoronou por causa de líderes corruptos e seus seguidores igualmente corruptos. Desde os grandes reinos de Davi e Salomão até aos finais desastrosos de Ezequias e Oseias, vemos este grande povo caindo na destruição e no cativeiro.

ESBOÇO

O ministério de Elias termina, 2 REIS 1:1-18
Elias faz a diferença, 2 REIS 2:1-9:37
Reinados de vários reis, 2 REIS 10:1-16:20
Queda do Reino do Norte, 2 REIS 17:1-41
Reis de Judá, 2 REIS 18:1-23:37
Queda e destruição de Jerusalém, 2 REIS 24:1-25:30

15 DE MARÇO

Revestindo-se de coragem

Leitura: 2 Reis 1:9-15

Se sou homem de Deus, que desça fogo do céu...
2 REIS 1:10

André vive num país fechado ao evangelho. Quando lhe perguntei sobre como ele mantém sua fé em segredo, disse-me que não a mantém. Ele usa uma divisa que identifica a sua igreja e, sempre que é preso, diz aos policiais que "eles também precisam de Jesus". André é corajoso porque conhece Quem está com ele.

Elias recusou-se a ser intimidado, mesmo quando o rei de Israel enviou 50 soldados para prendê-lo (2 Reis 1:9). O profeta sabia que Deus estava com ele, e clamou que descesse fogo do céu, o qual consumiu o pelotão. O rei enviou mais soldados, e Elias fez o mesmo (v.12). O rei enviou ainda mais, porém o terceiro pelotão tinha ouvido falar dos outros. O capitão implorou a Elias que poupasse a vida de seus soldados. Eles estavam com mais medo de Elias, do que o profeta alguma vez tinha sentido medo por eles, portando, o anjo do Senhor disse a Elias que era seguro ir com os soldados (vv.13-15).

Jesus não quer que peçamos que desça fogo sobre os nossos inimigos. Quando os discípulos perguntaram se podiam pedir que o fogo descesse sobre uma aldeia samaritana, o Mestre os repreendeu (Lucas 9:51-55). Vivemos numa época diferente, no entanto, Jesus quer que tenhamos a ousadia de Elias, que estejamos prontos a anunciar a todos sobre o Salvador que morreu por eles. Pode parecer que é uma pessoa enfrentando outras 50; na verdade, é *Um* contra cinquenta. Jesus prove o que precisamos para amar e alcançar corajosamente os outros.

Mike Wittmer

16 DE MARÇO

Basta perguntar

Leitura: 2 Reis 5:9-14

Eu os atenderei antes mesmo de clamarem a mim...
ISAÍAS 65:24

Seu médico disse que as suas retinas descoladas não poderiam ser restauradas. Mas, depois de viver sem visão por 15 anos, aprender Braille, usar bengala e um cão-guia, a vida dessa mulher mudou quando seu marido fez uma simples pergunta a outro oftalmologista: "seria possível ajudá-la?". A resposta foi "sim"! O novo médico descobriu que a mulher tinha apenas uma doença ocular comum, a catarata, e o médico a removeu do olho direito. Quando retirou o tapa-olho no dia seguinte, sua visão estava normal. A cirurgia do olho esquerdo teve igual sucesso.

Uma simples pergunta também mudou a vida de Naamã, um poderoso militar com hanseníase. Mas Naamã se enfureceu arrogantemente com as instruções do profeta Eliseu: "Vá e lave-se sete vezes no rio Jordão. Sua pele será restaurada, e você ficará curado da lepra" (2 Reis 5:10). Os servos de Naamã, no entanto, perguntaram ao líder militar simplesmente: "se o profeta lhe tivesse pedido para fazer algo muito difícil, o senhor não teria feito?" (v.13). Persuadido, Naamã obedeceu e "Sua pele ficou saudável como a de uma criança, e ele foi curado" (v.14).

Em nossa vida, muitas vezes lutamos com um problema porque não perguntamos a Deus: "O Senhor me ajuda? Devo ir? O Senhor me guia?". Ele não exige perguntas complicadas da nossa parte para nos ajudar. Antes de clamarmos, Ele atenderá o Seu povo (Isaías 65:24). Portanto, hoje, simplesmente pergunte a Ele.

Patricia Raybon

17 DE MARÇO

Senhor do momento

Leitura: 2 Reis 8:1-6

*É da natureza humana fazer planos,
mas é o Senhor quem dirige nossos passos.*
PROVÉRBIOS 16:9

Há pouco tempo, ajudei num projeto de construção na casa do meu filho, a três horas distante da minha casa. O projeto demorava dias mais do que o esperado, e eu orava toda manhã para que o terminássemos ao pôr do sol. Mas escurecia e sempre havia algo mais a ser feito.

Questionava-me sobre os motivo e as razões do atraso. Na manhã seguinte veio a resposta. Eu estava pegando uma ferramenta quando o meu telefone tocou e a voz de um estranho se ouviu exigindo urgência: "Sua filha sofreu um acidente. Você deve vir imediatamente".

Ela morava perto da casa do meu filho, portanto, levou 14 minutos para chegar ao local onde ela estava. Se eu estivesse em casa, teriam sido 3 horas. Segui a ambulância até o hospital e a confortei segurando as mãos dela antes da cirurgia. Naquele momento, percebi que se o meu projeto não tivesse atrasado, eu não estaria lá.

Nossos momentos pertencem a Deus. Essa foi a experiência da mulher cujo filho Deus ressuscitou por meio do profeta Eliseu (2 Reis 4:18-37). Ela tinha saído do país por causa da fome e agora voltava implorando ao rei por sua terra. Precisamente, naquele momento, o rei conversava com Geazi, o servo do profeta, e este "...lhe falava sobre a ocasião em que Eliseu havia ressuscitado um menino", quando a mulher entrou e apresentou ao rei a sua petição (8:5). O pedido dela foi aceito.

Não sabemos nem o que acontecerá no próximo segundo, mas Deus é bondoso para usar qualquer situação para o bem. Que Deus nos conceda graça para caminharmos com o Senhor com expectativa pelo que Ele tem para nós hoje.

James Banks

18 DE MARÇO

Entregue a Deus

Leitura: 2 Reis 19:9-19

Depois que Ezequias recebeu a carta dos mensageiros e a leu, subiu ao templo do S<small>ENHOR</small> e a estendeu diante do S<small>ENHOR</small>.

2 REIS 19:14

Na adolescência, quando eu me sentia sobrecarregada pelos enormes desafios ou decisões de alto risco, minha mãe me ensinou sobre os méritos de escrevê-los para entender as perspectivas disponíveis. Quando estava incerta sobre quais matérias específicas estudar, qual trabalho procurar ou como lidar com as realidades assustadoras da idade adulta, aprendi o hábito dela de escrever os fatos básicos, os possíveis cursos de ação e os prováveis resultados. Depois de derramar o meu coração sobre uma folha de papel, eu podia recuar do problema e vê-lo mais objetivamente do que minhas emoções permitiam.

Assim como as minhas anotações me ofereciam uma nova perspectiva, derramar o coração a Deus em oração nos ajuda a ganhar a Sua perspectiva e relembrar do Seu poder. O rei Ezequias fez exatamente isso depois de receber uma carta assustadora de um adversário ameaçador. Os assírios ameaçavam destruir Jerusalém como tinham feito a outras nações. Ele estendeu essa carta perante o Senhor, orando e pedindo a Ele que livrasse o povo para que o mundo reconhecesse que "…que somente tu, S<small>ENHOR</small>, és Deus!" (v.19).

Quando estivermos diante de situações que geram ansiedade, medo ou a profunda consciência de que passar por isso exigirá mais do que temos, sigamos os passos de Ezequias e corramos imediatamente ao Senhor. Como ele, nós também podemos colocar nosso problema diante de Deus e confiar que Ele guiará nossos passos e acalmará o nosso coração.

Kirsten Holmberg

19 DE MARÇO

Seguindo em frente

Leitura: 2 Reis 22:1-2,8-13

Josias fez o que era certo aos olhos do Senhor
[...] não se desviando nem para um lado nem para o outro.
2 REIS 22:2

Antigamente eram necessários o olhar e a mão firme de um agricultor para conduzir um trator ou colheitadeira em linhas retas. Mas mesmo os melhores olhos se sobrepunham às fileiras e, no final do dia, até as mãos mais fortes se cansavam. Hoje temos o piloto automático e a tecnologia em GPS permitindo a precisão de quase 3 cm ao plantar, cultivar e pulverizar. É incrivelmente eficiente e dispensa o uso das mãos. Imagine-se sentado numa gigantesca colheitadeira comendo o seu sanduíche sem nem mesmo precisar segurar o volante. É uma ferramenta fantástica para o manter movimentando-se completamente em linha reta.

Talvez você se lembre de Josias. Ele foi coroado rei quando tinha apenas 8 anos (2 Reis 22:1). Tempos depois, quando ele já tinha 20 e poucos anos, o sumo sacerdote Hilquias encontrou "o Livro da Lei" no Templo (v.8). Este foi então lido para o jovem rei, que rasgou suas vestes de tristeza devido à desobediência de seus antepassados a Deus. Josias começou a fazer o que era "certo aos olhos do Senhor" (v.2). O livro tornou-se um guia para orientar as pessoas, para que não se desviassem nem para a direita nem para a esquerda. As instruções de Deus para esclarecer o que fosse necessário estavam contidas no "Livro da Lei".

Permitir que as Escrituras nos guiem dia após dia mantém a nossa vida de acordo com o que conhecemos de Deus e de Sua vontade. A Bíblia é uma ferramenta incrível que, se aplicada corretamente, ajuda-nos a seguir em frente.

John Blase

20 DE MARÇO

A coragem de Kossi

Leitura: 2 Reis 23:12-14,21-25

Não tenha outros deuses além de mim.
[...]. Não se curve diante deles nem os adore...
ÊXODO 20:3,5

Enquanto aguardava por seu batismo no rio Mono, Togo, Kossi inclinou-se para pegar uma escultura de madeira gasta. Sua família tinha adorado esse objeto por gerações, e, agora o viam atirar aquela figura grotesca no fogo preparado para a ocasião. As suas melhores galinhas não seriam mais sacrificadas a esse deus.

No Ocidente, a maioria dos cristãos pensa em ídolos como metáforas para o que colocam no lugar de Deus. No Togo, África Ocidental, os ídolos representam, literalmente, os deuses que devem ser apaziguados com sacrifícios. A queima de ídolos e o batismo representam uma declaração corajosa sobre a fidelidade do novo cristão ao único Deus verdadeiro.

Com apenas 8 anos, o rei Josias chegou ao poder em meio à cultura de adoração aos ídolos e obcecada por sexo. Seu pai e o avô tinham sido dois dos piores reis em toda a sórdida história de Judá. Nesse contexto, o sumo sacerdote descobriu o Livro da Lei, e quando o jovem rei ouviu suas palavras, guardou-as no coração (2 Reis 22:8-13). Josias destruiu os altares pagãos, queimou os objetos dedicados à deusa Astarote e aboliu a prostituição ritual (cap.23). Em vez destas práticas, celebrou a Páscoa (23:21-23).

Sempre que buscamos respostas que não vêm de Deus, consciente ou inconscientemente, perseguimos um falso deus. Quais ídolos, literais ou em sentido figurado, precisamos exterminar?

Tim Gustafson

1 CRÔNICAS

Aqui está outro relato da história de Israel para os hebreus que regressaram após o término do seu tempo na Babilônia. Esta versão abreviada da história enfatiza uma abordagem mais positiva. Assim, os relatos de algumas das más histórias e pessoas não são contemplados. Dá-se ênfase ao culto realizado no Templo, o que poderia encorajar o povo que retornava para que restabelecessem o culto em Jerusalém. Além disso, são lembrados do pacto davídico, que também poderia ser um encorajamento, recordando-lhes das promessas de Deus a eles.

ESBOÇO

Genealogias dos descendentes de Abraão, 1 CRÔNICAS 1:1-9:44
A queda de Saul, 1 CRÔNICAS 10:1-14
O reino de Davi, 1 CRÔNICAS 11:1-21:30
Davi inicia os preparativos para o Templo, 1 CRÔNICAS 22:1-27:34
A morte de Davi, 1 CRÔNICAS 28:1-29:30

21 DE MARÇO

Enfrentando a batalha

Leitura: 1 Crônicas 16:1-11

Busquem o Senhor e sua força,
busquem sua presença todo o tempo.
1 CRÔNICAS 16:11

Não faz muito tempo que encontrei-me com um grupo de amigos. Enquanto ouvíamos uns aos outros, parecia que todos na sala enfrentavam batalhas significativas. Dois de nós tínhamos pais lutando contra o câncer, outro tinha um filho com distúrbio alimentar, um deles sofria com dor crônica e por último, um enfrentaria uma enorme cirurgia. Parecia muita luta para pessoas na casa dos 30 e 40 anos.

Na leitura de hoje, temos um momento-chave na história de Israel quando a arca da aliança foi trazida para a cidade de Davi (Jerusalém). Samuel relata que isso aconteceu num momento de paz entre as batalhas (2 Samuel 7:1). Quando a arca estava no lugar, simbolizando a presença de Deus, Davi conduziu o povo numa canção (1 Crônicas 16:8-36). Juntos, a nação cantou sobre o poder maravilhoso de Deus, sobre o cumprimentos das promessas divinas e Sua proteção até então (vv.12-22). E clamaram: "Busquem o Senhor e sua força, busquem sua presença todo o tempo" (v.11). Eles precisavam buscá-lo, porque mais batalhas se aproximavam.

Busque o Senhor e Sua força. Busque a Sua face. Esse é um bom conselho a seguir quando enfrentamos as doenças, as preocupações familiares e outras batalhas, pois não precisamos lutar com as nossas próprias e minguadas energias. Deus está presente; Deus é forte; Ele cuidou de nós no passado e o fará novamente.

O nosso Deus nos susterá.

Sheridan Voysey

22 DE MARÇO

Quem merece os créditos?

Leitura: 1 Crônicas 17:16-24

Toda dádiva que é boa e perfeita vem do alto,
do Pai que criou as luzes no céu...
TIAGO 1:17

Em um show cultural em Bandung, na Indonésia, desfrutamos de uma maravilhosa apresentação de orquestra. Antes do final, duzentos participantes do público presente receberam um *angklung*, um instrumento musical feito de bambu. Ensinaram-nos a sacudi-lo no ritmo indicado pelo maestro. Começamos a pensar que estávamos nos apresentando como uma orquestra. Sentimo-nos muito orgulhosos de como estávamos indo tão bem! Então percebemos que não éramos nós que éramos bons: era o maestro que merecia o crédito.

Da mesma forma, quando tudo vai bem em nossa vida, é fácil nos sentirmos orgulhosos. Sentimo-nos propensos a pensar que somos bons e que alcançamos o sucesso devido às nossas habilidades. Nesses momentos, tendemos a nos esquecer de que por trás de tudo está o nosso bom Deus que nos encoraja, adverte, supre e protege.

Porém, Davi lembrou-se dessa verdade: "Então o rei Davi entrou no santuário, pôs-se diante do Senhor e orou: 'Quem sou eu, ó Senhor Deus, e o que é minha família, para que me trouxesses até aqui?'" (1 Crônicas 17:16). O coração de Davi encheu-se de gratidão pela bondade divina.

Da próxima vez que formos tentados a levar o crédito pelas bênçãos, façamos uma pausa para nos lembrar de que é o Senhor quem as concede.

Albert Lee

23 DE MARÇO

Navegando por águas turbulentas

Leitura: 1 Crônicas 28:9-20

Não tenha medo nem desanime, pois o SENHOR *Deus, meu Deus, está com você. Ele não o deixará nem o abandonará...*
1 CRÔNICAS 28:20

Enquanto eu desfrutava o começo de minha primeira experiência de *rafting* em corredeiras rápidas, ouvi o rugido das águas à frente. Minhas emoções foram inundadas com sentimentos de incerteza, medo e insegurança ao mesmo tempo. Passar pelo corredor de águas tão rápidas foi uma experiência amedrontadora! E depois, de repente, tudo tinha acabado! O guia que estava na parte de trás do bote tinha nos conduzido e ajudado a navegar. Eu estava seguro, pelo menos até encontrar as próximas corredeiras.

As transições em nossa vida podem ser como o navegar nessas águas turbulentas. Os saltos inevitáveis nos levam de uma estação da vida à outra; da faculdade à carreira; às mudanças de emprego; a sair da casa dos pais para viver sozinho ou com o cônjuge, da carreira à aposentadoria; da juventude à velhice. Todas essas fases são marcadas por incertezas e inseguranças.

Em uma das transições mais significativas registradas na história do Antigo Testamento, Salomão assumiu o trono de seu pai Davi. Tenho certeza de que ele estava cheio de incertezas quanto ao próprio futuro. Qual foi o conselho de seu pai? "...Não tenha medo nem desanime, pois o SENHOR Deus, meu Deus, está com você. Ele não o deixará nem o abandonará... " (1 Crônicas 28:20).

Teremos a nossa justa cota de transições difíceis na vida. Mas com Deus em nosso "bote" não estamos sozinhos. Manter os nossos olhos fixos Naquele que está navegando conosco nas corredeiras traz alegria e segurança. Ele já conduziu muitos outros na travessia.

Joe Stowell

24 DE MARÇO

O privilégio da oração

Leitura: 1 Crônicas 29:11-19

Dá a meu filho Salomão o desejo sincero de obedecer a todos os teus mandamentos, preceitos e decretos...
1 CRÔNICAS 29:19

Uma canção do artista *country* Chris Stapleton, *Daddy doesn't pray anymore* (Papai não ora mais), foi inspirada nas orações de seu pai por ele. As palavras comoventes revelam o motivo de as orações terminarem: não desilusão ou cansaço, mas pela morte do pai. Stapleton imagina que agora, em vez de falar com Jesus em oração, seu pai conversa com Ele face a face.

A lembrança do artista a respeito dessas orações por ele nos traz à memória uma oração bíblica de um pai por seu filho. Ao aproximar-se o fim da vida do rei Davi, ele fez os preparativos para que seu filho Salomão fosse o próximo rei de Israel.

Depois de reunir a nação para ungir Salomão, Davi os liderou em oração, como havia feito muitas vezes antes. Enquanto Davi recontava sobre a fidelidade de Deus a Israel, ele também orava para que permanecessem leais ao Senhor. Na sequência, o rei incluiu uma oração pessoal especificamente por seu filho, pedindo a Deus: "Dá a meu filho Salomão o desejo sincero de obedecer a todos os teus mandamentos, preceitos e decretos" (1 Crônicas 29:19).

Nós também temos o privilégio de orar pelas pessoas que Deus colocou em nossa vida. Nosso exemplo de fidelidade pode causar um impacto indelével que permanecerá mesmo após partirmos. Assim como Deus continuou a responder às orações de Davi por Salomão e Israel depois que o rei se foi, da mesma forma o impacto de nossas orações perdura até mesmo após partirmos.

Lisa Samra

2 CRÔNICAS

A narrativa de 2 Crônicas detalha alguns acontecimentos centrais na vida do rei Salomão, incluindo o seu pedido por sabedoria e a sua liderança na construção do Templo. Vemos o espetáculo da visita da rainha de Sabá, e depois lemos sobre a sua morte após 40 anos de reinado em Judá. O livro volta-se então para as histórias de vários outros reis de Judá, histórias que também lemos em 1 e 2 Reis. O livro conclui com o relato da queda de Jerusalém às mãos de Nabucodonosor, bem como o édito de Ciro que os traria de volta à casa 70 anos mais tarde.

ESBOÇO

O reinado do rei Salomão, 2 CRÔNICAS 1:1–9:31
O reino é dividido, 2 CRÔNICAS 10:1-19
Os outros reinos de Judá, 2 CRÔNICAS 11:1–36:14
A queda de Jerusalém, 2 CRÔNICAS 36:15-23

25 DE MARÇO

Cantando no Espírito

Leitura: 2 Crônicas 5:17-24

...sejam cheios do Espírito, cantando salmos,
hinos e cânticos espirituais entre si e louvando
o Senhor de coração com música.
EFÉSIOS 5:18-19

Durante o avivamento do país de Gales no início do século 20, o autor e professor de ensino bíblico, G. Campbell Morgan, descreveu o que via acontecer. Ele acreditava que a presença do Espírito Santo de Deus movia-se em "ondas crescentes de cânticos espirituais". Morgan escreveu que presenciara a influência unificadora da música em reuniões que encorajavam orações, confissão e louvores espontâneos. Se alguém perdesse o controle dos sentimentos e orasse por tempo demais, ou falasse de um jeito que não se identificava com os outros, alguém começava a cantar baixinho. Outros se juntavam gentilmente e o coro crescia em volume até abafar os demais sons.

O avivamento com os cânticos que Morgan descreve originam-se nas Escrituras, nas quais a música desempenha um papel primordial. A música era utilizada para comemorar vitórias (Êxodo 15:1-21), na dedicação do Templo (2 Crônicas 5:12-14) e como parte da estratégia militar (20:21-23). No centro da Bíblia, encontramos um livro de cânticos: Salmos 1–150. E, na carta de Paulo aos efésios, lemos a seguinte descrição sobre a vida no Espírito, cantem: "salmos, hinos e cânticos espirituais entre si" (Efésios 5:19).

Os cânticos sobre a nossa fé podem nos ajudar a encontrar uma só voz quando enfrentamos conflitos, quando adoramos e em todas as ocasiões em nosso viver. Somos constantemente revigorados pelas harmonias antigas e novas, não pelo poder e nem pela força, mas pelo Espírito e pelos cânticos do nosso Deus.

Mart DeHaan

26 DE MARÇO

O coração alegre

Leitura: 2 Crônicas 7:1-10

Aclamem ao SENHOR todos os habitantes da terra!
SALMO 100:1

A música favorita de minha neta é uma das marchas de John Philip Sousa. Este compositor norte-americano foi considerado o "rei da marcha", no final do século 19. Moriah não faz parte de uma banda, pois ela tem apenas 1 ano e 8 meses. Ela gosta da melodia e pode até balbuciar algumas notas associando a marcha com os momentos alegres. Quando a nossa família se reúne, muitas vezes cantamos esta canção com palmas e outros ruídos barulhentos, e os netos dançam ou marcham em círculos acompanhando o ritmo. Sempre termina com crianças tontas e muitas risadas.

Nossos ruídos barulhentos e alegres lembram-me do salmo que implora: "Sirvam ao SENHOR com alegria" (100:2). Quando o rei Salomão dedicou o Templo, os israelitas celebraram com louvores (2 Crônicas 7:5-6). O Salmo 100 pode ter sido uma das canções que eles cantaram, pois o texto declara: "Aclamem ao SENHOR todos os habitantes da terra! Sirvam ao SENHOR com alegria, apresentem-se diante dele com cânticos. [...] Entrem por suas portas com ações de graças e, em seus pátios, com cânticos de louvor; deem-lhe graças e louvem o seu nome." (vv.1-2,4). Por quê? "Pois o SENHOR é bom! Seu amor dura para sempre, e sua fidelidade, por todas as gerações!" (v.5).

Nosso bom Deus nos ama! Em atitude de gratidão, que "todos os habitantes da terra" (100:1) aclamem e cantem com júbilo ao Senhor.

Alyson Kieda

27 DE MARÇO

Aquilo que você faz

Leitura: 2 Crônicas 13:10-18

Nessa ocasião, portanto, o exército de Judá derrotou os israelitas, pois confiou no Senhor, *o Deus de seus antepassados.*
2 CRÔNICAS 13:18

Enquanto o comboio esperava para partir, um jovem fuzileiro bateu com urgência na janela do veículo de seu líder. Irritado, o sargento abaixou a janela. "O que foi?"

"O senhor tem de fazer aquilo", disse o jovem. "O quê?", perguntou o sargento. "O senhor sabe, aquilo que o senhor faz".

Então, o sargento se lembrou. Ele sempre orava pela segurança do comboio; desta vez, ainda não tinha feito uma oração ao Senhor. Cônscio do seu dever, saiu da viatura e orou pela equipe. O fuzileiro compreendia o valor da oração do seu líder.

Na antiga Judá, Abias não se destacou como um grande rei. Em 1 Reis 15:3 lemos: "cometeu os mesmos pecados que seu pai e não foi inteiramente fiel ao Senhor, seu Deus...". Mas enquanto Judá se preparava para guerra contra Israel, que tinha o dobro de soldados, Abias soube que pessoas fiéis do seu reino haviam continuado a adorar a Deus (2 Crônicas 13:10-12), enquanto as dez tribos de Israel haviam expulsado os sacerdotes de Deus e passado a adorar deuses pagãos (vv.8-9). Em razão disso, Abias voltou-se com confiança para o único Deus verdadeiro.

O histórico conturbado de Abias havia causado graves danos. Mas ele soube para onde se voltar na crise e seu exército venceu facilmente porque, "...confiou no Senhor, o Deus de seus antepassados" (v.18). Nosso Deus acolhe quem quer que o busque e confie nele.

Tim Gustafson

28 DE MARÇO

Sentir desespero ou orar?

Leitura: 2 Crônicas 14:1-11

Ajuda-nos, ó Senhor, nosso Deus, pois em ti confiamos.
Em teu nome enfrentamos esse exército imenso.
2 CRÔNICAS 14:11

Uma senhora de 85 anos, sozinha em um convento, ficou presa dentro de um elevador por quatro noites e três dias. Felizmente, ela tinha uma jarra de água, alguns talos de aipo e algumas pastilhas para tosse. Depois que ela tentou sem sucesso abrir as portas do elevador e tentar obter sinal no celular, decidiu voltar-se para Deus em oração. "Era ou o desespero ou a oração", disse ela mais tarde aos repórteres. Em sua aflição, ela confiou em Deus e esperou até que fosse resgatada.

Asa também se deparou com as opções de desesperar-se ou orar (2 Crônicas 14). Ele foi atacado por um exército etíope de um milhão de homens. Mas em vez de confiar na estratégia militar ou encolher apavorado, ele enfrentou esta enorme força de combate voltando-se para o Senhor em urgente oração. Em poderosa e humilde oração, Asa confessou sua total dependência do Senhor, pediu-lhe por ajuda, e apelou ao Senhor para proteger Seu próprio nome: "…Ajuda-nos, ó SENHOR, nosso Deus, pois em ti confiamos. Em teu nome enfrentamos esse exército imenso" (2 Crônicas 14:11). O Senhor respondeu à oração de Asa e ele conquistou a vitória sobre o exército etíope.

Quando nos deparamos com situações difíceis, recursos escassos, um vasto exército de problemas, ou mesmo situações aparentemente sem saída, não entremos em pânico, mas sim voltemo-nos para Deus que luta por Seu povo e lhes concede vitória.

Marvin Williams

29 DE MARÇO

Coração devastado

Leitura: 2 Crônicas 17:1-11; 20:32

...[Josafá] fez o que era certo aos olhos do SENHOR.
2 CRÔNICAS 20:32

Um bem-sucedido empresário cristão compartilhou sua história na igreja. Ele foi sincero sobre suas lutas com a fé e a riqueza abundante, e declarou: "A riqueza me assusta!".

Ele citou a declaração de Jesus: "Na verdade, é mais fácil um camelo passar pelo buraco de uma agulha que um rico entrar no reino de Deus" (Lucas 18:25). Citou também Lucas 16:19–31 sobre o homem rico e Lázaro e como, nessa história, foi o homem rico que foi para o inferno. A parábola do "rico insensato" (Lucas 12:16-21) o perturbava.

Mas, o empresário afirmou que Salomão lhe ensinou uma lição sobre a abundância de riqueza: "que nada fazia sentido" (Eclesiastes 2:11). Ele decidiu não deixar a riqueza interferir em sua consagração a Deus. Pelo contrário, ele queria servir a Deus com seus bens e ajudar os necessitados.

Ao longo dos séculos, Deus abençoou algumas pessoas com bens materiais. Lemos sobre Josafá: "...o SENHOR estabeleceu o controle de Josafá sobre o reino de Judá. Todo o povo de Judá trazia tributos a Josafá, e ele se tornou muito rico e respeitado" (2 Crônicas 17:5). Ele não se tornou orgulhoso nem intimidou os outros com a sua riqueza. Ao contrário: "Comprometeu-se de coração a seguir os caminhos do SENHOR" (v.6). Além disso, "Josafá foi um bom rei, que seguiu o exemplo de seu pai, Asa, e fez o que era certo aos olhos do SENHOR" (20:32).

O Senhor não é contra a riqueza, pois Ele tem abençoado alguns com ela, mas Ele é definitivamente contra a aquisição antiética e o uso errado que se faz dela. Ele é digno da devoção de todos os Seus seguidores.

Lawrence Darmani

ESDRAS

O remanescente dos exilados voltou a Jerusalém. No entanto, não haverá regresso aos dias de glória de Davi e Salomão. A presença de outras potências na região é a segurança de que isto não venha a acontecer. No entanto, o povo precisa voltar a praticar o seu culto no Templo e reconstruir as muralhas da cidade para lhes prover segurança. Portanto, Esdras se torna fundamental, na medida em que explica o regresso do povo e a reconstrução de estruturas importantes em Jerusalém.

ESBOÇO

A proclamação de Ciro, ESDRAS 1:1-11
Os judeus exilados regressam, ESDRAS 2:1-70
Início da reconstrução do Templo, ESDRAS 3:1-13
A reconstrução é interrompida, ESDRAS 4:1-24
O Templo é concluído, ESDRAS 5:1-6:22
A chegada de Esdras, ESDRAS 7:1-8:36
Esdras institui reformas, ESDRAS 9:1-10:44

30 DE MARÇO

Alegria em meio ao luto

Leitura: Esdras 3:10-13

*Os gritos alegres e o choro se misturavam
num barulho tão forte que se podia ouvir de muito longe.*
ESDRAS 3:13

Depois de apenas algumas aulas de pintura, Joel, 10 anos, decidiu tentar pintar uma flor. Ao olhar para uma fotografia colorida de uma rosa-de-saron (*Hibiscus syriacus*), Joel conseguiu pintar uma bela mistura de azul, roxo, vermelho, verde, e branco. Isso fez com que a flor, que havia sido fotografada no dia em que a tia de Joel morreu, parecesse ganhar vida. Para a família, a pintura do garoto simbolizava uma peculiar mistura de sentimentos. Embora ela trouxesse à mente uma lembrança duradoura da perda que tinham sofrido, também carregava uma celebração do dom artístico recém-descoberto de Joel. A pintura dele trouxe alegria em meio ao luto.

Quando o povo de Judá voltou para Jerusalém do cativeiro que suportaram na Babilônia, eles também tiveram uma experiência peculiar. Quando começaram a reconstruir o Templo de Salomão, muitos na multidão entoavam cânticos de louvor. No mesmo tempo, algumas pessoas mais idosas, que tinham visto a beleza do Templo original que havia sido destruído pela guerra, choravam alto. Lemos que: "Os gritos alegres e o choro se misturavam num barulho tão forte que se podia ouvir de muito longe" (Esdras 3:13).

O luto também pode ser assim. Embora haja tristeza quando olhamos para trás, a experiência também inclui a promessa da alegria ao confiamos nosso futuro a Deus. Mesmo quando enfrentamos uma perda devastadora, temos esta esperança: O Senhor concede alegria em meio ao luto.

Dennis Fisher

31 DE MARÇO

Mantenha a calma e siga em frente

Leitura: Esdras 5:7-17

...Somos servos do Deus dos céus e da terra...
ESDRAS 5:11

"Mantenha a calma e ligue para a mamãe". "Mantenha a calma e alimente-se". "Mantenha a calma e ponha a chaleira no fogo". Essas expressões derivam da frase: "Mantenha a calma e siga em frente". Essa mensagem apareceu pela primeira vez na Grã-Bretanha, em 1939, quando o governo buscou maneiras de encorajar os seus cidadãos se o país fosse atacado. Embora ela nunca tenha sido usada da maneira que foi pensada, a mesma ideia ressurgiu na virada do século e pegou como sendo um ditado inteligente.

Tendo voltado à terra de Israel após um tempo de cativeiro, os israelitas precisaram vencer seus medos e a interferência inimiga quando começaram a reconstruir o Templo (Esdras 3:3). Quando terminaram a fundação, seus oponentes "Subornaram agentes para trabalhar contra eles e frustrar seus planos" (4:5). Os inimigos de Israel também escreveram cartas acusadoras aos oficiais do governo e foram bem-sucedidos em atrasar o projeto (vv.6,24). Apesar disso, o rei Dario acabou por emitir um decreto que lhes permitiu concluir a construção do Templo (6:12-14).

Quando estamos comprometidos com a obra de Deus e encontramos reveses, podemos continuar calmamente porque, assim como os israelitas: "Somos servos do Deus dos céus e da terra..." (5:11). Os obstáculos e atrasos podem nos desencorajar, mas podemos descansar na promessa de Jesus: "...sobre esta pedra edificarei minha igreja, e as forças da morte não a conquistarão" (Mateus 16:18). É o poder de Deus que permite a Sua obra, e não o nosso.

Jennifer Benson Schuldt

1º DE ABRIL

Mão de Deus

Leitura: Esdras 7:1-10,27-28

*Partiu da Babilônia em 8 de abril,
o primeiro dia do novo ano, e chegou a Jerusalém
em 4 de agosto, porque a bondosa
mão do Senhor, seu Deus, estava sobre ele.*

ESDRAS 7:9

No dia do aniversário de 101 anos de Jack Borden, ele acordou às 5 da manhã, saboreou um café da manhã saudável e rápido e já estava em seu escritório de advocacia às 6h30, pronto para começar o seu dia. Quando perguntado o segredo de sua longa vida, o advogado ainda ativo sorriu e brincou: "Não morrendo."

Mas há mais do que isso.

O Sr. Borden, que foi batizado aos 11 anos em sua cidade natal, disse ao repórter do jornal local: "Acredito firmemente que Deus tem Sua mão em tudo o que acontece. Creio que o Senhor me permite viver por algum motivo. Tento fazer as coisas que acredito que Ele quer que eu faça".

Esdras, o sacerdote, experimentou a "bondosa mão do Senhor, seu Deus [...] sobre ele" quando liderou uma delegação a Jerusalém para liderar espiritualmente os ex-cativos que estavam reconstruindo o templo e a cidade (Esdras 7:9-10). Esdras encontrou força e coragem ao saber que o Senhor estava com eles a cada passo do caminho. "Senti-me encorajado porque a mão do Senhor, meu Deus, estava sobre mim e reuni alguns dos líderes de Israel para voltar comigo a Jerusalém" (v.28).

Quando vemos a mão do Senhor em nossa vida, isso traz à tona um profundo sentimento de gratidão e um desejo crescente de fazer o que Ele quer que façamos.

David McCasland

2 DE ABRIL

Efeito cascata

Leitura: Esdras 8:15-21

Senti-me encorajado porque a mão do SENHOR, meu Deus, estava sobre mim e reuni alguns dos líderes de Israel para voltar comigo a Jerusalém.

ESDRAS 7:28

A pequena faculdade bíblica ao norte de Gana, África Ocidental, não parecia impressionante, apenas um local com o telhado cinza metálico e um punhado de estudantes. No entanto, Bob Hayes dedicou sua vida àqueles alunos. Deu-lhes papéis de liderança e os encorajou a pregar e ensinar. Hayes já faleceu, e dezenas de igrejas prósperas, escolas e mais dois institutos bíblicos estão presente nesse país, e todos foram iniciados por pessoas formadas naquela humilde escola.

Durante o reinado do rei Artaxerxes (465-424 a.C.) Esdras, o escriba, reuniu um grupo de judeus exilados para retornar a Jerusalém. Mas ele não encontrou levitas entre os sacerdotes (Esdras 8:15), os quais eram necessários para servir como sacerdotes. Diante disso, Esdras pediu aos líderes para que "enviassem ministros para o templo de Deus" (v.17). Feito isso (vv.18-20), Esdras os conduziu em jejum e oração (v.21).

O nome de Esdras significa "ajudante", uma característica que reside no cerne da boa liderança. Sob a liderança intercessória de Esdras, ele e os seus colaboradores deram início a um despertar espiritual em Jerusalém (ver capítulos 9–10). Tudo o que eles precisavam era de um pouco de encorajamento e sábia orientação.

A Igreja que pertence a Deus funciona desse modo também. À medida que bons mentores nos encorajam e nos edificam, aprendemos a fazer o mesmo pelos outros. Essa influência irá muito além de nossa vida. O trabalho que é feito fielmente para Deus se estende até a eternidade.

Tim Gustafson

NEEMIAS

Quase cem anos haviam se passado desde que o povo havia regressado a Jerusalém. Alguns viviam na antiga capital, outros em aldeias da região. No entanto, mesmo após tanto tempo desde o regresso da Babilônia, a cidade ainda era vulnerável aos ataques do exterior, porque as muralhas não tinham sido restauradas após a sua destruição, em 586 a.C., nas mãos de Nabucodonosor e seu exército. A reconstrução dos muros é o acontecimento crucial do livro e Neemias é o homem escolhido para liderar esse projeto. Além disso, outra reconstrução é necessária: a reconstrução espiritual da nação que tinha sido tão devastada, na qual Esdras e Neemias atuam juntos.

ESBOÇO

Neemias recebe permissão para regressar a Jerusalém, NEEMIAS 1:1-2:20
Começa a reconstrução dos muros e portas, NEEMIAS 3:1-32
Oposição à reconstrução, NEEMIAS 4:1-5:19
Conclui-se a reconstrução dos muros, NEEMIAS 6:1-19
Recenseamento dos exilados que regressam, NEEMIAS 7:1-73
O renascimento espiritual começa com a leitura da Lei, NEEMIAS 8:1-9:38
Renovação do pacto e dedicação do muro, NEEMIAS 10:1-12:47
São tomadas decisões difíceis a respeito dos pecados, NEEMIAS 13:1-31

3 DE ABRIL

A oração e a serra

Leitura: Neemias 1

Ó Senhor, por favor, ouve a oração deste teu servo!
NEEMIAS 1:11

Respeito muito o espírito intrépido da minha tia Gladis, mesmo que, às vezes, essa mesma intrepidez me preocupe. Um dia, a fonte da minha preocupação veio da notícia que ela nos deu via e-mail: "Cortei uma nogueira ontem".

Você precisa entender que a minha tia "cortadora de árvores" tem 76 anos! E a árvore estava plantada atrás da sua garagem. Quando as raízes ameaçaram arrebentar o concreto, ela sabia que a árvore deveria ser retirada dali. Entretanto, ela nos disse: "Eu sempre oro antes de fazer uma tarefa dessas".

Enquanto servia como mordomo do rei da Pérsia durante o exílio de Israel, Neemias ouviu notícias sobre as pessoas que tinham voltado para Jerusalém. Algo precisava ser feito. "O muro de Jerusalém foi derrubado, e suas portas foram destruídas pelo fogo" (Neemias 1:3). O muro destruído os deixava vulneráveis aos ataques dos inimigos. Neemias teve compaixão do seu povo e quis envolver-se fazendo algo por eles. Mas a oração veio antes, especialmente porque um novo rei tinha escrito uma carta para que se interrompesse a construção em Jerusalém (Esdras 4). Neemias orou por seu povo (Neemias 1:5-10) e clamou pela ajuda de Deus antes de solicitar a permissão do rei para partir (v.11).

Você também busca as soluções por meio da oração? Ela é sempre o melhor caminho para enfrentar qualquer tarefa ou desafio na vida.

Linda Washington

4 DE ABRIL

Como reconstruir

Leitura: Neemias 2:11-18

*Eles responderam: "Sim, vamos reconstruir o muro!",
e ficaram animados para realizar essa boa obra.*
NEEMIAS 2:18

Já era noite quando o líder partiu a cavalo para inspecionar o trabalho que estava pela frente. À medida que percorria a destruição ao seu redor, ele via os muros da cidade destruídos e os portões que haviam sido queimados. Em algumas áreas, os detritos e escombros dificultavam a passagem com o seu cavalo. Entristecido, o cavaleiro voltou para casa.

Quando chegou a hora de relatar o dano às autoridades da cidade, começou dizendo: "Vocês sabem muito bem da terrível situação em que estamos" (Neemias 2:17). Reportou que a cidade estava em ruínas e que a muralha de proteção da cidade havia se tornado inútil.

Mas, em seguida, ele fez uma declaração que encorajou os cidadãos preocupados: "Então lhes contei como a mão de Deus tinha estado sobre mim". Imediatamente, o povo respondeu: "Sim, vamos reconstruir o muro!" (v.18).

E eles reconstruíram.

Com fé em Deus e todo o esforço, apesar da oposição inimiga e de uma tarefa aparentemente impossível, o povo de Jerusalém, sob a liderança de Neemias, reconstruiu o muro em apenas 52 dias (6:15).

Ao considerar suas circunstâncias, há algo que pareça difícil, mas que você sabe que Deus quer que você faça? Um pecado do qual você não consegue se livrar? Uma ruptura em algum relacionamento que não traz honra a Deus? Uma tarefa que parece muito difícil para o Senhor?

Peça orientação a Deus (2:4-5), analise o problema (vv.11-15) e reconheça o Seu envolvimento (v.18). A seguir, inicie a reconstrução.

Dave Branon

5 DE ABRIL

Maratona de leitura

Leitura: Neemias 8:1-8

Liam o Livro da Lei de Deus, explicavam com clareza o significado do que era lido e ajudavam o povo a entender cada passagem.
NEEMIAS 8:8

Quando o sol surgiu no primeiro dia do sétimo mês do ano 444 a.C., Esdras começou a ler a lei de Moisés (que conhecemos como os cinco primeiros livros da Bíblia). De pé numa plataforma diante do povo em Jerusalém, ele a leu do início ao fim, durante as seis horas seguintes.

Homens, mulheres e crianças haviam se reunido na entrada da cidade conhecida como Porta das Águas, para observar a Festa das Trombetas — uma das festas prescritas a eles por Deus. Durante a escuta, quatro reações se destacam.

Eles se levantaram em reverência ao Livro da Lei (Neemias 8:5). Eles louvaram a Deus levantando as mãos e dizendo "Amém". Eles se inclinaram em humilde adoração (v.6). Depois, ouviram atentamente enquanto as Escrituras lhes eram lidas e explicadas (v.8). Que dia incrível esse em que o livro que "...o Senhor tinha dado a Israel" (v.1) foi lido em voz alta dentro dos muros recém-reconstruídos de Jerusalém!

A sessão de maratona de leitura de Esdras pode nos lembrar de que as palavras de Deus para nós ainda devem ser fonte de louvor, adoração e aprendizado. Quando abrimos a Bíblia e aprendemos mais sobre Cristo, que possamos louvar e adorar a Deus buscando descobrir o que Ele está dizendo a cada um de nós, neste momento.

Dave Branon

6 DE ABRIL

Perdão nunca é demais

Leitura: Neemias 9:17-27-31

Mas tu és Deus de perdão, misericordioso e compassivo... NEEMIAS 9:17

"Se eu tocasse em uma Bíblia, ela pegaria fogo em minhas mãos", disse a minha professora de inglês na faculdade. Meu coração se entristeceu. O romance que líamos naquela manhã fazia referência a um versículo bíblico e, ao pegar minha Bíblia para procurá-lo, ela notou e comentou. Minha professora parecia pensar que ela era pecadora demais para ser perdoada. Ainda assim, não tive coragem de falar-lhe sobre o amor de Deus e que a Bíblia nos diz que podemos buscar o perdão divino sempre.

Há um exemplo de arrependimento e perdão em Neemias. Os israelitas haviam sido exilados por causa de seus pecados, mas agora tinham permissão para voltar a Jerusalém. Quando eles "se estabeleceram", Esdras, o escriba, leu a lei para o povo (Neemias 7:73–8:3). Eles confessaram seus pecados, lembrando que, apesar de seus pecados, Deus não os abandonou (9:17,19). O Senhor "os ouviu" quando clamaram; e com compaixão e misericórdia, Deus foi paciente com eles (vv.27-31).

Semelhantemente, Deus é paciente conosco. Ele não nos abandonará se escolhermos confessar nosso pecado e nos voltarmos a Ele. Gostaria de voltar no tempo e dizer à minha professora que, não importa o passado dela, Jesus a ama e quer que ela faça parte de Sua família. Jesus sente o mesmo por você e por mim. Podemos nos aproximar dele buscando o Seu perdão e Ele nos concederá!

Julie Schwab

ESTER

A surpreendente história de Ester começa quando Vasti, a esposa do rei Xerxes, recusa-se a desfilar sua beleza perante seu marido bêbado e de todos "os nobres e os demais convidados...", deixando-o "furioso e indignado" (1:11-12). O rei, então, depõe Vasti e procura por uma nova rainha. Nessa busca, Xerxes encontra Ester, uma órfã judia, a quem ele torna sua nova rainha. Mais tarde, Hamã, o braço direito do rei, engana Xerxes e este proclama um édito que condena todos os judeus à morte. Diante desse fato, Ester entra corajosamente na presença do rei Xerxes e lhe pede para reverter o seu decreto a fim de que o povo judeu fosse salvo de tal aniquilação.

ESBOÇO

O rei Xerxes depõe sua rainha, ESTER 1:1-22
Ester se torna rainha, ESTER 2:1-23
Hamã conspira para matar os judeus, ESTER 3:1-15
A rainha Ester demonstra coragem;
    Hamã é executado, ESTER 4:1–7:10
A instituição da Festa de Purim, ESTER 9:1-32
A grandeza de Mardoqueu, ESTER 10:1-3

7 DE ABRIL

Respeito

Leitura: Ester 1:1-5, 9-12

E, no entanto, os fizeste apenas um pouco menores
que Deus e os coroaste de glória e honra.
SALMO 8:5

Em 1967, a vocalista americana Aretha Franklin alcançou as paradas do sucesso com sua música *Respect* (Respeito). A música se tornou um hino inspirador para o movimento dos direitos civis e para outros que exigiam ser tratados com respeito.

Muito antes do recorde de sucessos de Aretha, a rainha Vasti encontrava-se no topo com sua própria versão de "Respeito". O livro de Ester começa com o rei Xerxes realizando uma grande celebração. Além de exibir sua riqueza e poder, ele também queria mostrar a beleza de sua esposa. Por esse motivo, ele ordenou que a rainha Vasti fosse trazida à sua presença e a de seus convidados.

Se ela obedecesse, teria permitido que o rei a degradasse e desrespeitasse. Se recusasse, ela arriscaria perder a vida. Ela recusou. Que coragem! Vasti não queria comprometer seu caráter sendo reduzida a uma pequena propriedade do rei. Seu desejo por respeito a levou ao banimento. Não temos nenhuma indicação de que a rainha Vasti temesse ao Senhor. No entanto, a coragem dela demonstra que ela compreendeu a dignidade que Deus concedeu a cada ser humano.

Deus nos criou à Sua imagem e nos coroou de glória e honra, tendo-nos feito "um pouco menores que Deus" (Salmo 8:5). Por amor e reverência a Ele, tratemos a nós mesmos e aos outros com honra, dignidade e respeito.

Marvin Williams

8 DE ABRIL

Justiça poética

Leitura: Ester 3:1-11; 7:1-10

"A vingança cabe a mim, eu lhes darei o troco, diz o Senhor".
ROMANOS 12:19

Por quase um ano, um ex-colega do editorial viveu sob o medo de ser demitido. Um novo chefe do departamento, por motivos desconhecidos, começou a preencher sua ficha de avaliação com comentários negativos. Então, no dia em que meu amigo esperava perder o emprego, o novo chefe foi demitido.

Quando os israelitas foram levados como cativos para a Babilônia, um judeu chamado Mardoqueu se viu nesse tipo de situação. Hamã, a mais alta "autoridade sobre todos os nobres do império" do rei Xerxes, esperava que todos os oficiais reais se ajoelhassem diante dele, mas Mardoqueu se recusou a curvar-se diante de qualquer um, exceto o Senhor Deus (Ester 3:1-2). Isso ultrajou Hamã e ele se dispôs a destruir não apenas Mardoqueu, mas todos os judeus em todo o império persa (vv.5-6). Hamã convenceu Xerxes a assinar um decreto autorizando a destruição de todos os judeus e começou a construir uma forca para a execução de Mardoqueu (5:14). Porém, numa reviravolta surpreendente, Hamã foi executado na forca que ele havia construído para Mardoqueu, e o povo judeu foi poupado (7:9-10; 8).

Na literatura, isso se chama justiça poética. Nem todo mundo consegue justiça de forma tão dramática, mas as Escrituras prometem que Deus vingará toda a injustiça (Romanos 12:19). Enquanto esperamos, devemos fazer o que pudermos para atuar por justiça e deixar os resultados nas mãos de Deus.

Julie Ackerman Link

9 DE ABRIL

Justos entre as nações

Leitura: Ester 4:5-14

...para uma ocasião como esta...
ESTER 4:14

No *Yad Vashem*, o museu do Holocausto de Israel, meu marido e eu fomos ao local chamado de "Jardim 'Justos entre as nações'" o qual honra os homens e mulheres que arriscaram sua vida para salvar o povo judeu durante o Holocausto. Enquanto visitávamos o jardim memorial, encontramos um grupo de turistas vindos da Holanda. Uma das mulheres estava lá para procurar o nome dos seus avós gravado nas grandes placas. Intrigados, perguntamos a ela sobre a história da sua família.

Os avós dela, Rev. Pieter e Adriana Müller, como membros da resistência, tinham abrigado um menino judeu de dois anos fazendo-o passar-se como o caçula dos seus oito filhos.

Tocados por emoção, perguntamos: "O menino sobreviveu?". Um senhor idoso colocou-se à frente e declarou: "Eu sou aquele menino!".

A bravura de muitos ao agir em prol do povo judeu traz a rainha Ester à minha memória. Talvez a rainha tenha pensado que poderia escapar do decreto do rei Xerxes de aniquilar os judeus por volta de 475 a.C., por ela ter escondido sua origem. Todavia, Ester foi convencida a agir, mesmo sob risco de morte, quando seu primo lhe implorou para que não silenciasse sobre a sua herança judaica, porque talvez ela tivesse sido colocada nessa posição justamente "para uma ocasião como esta" (Ester 4:14).

Talvez nunca precisemos tomar uma decisão tão dramática. Mas é provável que nos deparemos com a escolha entre nós nos posicionarmos contra uma injustiça ou permanecer em silêncio; auxiliar alguém em apuros ou virar-lhe as costas. Que Deus nos conceda coragem.

Lisa M. Samra

10 DE ABRIL

Ódio autodestrutivo

Leitura: Ester 7:1-10

Nunca paguem o mal com o mal.
ROMANOS 12:17

George Washington Carver (1864–1943) superou terríveis preconceitos raciais para se estabelecer como um renomado educador americano. Rejeitando a tentação de ceder à amargura pela forma como fora tratado, Carver sabiamente escreveu: "O ódio interior acabará por destruir aquele que odeia".

No livro de Ester, vemos como o ódio pode ser autodestruidor. Mardoqueu, um judeu, recusou-se a curvar-se diante de Hamã; um presunçoso dignitário na corte persa. Isso irritou Hamã, que manipulou as informações para fazer Mardoqueu e seu povo parecerem ameaças ao império (Ester 3:8-9). Quando os planos de Hamã estavam delineados, ele incitou o rei a matar todos os judeus. O rei proclamou um édito com esse objetivo, mas antes que ele pudesse ser executado por Hamã, Ester interveio junto ao rei e toda a trama foi revelada (7:1-6). Enfurecido, o rei ordenou que Hamã fosse executado na força que o conspirador tinha preparado para Mardoqueu (7:7-10).

As palavras de Carver e as ações de Hamã nos lembram de que o ódio é autodestruidor. A Bíblia nos ensina a abandonar o ódio e a fazer o bem para quem pratica o mal contra nós. "Nunca paguem o mal com o mal", disse Paulo (Romanos 12:17). Quando ofendidos, "nunca se vinguem" (v.19). Em vez disso, façam o que é certo "o melhor aos olhos de todos" (v.17) para que "vivam em paz com todos" (v.18).

Dennis Fisher

PARTE 3

Poéticos e de sabedoria

Jó, Salmos, Provérbios, Eclesiastes,
Cântico dos Cânticos

Embora estes cinco livros tenham abordagens diversificadas, essa seção como um todo é conhecida pela sabedoria que transmite aos seus leitores. Seja mediante lindas poesias, por meio de histórias ou conselhos incisivos e perspicazes, esses livros nos ajudam a compreender como viver, como ver o nosso relacionamento com Deus e como lidar com as circunstâncias difíceis.

JÓ

O livro começa com tragédia e termina em triunfo. Lemos como os amigos de Jó, que era homem justo e perdera tudo, aconselharam-no sobre como ele deveria encarar a sua desgraça. Jó nunca descobriu realmente por que a tragédia o atingiu (como isto é pertinente em nossa vida!), mas ele gradualmente aceita a soberania divina depois de receber uma visita reveladora do próprio Deus, que lhe abriu os olhos.

ESBOÇO

As tragédias de Jó, JÓ 1:1-2:13
O primeiro debate de Jó com seus amigos, JÓ 3:1-14:22
Segundo debate de Jó com os amigos, JÓ 15:1-21:34
Terceiro debate de Jó com os amigos, JÓ 22:1-26:14
Jó se defende, JÓ 27:1-31:40
Resposta de Eliú, JÓ 32:1-37:24
Deus questiona e instrui Jó. JÓ 38:1-41:34
Jó responde, JÓ 42:1-6
Jó é restaurado, JÓ 42:7-17

11 DE ABRIL

Como cheguei aqui?

Leitura: Jó 2:1-10

Aceitaremos da mão de Deus
apenas as coisas boas e nunca o mal?
JÓ 2:10

Tiffani acordou na escuridão de um jato. Ainda usando o cinto de segurança, ela dormiu enquanto os outros passageiros saíam e o avião estava estacionado. Por que ninguém a acordou? Como ela chegou aqui? Ela sacudiu as teias emaranhadas do seu cérebro e tentou se lembrar.

Você já se encontrou num lugar que nunca esperava estar? Você é jovem demais para ter esta doença e não há cura! Sua última avaliação foi excelente; então por que seu posto de trabalho está sendo eliminado? Você estava desfrutando dos melhores anos do seu casamento. Agora você está recomeçando, como mãe independente e um emprego de meio período.

Como vim parar aqui? Jó pode ter se perguntado isso estando "sentado em meio a cinzas" (Jó 2:8). Ele tinha perdido os seus filhos, sua riqueza e saúde, em pouco tempo. Ele não conseguia lembrar-se de como chegara até aquele ponto; apenas sabia que tinha que lembrar onde tudo havia começado.

Jó lembrou-se de seu Criador e de como o Senhor tinha sido bom para ele. Jó então falou a sua esposa: "Aceitaremos da mão de Deus apenas as coisas boas e nunca o mal?" (v.10). Jó lembrou-se de que podia contar com o bondoso Deus para ele permanecer fiel. Portanto, Jó lamentou. Ele clamou aos céus. Ele chorou cheio de esperança, dizendo: "Sei que meu Redentor vive" e que "em meu corpo, verei a Deus" (19:25-26). Jó se apegou à esperança ao lembrar-se de como a história tinha começado e de como terminará.

Mike Wittmer

12 DE ABRIL

Estar presente

Leitura: Jó 2:11-13

Depois, sentaram-se no chão
com ele durante sete dias e sete noites.
JÓ 2:13

Quando Jane, funcionária do parque temático, viu Rafael chorando no chão, ela apressou-se em ajudá-lo. Rafael era jovem e autista e estava chorando porque tinha quebrado o brinquedo que ele esperara o dia inteiro para se divertir. Em vez de apressá-lo para levantar-se ou simplesmente insistir para que ele se sentisse melhor, Jane sentou-se no chão com ele, validando seus sentimentos e dando-lhe tempo para chorar.

As atitudes de Jane são um belo exemplo de como podemos acompanhar aqueles que estão aflitos ou sofrendo. A Bíblia fala da dor incapacitante de Jó após a perda de sua casa, seus rebanhos (sua renda), sua saúde e a morte simultânea de seus dez filhos. Quando os amigos de Jó souberam de sua dor, "cada um saiu de onde vivia e os três foram juntos consolá-lo e animá-lo" (Jó 2:11). Jó sentou-se no chão, lamentando-se. Ao chegarem, seus amigos se sentaram com ele, por sete dias, sem dizer nada, porque reconheceram a profundidade de seu sofrimento.

Em sua humanidade, os amigos de Jó mais tarde lhe ofereceram conselhos insensíveis. Nos primeiros sete dias, porém, eles lhe deram o terno presente da presença solidária, sem palavras. Podemos não entender a dor de alguém, mas não precisamos entender para confortar aquele que sofre. Simplesmente podemos estar com essa pessoa.

Kirsten Holmberg

13 DE ABRIL

Provado e purificado

Leitura: Jó 23:1-12

...quando ele me provar, sairei puro como o ouro.
JÓ 23:10

Durante uma entrevista, a cantora e compositora Meredith Andrews falou sobre sentir-se oprimida enquanto tentava equilibrar o evangelismo, o trabalho criativo, o casamento e a maternidade. Refletindo sobre as suas angústias, disse: "Senti-me como se Deus estivesse me depurando, algo semelhante ao processo de esmagamento".

Jó sentiu-se subjugado após perder o seu sustento, saúde e família. Pior ainda, embora ele tivesse adorado a Deus diariamente, ele sentia que o Senhor ignorava os seus pedidos de ajuda. Deus parecia ausente do cenário de sua vida. Jó alegou que não podia ver Deus mesmo que olhasse para o norte, sul, leste ou oeste (Jó 23:2-9).

Em meio ao seu desespero, Jó teve um momento de clareza. Sua fé ressurgiu como uma vela a iluminar um quarto escuro, e disse: "...ele [Deus] sabe aonde vou; quando ele me provar, sairei puro como o ouro" (v.10). Como cristãos, somos provados e purificados quando Deus usa as dificuldades para destruir a nossa autoconfiança, orgulho e sabedoria terrena. Se parecer como se Deus estivesse silente durante este processo e Ele não estiver respondendo aos nossos pedidos de ajuda, Ele pode estar nos dando uma oportunidade para fortalecer a nossa fé.

A dor e os problemas podem produzir o caráter brilhante e sólido como a rocha, que é a consequência de confiar em Deus quando a vida está difícil.

Jennifer Benson Schuldt

14 DE ABRIL

Pairando sobre o nada

Leitura: Jó 26:5-14

Deus estende o céu do norte sobre o vazio e suspende a terra sobre o nada.

JÓ 26:7

Um mapa-múndi publicado pela *National Geographic Society* tem a seguinte notação: "A massa da terra é 6.6 sextilhões de toneladas". E o que sustenta todo esse peso? Nada. O planeta em que habitamos gira em torno de seu eixo a 1600 km por hora conforme se move rapidamente em sua órbita ao redor do Sol. Mas é fácil um dado como esse não ser notado em meio às preocupações diárias como saúde, relacionamentos e pagamentos das contas.

Jó, personagem do Antigo Testamento, ponderou repetidamente sobre a criação de Deus em sua luta para compreender a estarrecedora perda de sua saúde, sua riqueza e seus filhos. "Deus estende o céu do norte sobre o vazio" e Jó na sequência disse: Ele "suspende a terra sobre o nada", (Jó 26:7). Jó se maravilhava com as nuvens que não se partiam com o peso da água que carregavam (v.8) e o horizonte "[Deus] definiu o limite entre dia e noite" (v.10), mas a tudo isso referiu-se como "...apenas o começo de tudo que ele faz..." (v.14).

A criação em si não respondeu às perguntas de Jó, mas os céus e a terra indicaram-lhe o Deus Criador, o único que poderia lhe responder com ajuda e esperança.

O Senhor que sustenta o universo "...com sua palavra poderosa..." (Hebreus 1:3; Colossenses 1:17) cuida do nosso dia a dia. As experiências que parecem ser "lugares vazios" são sustentadas e rodeadas pelo amor e poder do nosso Pai celestial.

David McCasland

15 DE ABRIL

Perfeitamente colocado

Leitura: Jó 38:4-11

Onde você estava quando
eu lancei os alicerces do mundo?
JÓ 38:4

Os cientistas sabem que o nosso planeta está à distância correta do Sol para se beneficiar do seu calor. Um pouco mais perto, e toda a água evaporaria, como em Vênus. Só um pouco mais longe, e tudo congelaria, como acontece em Marte. A Terra tem o tamanho exato para gerar a quantidade certa de gravidade. Se fosse menor, tornaria tudo estéril e sem peso como a Lua e, se tivesse mais gravidade capturaria gases venenosos que sufocariam a vida como acontece em Júpiter.

Essas intrincadas interações físicas, químicas e biológicas que compõem o nosso mundo carregam a marca de um *Designer* sofisticado. Vislumbramos essa teia complexa quando Deus fala a Jó sobre coisas além do nosso entendimento. Deus questiona: "Onde você estava quando eu lancei os alicerces do mundo? [...] Quem definiu suas dimensões e estendeu a linha de medir? Vamos, você deve saber. O que sustenta seus alicerces e quem lançou sua pedra angular...?" (Jó 38:4-6).

Esse vislumbre da magnitude da criação nos faz pensar nos imensos oceanos da Terra se curvando diante de "Quem estabeleceu os limites do mar quando do ventre ele brotou [...] [Quem] Disse: 'Daqui não pode passar...'" (vv.8-11). Que possamos maravilhados cantar com as estrelas da manhã e exaltar de alegria com os anjos (v.7), pois este mundo tão elaborado foi feito para nós, para que pudéssemos conhecer e confiar em Deus.

Remi Oyedele

16 DE ABRIL

Maravilhoso!

Leitura: Jó 42:1-6

*"Sou eu; falei de coisas
de que eu não entendia, coisas maravilhosas
demais que eu não conhecia."*
JÓ 42:3

Quando o nosso avião começou a descer, a aeromoça leu a longa lista de informações de chegada como se estivesse lendo pela milésima vez naquele dia. Ela não demonstrava emoção ou interesse sobre a nossa chegada iminente. Então, com a mesma voz, cansada e desinteressada, finalizou dizendo: "Tenham um dia maravilhoso". A indiferença de seu tom contrastou com as suas palavras. Ela disse 'maravilhoso', mas de uma forma completamente ausente de qualquer sentimento de entusiasmo.

Às vezes temo que nosso relacionamento com Deus se aproxime disso. Rotina. Tédio. Apatia. Desinteresse. Por meio de Cristo, nós temos o privilégio de sermos adotados na família do Deus vivo, mas muitas vezes parece não haver muito do sentimento de admiração que acompanha essa realidade tão memorável.

Jó questionou Deus sobre seu sofrimento, mas quando Deus o desafiou, Jó humilhou-se pela grandiosidade de seu Criador e Sua criação. Jó respondeu: "Perguntaste: 'Quem é esse que, com tanta ignorância, questiona minha sabedoria?'. Sou eu; falei de coisas de que eu não entendia, coisas maravilhosas demais que eu não conhecia" (Jó 42:3).

Anelo pela maravilhosa presença de Deus invadindo o meu coração. Sou adotado por Deus, que maravilhosa realidade!

Bill Crowder

SALMOS

A variedade encontrada no livro dos Salmos é um dos seus componentes mais fascinantes. Por exemplo, existem salmos de lamento, tanto coletivo quanto individual, nos quais os autores apresentam seu sofrimento a Deus. Também há os salmos de ação de graças, que igualmente podem ser utilizados de forma coletiva ou individual. Muitos salmos são considerados cânticos de louvor, nos quais o povo de Deus entoou canções de glória e adoração ao Senhor. Os salmos de peregrinação registram as canções que os israelitas cantavam enquanto trilhavam o seu caminho de adoração. A variedade é deveras fascinante, porque os salmos foram compilados durante um longo período de tempo e por muitas pessoas diferentes.

ESBOÇO

Pedido de ajuda e cânticos de louvor, Livro 1, SALMOS 1:1-41:13
Salmos de entrega e redenção, Livro 2, SALMOS 42:1-72:20
Salmos de adoração, Livro 3, SALMOS 73:1-89:52
Salmos de confissão e de louvor, Livro 4, SALMOS 90:1-106:48
Salmos de intenso louvor, Livro 5, SALMOS 107:1-150:6

17 DE ABRIL

Aonde as escolhas nos levam?

Leitura: Salmo 1

*Pois o Senhor guarda o caminho dos justos,
mas o caminho dos perversos leva à destruição.*
SALMO 1:6

Sem serviço de telefonia celular e sem mapa de trilhas, tínhamos apenas a memória de um mapa fixado no início da trilha para nos guiar. Mais de uma hora depois, finalmente saímos da floresta em direção ao estacionamento. Tendo perdido a saída que daria uma caminhada de 800 metros, fizemos uma caminhada muito mais longa.

A vida pode ser assim: precisamos perguntar não apenas se algo está certo ou errado, mas aonde isso nos levará. O Salmo 1 compara dois modos de vida: o dos justos (aqueles que amam a Deus) e o dos perversos (os inimigos dos que amam a Deus). Os justos florescem como a árvore, mas os perversos são como palhas levadas pelo vento (vv.3-4). Esse salmo revela como o florescimento realmente acontece. A pessoa que ama a Deus depende dele para revigorar-se e viver.

Então, como nos tornamos esse tipo de pessoa? Entre outras coisas, o Salmo 1 nos exorta a abandonarmos os relacionamentos destrutivos e hábitos prejudiciais e a termos "prazer na lei do Senhor" (v.2). Por fim, a razão de nosso florescimento é a atenção de Deus para conosco: "Pois o Senhor guarda o caminho dos justos" (v.6).

Entregue o seu caminho a Deus, permita que Ele o redirecione dos velhos padrões que o levam a lugar nenhum e que a Palavra de Deus seja o rio que nutre as raízes do seu coração.

Glenn Packiam

18 DE ABRIL

Suplique a Deus

Leitura: Salmo 6:4-9

O SENHOR ouviu minha súplica;
o SENHOR responderá à minha oração.
SALMO 6:9

Quando meu marido foi diagnosticado com câncer, eu não sabia o jeito "certo" de pedir a Deus que o curasse. Na minha limitada visão, outras pessoas no mundo tinham problemas muito mais sérios: guerra, fome, pobreza, desastres naturais. Porém, um dia, durante a nossa oração da manhã, ouvi meu marido humildemente pedir: "Querido Senhor, por favor, cura minha doença".

Foi um pedido tão simples, mas sincero, que me lembrou de parar de complicar todos os pedidos de oração, pois Deus ouve perfeitamente as nossas súplicas por ajuda. Como Davi simplesmente suplicou: "Volta-te, SENHOR, e livra-me! Salva-me por causa do teu amor" (v.4).

Davi declarou isso durante um tempo de confusão espiritual e desespero. A situação exata dele não foi explicada neste salmo. Seus sinceros clamores, no entanto, demonstram profundo desejo de ajuda divina e restauração. "Estou exausto de tanto gemer" (v.6).

No entanto, Davi não permitiu que seus próprios limites, incluindo o pecado, impedissem-no de buscar a Deus em sua necessidade. Assim, mesmo antes de receber a resposta divina, Davi regozijou-se: "o SENHOR ouviu meu pranto. O SENHOR ouviu minha súplica; o SENHOR responderá à minha oração" (vv.8-9).

Apesar de nossa própria confusão e incerteza, Deus ouve e aceita os pedidos sinceros dos Seus filhos. Ele está pronto para nos ouvir, especialmente quando mais precisamos dele.

Patricia Raybon

19 DE ABRIL

Inimaginável

Leitura: Salmo 23

Mesmo quando eu andar pelo escuro vale da morte, não terei medo, pois tu estás ao meu lado.
SALMO 23:4

Bart Millard escreveu uma música de sucesso em 2001, quando escreveu: *"I Can Only Imagine"* (Só posso imaginar). A música retrata como será incrível estar na presença de Cristo. As letras de Millard ofereceram conforto à nossa família no ano seguinte quando a nossa filha de 17 anos, Melissa, morreu num acidente de carro e nós imaginávamos como seria para ela estar na presença de Deus.

Mas a canção falou comigo de uma forma diferente nos dias seguintes à morte de Mel. Quando os pais das amigas de Melissa se aproximaram de mim, cheios de preocupação e dor, eles disseram: "Não consigo nem imaginar o que você está passando".

Suas expressões eram de empatia, mostravam que eles estavam lutando com a nossa perda de forma empática: era algo inimaginável.

Davi mostrou-nos a profundidade de uma grande perda ao descrever a caminhada pelo "escuro vale da morte" (Salmo 23:4). A morte de um ente querido certamente é isso, e às vezes não temos ideia de como vamos navegar na escuridão. Não podemos sequer imaginar ser capazes de sair no outro lado.

Mas como Deus prometeu estar conosco em nosso vale mais escuro agora, Ele também oferece grande esperança para o futuro, assegurando-nos de que além do vale, estaremos em Sua presença. Para o cristão, "deixar este corpo terreno" significa estar presente com Ele (2 Coríntios 5:8). Saber isso pode nos ajudar a navegarmos pelo inimaginável enquanto visualizamos o nosso futuro reencontro com Ele e com os que já partiram.

Dave Branon

20 DE ABRIL

O triunfo do perdão

Leitura: Salmo 32:1-7

*Como é feliz aquele cuja desobediência
é perdoada, cujo pecado é coberto!*
SALMO 32:1

Mateus lutava desesperadamente contra o abuso de drogas e o pecado sexual. Os relacionamentos que ele valorizava estavam desordenados, e sua consciência o perturbava. Sentindo-se miserável, ele foi a uma igreja e pediu para falar com o pastor. Ele encontrou alívio ao compartilhar sua história e ouvir sobre a misericórdia e o perdão de Deus.

Acredita-se que Davi escreveu o Salmo 32 após praticar o seu pecado sexual. Ele agravou seu erro ao elaborar uma estratégia sinistra que resultou na morte do marido da mulher (2 Samuel 11–12). Enquanto esses terríveis acontecimentos o perseguiam, as consequências não deixaram de existir. Os versículos de Salmo 32:3-4 descrevem as profundas lutas de Davi antes de ele reconhecer a gravidade de suas ações. Os efeitos atormentadores do pecado não confessado eram inegáveis. O que o aliviou? O alívio foi iniciado com a confissão a Deus e a aceitação do perdão que o Senhor oferece (v.5).

Que ótimo lugar para começarmos, no lugar da misericórdia de Deus, quando dizemos ou fazemos coisas que causam danos e prejudicam a nós mesmos e aos outros! A culpa do nosso pecado não precisa ser permanente. Há Alguém cujos braços estão abertos para nos receber quando reconhecemos os nossos erros e buscamos o Seu perdão. Podemos nos juntar ao coro daqueles que cantam: "Como é feliz aquele cuja desobediência é perdoada, cujo pecado é coberto" (v.1)!

Arthur Jackson

21 DE ABRIL

Fortalecido pelo louvor

Leitura: Salmo 59:1,14-17

*Eu, porém, cantarei sobre o teu poder;
cada manhã, cantarei com alegria sobre o teu amor.
Pois tu tens sido minha fortaleza...*
SALMO 59:16

Quando os aldeões franceses ajudaram os refugiados judeus a se esconderem dos nazistas durante a Segunda Guerra Mundial, eles cantavam na densa floresta que cercava sua cidade para os refugiados saberem que era seguro sair do esconderijo. Esses bravos habitantes de *Le Chambon-sur-Lignon* atenderam ao chamado do pastor local André Trocmé e sua esposa, Magda, para oferecer refúgio aos judeus naquele planalto, varrido pelo vento, conhecido como "A montanha protestante". O sinal enviado pelos louvores tornou-se uma das características da bravura deles e os ajudou a salvar até 3.000 judeus da morte quase certa.

Noutro momento perigoso, Davi cantou quando o seu inimigo Saul enviou assassinos noturnos à sua casa. Ele usou o louvor não como um sinal; ao contrário, era uma canção de gratidão a Deus, seu refúgio. Davi alegrou-se: "cantarei sobre o teu poder; cada manhã, cantarei com alegria sobre o teu amor. Pois tu tens sido minha fortaleza, lugar seguro em minha aflição" (Salmo 59:16).

Tal cântico não significou um "assobio no escuro" durante o perigo. O canto de Davi era uma prova de sua confiança no Deus Todo-Poderoso. "...ó Deus, és minha fortaleza, o Deus que mostra amor por mim" (v.17).

O louvor de Davi, e dos aldeões daquela vila francesa, são um convite para que hoje bendigamos a Deus com o nosso cântico, entoando-lhe melodias apesar das preocupações da vida. Sua presença amorosa fortalecerá o nosso coração.

Patricia Raybon

22 DE ABRIL

O homem que não podia falar

Leitura: Salmo 96

Grande é o Senhor!
Digno de muito louvor!
SALMO 96:4

Sentado em sua cadeira de rodas num lar de idosos em Belize, um homem ouviu com alegria um grupo de adolescentes cantando sobre Jesus. Mais tarde, quando alguns adolescentes tentaram se comunicar com ele, descobriram que ele não podia falar. Um derrame o havia privado da sua capacidade de falar.

Como eles não conseguiam entabular uma conversa, os adolescentes decidiram cantar para ele. Quando começaram a cantar, algo incrível aconteceu. O homem que não conseguia falar começou a cantar. Com entusiasmo, ele cantou "Quão grande és tu!" (NHA 62), junto com seus novos amigos.

Foi um momento marcante para todos. O amor deste homem por Deus rompeu as barreiras e se derramou em adoração audível, sincera e alegre.

Todos temos barreiras que nos impedem de adorar de tempos em tempos. Talvez seja um conflito de relacionamento ou um problema de dinheiro. Ou talvez seja o coração que esfriou um pouco no relacionamento com Deus.

Esse homem sem a capacidade de falar nos lembra de que a grandeza e a majestade de nosso Deus Todo-Poderoso pode superar qualquer barreira. "Senhor, meu Deus, quando eu maravilhado, fico a pensar nas obras de Tuas mãos!".

Você tem dificuldade para adorar? Reflita sobre a grandiosidade do nosso Deus lendo uma passagem das Escrituras como o Salmo 96, e você também poderá substituir os seus obstáculos e objeções por louvores ao Senhor.

Dave Branon

23 DE ABRIL

Estilo de vida em oração

Leitura: Salmo 100

*Sirvam ao SENHOR com alegria,
apresentem-se diante dele com cânticos.*
SALMO 100:2

Enquanto esperava na fila do bufê de café da manhã em um centro de conferência cristão, um grupo de mulheres entrou no refeitório. Eu sorri, cumprimentando uma mulher que entrou na fila atrás de mim. Retribuindo minha saudação, ela disse: "Eu conheço você". Colocamos ovos mexidos em nossos pratos e tentamos descobrir em que ocasião já tínhamos nos encontrado. Mas eu tinha certeza de que ela havia me confundido com outra pessoa.

Quando voltamos para almoçar, a mulher se aproximou de mim. "Você dirige um carro branco?"

Concordei: "Eu costumava, alguns anos atrás".

Ela riu. "Parávamos no mesmo semáforo perto de uma escola de Ensino Fundamental quase todas as manhãs", disse ela. "Você sempre estava levantando suas mãos, cantando alegremente. Imaginei que você estivesse adorando a Deus. Aquilo me fazia querer participar, mesmo nos dias difíceis". Louvando a Deus, oramos juntas, abraçamo-nos e almoçamos.

Minha nova amiga foi a confirmação de que as pessoas percebem como os cristãos se comportam, mesmo quando pensamos que ninguém está nos observando. Ao praticarmos um estilo de vida de alegre adoração, podemos nos apresentar diante de nosso Criador a qualquer hora e em qualquer lugar. Reconhecendo o Seu amor duradouro e a Sua fidelidade, podemos desfrutar de comunhão íntima com Ele e agradecer-lhe por Seu contínuo cuidado (Salmo 100). Quer estejamos cantando louvores em nossos carros, orando em público ou espalhando o amor de Deus por meio de atos de bondade, podemos inspirar outros para que "louvem o seu nome" (v.4). Adorar a Deus é mais do que um acontecimento restrito aos domingo pela manhã.

Xochitl Dixon

24 DE ABRIL

Pegadas de Deus

Leitura: Salmo 104:24-25

Ó SENHOR, que variedade de coisas criaste!
SALMO 104:24

Nosso neto de quatro anos disse à minha esposa, Cari: "Sei onde Deus mora". Curiosa ela lhe perguntou: "Onde?". A resposta dele foi: "Na floresta ao lado da sua casa".

Quando Cari me contou sobre essa conversa, ela buscava o motivo que motivara essa resposta. "Eu lhe contei que quando passeávamos na floresta na última visita dele, eu lhe dissera que, embora não pudéssemos ver Deus, podíamos ver o que Ele fez". Aproveitei e perguntei ao meu neto, enquanto passávamos por um lugar arenoso: "Você vê as pegadas que estou deixando? Os animais, as árvores e o rio são como as pegadas de Deus. Sabemos que Ele esteve aqui porque podemos ver as coisas que o Criador fez".

O escritor do Salmo 104 também destacou as evidências da obra de Deus na criação, exclamando: "Ó SENHOR, que variedade de coisas criaste! Fizeste todas elas com sabedoria; a terra está cheia de tuas criaturas" (Salmo 104:24). A palavra hebraica para "sabedoria", encontrada nesse texto, é frequentemente usada na Bíblia para descrever a habilidade artesanal. A obra de Deus na natureza proclama a Sua presença e nos faz querer render-lhe louvores.

O Salmo 104 inicia e finaliza com as palavras: "Todo o meu ser louve o SENHOR [...] louvado seja o SENHOR" (vv.1,35). Da mão de um bebê aos olhos de uma águia, a arte do nosso Criador ao nosso redor demonstra a Sua perfeita habilidade. Que possamos nos maravilhar e louvá-lo por isso!

James Banks

25 DE ABRIL

Lembre-se de cantar

Leitura: Salmo 147:1-7

Como é bom cantar louvores a nosso Deus.
SALMO 147:1

Nancy Gustafson, cantora de ópera aposentada, sentiu-se arrasada ao visitar sua mãe e observar o contínuo declínio dela motivado pela demência. Ela não a reconhecia mais e mal falava. Depois de várias visitas mensais, Nancy teve uma ideia e começou a cantar para ela. Os olhos de sua mãe se iluminaram com os sons musicais, e ela começou a cantar também, por 20 minutos! A mãe de Nancy sorria e até brincou que elas eram "As cantoras da Família Gustafson!". A dramática reviravolta demonstrou o poder da música. Alguns terapeutas já concluíram que a música é capaz de evocar memórias perdidas. Cantar "músicas favoritas" melhora o humor, reduz quedas, idas ao pronto-socorro e sedativos.

Mais pesquisas sobre memória musical estão em andamento. No entanto, a Bíblia já nos revela que a alegria que vem do canto é uma dádiva de Deus — e é verdadeira. "Como é bom cantar louvores ao nosso Deus. Como é agradável e apropriado!" (Salmo 147:1).

Na verdade, ao longo das Escrituras, o povo de Deus é encorajado a levantar suas vozes em canções de louvor ao Senhor. "Cantem ao Senhor, pois ele tem feito maravilhas" (Isaías 12:5). "Deu-me um novo cântico para entoar, um hino de louvor a nosso Deus. Muitos verão o que ele fez, temerão e confiarão no Senhor" (Salmo 40:3). Nosso canto nos inspira, mas inspira também os que os ouvem. Que todos nós nos lembremos: nosso Deus é grande e digno de louvor.

Patricia Raybon

Provérbios

O livro de Provérbios é uma compilação de conselhos sábios e concisos que nos ensinam a sermos prudentes, como evitar sermos tolos, escarnecedores e pessoas ordinárias. Esta coleção de adágios profundos, compilada a partir de uma grande variedade de fontes, reflete informações práticas sobre como viver sob a autoridade de Deus e segundo os Seus padrões. Embora, ao ler a Bíblia, seja importante considerarmos o contexto, o livro de Provérbios é um pouco diferente; muitas vezes, uma porção de sabedoria é distribuída separadamente em dois ou mais versículos de cada vez, sem que haja uma relação direta entre os textos imediatamente próximos. Por exemplo, ao ler Provérbios 20, o leitor primeiro recebe um aviso sobre bebidas alcoólicas no versículo 1; no versículo 2, há conselhos sobre como lidar com a ira de um rei. As duas ideias parecem desconexas, mas ambas são valiosas. A chave para compreender o livro pode ser: "O temor do SENHOR é o princípio do conhecimento, mas os tolos desprezam a sabedoria e a disciplina" (Provérbios 1:7).

ESBOÇO

Apresentando a sabedoria, PROVÉRBIOS 1:1-33
Sabedoria para os jovens, PROVÉRBIOS 2:1-9:18
Provérbios de Salomão sobre a vida santificada, PROVÉRBIOS 10:1-24:34
Provérbios de Salomão sobre os bons relacionamentos, PROVÉRBIOS 25:1-29:27
Provérbios de Agur, PROVÉRBIOS 30:1-33
Provérbios de Lemuel, PROVÉRBIOS 31:1-31

26 DE ABRIL

Conselho de meu pai

Leitura: Provérbios 3:1-7

*Confie no Senhor de todo o coração;
não dependa de seu próprio entendimento.*
PROVÉRBIOS 3:5

Fui demitida e orei a Deus pedindo ajuda para encontrar um novo emprego. Porém, quando as semanas passaram e nada surgiu de minhas tentativas entre conhecidos e dos envios de currículos, comecei a realmente me preocupar. "O Senhor não sabe como é importante eu ter um emprego?", perguntei a Deus, cruzando os braços em protesto pela oração aparentemente sem resposta.

Quando conversei com o meu pai que sempre me lembrava de que eu devia crer nas promessas de Deus sobre a minha situação, ele disse: "Quero que chegue ao ponto de você crer no que Deus diz".

O conselho de meu pai me lembra da passagem em Provérbios 3: os sábios conselhos de um pai a um filho amado. Essa passagem estava especialmente relacionada à minha situação: "Confie no Senhor de todo o coração; não dependa de seu próprio entendimento. Busque a vontade dele em tudo que fizer, e ele lhe mostrará o caminho que deve seguir" (Provérbios 3:5-6). "Mostrará o caminho" significa que Deus nos guiará segundo Seu objetivo para nosso crescimento. Seu objetivo principal é que eu me torne mais semelhante a Ele.

Isso não garante que os caminhos que o Senhor escolher serão fáceis. Mas eu posso decidir confiar que a direção dele e o Seu tempo são, principalmente, para o meu bem.

Você está esperando por uma resposta de Deus? Escolha aproximar-se do Senhor e confiar que Ele o guiará.

Linda Washington

27 DE ABRIL

Isso foi incrível!

Leitura: Provérbios 12:12, 24-28

*Quem trabalha com dedicação chega
a ser líder, mas o preguiçoso se torna escravo.*
PROVÉRBIOS 12:24

Era a primeira competição esportiva para a aluna do 7.º ano, mas a garota não queria participar do evento, pois ela estava com medo de não se apresentar bem. Ainda assim, ela começou a corrida com todos os outros. Mais tarde, um a um, os corredores terminaram seu percurso de 3 quilômetros e cruzaram a linha de chegada, todos, exceto a relutante corredora. Finalmente, a mãe dela, que estava observando até a sua filha finalizar a corrida, viu uma figura solitária surgir à distância. A mãe foi até a linha de chegada, preparando-se para confortar a filha chateada. Em vez disso, quando a garota viu sua mãe, exclamou: "Foi incrível!".

O que pode ser fantástico em terminar por último? A finalização!

A garota estava tentando fazer algo difícil e tinha conseguido! As Escrituras honram o trabalho árduo e a diligência, um conceito frequentemente aprendido por meio de esportes, música, perseverança e esforço.

"Quem trabalha com dedicação chega a ser líder, mas o preguiçoso se torna escravo" (12:24). Mais adiante lemos: "O trabalho árduo produz lucro, mas a conversa fiada leva à pobreza" (14:23). Esses princípios são sábios, não são promessas, podem nos ajudar a servir bem a Deus.

O plano de Deus para nós sempre incluiu o trabalho. Mesmo antes da queda, Adão deveria cultivar e tomar conta do jardim (Gênesis 2:15). Todo esforço que fizermos deve ser feito "…de bom ânimo" (Colossenses 3:23). Vamos trabalhar com a força que Deus nos concede e deixar os resultados com Ele.

Dave Branon

28 DE ABRIL

Os dois ursos

Leitura: Provérbios 13:10-20

*O orgulho só traz conflitos,
mas os que aceitam conselhos são sábios.*
PROVÉRBIOS 13:10

Alguns anos atrás, minha esposa, Carolina, e eu passamos alguns dias acampando ao pé de uma montanha. Certa noite, quando estávamos voltando ao nosso acampamento, vimos dois ursos machos lutando um contra o outro no meio dos prados ao redor. Paramos para observar.

Vi um alpinista por perto e perguntei a ele sobre o motivo do conflito. "Uma fêmea jovem", ele disse.

"Onde ela está?", perguntei.

"Ela foi embora há uns 20 minutos", riu ele. Assim conclui que o conflito neste ponto não era mais sobre a ursa fêmea, mas sobre quem era o urso mais durão.

A maioria das lutas não é sobre normas e princípios, ou sobre certo e errado; elas quase sempre são sobre o orgulho. O sábio de Provérbios lança seu machado na raiz do problema quando escreve: "O orgulho só traz conflitos" (Provérbios 13:10). As brigas são alimentadas pelo orgulho, pela necessidade de estar certo, querendo tudo do nosso jeito, ou defendendo nosso território ou nossos egos.

Por outro lado, a sabedoria reside nos bem-aconselhados, aqueles que ouvem e aprendem, os que se se permitem ser instruídos. Há sabedoria naqueles que se humilham, naqueles que deixam de lado sua própria ambição egoísta; que reconhecem os limites de seu conhecimento; que ouvem o ponto de vista do outro; que permitem que as suas próprias ideias sejam corrigidas. Esta é a sabedoria de Deus que espalha paz por onde passa.

David Roper

29 DE ABRIL

Uma reação crítica

Leitura: Provérbios 15:1-2, 31-33

*Quem se ira facilmente provoca brigas,
mas quem tem paciência acalma a discussão.*
PROVÉRBIOS 15:18

As palavras duras ferem. Por causa disso, meu amigo, um autor premiado, esforçou-se para responder de forma adequada às críticas que recebeu. Seu novo livro tinha ganhado críticas de cinco estrelas, além de um prêmio importante. Então um respeitado crítico literário o elogiou, porém, com sarcasmo. Descreveu o livro dele como bem escrito, mas pontuando duras críticas. Aconselhando-se com os amigos, ele perguntou: "Como devo responder?".

Um amigo aconselhou: "Deixe para lá". Eu compartilhei conselhos de revistas sobre escrita, incluindo dicas para ignorar tais críticas ou aprender com elas e continuar a trabalhar e a escrever.

Finalmente decidi ver o que as Escrituras, que têm os melhores conselho de todos, teriam a dizer sobre como reagir a críticas pesadas. Na carta de Tiago o conselho é: "estejam todos prontos para ouvir, mas não se apressem em falar nem em se irar" (Tiago 1:19). Já o apóstolo Paulo aconselha: "Vivam em harmonia uns com os outros" (Romanos 12:16).

Um capítulo inteiro de Provérbios, no entanto, oferece conselhos sábios sobre como devemos reagir aos conflitos. "A resposta gentil desvia o furor" (Provérbios 15:1). "...mas quem tem paciência acalma a discussão" (v.18). E também "...quem dá ouvidos à repreensão adquire entendimento" (v.32). Considerando tanta sabedoria, que Deus nos ajude a segurar a nossa língua, como meu amigo fez. Mais do que tudo, porém, a sabedoria nos instrui a ter "temor do Senhor" porque "a humildade precede a honra" (v.33).

Patricia Raybon

30 DE ABRIL

Perspectiva bíblica

Leitura: Provérbios 17:19-22

*O coração alegre é um bom remédio,
mas o espírito abatido consome as forças.*
PROVÉRBIOS 17:22

Gregório e Elizabete têm uma "Noite para contar piadas" regular com suas quatro crianças em idade escolar. Cada criança traz várias piadas que leu ou ouviu (ou que inventaram!) durante a semana para contar quando estão à mesa do jantar. Essa tradição criou memórias alegres de diversão compartilhada ao redor da mesa. O casal percebeu que o riso era saudável para suas crianças, levantando o ânimo deles em dias difíceis.

O autor C. S. Lewis escreveu sobre o benefício de uma conversa alegre ao redor da mesa de jantar: "Não há nada melhor debaixo do sol do que uma família que ri em volta da mesa" (*O peso da glória*, Ed. Thomas Nelson, 2017).

Lemos em Provérbios sobre a sabedoria de fomentar um coração cheio de alegria: "O coração alegre é um bom remédio, mas o espírito abatido consome as forças" (Provérbios 17:22). O provérbio oferece uma "receita" para estimular a saúde e a cura, permitindo que a alegria preencha o nosso coração, um remédio que custa pouco e traz grandes resultados.

Todos nós precisamos dessa receita bíblica. Quando trazemos alegria para as nossas conversas, isso pode trazer uma nova perspectiva ao desentendimento. Também é capaz de nos ajudar a experimentarmos a paz, mesmo depois de uma prova estressante na escola ou de um dia de trabalho muito difícil. O riso entre familiares e amigos pode criar um local seguro onde podemos reconhecer e sentir que somos amados.

Você também precisa incorporar mais risadas em sua vida como "bom remédio" para o seu espírito? Lembre-se, as Escrituras o incentivam a cultivar um coração alegre.

Lisa Samra

1º DE MAIO

Palavras oportunas

Leitura: Provérbios 25:11-15

*O conselho oferecido na hora certa
é agradável como maçãs de ouro numa bandeja de prata.*
PROVÉRBIOS 25:11

Você já ouviu a expressão "Tempo é tudo"? De acordo com a Bíblia, o tempo certo aplica-se também às nossas palavras e discurso. Pense num momento em que Deus usou você no tempo certo para levar uma palavra de refrigério a alguém ou quando você quis falar algo, mas foi mais sábio permanecer em silêncio.

A Bíblia diz que há um momento apropriado para falar (Eclesiastes 3:7). Salomão comparou palavras bem faladas e pronunciadas no tempo certo com maçãs de ouro numa bandeja de prata — belas, valiosas e cuidadosamente concebidas (Provérbios 25:11-12). Saber o momento certo de falar é benéfico tanto para quem fala quanto para quem ouve; sejam elas palavras de amor, encorajamento ou repreensão. Manter-se em silêncio também tem seu lugar e sua hora. Quando nos sentimos propensos a ridicularizar, depreciar ou difamar o próximo, Salomão nos diz que é sábio segurarmos a nossa língua, reconhecendo o momento apropriado para o silêncio (11:12-13). Quando a tagarelice ou a raiva nos impulsionam a pecar contra Deus ou outro ser humano, a resistência está no falar tardiamente (10:19; Tiago 1:19).

Geralmente é difícil saber o que e quando dizer. O Espírito nos ajudará a discernir. Ele nos auxiliará a usar palavras na hora certa e da forma correta, para o bem de outros e para a Sua honra.

Marvin Williams

2 DE MAIO

Herança inesperada

Leitura: Provérbios 30:1-9

Dá-nos hoje o pão para este dia...
MATEUS 6:11

Ao ganhar o maior prêmio da loteria anual, o feliz empresário expressou desejos nobres. Ele queria começar uma fundação de caridade, devolver empregos aos desempregados e beneficiar sua família. Ele já era rico e disse aos repórteres que o grande prêmio não o mudaria.

Alguns anos depois, um artigo sobre esse mesmo ganhador descrevia um resultado bem diferente. Após ganhar o maior prêmio de todas as loterias, esse homem tinha enfrentado problemas legais, jogado fora a sua reputação e perdido todo o seu dinheiro em jogos e apostas.

Temos nas Escrituras o exemplo de um homem zeloso chamado Agur que escreveu palavras que antecipam a possibilidade de tal desgosto. Abatido por ter consciência de suas inclinações naturais (Provérbios 30:2-3), Agur reconheceu os perigos de possuir demais ou muito pouco. E ele orou assim: "...não me dês nem pobreza nem riqueza; dá-me apenas o que for necessário. Pois, se eu ficar rico, pode ser que te negue e diga: Quem é o Senhor?'" (vv.8-9).

Agur viu os desafios peculiares que surgem com a riqueza e a pobreza, mas também com nossas tendências pessoais. Cada um desses desafios são razões para termos cautela. Juntos eles mostram a nossa necessidade por Aquele que nos ensinou a orar "Dá-nos hoje o pão para este dia...".

Mart De Haan

ECLESIASTES

Não seria sensato ler o livro de Eclesiastes como se estivéssemos lendo o de Provérbios. Enquanto as máximas dos Provérbios podem, na sua maioria, ser lidas uma de cada vez e retiradas de entre seus versos de sustentação sem prejuízo ao significado, Eclesiastes não pode ser lido como uma série de obviedades não relacionadas. O contexto é muito importante.

ESBOÇO

Uma existência sem sentido, ECLESIASTES 1:1-11
A ausência de Deus é igual à ausência de significado, ECLESIASTES 1:12-6:12
Cura para a ausência de significado, ECLESIASTES 7:1-12:14

3 DE MAIO

Tempo para tudo

Leitura: Eclesiastes 3:1-8

Há um momento certo para tudo,
um tempo para cada atividade...
ECLESIASTES 3:1

Na década de 1960, a banda de *rock-folk- The Byrds* popularizou a música *Turn! Turn! Turn!* (Mude!). Ela alcançou o primeiro lugar na lista das 100 melhores músicas e ganhou popularidade em todo o mundo. As pessoas pareciam cativadas pelas palavras da canção. Curiosamente, porém, à exceção da última linha, essas palavras se encontram no livro de Eclesiastes, do Antigo Testamento.

"Há um momento certo para tudo..." proclama o autor de Eclesiastes, "...um tempo para cada atividade debaixo do céu" (3:1). Em seguida, ele lista algumas fases da experiência humana: o nascer e morrer, ganhar e perder, chorar e rir, entristecer e dançar. Assim como ocorrem as mudanças de estação na natureza, o mesmo acontece com as fases em nossa vida. Nossas circunstâncias nunca permanecem as mesmas por muito tempo.

Às vezes, damos as boas-vindas às mudanças em nossa vida. Mas, especialmente, quando elas envolvem dor e perda, é difícil. Contudo, ainda assim podemos ser gratos porque Deus não muda. "Eu sou o Senhor," Ele disse por meio do profeta Malaquias, "E não mudo" (Malaquias 3:6).

Porque Deus permanece o mesmo, podemos confiar nele quando enfrentamos as mudanças nas estações da vida. Sua presença está sempre conosco (Salmo 46:1), Sua paz tem o poder de guardar o nosso coração (Filipenses 4:7), e o Seu amor oferece segurança para a nossa alma (Romanos 8:39).

Jennifer Benson Schuldt

4 DE MAIO

Jamais sozinho

Leitura: Eclesiastes 4:8-12

É melhor serem dois que um [...].
Se um cair, o outro o ajuda a levantar-se...
ECLESIASTES 4:9-10

Maggie Fergusson escreveu na revista *The Economist* de 1843: "a solidão pode ser mais angustiante do que não ter um teto, sentir fome ou estar doente". Qual era o assunto da matéria? Solidão. Ela discorreu sobre o percentual de crescimento da solidão, com exemplos de cortar o coração sobre o que significa sentir-se só, independentemente do status social ou econômico.

Em nossos dias, a dor da solidão não é novidade. Ela surge nas páginas do antigo livro de Eclesiastes, tantas vezes atribuído ao rei Salomão, em textos que capturam a tristeza dos que parecem não nutrir relações significativas (4:7-8). O orador lamenta que é possível adquirirmos riqueza significativa, e não podermos usufruir dela por não termos com quem compartilhá-la.

No entanto, o mesmo autor também reconhece a beleza do companheirismo, afirmando que os amigos o ajudam a realizar mais do que você poderia alcançar por conta própria (v.9); companheiros ajudam em momentos de necessidade (v.10); trazem conforto (v.11) e o protegem em situações difíceis (v.12).

A solidão é uma luta digna de nota. Deus nos criou para oferecermos e recebermos os benefícios da amizade e da comunidade. Se você estiver se sentindo sozinho, peça ajuda ao Senhor para que o auxilie a desenvolver relacionamentos significativos com outras pessoas. Nesse meio tempo, encoraje-se pelo fato de o cristão nunca estar verdadeiramente sozinho porque o Espírito de Jesus está sempre conosco (Mateus 28:20).

Lisa Samra

5 DE MAIO

Seu elogio

Leitura: Eclesiastes 7:1-6

*...afinal, todos morrem,
e é bom que os vivos se lembrem disso.*
ECLESIASTES 7:2

Apesar de ser uma despedida, senti-me grato por ter ido ao funeral de uma serva fiel a Deus. Sua vida não tinha sido fora de série, ela não era muito conhecida fora de sua igreja e vizinhança. Contudo, ela amava Jesus, seus 7 filhos e 25 netos. Tinha o riso fácil, servia generosamente com alegria e, mesmo idosa, ainda gostava de praticar esportes.

Lemos em Eclesiastes: "É melhor ir a funerais que ir a festas" (v.2). "O sábio pensa na morte com frequência", pois com ela aprendemos o que mais importa (v.4). O colunista de um renomado jornal diz que há dois tipos de virtudes: as que ficam bem num currículo e as que você quer que digam em seu funeral. Às vezes elas se sobrepõem, embora muitas vezes pareçam competir. Se você estiver em dúvida, escolha sempre as virtudes do elogio a respeito de alguém.

Aquela serva não tinha um currículo impressionante, mas seus filhos testemunharam que "ela personificou o capítulo de Provérbios 31" descrevendo-a como uma mulher piedosa. Ela os inspirou a amar a Jesus e a importarem-se com os outros. Como Paulo disse: "Sejam meus imitadores, como eu sou imitador de Cristo" (1 Coríntios 11:1), portanto, seus filhos nos desafiaram a imitar a vida da mãe deles como ela imitava Jesus.

O que será dito sobre você em seu funeral? O que você deseja que digam? Nunca é tarde para desenvolver as virtudes que o dignificam. Descanse em Jesus. Sua salvação nos liberta para vivermos por aquilo que mais importa.

Mike Wittmer

CÂNTICO DOS CÂNTICOS

O livro é sobre o relacionamento de amor entre um homem e uma mulher ou é uma alegoria sobre o nosso relacionamento com Deus? Eis a questão. Alguns têm sugerido que é uma história de amor verdadeiro entre Salomão e uma mulher. Outros a veem como alegórica, tal qual uma representação da união entre Cristo e a Igreja, ou entre Cristo e uma pessoa que Ele busca conquistar para a fé.

ESBOÇO

História de amor, CÂNTICO DOS CÂNTICOS 1:1-3:5
Uma canção de casamento, CÂNTICO DOS CÂNTICOS 3:6-5:1
Realidades do casamento, CÂNTICO DOS CÂNTICOS 5:2-7:10
O relacionamento amadurece, CÂNTICO DOS CÂNTICOS 7:11-8:14

6 DE MAIO

Nem imaginar

Leitura: Cântico dos cânticos 1:1-4

Nós amamos porque ele nos amou primeiro.
1 JOÃO 4:19

"Ele é perfeito para você", minha amiga me disse. Ela falava sobre um rapaz que ela tinha acabado de conhecer. Ela descreveu especificamente sobre os olhos, sorriso gentil e o coração bondoso dele. Quando o conheci, tive que concordar. Hoje ele é meu marido, e não é à toa que eu o amo!

No Cântico dos Cânticos, a noiva descreve o seu amado. Seu amor é melhor que vinho e mais perfumado que muitas fragrâncias. Seu nome é mais doce do que qualquer coisa neste mundo. Então ela conclui que não é de admirar que ele seja amado.

Mas existe Alguém muito maior do que qualquer ente querido terreno, alguém cujo amor também é melhor do que o vinho. Seu amor satisfaz todas as nossas necessidades. Sua "fragrância" é melhor do que qualquer perfume porque, quando Ele se entregou por nós, o Seu sacrifício tornou-se um aroma suave para Deus (Efésios 5:2). Finalmente, o Seu nome está acima de todo o nome (Filipenses 2:9). Não é de admirar que o amemos!

É um privilégio amar Jesus. É a melhor experiência da vida! Será que paramos um momento para lhe dizer isso? Será que expressamos com palavras a beleza do nosso Salvador? Se demonstrarmos a Sua beleza por meio de nossa vida, os outros dirão: "Não é de admirar que você o ame!".

Keila Ochoa

7 DE MAIO

Amor indestrutível

Leitura: Cântico dos cânticos 8:6-7

*As muitas águas não podem
apagar o amor, nem os rios podem afogá-lo.*
CÂNTICO DOS CÂNTICOS 8:7

A primeira vez que vimos o riacho em nosso quintal era apenas uma veia fina de água escorrendo pelas pedras no calor do verão. Pranchas pesadas de madeira serviam como uma ponte para atravessá-lo facilmente. Meses depois caíram torrentes de chuva por vários dias seguidos. Nosso pequeno e manso riacho se transformou num rio que se movia rapidamente com 4 m de profundidade e 3 m de largura! A força das águas levantou as pontes e as levou a vários metros de distância.

As torrentes de água têm o potencial de arrastar o que está em seu caminho. No entanto, o amor é algo indestrutível diante de uma inundação ou outras forças que possam ameaçar destruí-lo. "As muitas águas não podem apagar o amor, nem os rios podem afogá-lo" (Cântico dos cânticos 8:7). A perseverança e a intensidade do amor estão com frequência presentes nos relacionamentos amorosos, mas isso só é expresso plenamente no amor que Deus tem pelas pessoas por meio de Seu Filho, Jesus Cristo.

Quando as coisas que consideramos robustas e confiáveis são removidas, a nossa decepção pode abrir a porta para adquirirmos um novo entendimento do amor de Deus por nós. Sua afeição é maior, mais profunda, mais forte e duradoura do que qualquer outra coisa na Terra. Seja o que for que enfrentemos, nós o fazemos com Ele ao nosso lado, sustentando-nos, ajudando-nos e nos lembrando de que somos amados.

Jennifer Benson Schuldt

PARTE 4

Profetas maiores

Isaías, Jeremias, Lamentações,
Ezequiel, Daniel

Embora as duas seções seguintes sejam designadas por profetas maiores e menores, a distinção não é quanto à relevância, e sim sobre a extensão. Os primeiros cinco livros são muito mais longos (com exceção de Lamentações, que é anexado a Jeremias porque ele mesmo o escreveu) do que os últimos 12. Os profetas eram representantes de Deus e foram convocados pelo Senhor para chamar o povo hebreu ao arrependimento. Eles deixaram claro que, se não houvesse arrependimento, o julgamento futuro viria. Embora esse julgamento tenha vindo por meio da invasão estrangeira e do exílio na Babilônia, o povo de Judá acabou sendo autorizado a regressar à sua pátria.

ISAÍAS

O julgamento está próximo, mas há esperança. Essa é mensagem de "uma boa e uma má notícia" na profecia que Deus deu ao profeta. Isaías inicia este longo livro profético com uma palavra de julgamento sobre os reinos de Judá e Israel, devido ao desrespeito que tiveram pelo pacto que Deus fizera com eles, que fora agravado pela adoração aos ídolos. Mas, entremeado ao julgamento, a palavra do Senhor traz uma mensagem de esperança: o ramo de uma videira, uma criança, a perspectiva de um Maravilhoso Conselheiro. Sabemos agora que Isaías estava falando do Messias que viria, Jesus. No entanto, ainda estava na mente do profeta Isaías a rejeição de seus contemporâneos por Deus e, por isso, ele falou sobre o julgamento divino sobre muitos países vizinhos. Isaías age heroicamente ao ajudar a impedir a Assíria de destruir Jerusalém antes de ele escrever mais sobre a vinda do Messias. No final, Isaías exorta os seus leitores a viverem de forma justa. É um livro longo e complicado de entender, mas, como sempre, o objetivo do povo deveria ser confiar em Deus, adorá-lo de forma digna e viver de acordo com os Seus padrões, enquanto aguardavam a vinda do Messias.

ESBOÇO

Profecias contra Judá, ISAÍAS 1:1–12:6
Profecias contra os opositores de Israel, ISAÍAS 13:1–23:18
Profecias sobre o Dia do Senhor, ISAÍAS 24:1–27:13
Dores e bênçãos futuras, ISAÍAS 28:1–35:10
Rei Ezequias: o bom e o mau, ISAÍAS 36:1–39:8
Boas-novas no horizonte, ISAÍAS 40:1–66:24

8 DE MAIO

A esperança florescerá

Leitura: Isaías 35:1-4

*As regiões desabitadas e o deserto
exultarão; a terra desolada se alegrará e florescerá...*
ISAÍAS 35:1

Quando os terrenos baldios com ervas daninhas foram limpos e floriram com belas flores e árvores, os residentes mais próximos, em geral, também sentiram a mudança em sua saúde mental. Isso revelou-se especialmente entre aqueles que enfrentavam dificuldades financeiras.

"Aumentam as evidências de que o espaço verde pode impactar a saúde mental e isso é importante para as pessoas que vivem em bairros mais pobres", disse a Dra. Eugenia South, professora universitária e coautora de um estudo sobre esse mesmo assunto.

A visão do profeta Isaías trouxe nova e bela esperança de que Deus restauraria o povo oprimido de Israel e Judá. Em meio à desgraça e ao julgamento profetizados por Isaías, essa promessa se enraizou: "As regiões desabitadas e o deserto exultarão; a terra desolada se alegrará e florescerá [...]. Haverá muitas flores, cânticos e alegria!" (Isaías 35:1-2).

Não importa a nossa situação hoje, nós também podemos nos alegrar pelas maneiras como o nosso Pai celestial nos restaura com revigorada esperança, inclusive por intermédio da Sua criação. Quando estamos tristes, refletir sobre a Sua glória e esplendor nos fortalece. Isaías nos encoraja: "Fortaleçam os de mãos cansadas, apoiem os de joelhos fracos" (v.3).

Algumas poucas flores podem reavivar a nossa esperança. Um profeta afirma que sim e o nosso Deus, que nos concede a esperança também.

Patricia Raybon

9 DE MAIO

Mantenha-se firme

Leitura: Isaías 41:10-13

Pois eu o seguro pela mão direita, eu, o Senhor, seu Deus...
ISAÍAS 41:13

Harriet Tubman foi uma das grandes heroínas norte-americanas do século 19. Ela demonstrou notável coragem ao conduzir mais de 300 companheiros escravos à liberdade, depois de ela mesma ter escapado da escravidão, cruzando para o território livre ao norte dos Estados Unidos. Não satisfeita em apenas desfrutar de sua liberdade, ela voltou 19 vezes aos estados escravagistas para liderar amigos, familiares e estranhos à liberdade, muitas vezes guiando-os na travessia a pé até o vizinho Canadá.

O que a motivou a agir tão corajosamente? Sendo mulher de profunda fé, certa vez ela declarou: "Eu sempre disse a Deus: permanecerei firme em ti, e terás que me sustentar". Sua dependência na orientação de Deus foi recompensada, e bem-sucedida, à medida que ela tirava as pessoas da escravidão.

O que significa "permanecer firme" em Deus? Um versículo no livro de Isaías pode nos ajudar a compreender que, na verdade, é Ele que nos ampara enquanto seguramos Sua mão. Isaías cita Deus, que disse: "Pois eu o seguro pela mão direita, eu, o Senhor, seu Deus, e lhe digo: 'Não tenha medo, estou aqui para ajudá-lo'" (41:13).

Harriet apegou-se firmemente a Deus, e Ele atendeu as necessidades dela. Quais desafios você enfrenta? Apegue-se firmemente ao Senhor, enquanto Ele "toma conta" de sua mão e de sua vida. "Não tema." Ele o ajudará.

Dave Branon

10 DE MAIO

Uma nova estrada

Leitura: Isaías 42:10-17

*Conduzirei este povo cego por um novo caminho
e o guiarei por um rumo desconhecido...*
ISAÍAS 42:16

As pessoas me perguntam se tenho planos para os próximos 5 anos. Como posso planejar 5 anos "numa estrada" em que nunca viajei?

Lembro-me da década de 1960 quando era capelão dos estudantes numa prestigiosa universidade. Eu era formado em Educação física e diverti-me muito quando fiz o curso, mas nunca fui "um acadêmico". Sentia-me completamente inadequado em minha nova posição. Na maioria dos dias, eu vagava pelo campus como um cego tateando na escuridão, pedindo a Deus que me mostrasse o que devia fazer. Certo dia, um estudante "do nada" me pediu para liderar um estudo bíblico com seu grupo de convivência na universidade. Foi um começo.

Deus não está parado numa rotatória nos apontando o caminho; Ele é o guia, não um poste de sinalização. O Senhor anda conosco, levando-nos por caminhos que nunca imaginamos. Tudo o que temos a fazer é andar ao lado dele.

O caminho não será fácil; haverá "trechos difíceis" ao longo da estrada. Mas Deus prometeu que transformará "em luz a escuridão" e que não nos abandonará (Isaías 42:16). Ele estará conosco em todo o percurso.

Paulo disse que Deus "é capaz de realizar infinitamente mais do que poderíamos pedir ou imaginar" (Efésios 3:20). Nós podemos planejar e imaginar, mas a imaginação de nosso Senhor de longe transcende os nossos planos. Devemos entregar os nossos planos à vontade de Deus e ver o que Ele tem em mente.

David Roper

11 DE MAIO

Graça ampla e arrebatadora

Leitura: Isaías 44:21-23

Afastei seus pecados para longe...
ISAÍAS 44:22

Alexa, um dispositivo da *Amazon* controlado por voz, tem um recurso interessante: ele pode deletar tudo o que você disse. O que quer que você tenha pedido para *Alexa* fazer, qualquer informação que você lhe pediu durante o dia, uma simples frase "Exclua tudo o que eu disse hoje" limpa tudo, como se nunca tivesse acontecido nada. É uma pena que, em nosso dia a dia, não tenhamos essa capacidade. Cada palavra mal utilizada, cada ato vergonhoso, cada momento que desejaríamos poder apagar: apenas falaríamos um comando e tudo desapareceria.

Porém, há boas notícias. Deus oferece a cada um de nós um novo começo. Na verdade, Ele vai muito além do que simplesmente deletar os nossos erros ou mau comportamento. Deus provê a redenção, uma cura profunda que nos transforma e nos torna novos. "Volte para mim", diz Ele, "pois paguei o preço do seu resgate" (Isaías 44:22). Embora Israel tenha se rebelado e desobedecido, Deus estendeu a mão para eles com generosa misericórdia. Ele "[afastou] seus pecados para longe, como uma nuvem [...] como a névoa da manhã" (v.22). Ele juntou todas seus pecados e fracassos e os lavou com Sua abrangente graça purificadora.

Deus fará o mesmo com nossos pecados e erros. Não há erro que Ele não possa consertar, nem ferida que Ele não possa curar. A misericórdia de Deus cura e redime os lugares mais dolorosos de nossa alma, mesmo aqueles que temos escondido por muito tempo. Sua misericórdia afasta para longe toda a nossa culpa, lava todos os nossos arrependimentos.

Winn Collier

12 DE MAIO

Escutar além das estrelas

Leitura: Isaías 55:1-7

Busquem o SENHOR enquanto podem achá-lo...
ISAÍAS 55:6

Imagine a vida sem telefones celulares, *Wi-Fi*, *GPS*, dispositivos *Bluetooth* ou fornos de microondas. É assim na pequena cidade de *Green Bank*, nos Estados Unidos, conhecida como "a cidade mais tranquila da América". É também a localização do Observatório *Green Bank*, o maior radiotelescópio orientável do mundo. O telescópio precisa de "silêncio" para "ouvir" as ondas de rádio emitidas pelo movimento de pulsares e galáxias no espaço profundo. Ele possui uma área de superfície maior que um campo de futebol e fica no centro de uma área de quase 33.000 quilômetros quadrados, estabelecida para evitar interferência eletrônica na extrema sensibilidade do telescópio.

Esse silêncio intencional permite que os cientistas ouçam "a música do espaço". Isso também me lembra de nossa necessidade de nos aquietarmos o suficiente para ouvir Aquele que criou o Universo. Deus comunicou a um povo rebelde e desviado por meio do profeta Isaías: "Venham a mim com ouvidos bem abertos; escutem, e encontrarão vida. Farei com vocês uma aliança permanente" (Isaías 55:3). Deus promete Seu amor fiel a todos que o buscarem e se voltarem para Ele em busca de perdão.

Escutamos intencionalmente a Deus ao deixarmos de lado as nossas distrações para encontrá-lo nas Escrituras e na oração. Deus não está distante. O Senhor anseia que reservemos tempo para Ele, para que Ele seja a prioridade de nossa vida hoje e também futuramente na eternidade.

James Banks

JEREMIAS

Em resumo, este livro é sobre desolação, destruição e depravação. Não há como tornar essa mensagem mais agradável. Jeremias foi chamado por Deus (provavelmente logo após a sua adolescência) para proclamar as boas-novas do Senhor a uma nação que não conseguia manter os olhos longe de ídolos e de outras distrações inúteis. E assim Jeremias faz. Ele diz ao seu povo para arrepender-se e voltar-se a Deus. O profeta se dedica totalmente a essa tarefa ingrata, renunciando até mesmo ao casamento para se manter fiel à tarefa que Deus lhe confiara. No entanto, mesmo quando ele promete algo novo ao seu povo (capítulos 30–33), este mesmo povo e os seus reis rejeitam a sua mensagem. Jeremias lhes adverte sobre o cativeiro que se aproxima, caso não modifiquem o seu rumo. É a triste história de um homem fiel e de um reino completamente infiel.

ESBOÇO

O chamado de Jeremias, JEREMIAS 1:1-19
Os 12 sermões de Jeremias, JEREMIAS 2:1-25:38
    1. **Os pecados de uma nação,** JEREMIAS 2:1-3:5
    2. **Arrependam-se!** JEREMIAS 3:6-6:30
    3. **Julgamento por hipocrisia,** JEREMIAS 7:1-10:25
    4. **O pacto é quebrado,** JEREMIAS 11:1-12:17
    5. **Dois símbolos,** JEREMIAS 13:1-27
    6. **Julgamento,** JEREMIAS 14:1-15:21
    7. **Solteiro,** JEREMIAS 16:1-17:27
    8. **O Oleiro e o Seu barro,** JEREMIAS 18:1-20:18
    9. **Dois tipos de reis,** JEREMIAS 21:1-23:8
    10. **Falsos profetas,** JEREMIAS 23:9-40
    11. **Dois tipos de figos,** JEREMIAS 24:1-10
    12. **Cativeiro,** JEREMIAS 25:1-38

Conflitos diante de Jeremias, JEREMIAS 26:1-29:32
O futuro, JEREMIAS 30:1-33:26
A queda de Jerusalém (Parte 1) JEREMIAS 34:1-45:5
Os inimigos de Israel, JEREMIAS 46:1-51:64
A queda de Jerusalém (Parte 2), JEREMIAS 52:1-34

13 DE MAIO

Estou contigo

Leitura: Jeremias 1:1-10

E não tenha medo do povo, pois estarei com você e o protegerei. Eu, o Senhor, falei!
JEREMIAS 1:8

Quando trabalhei como estagiário numa revista cristã, escrevi a história de um homem que tinha se tornado cristão. Numa transformação dramática, ele disse adeus à vida anterior e acolheu o seu novo Mestre: Jesus. Alguns dias após a revista chegar às bancas, recebi um telefonema anônimo com uma ameaça: "Cuidado, Darmani. Estamos observando você! Se você escrever essas histórias, sua vida correrá perigo neste país".

Essa não foi a única vez que fui ameaçado por direcionar pessoas a Cristo. Certa ocasião, um homem me disse para dar fim ao folheto que eu estava lhe oferecendo, caso contrário...! Nos dois casos, eu me acovardei. Mas essas foram apenas ameaças verbais. Muitos cristãos receberam ameaças que foram cumpridas contra eles. Em alguns casos, o simples fato de ter um estilo de vida que agrada a Cristo, atrai o abuso por parte de algumas pessoas.

O Senhor disse a Jeremias: "...pois você irá aonde eu o enviar e dirá o que eu lhe ordenar" (Jeremias 1:7); e Jesus disse aos Seus discípulos: "...eu os envio como ovelhas no meio de lobos..." (Mateus 10:16). Sim, podemos encontrar ameaças, dificuldades e até mesmo dor, mas Deus nos assegura de Sua presença. "...estarei com você...", disse Ele a Jeremias (Jeremias 1:8), e Jesus assegurou aos Seus seguidores: "...estou sempre com vocês, até o fim dos tempos" (Mateus 28:20).

Seja o que for que enfrentarmos em nossa tentativa de viver para o Senhor, podemos confiar na Sua presença.

Lawrence Darmani

14 DE MAIO

Famintos por Deus

Leitura: Jeremias 15:15-21

Quando descobri tuas palavras,
devorei-as; são minha alegria e dão prazer
a meu coração, pois pertenço a ti...
JEREMIAS 15:16

Um novo crente em Jesus Cristo estava desesperado para ler a Bíblia. No entanto, ele tinha perdido a sua visão e as duas mãos numa explosão. Ao ouvir falar de uma mulher que lia Braille com os lábios, ele tentou fazer o mesmo, mas descobriu que as terminações nervosas dos seus lábios também haviam sido destruídas. Mais tarde, alegrou-se ao descobrir que podia sentir os caracteres escritos em Braille com a língua! Ele havia encontrado uma maneira de ler e apreciar as Escrituras.

O profeta Jeremias emocionou-se, com alegria e prazer, quando recebeu as palavras de Deus. "Quando descobri tuas palavras, devorei-as; são minha alegria e dão prazer a meu coração, pois pertenço a ti" (Jeremias 15:16). Diferente do povo de Judá que desprezava as Suas palavras (8:9), Jeremias havia sido obediente e se regozijava nelas. Sua obediência, no entanto, também o levara a ser rejeitado por seu próprio povo e a ser perseguido injustamente (15:17).

Talvez alguns dentre nós tenhamos experimentado algo semelhante. Lemos a Bíblia com alegria, mas por alguma razão, a obediência a Deus trouxe-nos sofrimento e a rejeição dos outros. Como Jeremias, podemos entregar a nossa aflição a Deus. O Senhor respondeu Jeremias repetindo a promessa que lhe dera quando o chamou pela primeira vez para ser profeta (vv.19-21; 1:18-19). Lembrou-lhe de que nunca decepciona o Seu povo. Tenhamos essa mesma confiança, pois Deus é fiel e nunca nos abandonará.

Poh Fang Chia

15 DE MAIO

Não toque a cerca

Leitura: Jeremias 18:1-12

*Repetidamente, o S*ENHOR *[...] enviou profetas para adverti-los, pois tinha compaixão de seu povo...*
2 CRÔNICAS 36:15

Quando era mais jovem, eu fui com meus pais visitar a minha bisavó, que morava perto de uma fazenda. O quintal da casa dela era cercado por cerca elétrica, o que impedia que as vacas pastassem em sua grama. Quando perguntei a meus pais se poderia brincar lá fora, eles consentiram, mas explicaram-me que tocar na cerca resultaria em choque elétrico.

Infelizmente, ignorei o aviso deles, coloquei um dedo no arame farpado e levei um choque forte o suficiente para ensinar uma lição a uma vaca. No mesmo instante, reconheci que meus pais haviam me avisado porque me amavam e não queriam que eu me machucasse.

Quando Deus viu os antigos israelitas em Jerusalém fabricando e adorando ídolos, Ele "repetidamente [...] enviou profetas para adverti-los, pois tinha compaixão de seu povo" (2 Crônicas 36:15). Deus falou por meio do profeta Jeremias, mas o povo disse: "Continuaremos a viver como quisermos" (Jeremias 18:12). Por causa disso, Deus permitiu que Nabucodonosor destruísse Jerusalém e capturasse a maioria de seus habitantes.

Talvez Deus o esteja alertando hoje sobre algum pecado em sua vida. Em caso afirmativo, encha-se de coragem. Essa é a prova de Sua compaixão por nós (Hebreus 12:5-6). O Senhor vê o que está por vir e quer que evitemos os problemas que surgirão.

Jennifer Benson Schuldt

16 DE MAIO

Erro do meteorologista

Leitura: Jeremias 23:16-22

*...que meus verdadeiros mensageiros
proclamem fielmente todas as minhas palavras...*
JEREMIAS 23:28

Era o meio-dia de 21 de setembro, de 1938, quando um jovem meteorologista avisou o Departamento de Meteorologia dos EUA sobre duas frentes forçando um furacão ao norte em direção à Nova Inglaterra. Mas o chefe desse serviço zombou da previsão de Charles Pierce.

Ele tinha a certeza de que uma tempestade tropical não atingiria *Long Island*. No entanto, por volta das 4 horas da tarde, atingiu a Nova Inglaterra lançando navios por terra e casas ao mar. Morreram mais de 600 pessoas. Se as vítimas tivessem tido conhecimento das previsões de Pierce, baseadas em dados concretos e mapas detalhados, muito provavelmente teriam sobrevivido.

As Escrituras valorizam a prática de dar ouvidos ao conhecimento. Nos dias de Jeremias, Deus advertiu o Seu povo contra os falsos profetas. "Não deem ouvidos a esses profetas", disse Ele, pois: "os enchem de falsas esperanças. Eles inventam tudo que dizem; não falam da parte do Senhor" (Jeremias 23:16). Deus disse sobre eles: "Se houvessem estado diante de mim e me ouvido, teriam anunciado minhas palavras e levado meu povo a se arrepender..." (v.22).

Os falsos profetas ainda estão conosco. Os "especialistas" dão conselhos, ignorando Deus ou distorcendo Suas palavras para se adequarem aos seus propósitos. Mas, por meio da Sua Palavra e Espírito, Deus nos tem nos concedido o que precisamos para discernir o falso do verdadeiro. Ao avaliarmos tudo à luz das verdades descritas em Sua Palavra, nossas palavras e vida refletirão cada vez mais a Sua verdade aos que nos cercam.

Tim Gustafson

17 DE MAIO

Amável!

Leitura: Jeremias 31:1-6

Eu amei você com amor eterno,
com amor leal a atraí para mim.
JEREMIAS 31:3

"Amável!" Essa exclamação veio de minha filha. Eu não sabia o que ela queria dizer. Então ela bateu em sua camiseta, herança de uma prima. Na frente, a palavra: "Amável." Abracei-a com força, e ela sorriu. "Você é amável!", retribuí. Seu sorriso ficou ainda maior, se é que isso era possível, enquanto se soltava e repetia a palavra amável, amável, amável…

Não sou um pai perfeito, mas aquele momento foi muito perfeito. Naquela interação espontânea e linda, vislumbrei no rosto radiante de minha menina o que é receber o amor incondicional: foi um retrato do contentamento. Ela compreendeu que a palavra em sua camiseta correspondia exatamente ao sentimento do seu pai em relação a ela.

Quantos de nós reconhecemos profundamente em nosso coração que somos amados por um Pai cuja afeição é ilimitada? Às vezes, lutamos com o conhecimento dessa verdade. Os israelitas lutaram. Questionavam se as suas provações significavam que Deus não os amava mais. Porém, em Jeremias 31:3, o profeta os relembra do que Deus dissera: "amei você com amor eterno". Nós também desejamos esse amor incondicional. No entanto, as feridas, decepções e erros que experimentamos podem fazer-nos sentir tudo, menos que somos amáveis. Deus abre os Seus braços, os braços de um Pai perfeito, e nos convida a experimentar o Seu amor e descansar nele.

Adam Holz

18 DE MAIO

O Criador da Lua

Leitura: Jeremias 31:33-37

...diz o Senhor. "Porei minhas leis
em sua mente e as escreverei em seu coração.
Serei o seu Deus, e eles serão o meu povo".
JEREMIAS 31:33

Depois que os astronautas pousaram a nave *Eagle* no Mar da Tranquilidade, Neil Armstrong disse: "Este é um pequeno passo para o homem, um salto gigantesco para a humanidade". Ele foi o primeiro ser humano a andar na superfície da Lua. Outros o seguiram, incluindo o comandante da última missão da Apolo, Gene Cernan. "Lá estava eu, e você na Terra — dinâmica, avassaladora, e eu senti que a Terra era bonita demais para existir por acidente e que deve haver alguém maior que você e maior do que eu", disse Cernan. Mesmo diante dessa visão única que tinham no espaço profundo, eles entendiam a sua insignificância comparada à vastidão do Universo.

O profeta Jeremias também considerou a imensidão de Deus como Criador e Sustentador da Terra e do além. O Criador de todas essas maravilhas prometeu revelar-se intimamente quando ofereceu ao Seu povo o amor, o perdão e a esperança (Jeremias 31:33-34). Jeremias afirma a grandiosidade de Deus como Aquele que "dá o sol para iluminar o dia e a lua e as estrelas para iluminarem a noite" (v.35). O nosso Criador e Senhor Todo-Poderoso reinará acima de tudo enquanto Ele age para resgatar todo o Seu povo (vv.36-37).

Nunca terminaremos de explorar a imensidão imensurável dos Céus e as profundezas das fundações da Terra. Mas podemos admirar a complexidade do Universo e confiar no Criador da Lua e de todas as coisas.

Xochitl Dixon

LAMENTAÇÕES

O pequeno livro de lamentações vem logo após o livro de Jeremias, no qual ele tentava continuamente alertar o povo de Jerusalém sobre o seu pecado contra Deus. Contudo, como eles não lhe ouviram, veio a destruição como a consequência da desobediência do povo de Deus.

ESBOÇO

O declínio de Jerusalém, LAMENTAÇÕES 1:1-22
A ira de Deus pelo pecado, LAMENTAÇÕES 2:1-22
Em busca de misericórdia, LAMENTAÇÕES 3:1-66
Os horrores do outono de Jerusalém, LAMENTAÇÕES 4:1-22
Súplica por restauração, LAMENTAÇÕES 5:1-22

19 DE MAIO

Quando acaba o esplendor

Leitura: Lamentações 3:13-24

*O amor do S*ENHOR *não tem fim!*
Suas misericórdias são inesgotáveis.
LAMENTAÇÕES 3:22

Eu jamais poderei recuperar o brilho que significou a presença de nossa filha Melissa à nossa família. Desvaneceram da minha memória os momentos maravilhosos em que assistíamos ela jogando vôlei tão alegremente na escola. E, por vezes, é difícil lembrar o tímido sorriso de contentamento que transparecia em seu rosto quando fazíamos atividades em família. Sua morte, aos 17 anos, encobriu a alegria de sua presença.

No livro de Lamentações, as palavras de Jeremias mostram que ele compreendia que o coração pode ser ferido. "Meu esplendor se foi! Tudo o que eu esperava do SENHOR se perdeu", disse ele (Lamentações 3:18). A situação dele era muito diferente da sua e da minha. Ele tinha anunciado o julgamento de Deus e viu Jerusalém ser derrotada. O esplendor se fora porque ele se sentia derrotado (v.12), isolado (v.14) e abandonado por Deus (vv.15-20).

Mas esse não é o fim da história dele. A luz brilhou. Jeremias, sobrecarregado e quebrantado, balbuciou: "ainda ouso, porém, ter esperança" (v.21), esperança que surge pela percepção de que "O amor do SENHOR não tem fim!" (v.22). E aqui está exatamente o que precisamos lembrar quando o esplendor se perde: as "Suas misericórdias são inesgotáveis [...] se renovam cada manhã" (vv.22-23). Mesmo nos nossos dias mais sombrios, a grande fidelidade de Deus resplandece.

Dave Branon

20 DE MAIO

Pesar do início ao fim

Leitura: Lamentações 3:25-33

Embora traga tristeza, também mostra compaixão...
LAMENTAÇÕES 3:32

Jerusalém estava envolta em chamas e o profeta Jeremias chorou. A sua profecia de julgamento divino havia sido ostensivamente ignorada. Agora, sua terrível profecia se cumpria com intensidade horrível. O curto livro de Lamentações registra o processo de pesar do profeta sobre a destruição de Jerusalém.

Jeremias organizou o livro em torno das 22 letras do alfabeto hebraico, do A ao Z, usando uma técnica de acrósticos alfabéticos para ajudar o leitor a memorizar as passagens com mais facilidade. Mas, o fato de ele usar esta técnica também nos demonstra que ele não abreviou o seu período de luto. Ele dedicou tempo deliberado e intencional para refletir, e até escrever, sobre a dor em seu coração. Você poderia dizer que ele estava elaborando o seu pesar e luto do início ao fim.

O conforto de Deus veio em seu socorro. À medida que ele recordava-se dos lembretes da soberania e da bondade de Deus adquiria a esperança para encarar o futuro: "Pois o Senhor não abandona ninguém para sempre. Embora traga tristeza, também mostra compaixão, por causa da grandeza de seu amor" (Lamentações 3:31-32).

Se você vivenciou recentemente uma perda dolorosa, lembre-se de dedicar tempo adequado para elaborar o seu luto e refletir sobre a bondade de Deus. Agindo assim, você será capaz de vivenciar o conforto do Senhor e ter esperança pelo futuro.

Dennis Fisher

EZEQUIEL

Como testemunha ocular da destruição de Jerusalém, Ezequiel é o profeta perfeito para falar ao povo judeu tanto sobre a glória como sobre a presença de Deus. Ezequiel está em Jerusalém quando vê a glória de Deus numa visão espetacular, simbolizando que ela em breve partirá do Templo. Deus mostra a Ezequiel as obras de idolatria (capítulo 8) que permitirão que a glória do Senhor afaste-se do Templo. Temos o relato dessa partida no capítulo 10. Ezequiel descreve uma visão para mostrar às pessoas o que lhes está reservado nos dois capítulos subsequentes. Ele preparou sua mala de bagagem (ou o que quer que usassem na época) e fugiu da cidade passando por um vão que precisou cavar no muro atravessando a parede. Jeremias e Ezequiel, à maneira deles, contaram ao povo que destino teria, caso não se arrependesse. Depois que começa o cativeiro para os judeus, Ezequiel também anuncia o juízo sobre os países vizinhos: Amom, Tiro, Egito e outros. O restante do livro retrata a esperança que Deus trará por intermédio do Seu plano de redenção, que se estende até à Nova Jerusalém.

ESBOÇO

O chamado de Ezequiel, EZEQUIEL 1:1-3:27
Judá enfrenta o julgamento, EZEQUIEL 4:1-24:27
Os gentios enfrentam o juízo, EZEQUIEL 25:1-32:32
A restauração de Israel, EZEQUIEL 33:1-48:35

21 DE MAIO

Escolhendo mudar

Leitura: Ezequiel 18:25-32

*Deixem toda a sua rebeldia para trás
e busquem um coração novo e um espírito novo...*
　　　　EZEQUIEL 18:31

Quando meu filho comprou um pequeno robô, ele se divertiu programando-o para executar tarefas simples. Ele podia fazê-lo mover-se à frente, parar e retroceder pelo mesmo caminho. Ele até conseguiu que o robô tocasse uma buzina e reproduzisse ruídos gravados. O robô fazia exatamente o que meu filho lhe mandava fazer. Ele nunca ria espontaneamente ou se desviava numa direção não planejada. Ele não tinha escolha.

Quando Deus criou os seres humanos, Ele não fez robôs. Deus nos fez à Sua imagem; e isso significa que podemos pensar, raciocinar e tomar decisões. Somos capazes de escolher entre o certo e o errado. Mesmo que tenhamos adquirido o hábito de desobedecer a Deus, podemos decidir redirecionar a nossa vida.

Quando os israelitas daquela época se viram em apuros com Deus, Ele lhes falou por meio do profeta Ezequiel, dizendo: "Arrependam-se e afastem-se de seus pecados e não permitam que eles os derrubem [...] e busquem um coração novo e um espírito novo" (Ezequiel 18:30-31).

Este tipo de mudança pode começar com uma única escolha, "pelo poder" do Espírito Santo (Romanos 8:13). Isso pode significar dizer não em um momento crítico. Chega de fofoca! Chega de ganância! Chega de ciúmes! Chega de _____ (você preenche)! Se você conhece Jesus, não é escravo do pecado. Você pode decidir mudar e, com a ajuda de Deus, a revolução pessoal pode começar hoje.

Jennifer Benson Schuldt

22 DE MAIO

Deus, nosso refúgio

Leitura: Ezequiel 34:5-12

Serei como o pastor que busca o rebanho espalhado...
EZEQUIEL 34:12

Em mar aberto, uma socorrista posicionou o seu caiaque para ajudar os nadadores em situação de pânico durante a competição de triatlo. Ela lhes disse: "Não se agarrem no meio do caiaque!", pois ela sabia que esse movimento viraria a embarcação. Em vez disso, ela direcionou os nadadores cansados à frente do caiaque. Lá eles poderiam prender-se num laço de segurança, permitindo que a canoísta do caiaque de socorro os resgatasse.

Sempre que a vida ou as pessoas ameaçam nos derrubar, como cristãos, sabemos que temos um Resgatador. "Assim diz o Senhor soberano: Eu mesmo procurarei minhas ovelhas e as encontrarei. Serei como o pastor que busca o rebanho espalhado" (Ezequiel 34:11-12).

Essa foi a garantia do profeta Ezequiel ao povo de Deus quando eles estavam no exílio. Seus líderes tinham negligenciado e explorado, saqueando a vida deles, cuidando "de si mesmos" e deixando "o rebanho [de Deus] passar fome" (v.8). Consequentemente, o povo andou como ovelhas "sem rumo pelos montes e pelas colinas, por toda a face da terra, mas ninguém saiu para procurá-las" (v.6).

Porém, o Senhor declarou: "Livrarei meu rebanho" (v.10), e Sua promessa ainda é válida.

O que precisamos fazer? Apegar-nos firmemente ao Todo-poderoso Deus e às Suas promessas. "Eu mesmo procurarei minhas ovelhas e as encontrarei", diz o Senhor (v.11). Essa é uma promessa de salvação e vale a pena crer nela.

Patricia Raybon

23 DE MAIO

Chuvas extraordinárias

Leitura: Ezequiel 34:25-31

...haverá chuvas de bênçãos.
EZEQUIEL 34:26

O que peixes, girinos e artrópodes têm em comum? Todos eles caíram como chuva do céu em várias partes do mundo. Na cidade australiana de Lajamanu, caíram os peixes. Em diversas ocasiões, os girinos atacaram várias áreas no centro do Japão. Nas montanhas de San Bernardo, na Argentina, houve chuva de gafanhotos. Embora os cientistas suspeitem que o vento desempenhe um papel nessas chuvas intrigantes, ninguém consegue explicar esses acontecimentos completamente.

O profeta Ezequiel descreveu uma chuva muito mais extraordinária: uma chuva de bênçãos (Ezequiel 34:26). Ezequiel falou sobre um momento em que Deus enviaria bênçãos como a chuva para refrescar o Seu povo. Os israelitas estariam a salvo das nações inimigas. Eles teriam comida suficiente, seriam libertos da escravidão e da vergonha (vv.27-29). Essas dádivas reavivariam o relacionamento de Israel com Deus. O povo saberia que Deus estava com eles e que "eles, o povo de Israel" (v.30), são o povo de Deus.

Deus também abençoa os Seus seguidores nos dias de hoje (Tiago 1:17). Às vezes, as bênçãos são abundantes como chuva; às vezes elas pingam uma a uma. Sejam muitas ou poucas, as boas dádivas que recebemos vêm com uma mensagem de Deus: "Eu vejo as suas necessidades. Você me pertence, e eu cuidarei de você".

Jennifer Benson Schuldt

24 DE MAIO

Como obter um coração novo

Leitura: Ezequiel 36:26-31

*Eu lhes darei um novo coração
e colocarei em vocês um novo espírito...*
EZEQUIEL 36:26

Tenho um amigo cardiologista que faz transplantes de coração e ele tem uma percepção do texto de Ezequiel 36:26 de forma que muitos de nós não entenderíamos. Miguel é responsável pelos cuidados pré e pós-operatórios dos pacientes transplantados. Ele geralmente permanece na sala de cirurgia enquanto os cirurgiões removem corações doentes e descoloridos e os substituem por corações vibrantes e rosados recebidos como doações.

Miguel explica que o processo de seleção da pessoa que receberá um "novo" coração físico é semelhante ao da pessoa que pode receber um "novo coração" de Deus (Ezequiel 36:26). Em ambos os casos, a necessidade é o único critério.

A menção de Ezequiel ao povo de Israel que receberia um dia um "novo coração" é um prenúncio da mudança que ocorre na salvação. Efésios 4:24 e 2 Coríntios 5:17 referem-se a ele como "nova natureza" e "nova criação". Para os israelitas da época de Ezequiel e para nós que vivemos hoje, precisamos cumprir apenas um critério para que possamos adquirir um "transplante": a necessidade.

Não importa se somos ricos ou pobres, respeitados ou desprezados. A cidadania, o status social e a origem étnica são irrelevantes. Se precisamos de um novo coração da parte de Deus, podemos obtê-lo por meio da fé na morte e ressurreição de Jesus Cristo.

O que essa necessidade nos indica? Que, como pecadores, todos nós precisamos de um novo coração. O seu coração já passou por um "transplante espiritual?".

Dave Branon

DANIEL

A Babilônia era um país suficientemente poderoso para enviar um exército a uma distância de 1.500 quilômetros para subjugar Jerusalém, cercar Judá e transportar milhares de judeus de volta para casa. Eles tinham construído uma cidade magnífica e estabeleceram o seu reino do Egito em direção ao norte até a Assíria, ao oeste até o Mediterrâneo, e ao leste até o Golfo Pérsico. A força deles era enorme e os seus reis eram poderosos. Mas eles não eram páreo para Deus, como mostra o livro de Daniel. Desde a dieta de Daniel ser melhor do que a deles e as interpretações dos sonhos de Daniel serem muito melhores do que os palpites dos homens mais sábios do rei até à incapacidade de Nabucodonosor de matar três jovens que jamais se curvariam perante ele, Deus provou o Seu domínio no livro de Daniel. Então, quando Deus disse que isso aconteceria, o cativeiro terminou. E as grandes profecias de Daniel, no final do livro, mostraram que Deus foi soberano sobre os líderes das grandes nações de então e também das nações do futuro. O livro de Daniel não deixa dúvidas sobre o poder de Deus até mesmo sobre os líderes mundiais mais fortes.

ESBOÇO

Apresentação de Daniel, DANIEL 1:1-21
Profecias e histórias sobre os gentios, DANIEL 2:1-7:28
Visões sobre o futuro de Israel, DANIEL 8:1-12:13

25 DE MAIO

Brilhe!

Leitura: Daniel 1:1-6

*Mas, ainda que ele não nos livre, queremos deixar claro,
ó rei, que jamais serviremos seus deuses...*
DANIEL 3:18

Aspenaz, chefe dos oficiais da corte na antiga Babilônia, foi incumbido de erradicar do seu reino qualquer testemunho do Deus de Israel. Ele concentrou seus esforços estratégicos na liderança dos jovens hebreus cativos. Aspenaz lhes deu novos nomes para honrar os deuses pagãos da Babilônia. Para ele, isso fazia sentido porque os seus nomes originais hebraicos honravam ao Deus de Israel (Daniel 1:6).

Mas as escolhas pessoais desses cativos eram um testemunho muito mais poderoso do que qualquer rótulo que lhes foram impostos. Quando enfrentaram, literalmente, uma provação de fogo, os jovens tomaram a decisão de não se curvar para adorar o ídolo de ouro. Em vez disso, eles aceitaram o castigo de serem lançados na fornalha ardente, confiantes na soberania e no cuidado de Deus (Cap. 3).

Você conhece pessoas incrédulas que tentam pressioná-lo para você se "encaixar" no estilo de vida deles? Se você não os acompanha, seguindo práticas de negócios duvidosas ou rindo de piadas ofensivas, eles o tratam com indiferença e frieza? Tais pessoas podem até lhe dar apelidos insultuosos, tudo porque você não segue a multidão. Todavia, se a rejeição é devida por causa da sua lealdade a Deus, você vive de maneira a honrar o Pai.

Não importa quais apelidos os outros nos deem; importa como vivemos diante de Deus. O importante é sempre deixarmos a nossa luz brilhar.

Dennis Fisher

26 DE MAIO

Ainda que... confiaremos em Deus

Leitura: Daniel 3:13-25

...o Deus a quem servimos pode nos salvar...
DANIEL 3:17

Por causa de uma lesão que sofri, em 1992, sofro com dores crônicas na parte superior das costas, ombros e pescoço. Nos momentos desanimadores de intensa dor, nem sempre é fácil confiar ou louvar o Senhor. Mas quando a situação se torna insuportável, a constante presença de Deus me conforta. Ele me fortalece e concede a segurança de Sua bondade imutável, poder ilimitado e graça sustentadora. Se me sinto induzida a duvidar do Senhor, sou encorajada pela confiança de Sadraque, Mesaque e Abede-Nego. Eles adoraram a Deus e confiaram em Sua presença com eles, mesmo quando a situação parecia desesperadora.

Quando o rei Nabucodonosor ameaçou jogá-los na fornalha ardente se não se afastassem do verdadeiro Deus para adorar a sua estátua de ouro (vv.13,15), eles demonstraram a sua fé corajosa e confiante. Eles nunca duvidaram que o Senhor fosse digno da adoração deles (v.17), "ainda que" Ele não os resgatasse da situação que os confrontava (v.18). E Deus não os deixou sozinhos no momento de necessidade; o Senhor esteve com eles e os protegeu na fornalha (vv.24-25).

Deus também não nos deixa sozinhos. Ele permanece conosco em meio às provações que podem ser tão destrutivas quanto aquela fornalha de Nabucodonosor. Ainda que o nosso sofrimento não termine deste lado da eternidade, Deus é e sempre será poderoso, confiável e bondoso. Podemos confiar em Sua presença constante e amorosa.

Xochitl Dixon

27 DE MAIO

Viver com leões

Leitura: Daniel 6:18-28

Pois ele é o Deus vivo e permanecerá para sempre...
DANIEL 6:26

Quando visitei um museu em Chicago, EUA, vi como era um dos leões originais da Babilônia. Era uma imagem enorme em relevo, do tipo mural, de um leão alado com uma expressão feroz. Simbolizando Ishtar, a deusa babilônica do amor e da guerra, o leão era um exemplar dos 120 leões semelhantes que teriam se alinhado formando um caminho babilônico durante os anos entre 604-562 a.C.

Os historiadores dizem que depois que os babilônios derrotaram Jerusalém, os hebreus cativos teriam visto esses leões durante o seu tempo no reino de Nabucodonosor. Os historiadores também dizem que é provável que alguns dos israelitas acreditassem que Ishtar tivesse derrotado o Deus de Israel.

Daniel, um dos hebreus cativos, não compartilhou dessas dúvidas que poderiam ter incomodado alguns de seus companheiros israelitas. Sua visão de Deus e seu compromisso com o Senhor permaneceram firmes. Ele orava três vezes por dia, com as janelas abertas, mesmo sabendo que isso significaria entrar em um covil de leões. Depois que Deus resgatou Daniel dos animais famintos, o rei Dario disse que todos: "...devem tremer de medo diante do Deus de Daniel. Pois ele é o Deus vivo e permanecerá para sempre. Seu reino jamais será destruído, e seu domínio não terá fim. Ele livra e salva..." (vv.26-27). A fidelidade de Daniel permitiu que ele influenciasse os líderes da Babilônia.

Permanecer fiel a Deus ainda que sob pressão e desânimo pode inspirar outras pessoas a dar glória ao Senhor.

Jennifer Benson Schuldt

28 DE MAIO

As respostas de Deus

Leitura: Daniel 9:20-27

Enquanto eu orava,
Gabriel, [...] veio a mim depressa...
DANIEL 9:21

Daniel derramou seu coração diante de Deus (Daniel 9:2). Ele tinha lido o livro de Jeremias e redescoberto a promessa de Deus de que o cativeiro de Israel na Babilônia duraria 70 anos. Dessa maneira, num esforço para representar o seu povo diante de Deus, Daniel jejuou e orou. Ele suplicou a Deus para que não demorasse em resgatar o Seu povo (v.19).

Quando oramos, há coisas que podemos saber e outras que não podemos. Por exemplo, temos a garantia de que Deus ouvirá a nossa oração se o reconhecermos como nosso Pai celestial por meio da fé em Jesus, e sabemos que Sua resposta virá de acordo com a Sua vontade. Mas não sabemos quando virá ou qual será a Sua resposta.

Para Daniel, a resposta à sua oração veio imediatamente e de modo miraculoso. Enquanto ele orava, o anjo Gabriel chegou para suprir-lhe a resposta. Mas a natureza da resposta fora tão surpreendente quanto a rapidez com que viera. Quando Daniel questionou Deus sobre os "setenta anos" (v.2), a resposta foi sobre as proféticas "setenta semanas de sete" (v.24). Daniel pediu a Deus uma resposta sobre o aqui e o agora, mas a resposta divina estava relacionada com eventos que aconteceriam em milhares de anos.

Centrados como somos em nossa situação imediata, podemos nos chocar com a resposta de Deus. No entanto, podemos estar certos de que a resposta será para a glória dele.

Dave Branon

29 DE MAIO

Atrás dos bastidores

Leitura: Daniel 10:1-14

...seu pedido foi ouvido.
Eu vim em resposta à sua oração.
DANIEL 10:12

Minha filha enviou uma mensagem de texto a uma de suas amigas, esperando uma resposta rápida. O serviço de mensagens do telefone mostrou que a mensagem tinha sido lida, e ela esperou ansiosamente pela resposta. Alguns momentos se passaram, e ela frustrou-se, reclamando aborrecida com o atraso. A irritação transformou-se em preocupação; e ela se questionou se a falta de resposta significava um problema entre as duas. Por fim, veio a resposta, e minha filha ficou aliviada ao ver que estava tudo bem entre elas. Sua amiga estava apenas reunindo os detalhes necessários antes de responder à pergunta feita.

O profeta do Antigo Testamento, Daniel, também esperou ansiosamente por uma resposta. Depois de receber uma visão assustadora de uma grande guerra, Daniel jejuou e buscou a Deus por meio de humilde oração (10:3,12). Por três semanas, ele não recebeu resposta (vv. 2,13). Finalmente surgiu um anjo que garantiu a Daniel que as orações dele tinham sido ouvidas "desde o primeiro dia" (10:12). Naquele tempo de espera, o anjo estava lutando em prol das orações do profeta. Embora Daniel não soubesse a princípio, Deus agiu durante cada um dos 21 dias que se passaram entre sua primeira oração e a vinda do anjo.

A confiança de que Deus ouve as nossas orações (Salmo 40:1) pode nos deixar ansiosos se a resposta divina não vem quando a queremos. Somos propensos a nos questionar se Ele se importa. No entanto, a experiência de Daniel nos lembra de que Deus está agindo em favor daqueles que ama, mesmo quando não é óbvio para nós.

Kirsten Holmberg

30 DE MAIO

Ilumine a noite

Leitura: Daniel 12:1-3

*Os sábios brilharão intensamente
como o esplendor do céu...*
DANIEL 12:3

Em uma noite morna de outono, quando o céu estava escuro e a lua estava cheia, milhares de pessoas da minha cidade se reuniram às margens do rio para soltar pequenos balões de ar quente conhecidos como lâmpadas celestes. Eles os soltaram na escuridão e observaram enquanto as luzes subiam para se juntar à lua numa exibição deslumbrante que transformou o céu noturno numa obra de arte brilhante.

Quando eu vi as fotos dessa ocasião, fiquei chateada por eu não estar na cidade e ficar de fora. Mas alguns dias depois, percebi que o que tinha acontecido em minha cidade, também ocorreu com a celebração de uma conferência na qual participei em outra cidade. Mais de mil pessoas vindas de 100 cidades ao redor do mundo se reuniram para planejar uma "obra de arte" — como iluminar a escuridão em suas cidades pela implantação de igrejas e como alcançar milhares de pessoas com o evangelho de Cristo, a Luz do mundo.

O profeta Daniel escreveu sobre um tempo quando aqueles que trouxerem outros ao Senhor brilharão como estrelas para sempre (Daniel 12:3). Todos nós poderemos nos unir nessa grande ocasião. Quando brilhamos a luz de Cristo em lugares escuros onde trabalhamos e vivemos, Ele está iluminando o céu escuro com estrelas que jamais se apagarão.

Julie Ackerman Link

PARTE 5

Profetas menores

Oseias, Joel, Amós, Obadias,
Jonas, Miqueias, Naum, Habacuque, Sofonias,
Ageu, Zacarias, Malaquias

Como foi mencionado em relação aos profetas maiores, os profetas menores são apenas "menores" na medida que as suas profecias são mais curtas. O ciclo continua: por intermédio do profeta, Deus avisa o Seu povo do julgamento iminente como consequência do seu pecado, chama-os ao arrependimento e promete restauração e libertação se eles se converterem do seu pecado.

OSEIAS

Este é um livro que destoa dos outros por causa do seu conteúdo. É sobre a vida de um experiente profeta de Deus que foi ordenado a viver de maneira aparentemente contrária ao que esperaríamos que Deus pedisse a alguém do Seu povo. Foi pedido a Oseias (cujo nome significa livramento) que ele demonstrasse a infidelidade de Israel, casando-se com uma prostituta chamada Gômer. Três filhos nasceram desse casamento, e cada um deles recebeu um nome carregado de simbolismo, mas que, claramente, eram nomes que nenhuma criança desejaria ter: Jezreel, "Deus semeia", Lo-Ruama, "Não Amada", e Lo-Ami, "Não Meu Povo". O principal ensino de Deus aqui é que Ele desejava que a nação rebelde de Israel voltasse às Suas boas graças.

ESBOÇO

O casamento de Oseias com Gômer, OSEIAS 1:1-11
A infidelidade de Gômer, OSEIAS 2:1-23
Restauração; a fidelidade do profeta, OSEIAS 3:1-5
Aplicação da história: a infidelidade de Israel, OSEIAS 4:1–5:15
Sem arrependimento, OSEIAS 6:1–8:14
Juízo sobre Israel, OSEIAS 9:1–10:15
Restauração! OSEIAS 11:1–14:9

31 DE MAIO

Deus está aqui

Leitura: Oseias 6:1-6

Ah, como precisamos conhecer
o SENHOR; busquemos conhecê-lo!
OSEIAS 6:3

A placa de algumas casas de nosso estado declaram: "Convidado ou não, Deus está presente". Uma versão mais moderna talvez seja: "Reconhecido ou não, Deus está aqui".

O profeta Oseias viveu no fim do século 8 a.C., (755–715) e escreveu palavras parecidas à nação hebraica. Ele encorajou os israelitas a "buscar" (Oseias 6.3) conhecer Deus, porque eles o haviam esquecido (4:1). Ao esquecer a presença de Deus, o povo começou a afastar-se dele (v.12), e logo já não havia mais espaço para o Senhor nos pensamentos deles (Salmo 10:4).

A percepção simples, mas profunda, de Oseias nos faz lembrar de que Deus está perto e agindo em nossa vida tanto nas alegrias quanto nas tribulações.

Reconhecer a presença de Deus talvez signifique que, quando somos promovidos, podemos admitir que Deus nos capacitou a concluir nosso trabalho a tempo e dentro do orçamento estipulado. Se o nosso financiamento imobiliário é rejeitado, reconhecer a ação de Deus nos ajuda a confiar que Ele agiu para o nosso bem.

Se não conseguimos entrar na faculdade que queremos, podemos reconhecer que Deus está conosco e nos consolarmos em Sua presença, mesmo que estejamos desapontados. Durante o jantar, reconhecer a Deus pode nos lembrar sobre a provisão dos ingredientes e da cozinha onde preparamos a refeição como dádivas concedidas por Ele.

Quando reconhecemos a Deus, lembramo-nos de Sua presença nos sucessos e nas dores de nossa caminhada, sejam eles pequenos ou grandes.

Lisa Samra

1º DE JUNHO

Do que você não pode desistir?

Leitura: Oseias 11:8-11

...nada [...] jamais poderá
nos separar do amor de Deus.
ROMANOS 8:39

"Do que você não pode desistir?", perguntou o apresentador. Alguns ouvintes responderam com alternativas interessantes. Alguns mencionaram suas famílias, incluindo um marido que compartilhou as lembranças da sua falecida esposa. Outros contaram que não poderiam desistir dos seus sonhos como viver da música ou de ser mãe. Todos nós temos algo que valorizamos muito: uma pessoa, uma paixão, um bem, algo do qual não podemos desistir.

No livro de Oseias, Deus nos diz que não desistirá do Seu povo escolhido, Israel, Seu bem mais precioso. Como um marido amoroso, Deus sustentou Israel com tudo o que a nação precisava: terra, alimento, água, roupas e segurança. Mesmo assim, como uma esposa adúltera, Israel rejeitou a Deus e buscou felicidade e segurança em outro lugar. Quanto mais Deus "o chamava", mais o povo se afastava do Senhor (Oseias 11:2). Embora o povo tenha magoado profundamente o Senhor, Deus não desistiu de Israel (v.8). Ele disciplinava Israel para o redimir; Seu desejo era reestabelecer o Seu relacionamento com os israelitas (v.11).

Hoje, todos os filhos de Deus podem ter a mesma garantia: Seu amor por nós nunca nos abandonará (Romanos 8:37-39). Se temos nos afastado dele, Ele deseja que voltemos. Quando Deus nos disciplina, podemos ter o consolo de que se trata de um sinal de Sua busca, não de Sua rejeição. Somos o Seu tesouro; Ele não desistirá de nós.

Poh Fang Chia

JOEL

A mensagem de Joel pode ser explicada com duas afirmações: ele entregou uma forte mensagem de julgamento a Judá e prometeu que, um dia, o Espírito Santo de Deus viria habitar com os que cressem no Messias prometido (o que se cumpriu no livro de Atos, do Novo Testamento). Nos capítulos 1 e 2, o profeta faz um alerta a Judá advertindo-os com a descrição sobre a grande invasão de gafanhotos.

ESBOÇO

Julgamento e flagelo: Gafanhotos, JOEL 1:1-12
Julgamento e flagelo: Seca, JOEL 1:13-20
Predição: Más notícias para Judá, JOEL 2:1-32
O Dia do Senhor, JOEL 3:1-16
Restauração de Judá, JOEL 3:17-21

2 DE JUNHO

Problemas na Terra

Leitura: Joel 1

Tragam [todos] para o templo do S<small>ENHOR</small>,
seu Deus, e ali clamem a ele.
JOEL 1:14

E pensamos que temos problemas! É fácil perder a perspectiva quando olhamos para o nosso mundo e vemos como as coisas estão se encaminhando. Em alguns lugares, as pessoas estão lutando para sobreviver, enquanto em outros estão ocupadas matando umas às outras.

Se as dificuldades dos últimos anos nos deixam com saudades dos bons velhos tempos, é porque ainda realmente não lemos sobre os velhos tempos dos quais o profeta Joel estava falando.

Aqui está o que Judá estava enfrentando: uma horda implacável de gafanhotos havia devastado a terra. As vinhas estavam tão danificadas que os sacerdotes não conseguiam nem mesmo espremer uma oferta de bebida. As figueiras, romãzeiras, palmeiras e macieiras estavam todas arruinadas. Toda a base agrícola, que era a força vital da economia da Judeia, tinha sido exterminada. De fato, como Joel descreveu, secou a "a alegria do povo" (1:12). Numa época em que muitos deviam estar levantando os punhos contra Deus por permitir tamanha devastação, Joel disse ao povo que era hora de entrar na casa do Senhor e clamar a Ele.

Essa é sempre a resposta. Quando há problemas na Terra, nosso único recurso é nos voltarmos para Deus, clamar a Ele e confiar totalmente nele. Não importa qual calamidade acontecer hoje, essa deve ser nossa estratégia número um.

Será que nós diariamente "clamamos ao Senhor"?

Dave Branon

3 DE JUNHO

Restaurados

Leitura: Joel 2:18-27

*Eu lhes devolverei o que perderam
por causa dos gafanhotos migradores...*
JOEL 2:25

No início deste século, uma infestação de grilos mórmon causou um prejuízo de 25 milhões de dólares em colheitas perdidas. Eram tantos que as pessoas não conseguiam dar um passo sequer sem pisar em um grilo. O inseto, semelhante a um gafanhoto, foi o responsável por atacar as colheitas dos pioneiros do estado de Utah, EUA, em 1848. Esse grilo pode comer incríveis 17 kg de plantas durante a vida apesar de medir entre 5 cm e 7 cm apenas. O impacto das infestações sobre o lucro dos fazendeiros e sobre a economia do estado ou país pode ser devastador.

O profeta Joel, do Antigo Testamento, descreveu sobre uma horda de insetos parecidos que prejudicou toda a nação de Judá como consequência da sua desobediência coletiva. Ele profetizou sobre uma invasão de gafanhotos (metáfora de um exército estrangeiro na opinião de alguns comentaristas da Bíblia) como algo que nenhuma geração anterior havia presenciado (Joel 1:2). Os gafanhotos assolariam tudo em seu caminho, levando a população à fome e à miséria. Entretanto, se os israelitas deixassem os caminhos do pecado e pedissem perdão a Deus, Joel afirma que o Senhor lhes devolveria "o que perderam por causa dos gafanhotos migradores" (2:25).

Nós também podemos aprender com a lição de Judá: como os insetos, os nossos erros corroem a vida frutífera e a boa fragrância que Deus planejou para nós. Quando nós nos voltamos para Ele e nos afastamos das escolhas do passado, o Senhor promete remover a nossa vergonha e nos restaurar para usufruirmos da vida abundante nele.

Kirsten Holmberg

AMÓS

Amós profetizou durante os reinados do rei Uzias de Judá e do rei Jeroboão I de Israel, filho de Jeoás. Houve prosperidade em toda a terra, e o povo rico continuou a enriquecer à custa dos pobres. Da mesma forma, especialmente no Reino do Norte, a adoração ao único e verdadeiro Deus tinha sido substituída pela adoração aos ídolos.

ESBOÇO

Julgamento contra várias nações, AMÓS 1:1–2:16
Testemunhas contra Israel, AMÓS 3:1-15
Israel não aprende com o passado, AMÓS 4:1-13
Profecia sobre o futuro de Israel, AMÓS 5:1–6:14
Visões das sentenças, AMÓS 7:1–9:15

4 DE JUNHO

Nosso poderoso Deus

Leitura: Amós 4:12-13

*Pois aquele que formou os montes
agita os ventos [...] seu nome é SENHOR,
o Deus dos Exércitos!*

AMÓS 4:13

Certo dia à beira-mar, eu me deliciei em assistir alguns kitesurfistas saltando ao longo da água, movidos pela força do vento. Quando um deles veio à beira do mar, perguntei-lhe se a experiência era tão difícil quanto parecia. Ele me respondeu: "Não, realmente é mais fácil do que o surf regular, porque você aproveita o poder do vento".

Logo depois, enquanto caminhava pela beira do mar, pensando na capacidade do vento não só de impulsionar os surfistas, mas também para chicotear meu rosto com o meu cabelo, parei para refletir sobre o nosso Deus, o Criador. Como vemos no livro de Amós, do Antigo Testamento, Ele "forma os montes" e "agita os ventos" e "transforma a luz [...] em escuridão" (4:13).

Por meio do profeta Amós, o Senhor lembrou o Seu povo do Seu poder à medida que os chamava de volta para si. Como eles não tinham obedecido ao Senhor, Deus disse que se revelaria a eles (v.13). Embora vejamos o Seu julgamento aqui, sabemos por outra parte da Bíblia do Seu amor sacrificial ao enviar Seu Filho para nos salvar (João 3:16).

A força do vento nesse dia de ventania lembrou-me da absoluta e ampla grandeza do Senhor. Se você sente o vento hoje, não deixe de parar e refletir sobre o nosso poderoso Deus!

Amy Boucher Pye

5 DE JUNHO

Uma corrente poderosa

Leitura: Amós 5:21-24

*...quero ver uma grande inundação
de justiça, um rio inesgotável de retidão.*
AMÓS 5:24

Dentre as muitas exposições de gravuras e artefatos que exploravam a dura realidade da escravatura e suas consequências, agradeci por estar na sala do *Museu Nacional de História e Cultura Afro-Americana*, em Washington, DC, EUA, e descobrir a fonte memorial chamada *Corte Contemplativa*. Naquela sala com paredes de vidro bronze translúcidos, a água parecia chuva descendo do teto à piscina.

Sentada ali, as palavras do discurso de Martin Luther King, adaptadas do livro de Amós, do Antigo Testamento, chamaram a minha atenção: "Estamos determinados a trabalhar e lutar até que a justiça corra como as águas, e seja a virtude uma corrente poderosa".

Amós era cercado por pessoas religiosas que celebravam festivais e ofereciam sacrifícios, mas o coração daquelas pessoas estava longe de Deus (5:21-23). O Senhor rejeitou as festas, reuniões, holocaustos e ofertas deles porque tinham se afastado de Suas ordenanças, inclusive as que dizem respeito à justiça aos necessitados e oprimidos.

Em vez de cerimônias religiosas desprovidas de amor por Deus e pelos outros, Amós escreveu que Deus ansiava ver o Seu povo demonstrar preocupação genuína com o bem-estar de todas as pessoas: um modo de vida generoso tal qual um rio caudaloso trazendo vida por onde fluísse.

Jesus ensinou a mesma verdade: amar a Deus também significa o amor ao próximo (Mateus 22:37-39). À medida que buscamos amar a Deus, que isso seja o resultado de um coração que valoriza a justiça.

Lisa M. Samra

OBADIAS

Na tradição de um típico profeta, Obadias tem más notícias. No entanto, a maioria dos profetas bíblicos testemunham sobre Judá ou Israel. Neste livro, contudo, o objeto da profecia é Edom. Por estar tão orgulhoso e cheio de pecado, o país está prestes a ser destruído.

ESBOÇO

Sentença contra Edom, OBADIAS 1:1-14
Resultados do juízo, OBADIAS 1:15-18
Israel e Edom, OBADIAS 1:19-21

6 DE JUNHO

Super-homem e aviões

Leitura: Obadias 1:1-7

Foi enganado por seu orgulho...
OBADIAS 1:3

Minha filha viaja pelo mundo como comissária de bordo e muitas vezes volta para casa com algumas histórias fascinantes. Uma dessas histórias é sobre o ex-campeão peso-pesado de boxe Muhammad Ali, que estava sentado na poltrona de um avião que se preparava para decolar. Um comissário de bordo, percebendo que ele não estava com o cinto de segurança colocado, perguntou-lhe gentilmente: "Desculpe-me, senhor, mas você se importaria de colocar o cinto de segurança?".

Conforme a história continua, Muhammad Ali olhou para cima com aquele sorriso atrevido dele e disse em uma voz lenta e grave: "O Super-homem não precisa de cinto de segurança!" Sem perder a compostura, o comissário de bordo respondeu-lhe a altura com a seguinte resposta: "O Super-Homem não precisa usar um avião, então que tal apertar o seu cinto de segurança!".

Claro, Ali estava apenas brincando. Se uma pessoa realmente acreditasse que era o Super-homem, estaria seriamente iludida. Ele seria considerado como os antigos edomitas na passagem bíblica da leitura de hoje, que foram enganados por seu orgulho. A verdade é que todos nós temos essa mesma tendência.

A. W. Tozer descreveu apropriadamente o tipo de cristão que o Senhor deseja que sejamos: "Homens e mulheres que pararam de ser 'enganados' sobre sua força e não têm medo de serem 'pegos', pois dependem do Senhor todo-poderoso".

Joanie Yoder

7 DE JUNHO

Alegre-se com o mal

Leitura: Obadias 1:1-14

Não se alegre quando seu inimigo cair...
PROVÉRBIOS 24:17

Obadias é o menor livro do Antigo Testamento. Independentemente disso, em seus registros está escondida uma questão vital que afeta a todos nós: Qual deveria ser a nossa reação quando vemos um inimigo enfrentando um infortúnio?

O profeta Obadias exerceu o seu ministério na época em que a cidade de Jerusalém estava sob o ataque violento dos exércitos da Babilônia. Os vizinhos de Jerusalém, os edomitas, na verdade estavam torcendo para que os exércitos inimigos os matassem e destruíssem (Salmo 137:7-9). Ironicamente essas dolorosas palavras de escárnio eram ditas por parentes consanguíneos dos judeus. Eles eram descendentes de Jacó, e os edomitas eram descendentes de Esaú.

Obadias condenou os edomitas por regozijarem-se com o mal do inimigo, dizendo: "Não deveria ter ficado satisfeito, quando exilaram seus parentes em terras distantes. Não deveria ter-se alegrado quando o povo de Judá sofreu tamanha desgraça..." (Obadias 1:12).

Se algumas pessoas nos prejudicam constantemente, é fácil cedermos ao prazer da vingança quando elas passam por infortúnios. Porém as Escrituras nos advertem: "Não se alegre quando seu inimigo cair; não exulte quando ele tropeçar" (Provérbios 24:17). Em vez disso, devemos manter uma atitude de compaixão e perdão e confiar que Deus a Seu tempo fará justiça.

Dennis Fisher

JONAS

Nínive, a capital da Assíria, era uma cidade habitada por milhares de pessoas (120 mil, segundo Jonas 4:11) e a maldade do seu povo tinha chegado ao conhecimento do Senhor. Então, Deus disse a Jonas para ir até Nínive e anunciar Seu "julgamento contra ela" (1:2). Jonas vivia no norte de Israel e afastou-se o mais longe possível de Nínive. Seria como viver em sua cidade e ser enviado para o lado completamente oposto do seu país, porém, em vez disso dirigir-se para a capital do estado vizinho ao seu. Jonas dirigiu-se para Társis, no extremo ocidente do mar Mediterrâneo. Porém Nínive estava muito ao norte e ao leste de onde Jonas vivia, atravessando o rio Eufrates e depois para o rio Tigre e para o norte. Assim que Jonas se livrou com a ajuda de um grande peixe, foi relutantemente para Nínive, onde proclamou a mensagem de Deus sobre o arrependimento. O povo da cidade, até mesmo o rei, arrependeu-se e voltou-se para o único Deus verdadeiro. Jonas, depois de um sucesso evangelístico tão espantoso, enfureceu-se por causa da transformação de Nínive.

ESBOÇO

Jonas rejeita o chamado de Deus para ir a Nínive, JONAS 1:1-17
Oração de Jonas pedindo a ajuda de Deus, JONAS 2:1-10
Jonas vai para Nínive, JONAS 3:1-10
Jonas reclama; Deus o repreende, JONAS 4:1-11

8 DE JUNHO

Quando Deus limpa a casa

Leitura: Jonas 1

*Livrem-se de toda amargura,
raiva, ira, das palavras ásperas e da calúnia,
e de todo tipo de maldade.*
EFÉSIOS 4:31

Nesta semana, Deus fez uma limpeza ao meu redor. Ele enviou ao nosso bairro um forte vento que fez as árvores tremerem e soltarem seus galhos mortos. Quando tudo terminou, eu tinha muita sujeira para jogar fora.

Muitas vezes, Deus age de maneira similar em minha própria vida. Ele envia ou permite circunstâncias tempestuosas que chacoalham os "galhos mortos" que eu me recuso a soltar. Às vezes, é algo que já foi bom, como uma área de ministério, mas que não está mais produzindo frutos. Com maior frequência, é algo que não é bom, como um mau hábito que adquiri ou uma atitude obstinada que impede o novo crescimento.

O profeta Jonas, do Antigo Testamento, descobriu o que pode acontecer quando alguém se recusa a livrar-se de uma atitude obstinada. O ódio que ele sentia pelos ninivitas era mais forte do que o seu amor por Deus; por isso, o Senhor enviou uma grande tormenta que colocou Jonas no interior de um peixe gigante (Jonas 1:4,17). Deus preservou o relutante profeta naquele lugar improvável e lhe deu uma segunda chance de obedecer (2:10; 3:1-3).

Os galhos mortos no meu jardim fizeram-me pensar em atitudes das quais Deus espera que eu me desfaça. A carta de Paulo aos Efésios relaciona algumas delas: amargura, cólera, blasfêmias (4:31). Quando Deus agita as coisas, precisamos livrar-nos daquilo que Ele faz cair.

Julie Ackerman Link

9 DE JUNHO

Não continue a fugir

Leitura: Jonas 2:1-10

Em minha angústia, clamei ao Senhor, e ele me respondeu.
Gritei da terra dos mortos, e tu me ouviste.

JONAS 2:2

Em 18 de julho de 1983, um capitão da Força Aérea dos EUA desapareceu no estado do Novo México, sem deixar vestígios. As autoridades o encontraram na Califórnia 35 anos depois. Um jornal relatou que, "deprimido com o seu trabalho", ele simplesmente fugiu.

Ele fugiu por 35 anos! Passou a metade da vida ansioso pelo que os outros poderiam lhe fazer! Posso imaginar como a ansiedade e a paranoia eram a companhia constante desse fugitivo.

Mas tenho que admitir, também sei um pouco sobre "fugas". Não, eu nunca fugi fisicamente de algo na minha vida. Entretanto, às vezes sei que há algo que Deus quer que eu faça, algo que preciso enfrentar ou confessar. Não quero fazer e, ao meu modo, fujo também.

Jonas foi abominável por literalmente fugir da ordem de Deus para que anunciasse a mensagem divina à cidade de Nínive (Jonas 1:1-3). Mas, claro, ele não podia fugir de Deus. Você provavelmente já ouviu o que aconteceu (vv.4,17): uma tempestade, um peixe, o interior de um ventre. E, no ventre do animal aquático, um ajuste de contas, onde Jonas enfrentou o que havia feito e em sua angústia, clamou pela ajuda de Deus (2:2).

Jonas não era um profeta perfeito. Mas a sua notável história me conforta, pois, apesar da teimosia dele, Deus nunca desistiu de Jonas. Ainda assim, o Senhor respondeu à desesperada oração dele, restaurando o Seu relutante servo (v.2), exatamente como Ele faz conosco.

Adam Holz

10 DE JUNHO

Não se trata do peixe

Leitura: Jonas 3:10-4:4

Quando Deus viu o que fizeram
e como deixaram seus maus caminhos, voltou atrás...
JONAS 3:10

Avistada inúmeras vezes na costa australiana de Queensland, a *Migaloo* é a primeira jubarte albina já documentada. A criatura magnífica tem mais de 12 metros e é tão rara que a Austrália aprovou uma lei especificamente para protegê-la.

A Bíblia relata sobre um "grande peixe" tão raro que Deus o enviou para engolir o profeta fujão (Jonas 1:17). A maioria conhece a história. Deus ordenou que Jonas levasse uma mensagem de juízo a Nínive. Mas ele não queria ter assunto nenhum com os ninivitas, que tinham a reputação de ser um povo cruel para todos, inclusive com os hebreus. Ele fugiu. As coisas foram de mal a pior. No interior do peixe, Jonas se arrependeu. Por fim, ele pregou aos ninivitas, e eles também se arrependeram (3:5-10).

Linda história, não? Exceto que ela ainda não terminou. Quando Nínive se arrependeu, Jonas se zangou. "não foi isso que eu disse que tu farias, ó Senhor? ", ele orou. "Sabia que és Deus misericordioso e compassivo, lento para se irar e cheio de amor" (4:2). Depois de ter sido resgatado da morte certa, a ira pecaminosa de Jonas cresceu até o ponto de a oração dele tornar-se uma oração suicida (v.3).

A história de Jonas não diz respeito apenas ao grande peixe. É sobre a natureza humana e a natureza de Deus, Aquele que nos busca. O apóstolo Pedro escreveu que o Senhor "é paciente por causa de vocês. Não deseja que ninguém seja destruído, mas que todos se arrependam." (2 Pedro 3:9). Deus oferece o Seu amor aos violentos ninivitas, aos profetas descontentes, a você e a mim.

Tim Gustafson

11 DE JUNHO

Orar e crescer

Leitura: Jonas 4

*E tudo que fizerem ou disserem,
façam em nome do Senhor Jesus, dando graças a Deus...*
COLOSSENSES 3:17

Quando a esposa de um amigo adoeceu com o mal de Alzheimer, as mudanças advindas desse fato o tornaram muito amargo. Ele precisou se aposentar mais cedo para cuidar dela e, à medida que a doença progredia, ela demandava mais e mais cuidado.

Ele me contou que sentiu tanta raiva de Deus, mas quanto mais ele orava, mais o Senhor lhe mostrava como ele tinha sido egoísta durante a maior parte do casamento deles. Com lágrimas em seus olhos, ele confessou: "Ela está doente há dez anos, mas Deus tem me ajudado a ver as coisas de outra forma. Agora, tudo o que faço por amor a ela, também faço por amor a Jesus. Cuidar dela se tornou o meu maior privilégio".

Às vezes, Deus responde as nossas orações não nos dando o que queremos, mas nos desafiando a mudar. Quando o profeta Jonas se irou por Deus ter poupado a violenta cidade de Nínive da destruição, Deus fez uma planta lhe abrigar do sol quente. E depois a fez murchar. Quando o profeta reclamou, Deus respondeu: "Você acha certo ficar tão irado assim?" (Jonas 4:4-9). Focado em si mesmo, Jonas insistiu que sim. Mas Deus o desafiou a pensar nos outros e a ser compassivo.

Muitas vezes, Deus usa as nossas orações de formas inesperadas para nos ajudar a aprender e a crescer. É uma mudança que podemos receber de coração aberto porque Ele quer nos transformar com o Seu amor.

James Banks

MIQUEIAS

Miqueias vira as suas armas proféticas tanto para Judá como para Israel, fazendo-os saber que o julgamento está sobre eles por causa da idolatria e pelo mau uso da terra que Deus lhes dera. O profeta ataca, com precisão, os líderes dos dois reinos pela sua falta de justiça. Apesar dos esforços do povo em usar seus rituais religiosos para corrigir suas pendências com Deus, Miqueias lhes implora para que sejam justos, misericordiosos e humildes, o que é melhor do que fazer sacrifícios. Apesar das pesadas advertências, ao término do último capítulo, Miqueias ainda assim deixa o povo esperançoso.

ESBOÇO

Anúncio do julgamento: Povo, MIQUEIAS 1:1–2:13
Juízo vindouro: Líderes, MIQUEIAS 3:1-12
Restauração do Reino à vista, MIQUEIAS 4:1-13
O Messias prometido, MIQUEIAS 5:1-15
Deus conclama ao arrependimento, MIQUEIAS 6:1–7:20

12 DE JUNHO

A lição da lesma

Leitura: Miqueias 6:1-8

...o SENHOR já lhe declarou [...]
que pratique a justiça, ame a misericórdia
e ande humildemente com seu Deus.
MIQUEIAS 6:8

Os nomes das equipes esportivas têm diversas origens. Eles vêm da história (Espartanos, Montanheses), da natureza (Pássaro Vermelho, Tartarugas) e até mesmo das cores (Laranja, Vermelho). Um deles vem de uma família de moluscos.

Nos anos 80, a Universidade da Califórnia, EUA, estava começando a se envolver em esportes de competição. Nessa universidade, desdenhava-se a ênfase exagerada que algumas equipes escolares colocavam sobre o atletismo; sendo assim, o corpo discente procurou um nome para a equipe que refletisse uma abordagem um pouco diferente. Decidiram por *Banana Slug* (Lesma da banana), uma espécie de molusco, amarelo, viscoso, lento e sem concha. Foi uma forma inteligente de a universidade equilibrar o valor relativo dos esportes.

Sempre amei esportes, mas sei que eles podem facilmente tornar-se mais importantes do que deveriam. O que mais importa na vida é o que Jesus disse ser essencial: Amar o Senhor de todo o nosso coração e amar o próximo como a nós mesmos (Mateus 22:37-39). Miqueias listou as exigências de Deus assim: "pratique a justiça," "ame a misericórdia," e "ande humildemente com o teu Deus" (Miqueias 6:8). Para os que creem em Jesus, é essencial que nada mais seja prioridade a não ser buscar cumprir as expectativas de Deus para nós.

O que é mais importante para você? A sua equipe do coração, ou amar a Deus em pensamentos, palavras e atitudes?

Bill Crowder

13 DE JUNHO

Outra chance

Leitura: Miqueias 7:1-3,18-20

Voltarás a ter compaixão de nós;
pisarás nossas maldades sob teus pés e lançarás
nossos pecados nas profundezas do mar.
MIQUEIAS 7:19

Na loja de bicicletas de segunda mão, perto do nosso bairro, os voluntários reconstroem as bicicletas descartadas e as doam às crianças carentes. O fundador dessa loja, Ernie Clark, também as doa para adultos carentes, sem-teto, deficientes e veteranos militares que lutam para sobreviver na vida civil. Não só as bicicletas têm uma segunda chance, mas às vezes os seus destinatários também. Um dos veteranos usou a sua bicicleta para comparecer a uma entrevista de emprego.

As segundas chances podem transformar a vida de uma pessoa, especialmente quando essa segunda chance vem de Deus. O profeta Miqueias exaltou tal graça num tempo em que Israel se submeteu ao suborno, à fraude e a outros pecados desprezíveis. Ele lamentou: "Os fiéis desapareceram; não resta uma só pessoa honesta na terra" (v.2).

Miqueias sabia que Deus puniria o mal com justiça. Mas, sendo amoroso, Ele daria outra chance àqueles que se arrependessem. Humilhado por tal amor, Miqueias perguntou: "Que outro Deus há semelhante a ti, que perdoas a culpa do remanescente e esqueces os pecados dos que te pertencem?" (v.18).

Nós também podemos nos alegrar, pois se pedirmos perdão, Deus não nos abandona por causa de nossos pecados. Sobre Deus, Miqueias declarou: "Voltarás a ter compaixão de nós; pisarás nossas maldades sob teus pés e lançarás nossos pecados nas profundezas do mar" (v.19).

O amor de Deus dá segundas chances aos que o buscam.

Patricia Raybon

NAUM

A crueldade e a selvageria da nação Assíria eram bem conhecidas na região. Assim, a profecia dele sobre o fim do seu reino foi uma notícia bem-vinda aos países vizinhos. Veja como ele termina o livro: "Todos que ouvirem sobre sua destruição baterão palmas de alegria. Onde se poderá encontrar alguém que não sofreu com sua constante crueldade?" (3:19).

ESBOÇO

A ira de Deus, NAUM 1:1-15
A destruição de Nínive, NAUM 2:1-3:19

14 DE JUNHO

Mistérios difíceis

Leitura: Naum 1:1-7

*O Senhor é lento para se irar,
mas tem grande poder...*
NAUM 1:3

Eu e minha amiga estávamos passeando e conversando sobre nosso amor pela Bíblia. Fiquei surpresa quando ela disse: "Ah, mas não gosto muito do Antigo Testamento. Toda aquela coisa pesada e vingança — quero Jesus!"

Podemos sentir o impacto de suas palavras quando lemos um livro como Naum, talvez ressaltando uma declaração como: "O Senhor é Deus zeloso, cheio de vingança e ira" (Naum 1:2). Ainda assim, o versículo seguinte nos enche de esperança: "O Senhor é lento para se irar, mas tem grande poder..." (v.3).

Quando mergulhamos mais profundamente na questão da ira de Deus, entendemos que quando Ele a exerce, com frequência está defendendo o Seu povo ou o Seu nome. Por causa do Seu amor transbordante, Ele busca justiça pelos erros cometidos e redenção aos que se voltaram contra Ele. Vemos isso não apenas no Antigo Testamento, quando Ele chama o Seu povo de volta para si, mas também no Novo Testamento, quando Ele envia o Seu Filho para ser o sacrifício por nossos pecados.

Podemos não entender os mistérios do caráter de Deus, mas podemos confiar que Ele não apenas exerce justiça, mas também é a fonte de todo amor. Não precisamos ter medo dele, pois "O Senhor é bom; é forte refúgio quando vem a aflição. Está perto dos que nele confiam" (v.7).

Amy Boucher Pye

15 DE JUNHO

Boas-novas!

Leitura: Naum 1:7-15

Vejam, um mensageiro vem pelas montanhas com boas notícias! Ele traz uma mensagem de paz.
NAUM 1:15

As notícias do mundo nos bombardeiam pela internet, TV, rádio e aparelhos móveis. A maioria parece contar o que está errado: crime, terrorismo, guerra e problemas econômicos. Há, porém, momentos em que as boas notícias invadem as horas mais tenebrosas de tristeza e desespero. São histórias de atos desprendidos, um avanço médico ou passos para a paz em locais marcados por guerra.

As palavras de dois homens registradas no Antigo Testamento levaram grande esperança aos cansados de conflitos.

Descrevendo o julgamento vindouro de Deus sobre uma nação rude e poderosa, Naum disse: "Vejam, um mensageiro vem pelas montanhas com boas notícias! Ele traz uma mensagem de paz" (Naum 1:15). Essa notícia levou esperança a todos os oprimidos pela crueldade.

No livro de Isaías uma frase semelhante ocorre: "Como são belos sobre os montes os pés do mensageiro que traz boas-novas, boas-novas de paz e salvação..." (Isaías 52:7).

As palavras proféticas de Naum e Isaías encontraram seu cumprimento definitivo no primeiro Natal, quando o anjo disse aos pastores: "Não tenham medo! Trago boas notícias, que darão grande alegria a todo o povo. Hoje em Belém, a cidade de Davi, nasceu o Salvador, que é Cristo, o Senhor!" (Lucas 2:10-11).

A manchete mais importante para a nossa vida, todos os dias, é a melhor notícia já contada, Cristo, o Salvador, nasceu!

David McCasland

HABACUQUE

◆

Habacuque fez algo diferente com as suas palavras proféticas. Em vez de pregar ao povo de Judá, dirigiu-se a Deus. Desta maneira, temos um vislumbre da vida de oração deste profeta. E ele não se retrai. Soando um pouco como as queixas de Davi no livro de Salmos, ele começa logo com isto: "Até quando, Senhor, terei de pedir socorro? Tu, porém, não ouves" (1:2). E no versículo 4: "A lei está amortecida, e não se faz justiça nos tribunais". O profeta Habacuque escreve depois das reformas de Josias terem sido instituídas, mas elas estavam caindo no esquecimento e o povo tinha retornado aos seus caminhos pecaminosos.

ESBOÇO

Perguntas para Deus, HABACUQUE 1:1-2:20
Louvores a Deus, HABACUQUE 3:1-19

16 DE JUNHO

Deus não se importa?

Leitura: Habacuque 1:1-11

"Meus pensamentos são muito diferentes dos seus", diz o Senhor, "e meus caminhos vão muito além de seus caminhos."
ISAÍAS 55:8

Por que o motorista embriagado escapa ileso do acidente, enquanto a vítima sóbria fica gravemente ferida? Por que as pessoas más prosperam, e as boas sofrem? Quantas vezes você ficou confuso com as coisas que estão acontecendo em sua vida que gritou: "Deus não se importa?".

Habacuque lutou com essa mesma questão ao ver a situação angustiante em Judá, onde a maldade e a injustiça corriam soltas (Habacuque 1:1-4). Sua confusão o levou a perguntar a Deus quando Ele agiria para consertar a situação. A resposta de Deus foi nada menos que desconcertante.

Deus disse que usaria os caldeus como meio de correção de Judá. Os caldeus eram notórios por sua crueldade (v.7). Eles estavam inclinados à violência (v.9) e só adoravam suas proezas militares e falsos deuses (vv.10-11).

Nos momentos em que não entendemos os caminhos de Deus, precisamos confiar em Seu caráter imutável. Isso é exatamente o que Habacuque fez. Ele acreditava que Deus é um Deus de justiça, misericórdia e verdade (Salmo 89:14). No processo, ele aprendeu a olhar para suas circunstâncias a partir da estrutura do caráter de Deus, em vez de olhar para o caráter de Deus a partir do contexto de suas próprias circunstâncias. Ele concluiu: "O Senhor Soberano é minha força! Ele torna meus pés firmes como os da corça, para que eu possa andar em lugares altos" (Habacuque 3:19).

Poh Fang Chia

17 DE JUNHO

Esperando por uma bênção

Leitura: Habacuque 1:12–2:4

Se parecer que demora a vir, espere com paciência...
HABACUQUE 2:3

Um restaurante popular, em Bangcog, serve uma sopa cujo caldo é reabastecido com ingredientes frescos a cada manhã há 45 anos. A tradição do "ensopado perpétuo" é medieval. Assim como o sabor de algumas "sobras" melhora depois de passados alguns dias, o lento cozimento produz sabores únicos. O restaurante é premiado por servir a sopa mais deliciosa da Tailândia.

As coisas boas muitas vezes levam tempo, mas nossa natureza humana luta com a paciência. A pergunta "Até quando?" ocorre em toda a Bíblia. Um exemplo comovente nos é dado pelo profeta Habacuque, e que começa seu livro perguntando: "Até quando, Senhor, terei de pedir por socorro?" (Habacuque 1:2). Habacuque, cujo nome significa "o que luta corpo a corpo" anunciou o juízo de Deus sobre a sua nação (Judá), pela invasão do impiedoso Império Babilônico, e lutou com o fato de Deus permitir que pessoas corruptas prosperassem enquanto exploravam os outros. Todavia, Deus prometeu esperança e restauração em Seu tempo: "Esta é uma visão do futuro; descreve o fim, e tudo se cumprirá. Se parecer que [a ajuda de Deus] demora a vir, espere com paciência, pois certamente acontecerá; não se atrasará" (2:3).

O cativeiro babilônico durou 70 anos, para os padrões humanos é muito tempo, porém Deus é sempre fiel e verdadeiro à Sua Palavra.

Algumas das melhores bênçãos de Deus podem tardar. Embora elas possam tardar, mantenha a sua fé nele! O Senhor prepara as Suas bênçãos com perfeita sabedoria e cuidado e esperar por Ele sempre vale a pena.

James Banks

18 DE JUNHO

A voz da fé

Leitura: Habacuque 3:16-19

*Ainda que a figueira não floresça,
[...] mesmo assim me alegrarei no S<small>ENHOR</small>...*
HABACUQUE 3:17-18

A notícia foi entorpecedora. As lágrimas vieram tão rapidamente que ela não conseguiu evitá-las. Sua mente se encheu de perguntas e o medo ameaçou dominá-la. A vida estava indo tão bem, quando foi abruptamente interrompida e mudou para sempre sem aviso.

A tragédia pode se apresentar de várias formas: a perda de um ente querido, uma doença, a perda de riqueza ou de nossa subsistência. E isso pode acontecer a qualquer pessoa e em qualquer momento.

Embora o profeta Habacuque soubesse que a tragédia estava por vir, ainda assim, sentia o medo em seu coração. Enquanto esperava pelo dia em que a Babilônia invadiria o reino de Judá, seu coração batia forte, seus lábios e suas pernas tremiam (Habacuque 3:16).

O medo é uma emoção legítima em face de tragédia, mas não deve nos imobilizar. Quando não compreendemos as provações pelas quais estamos passando, podemos relembrar como Deus operou na história (vv.3-15). Foi o que Habacuque fez. Isso não dissipou seu medo, mas lhe deu a coragem para seguir em frente escolhendo louvar o Senhor (v.18).

Nosso Deus, que se provou fiel ao longo dos anos, está sempre conosco. Pelo fato de o Seu caráter ser imutável, quando amedrontados podemos dizer, com a confiante voz da fé: "O S<small>ENHOR</small> Soberano é minha força!" (v.19).

Poh Fang Chia

SOFONIAS

◆

Este livro é sobre julgamento e restauração. Nos dois primeiros capítulos, uma variedade de nações e, depois, finalmente, o mundo inteiro enfrenta a destruição provocada pelo julgamento de Deus. No capítulo três, lemos sobre a restauração de Jerusalém e de todas as nações do mundo.

ESBOÇO

Julgamentos e o Dia do Senhor, SOFONIAS 1:1-3:8
A restauração prometida, SOFONIAS 3:9-20

19 DE JUNHO

E na verdade

Leitura: Sofonias 1:1-6; 2:1-3

...com amor; ele se alegrará em vocês com gritos de alegria!
SOFONIAS 3:17

Anos atrás fui a um casamento entre pessoas de países diferentes. A mescla de culturas pode ser linda, mas essa cerimônia incluiu tradições cristãs e também rituais de uma fé que adorava diversos deuses.

O profeta Sofonias condenou a mistura de outras religiões com a fé no verdadeiro Deus (muitas vezes chamado de sincretismo). Judá tinha se tornado um povo que se curvava em adoração ao verdadeiro Deus, mas que também confiava no deus Moloque (Sofonias 1:5). Sofonias descreveu a adoção da cultura pagã (v.8) e alertou que, por isso, Deus tiraria o povo de Judá de sua terra natal.

Porém, Deus jamais deixou de amar o Seu povo. O Seu julgamento foi para mostrar-lhes que precisavam se voltar para Ele. Sofonias encorajou-os a buscar a justiça e viver com humildade (2:3). E o Senhor prometeu-lhes a restauração futura: "Naquele dia, reunirei vocês e os trarei para casa..." (3:20).

É fácil condenar exemplos de óbvio sincretismo como o casamento que assisti. Mas, na realidade, todos mesclamos facilmente a verdade de Deus com premissas de nossa cultura. Precisamos da orientação do Espírito Santo para confrontarmos as nossas crenças com a Palavra de Deus e, então, firmarmo-nos nessa verdade com confiança e dedicação. Nosso Pai carinhosamente acolhe quem o adora em espírito e em verdade (João 4:23-24).

Tim Gustafson

20 DE JUNHO

Nosso Pai que canta

Leitura: Sofonias 3:14-20

...o Senhor, seu Deus, está em seu meio;
ele é um Salvador poderoso, Ele se agradará
de vocês com exultação [...] e se alegrará
em vocês com gritos de alegria!

SOFONIAS 3:17

Antes de sermos pais, ninguém nos falou sobre o quanto seria importante cantar. Meus filhos hoje têm 6, 8 e 10 anos e os três tiveram problemas para dormir. Toda noite, minha esposa e eu nos revezávamos para embalá-los, orando para que adormecessem logo. Passei horas embalando cada um, sussurrando desesperadamente canções de ninar na expectativa de acelerar o processo. Mas, ao cantar para as crianças noite após noite, algo incrível acontecia: eu aprofundava meu elo de amor e alegria com eles, de maneira que eu jamais sonhara.

Você sabia que as Escrituras descrevem o nosso Pai celestial cantando para os Seus filhos também? Assim como eu cantava para acalmar meus filhos, Sofonias retrata o Pai celestial cantando para o Seu povo: "...Deus ficará contente com vocês e por causa do seu amor lhes dará nova vida. Ele cantará e se alegrará" (Sofonias 3:17 NTLH).

Grande parte do livro profético de Sofonias alerta sobre o juízo iminente para quem rejeitar a Deus. Porém, ele não conclui o livro com juízo, mas com uma descrição de Deus não apenas resgatando o Seu povo de todo o seu sofrimento (vv.19-20), mas também amando ternamente e alegrando-se neles com cânticos (v.17).

Nosso Deus não é somente o "Salvador poderoso" que salva e restaura (v.17), mas também o Pai que entoa ternamente as canções de amor para nós.

Adam Holz

AGEU

As prioridades do povo estão inadequadas, e o profeta Ageu procura lhes explicar isso. Apesar da alegação do povo de que "ainda não chegou a hora de reconstruir a casa do SENHOR" (Ageu 1:2), a resposta do Senhor indicou que eles estavam errados (v.4). Deveriam reconcentrar os seus esforços na reconstrução do Templo, uma tarefa que Esdras tinha começado cerca de 17 anos antes com a colocação dos alicerces. O projeto tinha sido abandonado, e a responsabilidade de Ageu é voltar a engajar e fazer as pessoas se envolverem na reconstrução. À medida que o povo reconstrói o Templo, eles começam a perceber que este novo edifício não se compara ao magnífico templo de Salomão (2:3).

ESBOÇO

O chamado para a reconstrução do Templo, AGEU 1:1-15
A glória do Templo, AGEU 2:1-9
A recompensa pela obediência, AGEU 2:10-19
As bênçãos prometidas, AGEU 2:20-23

21 DE JUNHO

Considerai os vossos caminhos!

Leitura: Ageu 1:1-11

Assim diz o Senhor dos Exércitos:
Vejam o que tem acontecido com vocês!
AGEU 1:7

Quanto tempo se passou desde que você leu o livro de Ageu? Se você for como eu, foi há algum tempo. Por que você não investe alguns minutos e lê os 38 versículos deste livro? Preste atenção na palavra "vejam". Ela aparece algumas vezes (Ageu 1:5,7; 2:15,18).

Deus falou por meio de Ageu aos israelitas que tinham voltado do exílio. Na verdade, o Senhor disse: "Vejam o que tem acontecido com vocês! Plantam muito, mas colhem pouco. Comem, mas não se saciam. Bebem, mas ainda têm sede. Vestem-se, mas não se aquecem, Seus salários desaparecem como se vocês os colocassem em bolsos furados" (vv.5-6). "Agora, subam as colinas, tragam madeira e reconstruam minha casa. Então me alegrarei nela e serei honrado, diz o Senhor" (v.8). "Sim, pensem bem" (2:18).

Essa mensagem também se aplica a nós. Quando tudo parece ir mal, o primeiro passo para resolver os nossos problemas pode ser reconsiderar os nossos caminhos. Permita-me ilustrar.

Durante um semestre na universidade, as minhas notas baixaram drasticamente, arrumei confusão no dormitório e fui chamado ao gabinete do Deão. Voltei para o meu quarto e pensei seriamente na minha situação. O problema não era a atividade escolar ou os colegas no dormitório, era *eu*. Quando mudei a minha atitude e o meu comportamento, as circunstâncias começaram a melhorar.

Nem todos os nossos problemas são causados por nós. Mas quando surgem as dificuldades, seremos sábios se reconsiderarmos as nossas atitudes. Como as pessoas dos dias de Ageu, podemos descobrir que a nossa desobediência está nos impedindo de sermos abençoados por Deus.

David Egner

22 DE JUNHO

Por que não sou abençoado?

Leitura: Ageu 2:10-19

Enviei ferrugem, mofo e granizo para destruir tudo que vocês trabalharam para produzir. E, no entanto, vocês não voltaram para mim, diz o Senhor.

AGEU 2:17

Quando os meus amigos dos EUA vieram me visitar em Singapura, fiquei surpreso por eles entrarem em minha casa sem tirar os sapatos. Devido às nossas diferenças culturais, estranhei a falta de consideração deles em levar sujeira para dentro de casa.

Ao ler o livro de Ageu 2, você pode achar peculiar toda essa conversa sobre carne santa e corpos mortos (vv.12-15). Mas o Senhor não estava preocupado apenas com a limpeza física. Ele usou essas lições objetivas para ajudar o povo de Judá a lembrar o que lhes havia acontecido após voltarem do exílio na Babilônia.

As atitudes pecaminosas de alguns tinham se espalhado e corrompido toda a comunidade. Em vez de reconstruir o Templo, eles tinham investido seu tempo em construir as suas próprias casas (1:4), e por causa dos seus pecados, perderam as bênçãos de Deus. No entanto, o Senhor, como um pai que anela ter um relacionamento de intimidade com o Seu filho os disciplinou para encorajá-los a voltarem-se a Ele (2:17).

Quando Ageu os acompanhou, eles renovaram o seu compromisso com Deus. Desta maneira, o profeta os desafiou a permanecerem fiéis e lhes disse que o Senhor os abençoaria abundantemente (v.19).

Você tem sido abençoado por buscar um relacionamento de intimidade com Deus? Ou você precisa afastar-se do pecado e renovar o seu compromisso com Ele?

Albert Lee

23 DE JUNHO

Anel de sinete

Leitura: Ageu 2:15-23

Farei que você seja como um anel de selar
em meu dedo, diz o Senhor, *pois eu o escolhi.*
AGEU 2:23

Quando conheci um novo amigo de outro país, percebi seu elegante sotaque britânico e que ele usava um anel no dedo mínimo. Mais tarde, descobri que o anel não era apenas uma simples joia, mas o brasão gravado no objeto revelava a história da família dele.

Era como um anel de sinete, talvez como o mencionado no livro de Ageu. Nesse curto livro do Antigo Testamento, o profeta Ageu insta o povo de Deus a reiniciar a reconstrução do Templo. Eles haviam sido exilados e, agora, tendo retornado à sua pátria começaram a reconstruir, mas a oposição dos inimigos ao projeto havia causado a interrupção. A mensagem de Ageu inclui a promessa de Deus a Zorobabel, líder de Judá, de ter sido escolhido e separado para liderar seu povo, assim "como um anel de selar" (Ageu 2:23).

Na antiguidade, um anel de sinete era usado como meio de identificação. Em vez de assinar seus nomes, as pessoas pressionavam o anel numa cera quente ou barro macio, deixando sua marca. Como filhos de Deus, nós também deixamos uma marca no mundo à medida que anunciamos o evangelho, compartilhamos a Sua graça expressando o nosso amor pelo próximo, e agindo para findar a opressão.

Cada um de nós tem uma marca singular que revela como somos criados à imagem de Deus e expressamos nosso conjunto de dons, paixões e sabedoria. É nosso chamado e privilégio agirmos e deixarmos nossas marcas como esse anel de sinete no mundo de Deus.

Amy Boucher Pye

ZACARIAS

Deus revela oito visões a Zacarias, e é com elas que o profeta traz a sua mensagem ao povo. Usando essas visões, Deus ensina sobre restauração, julgamento, o Messias prometido, a conclusão do Templo, obediência, libertação da injustiça e, finalmente, o futuro reino de Deus com justiça e paz.

ESBOÇO

Um apelo ao arrependimento, ZACARIAS 1:1-6
Um chamado para voltarem-se a Deus, ZACARIAS 1:7–6:8
Uma promessa do retorno de Deus, ZACARIAS 6:9–14:21

24 DE JUNHO

Quem você está vestindo?

Leitura: Zacarias 3

...removi seus pecados e agora lhe dou roupas de festa.
ZACARIAS 3:4

O time de basquete feminino argentino foi jogar um campeonato usando os uniformes errados. Suas camisetas azul-marinho claro eram muito parecidas com as camisetas azul-escuro escuro do outro time e, sendo visitantes, as argentinas deveriam estar vestidas com camisetas brancas. Sem tempo para encontrar uniformes substitutos e trocar, elas tiveram que desistir do jogo. No futuro, certamente a equipe da Argentina checará duas vezes sobre as cores que terão de utilizar nos uniformes.

Nos tempos do profeta, Deus lhe deu uma visão na qual o sumo sacerdote Josué veio diante do Senhor vestindo roupas sujas e de cheiro repugnante. Satanás zombou e salientou: Desqualificado! Fim de jogo! Mas havia tempo para mudar. Deus repreendeu Satanás e disse a Seu anjo para remover as roupas sujas de Josué e falou ao profeta: "Veja, removi seus pecados e agora lhe dou roupas de festa" (Zacarias 3:4).

Nós viemos ao mundo revestidos com o cheiro repugnante do pecado de Adão, e na sequência revestimo-nos com o nosso próprio pecado. Se permanecermos com as roupas sujas, perderemos o jogo da vida. Se nos enojarmos com o nosso pecado e nos voltarmos para Jesus, Ele nos vestirá da cabeça aos pés consigo mesmo e com a Sua justiça. Chegou a hora de verificar: De quem estamos nos vestindo?

A estrofe final do hino "A Rocha sólida" (CC 366) explica como vencemos: "Assim que o seu clarim soar, irei com Ele me encontrar; e gozarei da redenção com todos que no Céu estão".

Mike Wittmer

25 DE JUNHO

Pelo poder do Espírito

Leitura: Zacarias 4:1-7

*Nada será obstáculo para Zorobabel,
nem mesmo uma grande montanha; diante dele
ela se tornará uma planície!*
ZACARIAS 4:7

O que você faz quando há uma montanha em seu caminho? A história de Dashrath Manjhi pode nos inspirar. Quando a esposa dele morreu por não ter sido possível levá-la ao hospital, Manjhi fez o que a todos parecia impossível.

Ele passou 22 anos de sua vida abrindo manualmente uma passagem enorme por uma montanha para que outros moradores pudessem chegar mais rápido ao hospital local para receber os cuidados médicos que porventura precisassem. Antes de ele morrer, o governo da Índia o condecorou por seu feito.

A reconstrução do Templo deve ter parecido impossível a Zorobabel, um dos líderes de Israel que retornou do exílio. O povo estava desanimado, tinha enfrentado a oposição de seus inimigos, precisava de recursos ou de um grande exército. Mas Deus enviou Zacarias para lembrar a Zorobabel que a tarefa precisaria de algo mais poderoso do que a força militar, o poder individual ou os recursos feitos pelo homem. Precisaria do poder do Espírito (Zacarias 4:6). Com a certeza da ajuda divina, Zorobabel confiava que Deus nivelaria qualquer montanha de dificuldade que estivesse no caminho da reconstrução do Templo e restauração da comunidade (v.7).

O que fazemos quando há uma "grande montanha" diante de nós? Temos duas opções: confiar em nossa própria força ou confiar no poder do Espírito. Quando confiarmos em Seu poder, Ele nivelará a montanha ou nos dará a força e a resistência para escalá-la.

Marvin Williams

26 DE JUNHO

Voltando para casa

Leitura: Zacarias 10:6-12

*...ainda se lembrarão de mim
nas terras distantes Eles [...] voltarão...*
ZACARIAS 10:9

Walter Dixon teve cinco dias de lua de mel antes de ir para a Guerra da Coreia. Menos de um ano depois, as tropas encontraram a jaqueta dele no campo de batalha, com as cartas de sua esposa enfiadas nos bolsos. Os oficiais militares informaram à jovem esposa que o marido dela tinha sucumbido em combate. Na verdade, Dixon estava vivo e foi prisioneiro de guerra por 2 anos e meio. A cada hora acordado, ele fazia planos para voltar ao seu lar. Escapou cinco vezes e sempre foi recapturado. Finalmente, ele foi liberto! Você consegue imaginar o choque que ele causou ao voltar para casa?

O povo de Deus sabia o que significava ser capturado, levado para longe e ansiado pelo retorno ao lar. Devido à rebelião deles contra Deus, tinham sido exilados. Acordavam todas as manhãs desejando retornar, mas não havia possibilidade de serem resgatados. Felizmente, Deus prometeu que não se esqueceria deles. "Eu os restaurarei porque tenho compaixão deles..." (Zacarias 10:6). Deus satisfaria a dor implacável do Seu povo pelo lar, não pela perseverança deles, mas pela misericórdia divina: "Quando eu assobiar para eles, virão até mim [...] e voltarão..." (vv.8-9).

O nosso sentimento de exílio pode ocorrer por causa de nossas más decisões ou por dificuldades que escapam do nosso controle. Seja como for, Deus não se esqueceu de nós. Ele conhece o nosso desejo e nos alcançará. E se lhe respondermos, voltaremos a Ele e ao nosso lar.

Winn Collier

MALAQUIAS

Depois que o povo regressou do exílio na Babilônia, eles fizeram algumas coisas boas. Reconstruíram o Templo e restauraram a segurança de Jerusalém ao reerguer os seus muros. Porém, depois fizeram o que vinham fazendo há gerações, tornaram-se complacentes com o pecado. Por conseguinte, Malaquias é chamado aqui para lhes dizer onde falhavam. Ele os alertou de que os sacrifícios deles não eram aceitáveis, pois estavam casando-se novamente com esposas pagãs e os seus sacerdotes não se comportavam como deviam.

ESBOÇO

Deus ama Israel, MALAQUIAS 1:1-5
Os pecados de Israel contra Deus, MALAQUIAS 1:6-3:18
Deus faz promessas a Israel, MALAQUIAS 4:1-6

27 DE JUNHO

Dando-lhe o nosso melhor

Leitura: Malaquias 1:8-14

Purificará [...] e os refinará como ouro e prata, para que voltem a oferecer sacrifícios aceitáveis ao Senhor.
MALAQUIAS 3:3

O diretor de um abrigo havia convidado o nosso grupo de jovens para ajudar a separar as pilhas de calçados usados e doados para os moradores em situação de rua. Passamos a manhã juntando os pares alinhando-os em fileiras sobre o chão de concreto. No final do dia, jogamos fora mais da metade dos sapatos que estavam muito danificados para serem usados por outras pessoas. Embora o abrigo não pudesse impedir que as pessoas doassem itens de baixa qualidade, recusaram-se a distribuir os sapatos em más condições.

Os israelitas também tiveram dificuldades por ofertar a Deus os seus bens danificados. Quando o Senhor falou por meio do profeta Malaquias, Ele repreendeu o povo por sacrificar animais cegos, coxos ou doentes, pois tinham animais fortes para oferecer (Malaquias 1:6-8). O Senhor lhes anunciou o Seu descontentamento (v.10), reafirmou o Seu valor e repreendeu os israelitas por manterem o melhor para si (v.14). Mas Deus também prometeu enviar o Messias, cujo amor e graça transformaria o coração deles e os inflamaria com o desejo de trazer ofertas que seriam agradáveis ao Senhor (3:1-4).

Às vezes, pode ser tentador entregar a Deus as nossas sobras. Nós o louvamos e esperamos que Ele nos dê tudo de si, mas oferecemos a Ele as nossas migalhas. Quando consideramos tudo o que Deus fez, podemos nos alegrar celebrando a Sua dignidade e entregando a Ele o nosso melhor.

Xochitl Dixon

28 DE JUNHO

Um amor surpreendente

Leitura: Malaquias 1:1-10; 4:5-6

"Eu sempre amei vocês", diz o SENHOR.
MALAQUIAS 1:2

Os principais atos históricos finais do Antigo Testamento são descritos em Esdras e Neemias, quando Deus permitiu ao povo de Israel voltar do exílio e reassentar-se em Jerusalém. A Cidade de Davi foi repovoada com famílias hebraicas, um novo Templo foi construído e o muro foi reparado.

Isso nos leva a Malaquias. Este profeta, provável contemporâneo de Neemias, encerra os escritos do Antigo Testamento. Note a primeira coisa que ele disse ao povo de Israel: "Eu sempre amei vocês", diz o SENHOR; e a resposta deles: "De que maneira nos amou?" (1:2).

Incrível, não? Sua história havia provado a fidelidade de Deus, mas, após centenas de anos nos quais Deus proveu continuamente ao Seu povo escolhido, de maneiras milagrosas e também seculares, eles ainda questionavam sobre como o Senhor tinha demonstrado o Seu amor. Na continuação do livro, Malaquias recorda o povo sobre a infidelidade deles (vv.6-8). Eles tinham um longo registro histórico da provisão de Deus que lhes fora concedida, seguida de sua desobediência, e seguida também pela disciplina de Deus.

Era chegada a hora, de um novo caminho. O profeta sugere isso em Malaquias 4:5-6. O Messias viria. Havia, adiante, a esperança por um Salvador que nos mostraria o Seu amor e pagaria, de uma vez por todas, a pena pelo nosso pecado.

O Messias realmente veio! A esperança de Malaquias cumpriu-se em Jesus.

Dave Branon

29 DE JUNHO

Enquadrando-se

Leitura: Malaquias 3:13-18

Então aqueles que temiam o Senhor
falaram uns aos outros; e o Senhor ouviu o que disseram.
MALAQUIAS 3:16

Luís é um bancário diligente e confiável. No entanto, muitas vezes ele sofre alguma discriminação por defender a sua fé e demonstrar claramente o seu testemunho. Ele a revela de maneira prática, retirando-se de ambientes durante conversas impróprias. Em um estudo bíblico, ele compartilhou: "Temo que esteja perdendo oportunidades de promoção por não me encaixar".

Os cristãos da época do profeta Malaquias enfrentaram desafio semelhante. Eles tinham retornado do exílio e o Templo tinha sido reconstruído, mas havia ceticismo sobre o plano de Deus para o futuro deles. Alguns israelitas estavam dizendo: "'De que adianta servir a Deus? Que vantagem temos em obedecer a suas ordens ou chorar por nossos pecados diante do Senhor dos Exércitos? De agora em diante, chamaremos de abençoados os arrogantes. Pois os que praticam maldades enriquecem, e os que provocam a ira de Deus nenhum mal sofrem'" (Malaquias 3:14-15).

Como podemos permanecer firmes em Deus numa cultura que nos diz que perderemos se não nos misturarmos? Os fiéis na época de Malaquias responderam a esse desafio, reunindo-se com aqueles que criam no mesmo que eles para encorajar uns aos outros. Malaquias compartilha conosco este detalhe importante: "o Senhor ouviu o que disseram" (v.16).

Deus observa e cuida de todos os que o temem e honram. Ele não nos chama para que nos "encaixemos", mas para nos aproximarmos cada dia mais do Senhor à medida que nos encorajamos mutuamente. Vamos permanecer fiéis!

Poh Fang Chia

30 DE JUNHO

Vem, Senhor Jesus!

Leitura: Malaquias 4:1-6

*...o sol da justiça se levantará,
trazendo cura em suas asas...*
MALAQUIAS 4:2

Segundo uma lenda, o nome do meu estado norte-americano, "Idaho", vem de uma palavra no idioma dos índios Shoshone: "i-da-háu". Traduzida para o português, ela significa algo como: "Observe! O sol nascendo sobre a montanha". Penso nisso frequentemente quando o sol aparece sobre os picos do leste, derramando luz e vida no nosso vale.

Também penso na promessa de Malaquias: "o sol da justiça se levantará, trazendo cura em suas asas" (Malaquias 4:2). Essa é a promessa irrevogável de Deus de que nosso Senhor Jesus retornará e toda a criação será "gloriosamente liberta da decadência que a escraviza" (Romanos 8:21).

Cada nova aurora é um lembrete daquela manhã eterna em que "o sol da justiça " se levantará com cura em suas asas. Então, toda a criação será refeita de maneira irrevogavelmente correta. Não haverá costas ou joelhos latejantes, dificuldades financeiras, perdas, envelhecimento. A Bíblia também afirma que quando Jesus retornar, nós saltaremos "de alegria, como bezerros soltos no pasto" (Malaquias 4:2). Essa é a minha maior imaginação e minha esperança.

Jesus disse que "o tempo está próximo" (Apocalipse 22:20). Vem, vem, Senhor Jesus!

David Roper

PARTE 6

Evangelhos

Mateus, Marcos, Lucas, João

O Espírito Santo inspirou quatro diferentes seguidores de Jesus do primeiro século a contar sobre Ele, cada qual à sua maneira. Além disso, cada um escreveu a um público diferente e com um propósito específico em mente. Assim, temos quatro esboços da vida de Jesus Cristo a partir de perspectivas distintas. Referimo-nos a Mateus, Marcos e Lucas como os evangelhos sinópticos porque os primeiros três evangelhos têm maior unidade de estilo e detalhes. O evangelho de João deixa de fora muitas histórias que os outros três relatam e enfatiza ideias importantes como a divindade de Cristo e a obra do Espírito Santo. A grande questão é que, ao lermos cada evangelho, somos recompensados com um vislumbre novo e adicional sobre a pessoa de Jesus. Seguramente, Ele é o Salvador, Redentor e Senhor em todos os quatro evangelhos; entretanto, aprendemos coisas diferentes sobre Ele nos relatos de cada evangelista.

MATEUS

A primeira tarefa de Mateus foi a de apresentar quem era Jesus aos seus leitores. Ele queria que seus leitores soubessem sobre a Sua ascendência (genealogia) e o Seu nascimento. Mateus introduziu o conceito do nascimento virginal de Jesus em circunstâncias incomuns, estabelecendo-o como um tipo de rei muito diferente. Ele passou então à obra de Jesus, iniciando com o Seu batismo e a importantíssima introdução da veracidade da Trindade no Seu batismo. Mateus falou da resistência de Jesus à tentação e da escolha dos Seus discípulos. Depois disso, Mateus registrou as cinco grandes lições de ensino de Jesus e os Seus milagres ao longo da Sua jornada na Terra. Tudo isso explicou o motivo de Sua vinda: morrer na cruz e ressuscitar pelo pecado da humanidade. Nos versículos finais do livro, o evangelista registra o desafio de todos os cristãos — espalhar a notícia sobre Jesus.

ESBOÇO

A vinda do Rei Jesus, MATEUS 1:1-4:16
As palavras e o ministério de Jesus, MATEUS 4:17-16:20
Jesus e a cruz, MATEUS 16:21-28:20

1º DE JULHO

O único rei

Leitura: Mateus 2:1-12

*...viram o menino com Maria,
sua mãe, e se prostraram e o adoraram...*
MATEUS 2:11

Elton, de 5 anos, ouvia o pastor falar sobre Jesus ter deixado o Céu e ter vindo para a Terra e suspirou profundamente quando o pastor orou agradecido por Cristo ter morrido por nossos pecados. "Ah não! Ele morreu?", o garoto disse surpreso.

Desde o início da vida de Cristo na Terra, havia pessoas que o queriam morto. Alguns sábios vieram a Jerusalém durante o reinado de Herodes, perguntando: "Onde está o recém-nascido rei dos judeus? Vimos sua estrela no Oriente e viemos adorá-lo" (Mateus 2:2). Quando o rei ouviu isso, ficou com medo de um dia perder sua posição para Jesus. Então, enviou soldados para matar todos os meninos de 2 anos para baixo em Belém e seus arredores. Mas Deus protegeu o Seu Filho e enviou um anjo para advertir os pais de Jesus a deixarem a região. Eles fugiram e Ele foi salvo (vv.13-18).

Quando Jesus completou o Seu ministério, Ele foi crucificado pelos pecados do mundo. A placa colocada acima de Sua cruz, embora feita para escarnecê-lo, dizia: "ESTE É JESUS, O REI DOS JUDEUS" (27:37). No entanto, três dias depois, Ele saiu vitorioso do túmulo. Depois de ascender ao Céu, sentou-se no trono como Rei dos reis e Senhor dos senhores (Filipenses 2:8-11).

O Rei morreu por nossos pecados — meus, seus e do garoto Elton. Vamos permitir que Ele governe em nosso coração.

Anne Cetas

2 DE JULHO

Acenda a luz

Leitura: Mateus 5:14-16

*...suas boas obras devem brilhar,
para que todos as vejam e louvem
seu Pai, que está no céu.*
MATEUS 5:16

Enquanto meu marido e eu nos preparávamos para mudar para outro estado, no outro lado do país, eu queria me assegurar de que preservaríamos o contato com nossos filhos adultos. Achei e comprei um dispositivo muito singular: "lâmpadas de amizade", com conexão *wi-fi*, que podem se acender remotamente. Quando dei as lâmpadas a eles, expliquei que as lâmpadas deles se acenderiam quando eu tocasse na minha lâmpada para lembrar-lhes do meu amor e orações. Não importaria a distância entre nós, um toque nas lâmpadas deles também acionaria a luz em nossa lâmpada. Embora soubéssemos que nada substituiria os nossos momentos mais pessoais de conexão, seríamos encorajados pelo amor e pelas orações cada vez que as luzes se acendessem.

Todos os filhos de Deus têm o privilégio de compartilhar a luz pelo poder do Espírito Santo. Somos criados para viver como faróis que irradiam a esperança eterna e o amor incondicional de Deus. Quando compartilharmos o evangelho e servirmos aos outros, em nome de Jesus, tornamo-nos Seus holofotes e testemunhos vivos. Cada boa ação, sorriso gentil, palavra de encorajamento e oração relembram a fidelidade de Deus e do Seu amor incondicional e transformador de vidas (Mateus 5:14-16).

Onde quer que Deus nos leve e como Ele quiser que o sirvamos, podemos ser abençoados por Ele para ajudar outros a resplandecerem a Sua luz. À medida que Deus, por Seu Espírito, conceder-nos o verdadeiro brilho, que possamos refletir o amor e a luz da Sua presença.

Xochitl Dixon

3 DE JULHO

Aprendendo com as aves

Leitura: Mateus 6:25-34

Observem os pássaros. Eles não plantam nem colhem, nem guardam alimento em celeiros, pois seu Pai celestial os alimenta...
MATEUS 6:26

Você sabia que o coletivo de perus é bando? Por que escrevo sobre perus? Porque acabei de voltar de um chalé na montanha. Todos os dias, maravilhei-me com a marcha dos perus desfilando frente à nossa varanda.

Eu nunca tinha visto um desfile desse tipo antes. Eles ciscam com garras espetaculares, cavoucam e bicam no chão, suponho que para comer. (Como esse foi o meu primeiro período de observação de perus, não tenho 100% de certeza.) Os arbustos frágeis não pareciam alimento suficiente; no entanto, ali estava uma dúzia deles e todos pareciam rechonchudos.

Observar aqueles perus bem alimentados lembrou-me das palavras de Jesus: "Observem os pássaros. Eles não plantam nem colhem, nem guardam alimento em celeiros, pois seu Pai celestial os alimenta. Acaso vocês não são muito mais valiosos que os pássaros?" (Mateus 6:26). Jesus usa a provisão de Deus para os pássaros aparentemente sem valor para nos lembrar do Seu cuidado por nós. Se a vida de um pássaro importa, quanto mais a nossa? Na sequência, Jesus contrasta a preocupação com as nossas necessidades diárias (vv.27-31) com uma vida em que devemos buscar "em primeiro lugar, o reino de Deus e a sua justiça" (v.33), vida que demonstra que confiamos em Sua rica provisão para as nossas necessidades. Porque, se Deus pode cuidar daquele bando de perus selvagens, Ele pode cuidar de você e de mim.

Adam Holz

4 DE JULHO

Fé profundamente enraizada

Leitura: Mateus 13:18-23

E as que caíram em solo fértil
representam os que ouvem e entendem a mensagem...
MATEUS 13:23

A árvore que, por mais de 300 anos, foi conhecida como o *Carvalho Santo* estava plantada ao lado de uma igreja presbiteriana, em Nova Jersey, EUA. Ela precisou ser removida depois de sua longa existência de 600 anos. Em seu auge, os galhos se estendiam espaçosos e a brisa fresca agitava suas folhas verdes e frutos. O sol espiava por brechas sopradas pelo vento, criando brilhos dançantes de luz à sombra da sua copa. Mas a sua magnificência estava sob a superfície do solo, o seu sistema radicular. A raiz principal de um carvalho cresce verticalmente e garante um suprimento confiável de alimento. A partir dessa raiz principal, um entranhado de raízes se espalha horizontalmente para fornecer à árvore a umidade e os nutrientes necessários. Este intrincado sistema radicular geralmente cresce mais forte do que a árvore que suporta e serve como tábua de salvação e âncora para estabilizar o tronco.

Tal como a poderosa árvore de carvalho, grande parte do nosso crescimento ocorre sob a superfície. Ao explicar a parábola do semeador aos Seus discípulos, Jesus ressaltou a importância de estarmos firmemente alicerçados num relacionamento pessoal com o Pai. Ao crescermos no conhecimento de Deus revelado nas Escrituras, as raízes de nossa fé são sustentadas pelo Seu Espírito. Deus fortalece e sustenta os Seus seguidores quando enfrentam constantes mudanças, provações e perseguições (Mateus 13:18-23).

Nosso amoroso Pai nutre o nosso coração com a Sua Palavra. À medida que o Seu Espírito transforma o nosso caráter, Ele garante que o fruto de nossa fé profundamente enraizada nele torne-se evidente para as pessoas ao nosso redor.

Xochitl Dixon

5 DE JULHO

Pães e peixes

Leitura: Mateus 14:13-21

"Não há necessidade", disse Jesus.
"Providenciem vocês mesmos alimento para elas."
MATEUS 14:16

Um menino chegou da igreja e anunciou, com grande entusiasmo, que a lição tinha sido sobre um menino que "comia pães e pescava o dia inteiro". É claro que ele estava pensando no garoto que ofereceu seus pães e peixes para Jesus.

Jesus tinha ensinado às multidões por todo o dia, e os discípulos sugeriram que Ele os enviasse à aldeia para comprar pães. Jesus respondeu: "Providenciem vocês mesmos alimento para elas" (v.16). Os discípulos ficaram perplexos pois havia mais de 5.000 pessoas para alimentar!

Você deve conhecer o restante da história: um menino deu o seu almoço — cinco pães e dois peixes. Com isso, Jesus alimentou a multidão (vv.13-21). Uns afirmam que a generosidade do menino moveu os outros a também compartilharem os seus alimentos, mas Mateus quer que entendamos claramente que isso foi um milagre, e a história é relatada nos quatro evangelhos.

O que podemos aprender? Familiares, vizinhos, amigos, colegas e outros estão à nossa volta com diferentes graus de necessidade. Devemos direcioná-los para os que consideramos mais capazes do que nós? Com certeza, as necessidades de algumas pessoas excedem a nossa capacidade de ajudá-las, mas nem sempre. Tenha você o que tiver — um abraço, uma palavra gentil, um ouvido atento, uma breve oração, uma palavra de sabedoria —, entregue isso a Jesus e veja o que Ele pode fazer.

Dave Roper

6 DE JULHO

Ouvindo o seu irmão

Leitura: Mateus 18:15-20

*...saibam que quem trouxer
o pecador de volta de seu desvio o salvará da morte
e trará perdão para muitos pecados.*
TIAGO 5:20

"Você precisa me ouvir; sou seu irmão!". O apelo vinha de um irmão mais velho preocupado com o mais novo, que estava afastando-se demais dele, mais do que ele podia controlar. Evidentemente, o mais velho era mais capaz de julgar o que seria o melhor naquela situação.

Quantos de nós resistimos ao conselho sábio de um irmão ou irmã? Se você já teve de enfrentar as consequências de resistir ao bom conselho de alguém mais experiente, você não está sozinho.

Uma das maiores fontes que nós, cristãos, podemos ter é a família — pessoas espiritualmente vinculadas por causa da fé comum em Jesus. Essa família inclui homens e mulheres maduros que amam a Deus e uns aos outros. Como o irmão mais novo em minha comunidade, muitas vezes precisamos de uma palavra de cautela ou correção para voltarmos ao caminho certo. Isso acontece particularmente quando ofendemos alguém ou quando somos ofendidos. Fazer o que é correto pode ser difícil. No entanto, as palavras de Jesus, em Mateus 18:15-20, mostram-nos o que fazer quando as ofensas acontecem dentro da nossa família espiritual.

Felizmente, o nosso Pai celestial coloca em nossa vida pessoas preparadas para nos ajudar a honrá-lo e também aos outros. E quando as ouvimos, as coisas melhoram na família (v.15).

Arthur Jackson

7 DE JULHO

Servindo ao menor

Leitura: Mateus 25:31-40

*E o Rei dirá: 'Eu lhes digo
a verdade: quando fizeram isso ao menor destes
meus irmãos, foi a mim que o fizeram'.*
MATEUS 25:40

Seu nome é José. Mas todo mundo o chama de "Zé". Ele foi campeão estadual de atletismo no jogos escolares; frequentou uma universidade de prestígio com bolsa de estudos integral. Hoje, esse respeitado engenheiro químico mora numa das maiores cidades dos EUA. Mas se você lhe perguntasse quais as suas maiores realizações até o momento, ele não mencionaria seus méritos. José contaria com entusiasmo sobre as viagens que ele faz à Nicarágua, de tempos em tempos, para verificar como estão as crianças e os professores do programa de reforço escolar que ele ajudou a estabelecer numa das áreas mais pobres do país. E lhe diria como sua vida foi enriquecida por servi-los.

Muitos usam a expressão "ao menor destes" de várias maneiras, mas Jesus a usou para descrever aqueles que, de acordo com os padrões do mundo, pouco ou nada têm a nos oferecer em troca do nosso serviço. São homens, mulheres e crianças que o mundo muitas vezes ignora ou os esquece completamente. No entanto, são exatamente os que Jesus eleva a um status tão belo ao dizer: "quando fizeram isso ao menor destes [...], foi a mim que o fizeram" (Mateus 25:40). Você não precisa ter tanta titulação para compreender o que Cristo quis dizer: servir "ao menor destes" é o mesmo que servi-lo. Para isso, é realmente necessário termos o coração pronto a servir.

John Blase

8 DE JULHO

Papai no dentista

Leitura: Mateus 26:36-39

...afasta de mim este cálice. Contudo,
que seja feita a tua vontade, e não a minha.
MATEUS 26:39

Jamais esperava ter uma lição profunda sobre o coração do Pai, no consultório do dentista, mas aprendi. Eu tinha ido acompanhar o meu filho de 10 anos, que tinha um dente permanente nascendo sob o seu dente de leite, que precisava ser extraído. Não havia outro jeito.

Aos prantos, ele implorou: "Pai, por favor, não tem outro jeito? Não podemos esperar? Não quero que arranquem o meu dente!". Respondi com o coração estraçalhado: "Precisa ser extraído, filho. Não tem outro jeito". E, com lágrimas nos meus olhos, segurei a mão dele enquanto ele se contorcia, e o dentista extraía o rebelde molar. Não consegui livrá-lo da dor; o melhor que pude fazer foi permanecer ao lado dele.

Naquela hora, lembrei-me de Jesus no jardim do Getsêmani, pedindo ao Pai que pudesse haver outro jeito. O coração do Pai deve ter ficado estraçalhado ao ver o Filho amado em tamanha angústia! Mas não havia outro jeito de salvar o Seu povo.

Em nossa vida, às vezes enfrentamos momentos de dor que são inevitáveis, assim como o que o meu filho precisou enfrentar. Mas, pela obra de Jesus por nós e por intermédio do Seu Espírito, até nos momentos mais difíceis, o nosso Pai celestial está sempre conosco (Mateus 28:20).

Adam Holz

9 DE JULHO

Dia de lavar as roupas

Mateus 28:16-20

*Portanto, vão e façam
discípulos de todas as nações...*
MATEUS 28:19

Dirigindo por uma área de baixa renda perto de sua comunidade, o pastor da igreja local começou a orar por seus "vizinhos". Ao passar por uma pequena lavanderia, ele parou e deu uma olhada no interior do local repleto de clientes. Um deles pediu-lhe uma moeda para poder acionar a secadora. Esse pequeno pedido inspirou o "Dia da Lavanderia" que foi então patrocinado semanalmente pela igreja desse pastor. Os membros doam moedas e sabão para uso na lavanderia, oram com os clientes e apoiam o proprietário do estabelecimento.

Esse alcance evangelístico na comunidade, que se atreve a incluir até uma lavanderia comunitária, reflete a grande comissão de Jesus aos Seus discípulos. "Jesus se aproximou deles e disse: 'Toda a autoridade no céu e na terra me foi dada. Portanto, vão e façam discípulos de todas as nações, batizando-os em nome do Pai, do Filho e do Espírito Santo'" (Mateus 28:18-19).

A poderosa presença do Seu Espírito Santo possibilita a proclamação do evangelho "em toda parte", incluindo até mesmo numa lavanderia comunitária. Na verdade, não vamos sozinhos. Jesus prometeu: "estou sempre com vocês, até o fim dos tempos" (v.20).

Esse pastor experimentou o cumprimento dessa promessa de Jesus após orar por um cliente que está lutando contra o câncer; e ele relata: "Ao abrirmos os olhos, todos os clientes estavam orando e com as mãos estendidas em direção ao enfermo. Foi um dos momentos mais sagrados que experimentei como pastor".

A lição? Sigamos em frente proclamando Cristo em todos os lugares.

Patricia Raybon

MARCOS

Sem qualquer menção à natividade, Marcos mergulha diretamente na ação, a começar pelo precursor de Jesus, João Batista. Lemos sobre o batismo de Jesus e Sua superação à tentação no deserto. A narrativa continua com Jesus escolhendo os Seus primeiros discípulos e partindo com eles para Cafarnaum. Mal recuperamos o fôlego, e logo lemos sobre o Messias expulsando um demônio e curando os doentes e os possuídos por espíritos imundos. Jesus faz um breve intervalo de oração e, em seguida, vemos mais curas. Marcos revela as ações do Salvador com vertiginosa rapidez. Jesus separa um momento para ensinar junto ao mar da Galileia antes de partir para curar e alimentar o povo. Em Marcos, obtemos uma versão condensada do texto bem mais extenso de Mateus ao mesmo tempo em que obtemos alguns novos detalhes que não estavam no livro anterior.

ESBOÇO

O ministério de Jesus, MARCOS 1–8:30
Os ensinamentos de Jesus, MARCOS 8:31–10:45
O sacrifício de Jesus, MARCOS 10:46–16:20

10 DE JULHO

Junte-se à equipe de rua

Leitura: Marcos 2:13-17

*Não vim para chamar
os justos, mas sim os pecadores.*
MARCOS 2:17

Os agentes de saúde de certa cidade levam os cuidados médicos às ruas. O objetivo deles é suprir remédios às pessoas em situação de rua e adictas às drogas. O programa começou para suprir o crescente número de desabrigados que usam drogas injetáveis. O habitual é os médicos esperarem que os pacientes compareçam à clínica. Ao levar os cuidados médicos aos afligidos, os agentes libertam os doentes dos desafios do transporte ou da necessidade de lembrar-se da consulta.

A disponibilidade dos profissionais de saúde para irem a quem precisa de cuidados me lembra a maneira como Jesus nos alcança em nossa necessidade. Em Seu ministério, Jesus procurou aqueles que a elite religiosa tinha sido rápida em ignorar: Ele comeu com "cobradores de impostos e pecadores" (v.16). Quando lhe perguntaram o motivo de fazer isso, Jesus respondeu: "As pessoas saudáveis não precisam de médico, mas sim os doentes" (v.17). Ele prosseguiu dizendo que a Sua intenção era chamar os pecadores, não os justos, para se relacionarem com Ele.

Quando percebemos que todos nós estamos "doentes" e necessitados de um médico (Romanos 3:10), podemos apreciar melhor a disposição de Jesus em comer com os "cobradores de impostos e pecadores", nós inclusive. Por sua vez, como esses agentes de saúde, Jesus nos designou como Sua "equipe de rua" para levar a Sua mensagem salvífica aos necessitados.

Kirsten Holmberg

11 DE JULHO

Espaço para mim

Leitura: Marcos 3:13-19

Depois, Jesus subiu a um monte e chamou aqueles que ele desejava que o acompanhassem, e eles foram.
MARCOS 3:13

Ele era um veterano militar idoso, áspero e de fala rude. Certo dia, um amigo se importou o suficiente com ele e lhe questionou sobre as suas crenças espirituais. A resposta arrogante foi imediata: "Deus não tem espaço para alguém como eu".

Talvez isso tenha sido parte de sua atitude de "durão", mas suas palavras não poderiam estar mais longe da verdade! Deus abre espaço especialmente para que os ásperos, cheios de culpa e excluídos pertençam e sejam aceitos em Sua comunidade. Isso foi óbvio desde o início do ministério de Jesus, quando Ele fez escolhas surpreendentes ao chamar Seus discípulos. Primeiro, Jesus escolheu vários pescadores da Galileia, os "mais improváveis" da perspectiva dos que estavam em Jerusalém. Ele também selecionou Mateus, cuja profissão incluía extorquir seus compatriotas oprimidos. E, para completar o cenário, convidou "Simão, o cananeu" (Marcos 3:18).

Não sabemos muito sobre esse Simão (ele não é Simão Pedro), mas sabemos que os zelotes odiavam traidores como Mateus, que enriqueceram por colaborar com os romanos. No entanto, com ironia divina, Jesus escolheu Simão e Mateus, reuniu-os e os incorporou a Sua equipe.

Ninguém é "muito ruim" para Jesus. Afinal de contas, Ele disse: "As pessoas saudáveis não precisam de médico, mas sim os doentes" (Lucas 5:31). Ele tem bastante espaço para casos difíceis, pessoas como você e eu.

Tim Gustafson

12 DE JULHO

Coração do servo

Leitura: Marcos 9:33-37

*Quem quiser ser o primeiro,
que se torne o último e seja servo de todos.*
MARCOS 9:35

Cozinhar, planejar eventos, ser nutricionista ou enfermeira. Essas são apenas algumas das responsabilidades desempenhadas pelas mães contemporâneas. Em 2016, uma pesquisa estimou que as mães provavelmente trabalhavam entre 59 e 96 horas por semana realizando tarefas relacionadas aos filhos.

Não é de admirar que elas estejam sempre exaustas! Ser mãe significa dar muito tempo e energia para cuidar dos filhos, que precisam de muita ajuda para aprender a transitar pelo mundo.

Quando os meus dias são longos e preciso de um lembrete de que cuidar dos outros é uma atividade digna, sinto enorme esperança ao ver Jesus valorizando os que o servem.

No evangelho de Marcos, os discípulos estavam argumentando entre si sobre qual deles seria o maior. Jesus sentou-se calmamente e os lembrou de que: "Quem quiser ser o primeiro, que se torne o último e seja servo de todos" (9:35). Em seguida, Ele segurou uma criança em Seus braços para ilustrar a importância de servir aos outros, especialmente aos mais desamparados entre nós (vv.36-37).

A resposta de Cristo redefine a grandeza em Seu reino. O padrão do Senhor é que tenhamos o coração disposto a cuidar dos outros. E Jesus prometeu que Sua presença estará com aqueles que escolhem servir (v.37).

À medida que houver oportunidades para servir em sua família ou comunidade, encoraje-se por saber que Jesus valoriza o tempo e o esforço que você dedica em serviço aos outros.

Lisa Samra

13 DE JULHO

Pedindo ajuda

Leitura: Marcos 10:46-52

*"O que você quer
que eu lhe faça?", perguntou Jesus.*
MARCOS 10:51

O e-mail dela chegou no fim de um longo dia. Na verdade, nem o abri, porque eu estava trabalhando horas extras para ajudar um membro de minha família que estava seriamente doente. Portanto, eu não tinha tempo para distrações sociais.

Na manhã seguinte, entretanto, ao clicar na mensagem da minha amiga, vi a pergunta: "Posso ajudá-la de algum modo?". Sentindo-me envergonhada, comecei dizendo que não. Depois, inspirei profundamente para dar um tempo e percebi que a pergunta dela me soava familiar — se não divina.

Jesus fez essa mesma pergunta. Ouvindo Bartimeu, um homem carente e portador de deficiência visual, chamá-lo pelo nome na estrada de Jericó, Jesus parou e perguntou-lhe algo parecido. Posso ajudar? Ou: "O que você quer que eu lhe faça?" (Marcos 10:51).

A pergunta é extraordinária. Ela demonstra que o Médico dos médicos, Jesus, deseja nos ajudar. Mas primeiro, somos convidados a admitir que precisamos dele, um passo humilhante. Bartimeu era, de fato, necessitado, pobre, solitário e possivelmente faminto e marginalizado. Mas, desejando uma nova vida, ele simplesmente relatou a Jesus qual era a necessidade mais básica dele: "Rabi, quero enxergar" (v.51).

Para um homem que não conseguia ver, foi um apelo honesto. Jesus o curou imediatamente. Minha amiga buscou tal honestidade da minha parte, e eu lhe prometi que oraria para compreender a minha necessidade básica, e, mais importante ainda, eu seria humilde para lhe dizer o que necessitava. Você sabe qual é a sua necessidade básica hoje? Quando um amigo perguntar, responda-o. Em seguida, eleve a sua súplica ainda mais alto. Leve-a ao Senhor Deus.

Patricia Raybon

14 DE JULHO

Adoração pura

Leitura: Marcos 11:15-18

Meu templo será chamado casa de oração...
MARCOS 11:17

José pastoreava uma igreja conhecida pelos seus programas e produções teatrais muito bem-feitos. No entanto, ele temia que o acúmulo de atividades tivessem se tornado o foco. A igreja crescia pelos motivos certos ou por causa da intensa programação? Ele buscava descobrir a resposta ao seu questionamento, e, por isso, cancelou os eventos extras da igreja por um ano. A congregação se concentraria em ser um templo vivo onde as pessoas adorariam a Deus.

Essa decisão parece extrema, até você ver o que Jesus fez nos pátios exteriores do Templo. O espaço sagrado, que deveria estar cheio de orações sinceras, tinha se transformado numa comoção e comércio de adoração. "Compre as pombas aqui!". E, ainda, "Lírios brancos, como Deus quer!". Jesus derrubou as mesas dos cambistas e interrompeu os compradores. Furioso, o Mestre citou Isaías 56 e Jeremias 7: "'Meu templo será chamado casa de oração para todas as nações', mas vocês o transformaram num esconderijo de ladrões!" (Marcos 11:17).

O espaço dos gentios, o lugar para os forasteiros tinha sido transformado num simples mercado para se angariar dinheiro.

Não há nada de errado em negociar ou em se manter ocupado, mas esse não é o objetivo da Igreja. Somos o templo vivo do Senhor e nossa principal tarefa é adorar a Jesus. Talvez não precisemos virar as mesas como Jesus o fez, mas talvez o Senhor esteja nos chamando para fazer algo igualmente drástico.

Mike Wittmer

15 DE JULHO

Orações bloqueadas

Leitura: Marcos 11:20-25

Quando estiverem orando, se tiverem alguma coisa contra alguém, perdoem-no, para que seu Pai no céu também perdoe seus pecados.
MARCOS 11:25

Por 14 anos, a sonda espacial *Opportunity* (2004) enviada a Marte comunicou-se com o Laboratório da NASA. Ela percorreu mais de 45 quilômetros da superfície marciana, registrou milhares de imagens e analisou muitos materiais. Contudo, em 2018, a comunicação entre a sonda e os cientistas terminou após uma grande tempestade de poeira cobrir seus painéis solares e comprometer a energia da sonda.

Será que permitimos que o "pó" bloqueie a nossa comunicação com Alguém fora deste mundo? Quando se refere à oração, comunicação com Deus, há certas coisas que podem atrapalhar esse diálogo.

As Escrituras afirmam que o pecado pode bloquear o nosso relacionamento com Deus. O salmista diz: "Se eu não tivesse confessado o pecado em meu coração, o Senhor não teria ouvido" (Salmo 66:18). Jesus nos ensina: "Quando estiverem orando, se tiverem alguma coisa contra alguém, perdoem-no, para que seu Pai no céu também perdoe seus pecados" (Marcos 11:25). A nossa comunicação com Deus também pode ser prejudicada pelas dúvidas e problemas de relacionamento (Tiago 1:5-7; 1 Pedro 3:7).

O bloqueio da sonda parece ser permanente, mas as nossas orações não precisam permanecer bloqueadas. Pela atuação do Seu Espírito Santo, Deus nos atrai com amor para restaurar a nossa comunicação com Ele. À medida que confessamos os nossos pecados e voltamo-nos para Deus, experimentamos, por Sua graça, a maior comunicação que o Universo já conheceu: a oração face a face entre nós e nosso santo Deus.

Dave Branon

16 DE JULHO

Ela fez o que podia

Leitura: Marcos 14:3-9

*Ela fez o que podia e ungiu
meu corpo de antemão para o sepultamento.*
MARCOS 14:8

Ela colocou tudo o que havia comprado para o aniversário da filha sobre a esteira rolante ao lado do caixa do supermercado. Em seguida, colocou uma caixa de bolinhos individuais, o cartão, salgadinhos e guloseimas. Seu cabelo estava desalinhado, coroando o seu rosto cansado. A sua criança implorava por atenção. A balconista anunciou o total das compras, e a mãe decepcionada suspirou e disse: "Bom, acho que vou precisar devolver algumas coisas, mesmo sendo para a festa dela", e olhou com tristeza para a sua criança.

Na fila, atrás dela, outra cliente reconheceu a dor dessa mãe. Essa cena é familiar nas palavras de Jesus para Maria de Betânia: "Ela fez o que podia" (Marcos 14:8). Depois de ungi-lo com uma cara garrafa de nardo, antes da morte e sepultamento de Jesus, ela foi ridicularizada pelos discípulos. Jesus os corrigiu e celebrou o que Maria havia feito. Ele não disse: "Ela fez tudo o que podia", mas sim, "Ela fez o que podia". Para Jesus, a questão não era o alto custo do perfume. O que importava era o fato de Maria praticar o amor. O relacionamento com Jesus demanda uma reação.

Naquele momento, antes que a mãe pudesse protestar, a cliente seguinte na fila se inclinou e inseriu seu cartão de crédito no leitor da máquina de cartões, pagando pela compra. Não era uma grande despesa e, naquele mês, ela tinha o dinheiro extra. Mas para aquela mãe, era tudo. Um gesto de puro amor derramado num momento de sua necessidade.

Elisa Morgan

17 DE JULHO

Meu Pai está comigo

Leitura: Marcos 14:32-50

...vocês serão espalhados; cada um seguirá seu caminho e me deixará sozinho. Mas não ficarei sozinho, porque o Pai está comigo.
JOÃO 16:32

Uma amiga que luta contra a solidão postou estas palavras em sua mídia social: "Não é que eu me sinta sozinha porque não tenho amigos. Tenho muitos amigos. Sei que tenho pessoas que podem me abraçar, tranquilizar, falar comigo, cuidar de mim e pensar em mim. Mas elas não podem ficar comigo sempre e por todo o tempo.

Jesus entende esse tipo de solidão. Imagino que durante o Seu ministério terreno Ele viu a solidão nos olhos das pessoas leprosas e a ouviu nas vozes das pessoas com deficiência visual. Mas, acima de tudo, Ele deve ter experimentado a solidão quando os Seus amigos mais próximos o abandonaram (Marcos 14:50).

No entanto, assim como Ele anunciou antecipadamente a deserção dos discípulos, Jesus também confessou Sua confiança inabalável na presença de Seu Pai. Ele disse aos Seus discípulos: "vocês serão espalhados; cada um seguirá seu caminho e me deixará sozinho. Mas não ficarei sozinho, porque o Pai está comigo" (João 16:32). Pouco depois de Jesus ter dito essas palavras, Ele tomou a cruz para que nós pudéssemos nos tornar parte da Sua família.

Como seres humanos, todos nós passaremos por momentos de solidão. Mas Jesus nos ajuda a compreender que temos sempre a presença do Pai conosco. Deus é onipresente e eterno. Só Ele pode estar conosco o tempo todo, para todo o sempre.

Poh Fang Chia

LUCAS

O relato de Lucas sobre a vida de Jesus permite que sigamos cronologicamente as informações essenciais e necessárias para conhecer sobre a vida do nosso Salvador. Lucas cria uma bela narrativa sobre a vinda do Messias à Terra, começando com a história do precursor de Jesus, João Batista, e prosseguindo com os detalhes essenciais sobre a encarnação de Jesus.

ESBOÇO

Introdução à vida de Jesus, o Filho do Homem, LUCAS 1:1-4:13
O ministério e os ensinos de Jesus, LUCAS 4:14-19:27
A morte e ressurreição de Jesus, LUCAS 19:28-24:53

18 DE JULHO

Aguardando com esperança

Leitura: Lucas 2:25-35

*Simeão [...] era justo e devoto,
e esperava ansiosamente pela restauração de Israel.
O Espírito Santo estava sobre ele.*
LUCAS 2:25

No filme *Sempre ao seu lado* (2009), um professor universitário fez amizade com Hachi, um cão da raça Akita que se encontrava perdido. Todos os dias, o cachorro demonstrava sua lealdade esperando na estação de trem até o professor voltar do trabalho dele. Um dia, o professor sofreu um derrame fatal. Hachi o esperou por horas na estação de trem, e nos dez anos seguintes voltou todos os dias e aguardou o seu querido mestre.

O evangelista Lucas relata a história de um homem chamado Simeão que também esperou pacientemente a vinda do Seu Mestre (Lucas 2:25). O Espírito Santo revelou a Simeão que ele não morreria enquanto não visse o Messias (v.26). E Simeão esperou ansiosamente Aquele que traria "salvação" para "todos os povos" (v.30). Quando Maria e José entraram no Templo com Jesus, o Espírito Santo sussurrou a Simeão que aquele bebê era o Escolhido! A espera finalmente acabara! Simeão segurou Jesus Cristo em seus braços: a esperança, a salvação e o conforto "às nações" (vv.28-32).

Se estivermos em um tempo de espera, que possamos ouvir as palavras do profeta Isaías com nova compreensão: "Mas os que confiam no SENHOR renovam suas forças; voam alto, como águias. Correm e não se cansam, caminham e não desfalecem" (Isaías 40:31). Enquanto aguardamos a volta de Jesus, Ele nos concede a esperança e a força de que precisamos para cada novo dia.

Marvin Williams

19 DE JULHO

Tocado pela graça

Leitura: Lucas 6:27-36

*...amem os seus inimigos,
façam o bem a quem os odeia.*
LUCAS 6:27

No romance de Leif Enger *Paz como um rio*, (Ed. Difel, 2003), Jeremias Land é um pai solo e responsável por seus três filhos. Ele trabalha como o zelador na escola local. É homem de fé profunda, por vezes milagrosa, a qual é frequentemente testada ao longo do livro.

A escola é dirigida por Chester Holden, um homem mesquinho que tem uma doença de pele. Apesar da excelente ética de trabalho de Jeremias, que limpa o vazamento de esgoto sem reclamar e junta os pedaços de garrafas que Holden quebrou, o diretor o quer demitir. Um dia, na frente de todos os alunos, numa cena humilhante, o diretor o acusa de embriaguez e o demite.

Como Jeremias reage? Ele poderia entrar na justiça trabalhista ou ele mesmo fazer acusações contra o diretor. Poderia fugir, aceitando a injustiça. Pense por um momento sobre qual seria a sua atitude.

Jesus diz: "amem os seus inimigos, façam o bem a quem os odeia, abençoem quem os amaldiçoa, orem por quem os maltrata" (Lucas 6:27-28). Essas palavras desafiadoras não pretendem desculpar o mal nem impedir a busca por justiça. Ao contrário, elas nos convocam a imitar a Deus (v.36), fazendo-nos uma pergunta profunda: Como posso ajudar meu inimigo a se tornar tudo o que Deus quer que ele ou ela seja?

Por um breve momento, Jeremias olha para Holden, chega até ele e toca em seu rosto. Ele recua defensivamente e, logo em seguida, sente-se maravilhado porque percebe que a doença de sua pele foi curada.

Um inimigo tocado pela graça.

Sheridan Voysey

20 DE JULHO

O homem bondoso

Leitura: Lucas 7:11-17

*Quando o Senhor a viu,
sentiu profunda compaixão por ela.*
LUCAS 7:13

Desiludido e querendo uma vida mais significativa, Leo deixou o seu emprego em finanças. Certo dia, ele viu um homem em situação de rua segurando uma placa na esquina que dizia: A BONDADE É O MELHOR REMÉDIO; então disse: "Essas palavras me atingiram diretamente. Foi uma epifania".

Leo decidiu começar sua nova vida criando uma organização internacional para promover a bondade. Ele viaja ao redor do mundo, contando com estranhos para lhe proverem alimento, gasolina e um lugar para ficar. Em seguida, ele os recompensa por meio de sua organização com boas ações como alimentar órfãos ou construir uma escola para crianças carentes. Ele diz: "Muitas vezes isso é visto como sinônimo de fraqueza, porém a bondade é sinônimo de profunda força".

A genuína essência de Cristo como Deus é a bondade, de modo que a bondade fluiu dele naturalmente. Gosto muito do relato sobre o que Jesus fez quando deparou-se com "o enterro do único filho de uma viúva" (Lucas 7:11-17). A mulher enlutada provavelmente dependia do filho para obter o sustento financeiro. Não lemos nessa história que alguém tenha pedido a Jesus para intervir. Pela Sua natureza de "profunda compaixão" (v.13), Jesus estava preocupado e trouxe o filho da viúva de volta à vida. A multidão que louvava a Deus, dizia: "Hoje Deus visitou seu povo!" (v.16).

Anne Cetas

21 DE JULHO

Confiando na oração

Leitura: Lucas 11:5-13

*Vocês que são pais,
respondam: Se seu filho lhe pedir um peixe,
você lhe dará uma cobra?*
LUCAS 11:11

Depois de anos de tentativas, Ricardo e Susan alegraram-se muito quando ela finalmente engravidou. Como os problemas de saúde dela representavam riscos ao bebê, Ricardo orava muito durante as horas da noite pelo bem-estar de sua esposa e bebê. Certa noite, ele sentiu que não precisava orar tanto, pois Deus tinha prometido cuidar dos detalhes. No entanto, uma semana mais tarde, Susan sofreu um aborto. Ricardo se sentiu devastado e questionou-se: *Será que eles tinham perdido o bebê porque ele não tinha perseverado o suficiente em oração?*

Numa primeira leitura, poderíamos pensar que a parábola de hoje sugere bem isso. Nessa história, um amigo (talvez representando Deus) só sai da cama para ajudar o outro por causa da persistência irritante deste (Lucas 11:5-8). Lida dessa forma, a parábola sugere que Deus só nos dará o que precisamos se persistirmos. E, se não orarmos com insistência suficiente, talvez Ele não nos ajude.

Mas comentaristas bíblicos como Klyne Snodgrass acreditam que pensar assim significa interpretar mal a parábola. O ponto de vista dele sugere que, se os amigos podem nos ajudar por razões egoístas, quanto mais o nosso Pai que é altruísta. Portanto, oremos com confiança (vv.9-10), sabendo que Deus é maior do que os seres humanos imperfeitos (vv.11-13). Deus não é como o amigo desta parábola, Ele é exatamente o oposto disso.

"Não sei porque você perdeu o seu bebê," eu disse ao Ricardo, "mas sei que não foi por falta de 'perseverar' o suficiente em oração". Deus não age assim.

Sheridan Voysey

22 DE JULHO

Vidas inestimáveis em Cristo

Leitura: Lucas 15:8-10

...há alegria na presença dos anjos de Deus quando um único pecador se arrepende.
LUCAS 15:10

Lágrimas escorriam por minha face durante a busca frenética pela minha aliança de casamento e pelo anel de aniversário que estavam perdidos. Depois de passarmos uma hora procurando entre as almofadas do sofá e vasculhando todos os cantos e recantos da nossa casa, meu marido disse: "Lamento. Vamos substituí-los".

Eu lhe respondi: "Obrigada, mas o valor sentimental ultrapassa o material e são insubstituíveis". Continuei orando e pedindo: "Por favor, Deus, ajuda-me a encontrá-los!".

Mais tarde, encontrei as minhas joias inestimáveis no bolso de uma blusa usada no início da semana e agradeci: "Obrigada, Jesus!". Enquanto nos regozijávamos, coloquei minhas alianças e recordei a parábola da mulher que perdera uma moeda (Lucas 15:8-10). Tal como a mulher que procurou a sua moeda de prata perdida, eu reconhecia o valor do que havia sido perdido. Nenhuma de nós estava errada por querer encontrar os nossos bens. Jesus simplesmente usou essa história para enfatizar o Seu desejo de salvar cada pessoa que Ele criou. O arrependimento de um pecador causa grande celebração no Céu.

Que dádiva seria se nos tornássemos uma pessoa que ora tão apaixonadamente pelos outros com a mesma veemência que oramos para encontrar os tesouros perdidos. Que privilégio é celebrar quando alguém se arrepende e entrega a sua vida a Cristo. Se já colocamos a nossa fé em Jesus, podemos ser gratos por termos experimentado a alegria de sermos amados por Alguém que nunca desistiu, porque Ele estava certo de que valia a pena nos encontrar.

Xochitl Dixon

23 DE JULHO

Visão invisível

Leitura: Lucas 16:19-31

*Se eles não ouvem Moisés
e os profetas, não se convencerão, mesmo
que alguém ressuscite dos mortos.*
LUCAS 16:31

Depois que Yuri Gagarin se tornou o primeiro homem a atingir o espaço, ele saltou de paraquedas na zona rural da Rússia. Uma agricultora avistou o cosmonauta vestido de laranja, com seu capacete e arrastando dois paraquedas. "Será que você veio do espaço sideral?" ela perguntou surpresa. "Na verdade, sim", disse ele.

Infelizmente, os líderes soviéticos transformaram o voo histórico em propaganda antirreligiosa. "Gagarin foi para o espaço, mas não viu nenhum deus lá", declarou o primeiro-ministro, sem jamais o astronauta ter dito isso. Naquela ocasião, o escritor C. S. Lewis observou: "Aqueles que não encontram [Deus] na Terra dificilmente o encontrarão no espaço".

Jesus nos advertiu sobre ignorarmos a Deus nesta vida. Ele contou a história de dois homens que morreram: o homem rico que não tinha tempo para Deus, e Lázaro, homem pobre porém rico na fé (Lucas 16:19-31). Em tormento, o homem rico implorou a Abraão por seus irmãos ainda na Terra. "...mande Lázaro", implorou a Abraão. "...se alguém dentre os mortos lhes fosse enviado, eles se arrependeriam!" (vv.27,30). Abraão foi direto ao centro da questão: "Se eles não ouvem Moisés e os profetas, não se convencerão, mesmo que alguém ressuscite dos mortos" (v.31).

"Ver é nunca acreditar", escreveu Oswald Chambers. "Interpretamos o que vemos à luz do que cremos."

Tim Gustafson

24 DE JULHO

Estendendo misericórdia

Leitura: Lucas 17:1-5

Se um irmão pecar, repreenda-o e,
se ele se arrepender, perdoe-o.
LUCAS 17:3

Ao refletir sobre como ela perdoou Manassés, o assassino do seu marido e de alguns de seus filhos no genocídio de Ruanda, Beata disse: "O meu perdão se baseia no que Jesus fez. Jesus recebeu a punição por cada ato maligno ao longo de todos os tempos. Sua cruz é o lugar onde encontramos a vitória, o único lugar!". Mais de uma vez, Manassés lhe escrevera da prisão relatando os pesadelos regulares que o atormentavam e implorando o perdão dela, e de Deus. No início, ela não pôde lhe estender a misericórdia, dizendo que o odiava por ter matado sua família. Mas então "Jesus agiu em seu coração e seu pensar" e, com a ajuda divina, cerca de dois anos depois, ela o perdoou.

Tendo perdoado Manassés, Beata seguiu a instrução de Jesus aos Seus discípulos para perdoar os que se arrependem. Jesus ensinou que, mesmo se alguém pecar contra você "sete vezes por dia" e, a cada vez, se arrepender e pedir perdão, perdoe-o (Lucas 17:4). Mas perdoar pode ser extremamente difícil, como é possível concluirmos pela reação dos discípulos: "Faça nossa fé crescer!" (v.5).

Enquanto Beata lutava em oração por sua incapacidade de perdoar, a sua fé "aumentou". Se, como ela, estamos lutando para perdoar, peçamos a Deus por meio de Seu Espírito Santo que nos ajude a fazer isso. À medida que a nossa fé cresce, Ele nos ajuda a perdoar.

Amy Boucher Pye

25 DE JULHO

Nas bordas da multidão

Leitura: Lucas 19:1-10

*Porque o Filho do Homem
veio buscar e salvar os perdidos.*
LUCAS 19:10

Precisei ficar na ponta dos pés no meio da multidão para ver as acrobacias de tirar o fôlego que os pilotos de motocicletas faziam numa demonstração de perícia,. Ao olhar ao redor, vi três crianças empoleiradas numa árvore próxima, aparentemente porque também não conseguiam chegar à frente da multidão para ver o show.

Observando-as no alto, não pude deixar de lembrar de Zaqueu, que Lucas identifica como "chefe dos cobradores de impostos" (Lucas 19:2). Os judeus viam os coletores de impostos como traidores por trabalharem para o governo romano coletando impostos de outros israelitas, além de frequentemente exigirem dinheiro adicional para cobrir suas contas bancárias pessoais. Portanto, Zaqueu provavelmente era marginalizado por sua comunidade.

Quando Jesus passou por Jericó, Zaqueu desejava vê-lo, mas não conseguia olhar por cima da multidão. Então, talvez sentindo-se desesperado e sozinho, subiu numa figueira brava para vislumbrá-lo (vv.3-4). E foi lá, nos arredores da multidão, que Jesus o procurou e anunciou Sua intenção de se hospedar na casa dele (v.5).

A história de Zaqueu nos lembra de que Jesus "veio buscar e salvar os perdidos", oferecendo-lhes Sua amizade e a dádiva da salvação (vv.9-10). Mesmo que nos sintamos à margem de nossas comunidades, empurrados para "longe da multidão", podemos estar certos de que, mesmo estando em tal situação, Jesus nos encontra.

Lisa Samra

26 DE JULHO

Mais forte do que o ódio

Leitura: Lucas 23:32-34,44-46

Jesus disse: "Pai, perdoa-lhes, pois não sabem o que fazem".
LUCAS 23:34

Menos de 24 horas após a morte trágica de sua mãe, Chris se viu proferindo estas poderosas palavras cheias de misericórdia: "O amor é mais forte do que o ódio". Sua mãe e mais oito pessoas tinham sido assassinadas enquanto participavam de um estudo bíblico de quarta-feira à noite em Charleston, Carolina do Sul, EUA. O que havia moldado tanto a vida do jovem Chris a ponto de permitir que essas palavras fluíssem dos seus lábios e do seu coração? Ele segue Jesus e sua mãe tinha amado aos outros de todo o seu coração.

Em Lucas 23:26-49, somos espectadores na primeira fila de uma cena de execução que incluiu dois criminosos e o inocente Jesus (v.32). Os três foram crucificados (v.33). Entre os suspiros e os prováveis gemidos daqueles que foram pendurados nas cruzes, Jesus proferiu as seguintes palavras: "Pai, perdoa-lhes, pois não sabem o que fazem" (v.34). A iniciativa cheia de ódio dos líderes religiosos tinha resultado na crucificação do Único que defendia o amor. Embora Ele estivesse agonizando, o amor de Jesus continuou a triunfar.

De que maneira você ou alguém que você ama já foi o alvo de ódio, má vontade, amargura ou falta de amor-próprio? Que a sua dor inspire as suas orações, e que o exemplo de Jesus e de pessoas como Chris o encorajem, pelo poder do Espírito, a escolher o amor em vez do ódio.

Arthur Jackson

JOÃO

O evangelho de João é o registro de alguém que conheceu Jesus de maneira pessoal. Alguns já sugeriram que eles eram primos e podem até ter crescido conhecendo-se um ao outro. Mas o fato mais importante que João reconheceu sobre Jesus, e deixou claro no seu livro, foi a Sua divindade. Imagine o que seria para você perceber que o seu melhor amigo não era apenas um homem — era o próprio Deus encarnado! Assim, no final dos seus dias, enquanto servia à igreja que o apóstolo Paulo começara em Éfeso, João sentou-se para escrever a história de Jesus. Ele viu que na recém-nascida Igreja cristã havia um fosso crescente entre esta nova fé e o judaísmo tradicional. Portanto, sob a orientação do Espírito Santo, João procurou fazer as pessoas reconhecerem que Jesus era Deus, que Jesus era o Redentor e que a vida abundante estava disponível para todos os que cressem nele. João fez isso ao selecionar os milagres e histórias sobre Jesus que melhor ajudariam as pessoas a crer no Senhor. Afinal, ele tinha muito material para escolher (veja João 21:25).

ESBOÇO

Jesus: A Palavra se fez carne, JOÃO 1:1-18
Jesus é apresentado ao povo, JOÃO 1:19-4:54
Oposição ao ministério de Jesus, JOÃO 5:1-12:50
Jesus se prepara para a Sua morte, JOÃO 13:1-17:26
Jesus: crucificação, sepultamento e ressureição, JOÃO 18:1-21:25

27 DE JULHO

Aquele que compreende

Leitura: João 1:1-18

*Assim, a Palavra se tornou ser humano,
carne e osso, e habitou entre nós [...] E vimos sua glória...*
JOÃO 1:14

O capelão da polícia e dos departamentos de bombeiros em sua comunidade, afastou-se do trabalho durante o seu período sabático por 22 semanas para participar de treinamentos na Academia de Polícia. Queria entender melhor as situações que os agentes enfrentam para a aplicação da lei. Ao investir esse tempo com os cadetes e aprender sobre os intensos desafios dessas profissões, ele obteve um novo sentido sobre o significado da humildade e empatia. No futuro, ele espera ser mais eficiente ao aconselhar os policiais que lutam com tanto estresse emocional, fadigas e perdas.

Sabemos que Deus entende as situações que enfrentamos porque Ele nos criou e vê tudo o que nos acontece. Sabemos também que Ele entende, uma vez que esteve na Terra e viveu como um de nós. Ele "se tornou ser humano, carne e osso, e habitou entre nós" na pessoa de Jesus Cristo (v.14).

A vida terrena de Jesus incluiu uma ampla gama de dificuldades. Ele sentiu o calor abrasador do sol, a dor do estômago vazio e a incerteza da falta de moradia. Emocionalmente, Ele suportou a tensão gerada por desentendimentos, o ardor da traição e a contínua ameaça da violência.

Jesus experimentou as alegrias da amizade e do amor familiar, tanto quanto os piores problemas que enfrentamos nesta Terra. Ele oferece esperança. Ele é o Maravilhoso Conselheiro que ouve atento e pacientemente nossas preocupações com conhecimento e cuidado (Isaías 9:6). Ele é o Único que pode dizer: "Passei por isso. Eu compreendo."

Jennifer Benson Schuldt

28 DE JULHO

Água onde precisamos

Leitura: João 4:7-14

*...mas quem bebe da água
que eu dou nunca mais terá sede.*
JOÃO 4:14

O Lago Baikal contém 20% de toda a água doce da Terra e é considerado o mais profundo, vasto e magnífico do mundo. Ele tem mais de 1.600 m de profundidade e 636 km de comprimento por 79 km de largura. Contém um quinto de toda a água potável de superfície do mundo. Mas a água é quase inacessível, pois o lago está na Sibéria, numa das áreas mais remotas da Rússia. Com a água tão desesperadamente necessária em grande parte do nosso planeta, é irônico que esse vasto suprimento hídrico esteja guardado num lugar onde poucas pessoas podem acessá-lo.

Embora o Lago Baikal seja tão distante, há uma fonte de água viva e infinita disponível e acessível àqueles que mais precisam. Quando Jesus aproximou-se de um poço em Samaria, Ele iniciou uma conversa com uma mulher, esquadrinhando os limites de sua profunda sede espiritual. Qual era a solução para as necessidades dela? O próprio Jesus.

Em contrapartida à agua que ela tinha ido buscar no poço, Jesus ofereceu a ela algo melhor dizendo: "Quem bebe desta água logo terá sede outra vez, mas quem bebe da água que eu dou nunca mais terá sede. Ela se torna uma fonte que brota dentro dele e lhe dá a vida eterna" (João 4:13-14).

Muitas coisas prometem trazer satisfação, mas nunca saciam plenamente o nosso coração sedento. Somente Jesus pode verdadeiramente satisfazer a nossa sede espiritual, e a Sua provisão está disponível para todos, em todos os lugares.

Bill Crowder

29 DE JULHO

A cadeira de Jesus

Leitura: João 8:27-32

*Vocês são verdadeiramente
meus discípulos se permanecerem fiéis
a meus ensinamentos.*
JOÃO 8:31

Quando a minha amiga Margie conheceu Tânia numa reunião de estudo bíblico, percebeu que elas pareciam ter muito pouco em comum. Mesmo assim, Margie aproximou-se dela e aprendeu uma valiosa lição com a sua nova amiga.

Tânia nunca tinha frequentado um estudo bíblico e achou difícil compreender o que as outras mulheres falavam durante o encontro: que Deus comunicava-se com elas, isso era algo que ela jamais tinha experimentado.

Tânia desejava tanto ouvir a voz de Deus que resolveu agir. Mais tarde, relatou à Margie: "Separei uma antiga cadeira de madeira e sempre que estudo a minha Bíblia peço que Jesus se sente nela". Em seguida, Tânia explicou que quando um versículo se sobressaía em sua mente, ela o escrevia em giz naquela cadeira especial: "cadeira de Jesus". Ela a encheu com as mensagens vindas de Deus diretamente da Bíblia.

Margie diz que "a cadeira de Jesus" transformou a vida da Tânia. Ela está crescendo espiritualmente porque as Escrituras estão se tornando pessoalmente verdadeiras para ela.

Quando Jesus falou aos judeus que criam nele disse: "Vocês são verdadeiramente meus discípulos se permanecerem fiéis a meus ensinamentos. Então conhecerão a verdade, e a verdade os libertará" (João 8:31-32). Permaneçamos firmes em Seus ensinamentos, quer isso signifique escrever as Suas palavras numa cadeira, memorizá-las ou a busca por praticá-las. A verdade e a sabedoria das mensagens de Cristo nos ajudam a crescer nele e nos libertam.

Dave Branon

30 DE JULHO

A vida plena

Leitura: João 10:7-15

*O ladrão vem para roubar,
matar e destruir. Eu vim para lhes dar vida,
uma vida plena, que satisfaz.*

JOÃO 10:10

Era o ano de 1918, aproximava-se o final da Primeira Guerra Mundial, e o fotógrafo Eric Enstrom estava montando um portfólio do seu trabalho. Ele queria incluir uma foto que comunicasse a sensação de plenitude num tempo que parecia tão vazio para tantas pessoas. Em sua agora muito amada foto, um senhor idoso e com barba se senta à mesa com a cabeça baixa e as mãos entrelaçadas em oração. Na superfície à sua frente há apenas um livro, óculos, uma tigela de mingau, um pedaço de pão e uma faca. Nada mais, mas também nada menos.

Alguns podem dizer que a fotografia revela escassez. Mas o enfoque do fotógrafo era exatamente o oposto: aqui está uma vida plena, vivida com gratidão, uma que você e eu podemos experimentar também, independentemente de nossas circunstâncias. Jesus anuncia as boas-novas em João 10: "vida [...] que satisfaz" (v.10). Prestamos um grave desserviço às boas-novas quando igualamos a satisfação com tantas coisas. A plenitude da qual Jesus fala não é medida em categorias mundanas como riquezas ou bens imóveis, mas, sim, no coração, mente, alma e força transbordando em gratidão pelo Bom Pastor que sacrificou "sua vida pelas ovelhas" (v.11) e cuida de nós e das nossas necessidades diárias. Essa é a vida plena, desfrutarmos do relacionamento com Deus, e isso é possível para cada um de nós.

John Blase

31 DE JULHO

Bacia de amor

Leitura: João 13:1-17

*Depois, derramou água numa bacia
e começou a lavar os pés de seus discípulos...*
JOÃO 13:5

Muitos anos atrás, na aula de Física, nosso professor nos pediu para dizer-lhe, sem nos virarmos, a cor da parede dos fundos da sala de aula. Ninguém soube responder porque ninguém de nós tinha reparado no detalhe.

Às vezes, perdemos ou negligenciamos certas "coisas ou circunstâncias" da vida, simplesmente porque não conseguimos absorver tudo. Às vezes, não vemos o que sempre esteve ali.

Foi assim comigo quando reli recentemente a descrição de Jesus lavando os pés de Seus discípulos. A história é conhecida, pois é lida com frequência na semana da Páscoa. Ficamos surpresos que o nosso Salvador e Rei se inclinasse para limpar os pés dos Seus discípulos. Nos tempos de Jesus, até os servos judeus eram poupados dessa tarefa, porque isso era visto como algo que os diminuía. Mas eu não tinha notado antes que Jesus, que era homem e Deus, tinha lavado os pés de Judas. Mesmo sabendo que este o trairia, como vemos em João 13:11, ainda assim, Jesus se humilhou e lavou os pés de Judas.

O amor transbordou daquela bacia de água, amor que Ele compartilhou até com aquele que o trairia. Ao refletirmos sobre os acontecimentos que levam à celebração da ressurreição de Jesus, que possamos também receber o dom da humildade, para que tenhamos a capacidade de estender o amor de Jesus aos nossos amigos e a qualquer inimigo.

Amy Boucher Pye

1º DE AGOSTO

Lar, doce lar

Leitura: João 14:1-14

Vou preparar lugar para vocês...
JOÃO 14:2

"Por que temos que deixar a nossa casa e mudar?", meu filho perguntou. É difícil explicar o que é um lar, especialmente para uma criança de 5 anos. Estávamos deixando uma casa para trás, não o nosso lar, pois o lar é onde estão os nossos entes queridos. É o ambiente para onde desejamos voltar depois de uma longa viagem ou de um dia inteiro de trabalho.

Quando Jesus estava no cenáculo, algumas horas antes de morrer, Ele disse aos Seus discípulos: "Não deixem que seu coração fique aflito..." (João 14:1). Os discípulos estavam inseguros sobre o futuro deles, pois Jesus tinha anunciado a Sua morte. Mas Jesus os assegurou de Sua presença, e lembrou-lhes de que eles o veriam novamente. Jesus lhes disse: "Na casa de meu Pai há muitas moradas. [...] Vou preparar lugar para vocês..." (v.2). Ele poderia ter usado outras palavras para descrever o Céu. Entretanto, Jesus escolheu descrever o lar eterno, não como um lugar desconfortável ou estranho, mas como um lugar onde Jesus, nosso Amado, estaria.

O autor C. S. Lewis escreveu: "Nosso Pai nos revigora durante a jornada com algumas pousadas agradáveis, mas Ele não irá nos encorajar a confundi-las com o lar". Podemos agradecer a Deus pelas "pousadas agradáveis" da vida, mas lembremo-nos de que o nosso verdadeiro lar está no Céu, onde "estaremos com o Senhor para sempre" (1 Tessalonicenses 4:17).

Keila Ochoa

2 DE AGOSTO

Deixe a seiva fluir

Leitura: João 15:5-8

Sim, eu sou a videira; vocês são os ramos. Quem permanece em mim, e eu nele, produz muito fruto. JOÃO 15:5

Aquele objeto custava uma pechincha na loja de conveniências. A tal luminária parecia perfeita para o meu escritório em casa: a cor, o tamanho e o preço certos. Em casa, no entanto, quando liguei o cabo, nada aconteceu. Sem luz. Sem utilidade. Nada!

"Não tem problema", meu marido me garantiu. "Posso consertar isso facilmente!". Ele desmontou o abajur e viu o problema na hora. O plug não estava conectado a nada. Sem fiação para uma fonte de energia, a linda e "perfeita" luminária era inútil.

Isso também é válido para nós. Jesus disse aos Seus discípulos: "Sim, eu sou a videira; vocês são os ramos. Quem permanece em mim, e eu nele, produz muito fruto". No entanto, Ele acrescentou: "sem mim, vocês não podem fazer coisa alguma" (João 15:5).

Esse ensinamento foi dado numa região de vinhedos; portanto, Seus discípulos compreenderam-no prontamente. As videiras são plantas resistentes cujos galhos toleram podas rigorosas. No entanto, os galhos são inúteis se forem cortados de sua fonte de vida. O mesmo acontece conosco.

Quando permanecemos em Jesus e deixamos que as palavras dele habitem em nós, conectamo-nos à nossa fonte de vida, o próprio Cristo. "Quando vocês produzem muitos frutos, trazem grande glória a meu Pai e demonstram que são meus discípulos de verdade" (v.8). Porém, para obtermos um resultado tão frutífero, precisamos de nutrição diária. Deus a fornece livremente por meio das Escrituras e do Seu amor. Então conecte-se a Cristo e deixe a seiva fluir!

Patricia Raybon

3 DE AGOSTO

Alguém está cantando?
Leitura: João 17:20-26

...tolerando pacientemente uns aos outros em amor. Façam todo o possível para se manterem unidos no Espírito, ligados pelo vínculo da paz. EFÉSIOS 4:2-3

Mais de 320 km acima da Terra, Chris Hadfield, astronauta canadense e comandante da Estação Espacial Internacional, cantou uma música com um grupo de estudantes que estava em um estúdio na Terra. Juntos, eles cantaram: "Há alguém cantando?", coescrita por Hadfield e Ed Robertson.

Uma frase da música chamou a minha atenção: "Você não pode estabelecer fronteiras daqui de cima". Embora nós, humanos, estabeleçamos limites entre nós mesmos: nacionais, étnicos e ideológicos, a canção me relembrou de que Deus não vê tais distinções. O que importa para o Senhor é que nós o amemos e que amemos uns aos outros (Marcos 12:30-31).

Como um pai amoroso, Deus quer a Sua família unida. Não podemos realizar o que Deus tem para nós se recusarmos a nos reconciliarmos uns com os outros. Em Sua mais ardente oração, na noite anterior à crucificação, Jesus clamou a Deus pela união dos Seus seguidores: "...que todos eles sejam um, como nós somos um, como tu estás em mim, Pai, e eu estou em ti. Que eles estejam em nós..." (João 17:21).

O ato de cantar ilustra a unidade à medida que concordamos com a letra, os acordes e os ritmos. O canto também pode promover a unidade, pois nos une em paz, proclama o poder de Deus por meio do louvor e demonstra ao mundo a glória do Senhor.

Julie Ackerman Link

4 DE AGOSTO

A razão para escrever

Leitura: João 20:24-31

Estes, porém, estão registrados para que vocês creiam...
JOÃO 20:31

Saímos do acampamento cantando: "O Senhor é minha torre segura...". Em 7 de setembro de 1943, Etty Hillesum escreveu essas palavras num cartão-postal e o jogou pela janela de um trem. Essas foram as últimas palavras que receberíamos dela. Etty foi assassinada no campo de concentração de Auschwitz, em 30 de novembro do mesmo ano. Seus diários sobre as experiências que teve naquele campo foram traduzidos e publicados. Eles narravam a perspectiva dela sobre os horrores da ocupação nazista, e a beleza do mundo de Deus. Seus escritos foram traduzidos para 67 idiomas. Um tesouro para os leitores crerem tanto na existência do bem quanto do mal.

O apóstolo João não ignorou as duras realidades da vida de Jesus na Terra. Ele escreveu sobre o bem que Jesus fez e os desafios que enfrentou. As palavras finais de seu evangelho dão uma ideia do propósito nas entrelinhas do seu livro. Jesus realizou "muitos outros sinais além dos que se encontram registrados neste livro" (20:30) por João. Mas estes, escreveu o evangelista, "estão registrados para que vocês creiam". O "diário" de João termina com uma nota de triunfo: "Jesus é o Cristo, o Filho de Deus". A dádiva destas palavras do evangelho nos dão a oportunidade de crermos e de termos "vida pelo poder do Seu nome" (v.31).

Os evangelhos são relatos diários do amor de Deus por nós. São palavras para ler, crer e compartilhar, pois elas nos conduzem à vida. São palavras que nos conduzem a Cristo.

John Blase

5 DE AGOSTO

Sem comparação

Leitura: João 21:17-25

O contentamento dá saúde ao corpo; a inveja é como câncer nos ossos. PROVÉRBIOS 14:30

"Um dia desses vou colocar tudo nas mídias sociais, não só as coisas boas!"

O comentário de minha amiga Sue, que foi feito casualmente durante um almoço com o marido, fez-me pensar e rir alto. As mídias sociais podem ser algo muito bom, ajudam-nos a manter contato e a orar por amigos ao longo dos anos e das distâncias. Mas se não tivermos cuidado, isso também pode criar uma visão fantasiosa da vida. Quando muito do que vemos publicado são "destaques" ou apenas os "bons momentos", podemos pensar que a vida dos outros está sem problemas e nos questionamos onde a nossa vida deu errado.

Comparar-nos com os outros é a receita certa para a infelicidade. Quando os discípulos compararam-se uns aos outros (Lucas 9:46; 22:24), Jesus rapidamente os desencorajou a isso. Logo após a Sua ressurreição, Jesus disse a Pedro como este sofreria por sua fé. Pedro então virou-se, viu João e perguntou: "Senhor, e quanto a ele?" Jesus respondeu: "Se eu quiser que ele permaneça vivo até eu voltar, o que lhe importa? Quanto a você, siga-me" (João 21:21-22).

Jesus destacou para Pedro qual era o melhor remédio para as comparações doentias. Quando a nossa mente permanece em Deus e em tudo o que Ele fez por nós, os pensamentos egocêntricos desaparecem suavemente e desejamos segui-lo. No lugar da tensão e estresse competitivos deste mundo, Ele nos dá Sua presença amorosa e paz. Nada pode se comparar a Ele.

James Banks

PARTE 7

História da Igreja

Atos

O livro de Atos poderia ser visto como o capítulo um da história da Igreja de Jesus, uma história que vem sendo construída há 2000 anos. Foi neste livro que vimos o poder do Espírito Santo ser derramado sobre os discípulos, o qual possibilitou a grande obra evangelística de Pedro e dos outros. De imediato, 3.000 pessoas confiaram em Jesus e a Igreja foi estabelecida. Foi uma época de maravilhas e de surpreendentes transformações pessoais. As igrejas foram formadas e organizadas, a vida de Saulo foi transformada e ele impactou o mundo com a sua dedicação por Jesus. Missionários como Paulo e outros foram para as regiões ao redor para espalhar e proclamar o evangelho de Jesus Cristo. No final do livro, o evangelho tinha alcançado Roma, e isso era apenas o início da difusão mundial da mensagem de Jesus.

ATOS

A atuação de Jesus na Terra terminara, e Ele estava prestes a regressar ao Céu para continuar a Sua obra a partir de lá. Jesus prometera aos discípulos tudo o que eles precisariam, incluindo o Espírito Santo, que estava prestes a ser derramado sobre eles. O Espírito Santo ao descer, concedeu poder ao povo, que partiu e apressou-se, e, desta maneira, o início a Igreja do Novo Testamento foi encorajador. Logo, os oficiais souberam das maravilhosas conversões que ocorriam, e apelaram a Pedro e João para se encontrarem com eles, e lhes disseram que parassem de espalhar as boas-novas. No entanto, isto não impediu que a Igreja crescesse. A oposição à fé em Cristo aumentou continuamente, a ponto de produzir o primeiro mártir, Estêvão. Saulo assistiu e aplaudiu o assassinato de Estêvão. Saulo, mais tarde chamado Paulo (Atos 13:9), em breve se tornaria um grande missionário para o evangelho. Tendo confiado em Jesus, a missão de Paulo foi incansável ao cruzar a área à volta do Mediterrâneo para proclamar o evangelho. Paulo liderou várias viagens missionárias, levando consigo algumas das principais pessoas da igreja, como Lucas, Barnabé e João Marcos. Essas viagens missionárias levaram à formação de igrejas em Éfeso, Filipos, Corinto e em outras localidades. A pregação de Paulo o colocou em dificuldades, e ao final deste livro, lemos que Paulo permaneceu em Roma, onde continuou a ensinar enquanto aguardava o seu julgamento.

ESBOÇO

O Espírito Santo é derramado sobre os cristãos, ATOS 1:1-2:47
O impacto do Espírito em Jerusalém, ATOS 3:1-7:60
O impacto do Espírito na Judeia e Samaria, ATOS 8:1-12:25
O impacto do Espírito no restante do mundo, ATOS 13:1-28:31

6 DE AGOSTO

Não esqueça!

Leitura: Atos 1:1-11

*...[Jesus] foi elevado numa nuvem, e os discípulos
não conseguiram mais vê-lo.* ATOS 1:9

Minha sobrinha, sua filha Kailyn de 4 anos e eu tivemos uma maravilhosa tarde de sábado juntas. Sopramos bolhas coloridas, colorimos um livro com desenhos de princesas e comemos deliciosos sanduíches de geleia e creme de amendoim. Já no carro, Kailyn chamou-me calmamente pela janela aberta dizendo: "Tia, não se esqueça de mim". Fui em direção ao carro e sussurrei: "Eu nunca poderia te esquecer e prometo que vou te ver em breve".

No primeiro capítulo do livro de Atos, os discípulos observaram como Jesus foi "elevado numa nuvem" para o Céu (v.9). Questiono-me se eles achavam que poderiam ser esquecidos pelo seu Mestre. Mas Ele tinha acabado de prometer que lhes enviaria o Seu Espírito para viver neles e capacitá-los para lidar com a perseguição que estava por vir (v.8). E Jesus os tinha ensinado que estava indo embora para preparar-lhes um lugar e voltaria para levá-los a estar com Ele (João 14:3). No entanto, os discípulos devem ter se perguntado por quanto tempo teriam que esperar por Ele. Talvez eles quisessem dizer: "Não nos esqueça, Jesus!".

Para nós que colocamos a nossa fé em Jesus, Ele vive em nós por intermédio do Espírito Santo. Podemos nos questionar sobre quando Jesus voltará para nos restaurar e também a Sua criação completamente. Mas isso vai acontecer; Ele não nos esquecerá. "Portanto, animem e edifiquem uns aos outros..." (1 Tessalonicenses 5:11).

Anne Cetas

7 DE AGOSTO

Nova humanidade

Leitura: Atos 2:1-12

Quando ouviram o som das vozes, vieram correndo e ficaram espantados, pois cada um deles ouvia em seu próprio idioma. ATOS 2:6

Ao visitar a galeria *Tate Modern*, em Londres, uma peça de arte chamou minha atenção. Era uma torre gigante, feita de centenas de rádios antigos, que fora criada pelo artista brasileiro Cildo Meireles. Cada rádio estava ligado e sintonizado numa estação diferente, criando uma cacofonia de fala confusa e indecifrável. Meireles chamou a escultura de *Babel*.

O título é adequado. Na torre original de Babel, Deus frustrou a tentativa da humanidade de alcançar o Céu confundindo as línguas da época (Gênesis 11:1-9). Incapazes de se comunicarem uns com os outros, a humanidade se dividiu em tribos com várias línguas diferentes (vv.10-26). Separados por línguas, esforçamo-nos para nos entender desde então.

Há uma segunda parte na história. Quando o Espírito Santo veio sobre os primeiros cristãos no Pentecostes, Ele os capacitou a louvarem a Deus nas várias línguas das pessoas que visitavam Jerusalém naquele dia. Como resultado desse milagre, todos ouviram a mesma mensagem independentemente da sua nacionalidade ou idioma. A confusão de Babel foi revertida.

Em um mundo de divisão étnica e cultural, isso é uma excelente notícia. Na pessoa de Jesus, Deus está formando uma nova humanidade de cada nação, tribo e língua (Apocalipse 7:9). Em pé, naquela galeria em Londres, imaginei os rádios repentinamente sintonizando um novo sinal e tocando a mesma música para todos os presentes naquele ambiente: "A graça eterna de Jesus".

Sheridan Voysey

8 DE AGOSTO

O ministério do luto

Leitura: Atos 7:54-8:2

Alguns homens devotos vieram e, com grande tristeza, sepultaram Estêvão. ATOS 8:2

Quando minha irmã Marta e Tiago, seu marido, morreram em um acidente, um amigo me chamou para um workshop, "Crescendo em meio ao luto", em nossa igreja. Relutantemente, concordei em participar da primeira sessão, mas não tinha intenção de voltar. Para minha surpresa, descobri uma comunidade solidária de pessoas tentando lidar com uma perda significativa em sua vida, em busca da ajuda de Deus e dos outros. Isso me atraiu semana após semana à medida que eu procurava aceitar a situação e obter a paz pelo fato de compartilhar a nossa dor.

Assim como a perda repentina de um ente querido ou amigo, a morte de Estêvão, uma diligente testemunha de Jesus, trouxe choque e tristeza aos membros da Igreja Primitiva (Atos 7:57-60). Diante da perseguição, "homens devotos vieram e, com grande tristeza, sepultaram Estêvão" (8:2). Esses homens de fé fizeram duas coisas juntos: Enterraram Estêvão, um ato de finalização e perda. E também lamentaram profundamente por ele, compartilhando a tristeza que sentiam.

Como seguidores de Jesus, não precisamos lamentar as perdas sozinhos. Com sinceridade e amor, podemos alcançar outros que estejam sofrendo e, com humildade, podemos aceitar os cuidados daqueles que permanecem ao nosso lado.

À medida que sofremos juntos, podemos compreender melhor a situação e a paz que nos é concedida, por meio de Jesus Cristo, que conhece a nossa tristeza mais profunda.

David McCasland

9 DE AGOSTO

O amor nos transforma

Leitura: Atos 9:1-22

*Logo, [Paulo] começou
a falar de Jesus nas sinagogas, dizendo:
"Ele é o Filho de Deus".* ATOS 9:20

Antes de conhecer Jesus, eu estava tão ferida a ponto de evitar relacionamentos próximos por medo de magoar-me ainda mais. Minha mãe foi minha melhor amiga até eu me casar com Alan. Sete anos depois e na iminência do divórcio, levei nosso filho pequeno, Xavier, a um culto. Sentada próxima à saída, temia confiar, mas estava desesperada por receber ajuda.

Felizmente, algumas pessoas cristãs se aproximaram, oraram por nossa família e me ensinaram a ter comunhão com Deus por meio da oração e leitura bíblica. Com o tempo, o amor de Cristo e de Seus seguidores me transformou.

Dois anos após aquele culto, Alan, Xavier e eu pedimos para sermos batizados. Algum tempo depois, minha mãe comentou: "Você está diferente. Fale-me mais de Jesus". Alguns meses se passaram, e ela também aceitou a Cristo como seu Salvador.

Jesus transforma vidas... como a vida de Saulo, um dos mais temidos perseguidores da Igreja até o seu encontro com Cristo (Atos 9:1-5). Outros ajudaram Saulo a aprender mais sobre Jesus (vv.17-19). A drástica transformação dele somou-se à credibilidade de seu ensinamento capacitado pelo Espírito (vv.20-22).

Nosso primeiro encontro pessoal com Jesus pode não ser tão dramático quanto o de Saulo. A transformação da nossa vida pode não ser tão rápida ou drástica. Mas, à medida que as pessoas notam como o amor de Cristo nos transforma, teremos oportunidades para contar aos outros o que Ele fez por nós.

Xochitl Dixon

10 DE AGOSTO

Amparados miraculosamente por Deus

Leitura: Atos 12:1-11

Enquanto Pedro estava no cárcere, a igreja orava fervorosamente a Deus por ele. ATOS 12:5

Muitos de nós tomamos decisões diárias com base em probabilidades. Se houver 20% de probabilidade de chuva, talvez a ignoremos. Se a probabilidade for de 90%, levaremos conosco um guarda-chuva. Quanto maior a probabilidade, maior a nossa reação, pois queremos escolher sabiamente e sermos bem-sucedidos.

O livro de Atos 12:1-6 descreve uma situação em que as probabilidades de Pedro sobreviver eram muito baixas. Ele estava na prisão, "...preso com duas correntes entre dois soldados...", enquanto outros guardavam a porta (v.6). Herodes já havia executado Tiago, um dos seguidores mais próximos de Jesus, e tinha em mente o mesmo destino para Pedro (vv.1-3). Um apostador não teria colocado dinheiro algum na hipótese de Pedro sair vivo daquela situação.

No entanto, o plano de Deus para Pedro incluía uma libertação miraculosa, a qual mesmo aqueles que estavam intercedendo por ele acharam difícil acreditar (vv.13-16). Eles ficaram pasmos quando Pedro apareceu na reunião de oração deles.

Deus pode agir além das probabilidades porque Ele é Todo-poderoso. Nada é difícil demais para Ele. Aquele que nos ama e se entregou por nós é responsável por nossa vida. Em circunstâncias comuns e situações impossíveis, Deus pode revelar o Seu poder. Quer sejamos agraciados com o sucesso ou amparados na tristeza, Ele está conosco.

David McCasland

11 DE AGOSTO

Planos interrompidos

Leitura: Atos 16:6-10

*É da natureza humana fazer planos,
mas o propósito do SENHOR prevalecerá.*
PROVÉRBIOS 19:21

Os planos de Janete de ser uma fonoaudióloga terminaram quando um estágio revelou que o trabalho era desafiador demais para ela. Depois disso, a jovem teve a oportunidade de escrever para uma revista. Ela jamais tinha se imaginado como autora, mas, anos depois, ela se viu defendendo as famílias necessitadas por meio dos seus textos. Hoje, ela afirma: "Olhando para trás, posso ver o porquê de Deus ter mudado os meus planos, Ele tinha algo maior para mim".

A Bíblia relata sobre muitos planos interrompidos. Na sua segunda viagem missionária, Paulo queria levar o evangelho à Bitínia, mas o Espírito de Jesus o impediu (Atos 16:6-7). Isso pode ter parecido algo místico. Por que Jesus atrapalharia os planos que estavam de acordo com a missão dada por Deus? Certa noite, Paulo recebeu a resposta a isso por meio de um sonho: a Macedônia precisava dele ainda mais. Nela, Paulo plantaria a primeira igreja na Europa. Salomão também observou: "É da natureza humana fazer planos, mas o propósito do SENHOR prevalecerá" (Provérbios 19:21).

É sensato fazer um planejamento adequado. Um conhecido ditado diz: "Quem falha em planejar está planejando falhar". Mas Deus pode de interromper os nossos planos com os Seus. Nosso desafio é ouvir e obedecer, sabendo que podemos confiar em Deus. Se nos submetermos à Sua vontade, nos adequaremos ao Seu propósito para a nossa vida.

À medida que continuamos a fazer planos, podemos acrescentar um novo item: planeje ouvir. Ouça os planos de Deus.

Leslie Koh

12 DE AGOSTO

Eloquente, porém humilde

Leitura: Atos 18:24-28

[Deus] guia os humildes na justiça.
SALMO 25:9

Admiro as pessoas que conseguem expressar as suas crenças e persuadir os outros com sua argumentação. Alguns chamam isso de: "o dom de conversar" ou "ter jeito com as palavras". Outros chamam de "eloquência".

Apolo tinha esse dom. Lemos que ele era "um orador eloquente que conhecia bem as Escrituras" (Atos 18:24). Mas, embora ensinasse com exatidão a respeito de Cristo, ele pregava apenas sobre o batismo de João, que era um batismo de arrependimento do pecado (v.25;19:4).

Apolo conhecia os ensinamentos de Jesus, mas talvez não soubesse de Sua morte e ressurreição e que o Espírito já tinha vindo à Terra (Atos 2). O ensinamento de Apolo era incompleto porque ele ainda não sabia sobre estar cheio do Espírito para ter o encorajamento diário.

Portanto, Priscila e Áquila, um casal que era amigo de Paulo, convidaram Apolo à sua casa para corrigir o ensino dele. Embora ele tivesse muita cultura e conhecesse bem as Escrituras, Apolo aceitou com humildade a instrução que o casal lhe deu. Consequentemente, Apolo pôde continuar seu ministério, mas com uma nova compreensão.

Lemos, no Salmo 25:9, que Deus: "guia os humildes na justiça e ensina-lhes o seu caminho". Se tivermos um espírito de humildade, podemos ser ensinados por Deus e sermos instrumentos dele para tocamos a vida de outros.

Cindy Hess Kasper

13 DE AGOSTO

A fé para perseverar

Leitura: Atos 27:27-38

...enfrentar dificuldades e provações, [...] contribuem para desenvolvermos perseverança... ROMANOS 5:3

Ernest Shackleton (1874-1922) liderou uma expedição malsucedida para atravessar a Antártida em 1914. Quando seu navio, apropriadamente chamado de *Endurance* (Perseverança), ficou preso no gelo pesado no mar de Weddell, sobreviver se tornou uma corrida de perseverança. Sem meios de se comunicar com o restante do mundo, Shackleton e sua tripulação usaram botes salva-vidas para fazer a viagem até a costa mais próxima, a ilha dos Elefantes. Enquanto a maioria da tripulação ficou para trás na ilha, Shackleton e cinco tripulantes passaram duas semanas viajando quase 1.300 km pelo oceano para a Geórgia do Sul em busca de ajuda aos que tinham permanecido encalhados no gelo. A expedição "fracassada" tornou-se um registro vitorioso nos livros de história, quando todos os homens de Shackleton sobreviveram, graças à coragem e perseverança de todos os envolvidos.

O apóstolo Paulo sabia o que significava perseverar. Durante uma tempestuosa viagem a Roma, para enfrentar o julgamento por professar a sua fé em Jesus, ele soube por um anjo de Deus que o navio afundaria. Mas o apóstolo encorajou os homens a bordo, graças à promessa de Deus de que todos sobreviveriam, apesar da perda do navio (Atos 27:23-24).

Quando ocorre um desastre, nossa tendência é querer que Deus resolva imediatamente a situação. Mas Deus nos concede a fé para perseverar e amadurecer. Como Paulo ensinou aos romanos, as "dificuldades e provações [...] contribuem para desenvolvermos a perseverança" (Romanos 5:3). Sabendo disso, podemos encorajar uns aos outros a continuar confiando em Deus em tempos difíceis.

Linda Washington

PARTE 8

Cartas

Romanos, Coríntios, Gálatas, Efésios,
Filipenses, Colossenses, 1 e 2 Tessalonicenses,
1 e 2 Timóteo, Tito, Filemom, Hebreus, Tiago,
1 e 2 Pedro, 1, 2 e 3 João, Judas

As numerosas cartas que foram escritas às jovens igrejas cristãs e aos seus líderes ajudaram os novos seguidores de Jesus (e a nós também) a saber como viver. A verdadeira fé em Cristo não significa apenas um credo ou uma confissão, é uma completa transformação de vida. Tal vida se sustenta pela leitura das orientações de Deus, muitas das quais se encontram nestas cartas. É vida compartilhada em unidade com outros cristãos na Igreja, outro tema importante das epístolas desta seção. Em conjunto, estas cartas, escritas por homens como Paulo, Pedro e João, formam um documento confiável que nos mostra como viver num mundo que pode nos ameaçar com tentações, perseguições, problemas, falsos mestres e distrações. Ao lê-las e delas obtermos cuidadosamente os padrões piedosos de uma vida santa e justa, podemos continuar o trabalho iniciado por nossos antepassados cristãos. A sabedoria e a instrução nestes livros são essenciais para uma vida semelhante à de Cristo, em qualquer época, seja no primeiro século ou no século 21.

ROMANOS

O comentário de Paulo, em Romanos 1:16, de que ele não se envergonha do evangelho é um testemunho e um ensinamento. Paulo demonstrou claramente, por meio dos seus esforços, que levaria o evangelho para qualquer lugar e o explicaria a qualquer pessoa. Na carta aos Romanos, ele aproveita a oportunidade para registrar para sempre a teologia por detrás do evangelho e, como resultado, traz-nos uma explicação abundantemente clara sobre a importância da solução de Deus para o problema mortal do pecado da humanidade. Na parte doutrinal desta carta, descobrimos sobre a universalidade do pecado, a justiça de Deus (com o exemplo de Abraão como ilustração), as vantagens da justificação pela fé e os resultados do nosso relacionamento com Jesus Cristo, o nosso Salvador. Paulo passa então a explicar como devemos viver à luz da nossa salvação ao interagirmos com os outros.

ESBOÇO

O problema do pecado, ROMANOS 1:1–3:20
A solução para o problema, ROMANOS 3:21–5:21
A santificação dos cristãos, ROMANOS 6:1–8:39
Aprender de Israel, ROMANOS 9:1–11:36
Praticar a justiça, ROMANOS 12:1–16:27

14 DE AGOSTO

Uma tigela de bênçãos

Leitura: Romanos 1:1-10

Todas as vezes que penso em vocês, dou graças a meu Deus. FILIPENSES 1:3

O som conhecido da chegada de e-mail chamou minha atenção enquanto eu escrevia no computador. Normalmente tento resistir à tentação de ler cada e-mail, mas o assunto dele era atraente demais: "Você é uma bênção".

Abri-o ansiosamente e descobri que uma amiga distante dizia que estava orando por minha família. A cada semana, ela coloca a foto de uma família em sua "tigela de bênçãos" da mesa da cozinha e ora pela família representada na foto. Ela escreveu: "Todas as vezes que penso em vocês, dou graças a meu Deus" (Filipenses 1:3), e destacou os nossos esforços para compartilhar o amor de Deus com os outros, nossa "parceria" no evangelho.

Por cauda deste gesto de minha amiga, as palavras do apóstolo Paulo aos filipenses gotejaram na minha caixa de entrada de e-mails, gerando a mesma alegria em meu coração que suspeito que os leitores da carta de agradecimento do apóstolo tiveram no primeiro século. Parece que Paulo se habituou a falar de sua gratidão àqueles que trabalharam ao lado dele. Uma frase semelhante é a introdução de muitas de suas cartas: "por meio de Jesus Cristo, agradeço a meu Deus por todos vocês, pois sua fé nele é comentada em todo o mundo" (Romanos 1:8).

No primeiro século, Paulo abençoou os seus colaboradores com uma nota de agradecimento e orações. No século 21, minha amiga usou uma "tigela de bênçãos" para trazer alegria ao meu dia. Como podemos agradecer àqueles que servem na missão do Senhor conosco nos dias de hoje?

Elisa Morgan

15 DE AGOSTO

Culpa e perdão

Leitura: Romanos 2:12-16

Demonstram que a lei está gravada em seu coração...
ROMANOS 2:15

No livro *Human Universals* (Universais humanos, 1991), o antropólogo Donald Brown lista mais de 400 comportamentos que considera comuns à humanidade. Ele inclui: brincadeiras, piadas, danças e provérbios, precaução com as cobras e amarração de objetos com barbante! Da mesma forma, ele acredita que todas as culturas têm conceitos do que é certo e errado, em que a generosidade é elogiada, as promessas são valorizadas e a maldade e o assassinato são entendidos como errados. Todos nós temos essa percepção da consciência, não importa de onde sejamos.

O apóstolo Paulo afirmou algo semelhante há séculos. Embora Deus tenha dado os Dez Mandamentos ao povo judeu para que diferenciassem o certo do errado, Paulo observou que uma vez que os gentios podiam fazer o bem obedecendo "a ela instintivamente", as leis de Deus estavam, de fato, gravadas no coração deles (Romanos 2:14-15). No entanto, isso não significa que as pessoas sempre fizeram o que era certo. Os gentios se rebelaram contra a sua consciência (1:32), os judeus violaram a Lei (2:17-24), tornando ambos culpados. Mas, pela fé em Jesus, Deus remove a pena de morte de todas as nossas violações (3:23-26; 6:23).

Sendo que Deus criou todos os seres humanos com a percepção do certo e errado, provavelmente cada um de nós sentirá alguma culpa pelo mau que fizemos ou pelo bem que deixamos de praticar. Quando confessamos tais pecados, Deus remove toda a culpa assim como um quadro em branco. Tudo o que precisamos fazer é pedir-lhe, seja quem formos, ou de onde tenhamos vindo.

Sheridan Voysey

16 DE AGOSTO

A batalha acabou! Sério?

Leitura: Romanos 6:1-11

Fomos sepultados com Cristo...
ROMANOS 6:4

Finda a Segunda Guerra Mundial, Hiroo Onoda se escondeu na selva por 29 anos, recusando-se a acreditar que seu país tinha se rendido. Os líderes militares japoneses tinham enviado Onoda para Lubang, uma ilha remota das Filipinas, com ordens para espionar as forças Aliadas. Tempos depois de um tratado de paz ter sido assinado e terem cessado as hostilidades, Onoda permaneceu na selva. Em 1974, o comandante dele foi à ilha para encontrá-lo e convencê-lo de que a guerra havia terminado.

Por quase três décadas, Onoda viveu na escassez e isolado, porque recusou-se a se render e a acreditar que o conflito estava encerrado. Podemos cometer erro semelhante. Paulo proclama a verdade espantosa de que "quando fomos unidos a Cristo Jesus no batismo, nos unimos a ele em sua morte" (Romanos 6:3). Sobre a cruz, de maneira poderosa e misteriosa, Jesus derrotou as mentiras de Satanás, o terror da morte e o domínio tenaz do pecado. Embora estejamos "mortos para o poder do pecado" e "vivos para Deus" (v.11), muitas vezes vivemos como se o mal ainda tivesse algum poder. Cedemos à tentação e sucumbimos à sedução do pecado. Ouvimos mentiras, deixando de confiar em Jesus. Mas não precisamos ceder nem viver uma falsa narrativa. Pela graça de Deus, podemos acolher a verdadeira história da vitória de Cristo.

Embora ainda lutemos contra o pecado, somos libertos quando reconhecemos que Jesus já venceu a batalha. Que possamos viver essa verdade em Seu poder.

Winn Collier

17 DE AGOSTO

Legalmente dele

Leitura: Romanos 8:1-2,10-17

*...sim o Espírito de Deus, [que] os adotou
como seus próprios filhos.* ROMANOS 8:15

Liz chorou de alegria quando ela e seu marido receberam a nova certidão de nascimento e passaporte da filha, tornando a adoção juridicamente irrevogável. Agora Milena seria sua filha e parte da família para sempre. Enquanto Liz ponderava sobre esse processo legal, ela pensava também na "verdadeira transformação" que acontece quando nos tornamos parte da família de Jesus: "Não somos mais reprimidos por nossa herança pecaminosa e de ruptura, pois entramos na plenitude do reino de Deus legalmente quando somos adotados como Seus filhos".

Nos dias do apóstolo Paulo, se uma família romana adotasse um filho, a situação legal dele mudaria completamente. Quaisquer dívidas de sua antiga vida seriam canceladas e ele ganharia todos os direitos e privilégios de sua nova família. Paulo queria que os cristãos romanos entendessem que esse novo status se aplicava a eles também. Não estavam mais sujeitos ao pecado e condenação, mas agora viviam segundo o Espírito (Romanos 8:4). E aqueles a quem o Espírito guia são adotados como filhos de Deus (vv.14-15). Seu status legal mudou quando eles se tornaram cidadãos do Céu.

Se já recebemos a dádiva da salvação, também somos filhos de Deus, herdeiros de Seu reino e unidos com Cristo. Jesus cancelou nossas dívidas pela dádiva do Seu sacrifício. Não precisamos mais viver com medo ou sob condenação.

Amy Boucher Pye

18 DE AGOSTO

Dedicado a amar

Leitura: Romanos 9:1-5

Irmãos, o desejo de meu coração
e minha oração a Deus é que o povo de Israel
seja salvo. ROMANOS 10:1

Como um cristão convertido a Jesus Cristo, Nabeel Qureshi escreveu livros para ajudar os seus leitores a entender as pessoas da religião que ele deixou para trás. Seu tom é respeitoso, e Qureshi sempre demonstra amor por seu povo.

Qureshi dedicou um de seus livros à sua irmã, que ainda não colocou a sua fé em Jesus. A dedicatória é breve, porém poderosa. "Imploro a Deus pelo dia em que pudermos adorá-lo juntos", escreveu.

Temos uma percepção desse tipo de amor quando lemos a carta de Paulo à igreja em Roma. O apóstolo afirmou: "Meu coração está cheio de amarga tristeza e angústia sem fim, por meu povo, meus irmãos judeus. Eu estaria disposto a ser amaldiçoado para sempre, separado de Cristo, se isso pudesse salvá-los" (Romanos 9:2-3).

Paulo amava tanto o povo judeu que teria escolhido a separação de Deus, se isso os levasse a aceitar Cristo. Ele entendia que por rejeitar Jesus, seu povo estava rejeitando o único Deus verdadeiro. Isso o motivou a apelar aos seus leitores a compartilharem as boas-novas de Jesus com todos (10:14-15).

Que hoje possamos nos dedicar em oração ao amor que nos constrange por pessoas que nos são próximas!

Tim Gustafson

19 DE AGOSTO

Pensando diferente

Leitura: Romanos 12:1-3

Não imitem o comportamento e os costumes deste mundo... ROMANOS 12:2

Enquanto eu era estudante universitário, passei boas partes do verão na Venezuela. A comida era excelente, as pessoas agradabilíssimas, o clima e a hospitalidade maravilhosos. No entanto, em um ou dois dias, reconheci que as minhas opiniões sobre a gestão do tempo não eram compartilhadas por meus novos amigos. Se planejávamos almoçar ao meio-dia, isso significava entre 12h e 13h. Os prazos das reuniões ou viagens também eram aproximados sem a minha costumeira pontualidade. Descobri que a minha ideia de "cumprir o horário" era fundamentalmente cultural, ia muito além do que eu tinha percebido.

Todos nós somos influenciados pelos valores culturais ao nosso redor, a ponto de, às vezes, nem percebermos. Paulo chama essa força cultural de "mundo" (Romanos 12:2). Nesse sentido, "mundo" não significa o Universo físico, e sim como as formas de pensar permeiam a nossa existência. Refere-se às suposições não questionadas e aos ideais orientadores que nos foram repassados simplesmente porque vivermos num determinado lugar e época.

Paulo nos ensina a ser vigilantes para não imitarmos "o comportamento e os costumes deste mundo". Em vez disso, devemos ser transformados pela "mudança em [nosso] modo de pensar" (v.2). Em lugar de assumirmos passivamente as formas de pensar e crenças que nos circundam, somos chamados a buscar conscientemente o modo de pensar de Deus e a aprender a entender a Sua "boa, agradável e perfeita vontade" (v.2). Que aprendamos a seguir a Deus, ao invés de todas as outras vozes.

Winn Collier

20 DE AGOSTO

Viver de propósito

Leitura: Romanos 12:9-21

...quer façam qualquer outra coisa, façam para a glória de Deus. 1 CORÍNTIOS 10:31

"Vamos sair de férias!", minha esposa falou, entusiasmada, ao nosso neto Austin, 3, quando saímos da garagem na primeira etapa da viagem. O pequeno Austin olhou para ela pensativo e respondeu: "Eu não estou indo de férias. Eu estou indo em missão!".

Não sabemos ao certo onde nosso neto adotou o conceito de "ir em missão", mas o comentário dele me fez refletir enquanto dirigíamos para o aeroporto. *Ao sair em férias e ao fazer uma pausa por alguns dias, penso que ainda estou "em missão" para viver cada momento com e para Deus? Estou me lembrando de servi-lo em tudo o que faço?*

O apóstolo Paulo incentivou os cristãos que moravam em Roma, a capital do Império Romano: "Jamais sejam preguiçosos, mas trabalhem com dedicação e sirvam ao Senhor com entusiasmo" (Romanos 12:11). Seu argumento era de que a nossa vida em Jesus deveria ser vivida intencionalmente e com fervor espiritual. Até mesmo os momentos mais mundanos ganham um novo significado, quando ansiamos por Deus e vivemos para Seus propósitos.

Quando nos acomodamos em nossos assentos no avião, orei: "Senhor, eu pertenço a ti. Por favor, seja o que for que o Senhor queira que eu faça nesta viagem, ajuda-me cumprir".

Todo dia é uma missão de significado eterno com Ele!

James Banks

21 DE AGOSTO

Vivendo na história de Deus

Leitura: Romanos 13:8-14

A noite está quase acabando, e logo vem o dia.
ROMANOS 13:12

Perguntaram a Ernest Hemingway se ele poderia escrever uma história envolvente em sete palavras. A resposta dele: "À venda: sapatinhos de bebês. Nunca usados". A história de Hemingway é poderosa porque ela nos inspira a completar os detalhes. Será que o bebê saudável já não precisava dos sapatinhos? Será que houve uma perda trágica, algo que precisasse do amor e do consolo de Deus?

As melhores histórias atiçam a nossa imaginação; por isso, não é surpresa que a maior história já contada acenda a chama da nossa criatividade. A história de Deus tem uma trama central: Ele criou todas as coisas; nós (a raça humana) caímos em pecado; Jesus veio ao mundo, morreu e ressuscitou para nos salvar dos nossos pecados; e hoje esperamos a Sua volta e a restauração de todas as coisas.

Sabendo o que veio antes e o que está para vir, como podemos viver agora? Se Jesus está restaurando toda a Sua criação das garras do mal, devemos deixar "de lado as obras das trevas" (Romanos 13:12). Isso inclui afastar-nos do pecado pelo poder de Deus e escolher amar a Ele e aos outros (vv.8-10).

As formas específicas pelas quais lutamos, com Jesus, contra o mal dependerão dos dons que temos e quais necessidades vemos. Usemos a nossa imaginação e olhemos ao nosso redor. Procuremos os feridos e os que choram e, a eles, levemos o amor, a justiça e o consolo de Deus à medida que Ele nos orienta.

Mike Wittmer

22 DE AGOSTO

Todos juntos agora

Leitura: Romanos 15:1-7

*...vocês poderão se unir em uma só voz
para louvar e glorificar a Deus o Pai de nosso
Senhor Jesus Cristo.* ROMANOS 15:6

Enquanto Anderson embarcava num trem em Perth, na Austrália, a perna dele ficou presa no vão entre a plataforma e o vagão. Não conseguindo soltá-lo, os agentes de segurança coordenaram os esforços de quase 50 passageiros que se alinharam e, contando até três, empurraram o lado do trem. Operando em uníssono, eles deslocaram o peso do vagão o suficiente para liberar a perna de Anderson.

Em muitas de suas cartas às igrejas do primeiro século, o apóstolo Paulo reconheceu o poder da cooperação mútua. Ele instou os cristãos de Roma a aceitarem uns aos outros da maneira como Cristo os aceitara e disse: "Que Deus [...] os ajude a viver em completa harmonia uns com os outros, como convém aos seguidores de Cristo Jesus. Então todos vocês poderão se unir em uma só voz para louvar e glorificar a Deus, o Pai de nosso Senhor Jesus Cristo" (Romanos 15:5-6).

A unidade com outros cristãos nos capacita a difundir a grandeza de Deus e também nos ajuda a suportar a perseguição. Sabendo que os filipenses pagariam um preço por sua fé, Paulo os encorajou a se esforçarem para estarem "unidos em um só espírito e em um só propósito, lutando juntos pela fé que é proclamada nas boas-novas. Não se deixem intimidar por aqueles que se opõem a vocês" (Filipenses 1:27-28).

Satanás ama dividir e conquistar, mas os esforços dele desmoronam quando, com a ajuda de Deus, nós nos esforçamos e fazemos "todo o possível" para nos mantermos "unidos no Espírito, ligados pelo vínculo da paz" (Efésios 4:3).

Jennifer Benson Schuldt

1 CORÍNTIOS

Quando alguém começou a ler esta carta pela primeira vez para as pessoas na igreja de Corinto, podemos imaginar que as pessoas ouviram com calma e absorveram a suave e humilde introdução de Paulo. Uma palavra sobre si próprio; uma palavra sobre o povo. Uma bênção amigável: "Graça e paz com vocês". Uma nota atenciosa sobre o quão grato ele estava a Deus por todos eles. E, então? Paulo vai direto ao ponto: há problemas em Corinto, e Paulo precisa fazer algo a esse respeito. Por mais gentil que Paulo fosse, finalmente, ele precisava ir direto ao ponto. Paulo explicou em termos claros os problemas que viu e, em seguida, disse-lhes o que teriam de fazer para inverter o rumo e seguir Jesus como deveriam. Paulo lhes falou profeticamente (explicando o que eles precisavam tomar conhecimento, não anunciando os fatos futuros), assim como um pastor dos dias atuais também o faz quando surge um problema na igreja local. Este era o propósito do apóstolo: corrigir uma miríade de problemas que estavam sufocando a eficácia do corpo local de cristãos em Corinto.

ESBOÇO

Paulo aborda os assuntos relacionados à Igreja,
    1 CORÍNTIOS 1:1-11:34
Os dons espirituais e o cristão, 1 CORÍNTIOS 12:1-14:40
A ressurreição e o cristão, 1 CORÍNTIOS 15:1-58
Notas pessoais à Igreja, 1 CORÍNTIOS 16:1-24

23 DE AGOSTO

Rivais ou aliados?

Leitura: 1 Coríntios 1:10-17

...tenham o mesmo parecer, unidos em pensamento e propósito. 1 CORÍNTIOS 1:10

A cidade de Texarkana fica na fronteira de dois estados norte-americanos, Texas e Arkansas. A cidade de 70 mil habitantes tem dois prefeitos, duas prefeituras e dois departamentos de polícia e bombeiros. A rivalidade esportiva entre as escolas secundárias atrai muitos e reflete a lealdade que cada time tem com a escola de seu próprio estado. As disputas sobre o sistema de água compartilhado também são desafios significativos, pois o sistema segue as leis de cada estado. No entanto, a cidade é conhecida por sua unidade, apesar da linha que a divide. Os moradores se reúnem anualmente para um jantar, realizado na "Avenida linha do Estado", para compartilhar uma refeição em comemoração à sua unidade como comunidade.

Os cristãos em Corinto talvez não tenham traçado uma linha na via principal, mas eles estavam divididos. Eles discutiam por serem leais àqueles que os ensinaram sobre Jesus: Paulo, Apolo ou Cefas (Pedro). Paulo chamou todos eles à união "...em pensamento e propósito" (1 Coríntios 1:10), lembrando-lhes de que Cristo fora crucificado por eles, não os seus líderes espirituais.

Hoje em dia, comportamo-nos de forma semelhante, não é verdade? Às vezes, opomo-nos até mesmo àqueles que compartilham a nossa fé originalmente singular: o sacrifício de Jesus por nossos erros, tornando-os rivais em vez de nossos aliados. Assim como Cristo que não está dividido, nós, como Sua representação terrena, Seu corpo, não devemos permitir que as diferenças sobre coisas não essenciais nos dividam. Em vez disso, que possamos celebrar a nossa unicidade em Cristo.

Kirsten Holmberg

24 DE AGOSTO

O "quê" na partilha da nossa fé?

Leitura: 1 Coríntios 2:1-5

> *Minha mensagem e minha pregação foram muito simples. Em vez de usar argumentos persuasivos e astutos, me firmei no poder do Espírito.* 1 CORÍNTIOS 2:4

Alan veio me pedir conselhos sobre como lidar com o seu medo de falar em público. Como acontecia a muitos outros, o coração dele disparava, a boca secava e o rosto ficava vermelho. A *glossofobia* é um dos medos sociais mais comuns. Muitas pessoas afirmam que têm mais medo de falar em público do que de morrer! Para ajudar Alan a vencer o seu medo de não "se expressar" bem, sugeri-lhe que se concentrasse na ideia central da sua mensagem em vez de na forma como a transmitiria.

Mudar o foco para o que será compartilhado, ao invés de focar apenas na habilidade de como partilhar, é semelhante à abordagem que Paulo usou para conduzir pessoas a Deus. Quando Paulo escreveu à igreja de Corinto, ele destacou que a sua mensagem e pregação não usava de "argumentos persuasivos e astutos" (1 Coríntios 2:4). Ao contrário, ele estava determinado a destacar somente a verdade sobre Jesus Cristo e Sua crucificação (v.2), confiando no Espírito Santo para dar poder às suas palavras, e não em sua eloquência como orador.

Quando conhecemos a Deus pessoalmente, desejamos compartilhar sobre o Senhor com os que nos rodeiam. No entanto, às vezes, evitamos testemunhar por temermos não apresentar Cristo bem, com as palavras "certas" ou eloquentes. Porém, se destacarmos a verdade sobre quem Deus é e Suas maravilhosas obras, podemos, como Paulo, confiar em Deus para dar poder às nossas palavras e as compartilhar sem medo ou relutância.

Kirsten Holmberg

25 DE AGOSTO

Colaborando com Deus

Leitura: 1 Coríntios 3:1-9

Pois nós somos colaboradores de Deus, e vocês são lavoura de Deus e edifício de Deus. 1 CORÍNTIOS 3:9

Durante a sua visita ao México, em 1962, Bill Ashe ajudou a consertar bombas manuais de moinhos de vento num orfanato. Quinze anos mais tarde e inspirado por um profundo desejo de servir a Deus por meio de ajuda no fornecimento de água limpa às aldeias necessitadas, Ashe fundou uma organização sem fins lucrativos. Ele compartilhou: "Deus me despertou para 'aproveitar o tempo ao máximo' e, também para encontrar outras pessoas com o desejo de levar água potável aos necessitados da zona rural". Mais tarde, depois de aprender sobre a necessidade global por água potável por meio de pedidos de milhares de pastores e evangelistas de mais de 100 países, Ashe convidou outros a se unirem aos esforços desse ministério.

Deus nos convida para nos unirmos a Ele e aos outros de várias maneiras. Quando o povo de Corinto argumentou sobre quais professores eles preferiam, o apóstolo Paulo reafirmou seu papel como servo de Jesus e companheiro de equipe de Apolo, totalmente dependente de Deus para o crescimento espiritual (1 Coríntios 3:1-7). Ele nos lembra de que todo trabalho tem valor para Deus (v.8). Reconhecendo o privilégio de trabalhar com outras pessoas enquanto servia o Senhor, Paulo nos encoraja a edificar uns aos outros à medida que o Senhor nos transforma em amor (v.9).

Embora o nosso poderoso Pai não precise de nossa ajuda para realizar as Suas grandes obras, Ele nos capacita e nos convida a sermos parceiros em Sua obra.

Xochitl Dixon

26 DE AGOSTO

Sofrendo juntos

Leitura: 1 Coríntios 12:14-20

Se uma parte sofre, todas as outras sofrem com ela...
1 CORÍNTIOS 12:26

Antes de James McConnell, veterano da Marinha Real Britânica, morrer, ele e sua família temiam que ninguém comparecesse ao funeral. Assim, o oficiante designado para liderar o culto memorial de McConnell postou uma mensagem no Facebook: "Neste dia e século, é muito trágico que alguém tenha que deixar este mundo sem ninguém para lamentar sua morte, mas esse homem um dia teve sua família. Se você puder vir à cerimônia de partida, prestar homenagens a um ex-irmão de armas, por favor, tente comparecer". Duzentos fuzileiros navais compareceram e lotaram os assentos!

Esses compatriotas praticaram uma verdade bíblica: estamos ligados um ao outro. "O corpo não é feito de uma só parte, mas de muitas...", diz Paulo (1 Coríntios 12:14). Não estamos isolados. Exatamente o oposto: estamos unidos em Jesus. As Escrituras revelam nossa interconexão orgânica: "Se uma parte sofre, todas as outras sofrem com ela..." (v.26). Como cristãos, membros da nova família de Deus, aproximamo-nos uns dos outros na dor, na tristeza, naqueles lugares obscuros onde temeríamos ir sozinhos. Mas, felizmente, não vamos sozinhos.

Talvez a pior parte do sofrimento aconteça quando sentimos que estamos nos afogando no escuro e completamente sós. Deus, no entanto, cria uma nova comunidade que sofre junto. Uma nova comunidade onde ninguém deveria ser deixado na solidão.

Winn Collier

27 DE AGOSTO

Não sou eu

Leitura: 1 Coríntios 15:1-11

...já não sou eu quem vive, mas Cristo vive em mim...
GÁLATAS 2:20

Considerado um dos mais célebres maestros de orquestras do século 20, Arturo Toscanini é relembrado por seu desejo de dar crédito a quem é devido. No livro *Dictators of the Baton* (Ditadores da batuta), o autor David Ewen descreve como os membros da Orquestra Filarmônica de Nova Iorque levantaram-se e aclamaram Toscanini no final de um ensaio da Nona Sinfonia de Beethoven. Quando houve uma pausa na ovação e, com lágrimas nos olhos, ouviu-se a voz trêmula de Arturo, exclamando: "Não sou eu... É Beethoven!... Toscanini não é nada".

Nas cartas neotestamentárias do apóstolo Paulo, ele também se recusou a aceitar o crédito por seu discernimento e influência espiritual. Ele sabia que ele era como um pai e mãe espiritual para muitos que tinham confiado em Cristo. Ele admitiu que tinha trabalhado duro e sofrido muito para encorajar a fé, a esperança e o amor de tantos (1 Coríntios 15:10). Mas ele não podia, em sã consciência, aceitar os aplausos daqueles que foram inspirados por sua fé, amor e discernimento.

Assim, por amor aos seus leitores e por nós, Paulo afirmou: "Não sou eu, irmãos e irmãs quem vive. É Cristo que vive em mim. Não sou nada". Somos apenas mensageiros daquele que merece os nossos aplausos.

Mart DeHaan

28 DE AGOSTO

Nada é inútil

Leitura: 1 Coríntios 15:42-58

...nada do que fazem para o Senhor é inútil.
1 CORÍNTIOS 15:58

Em meu terceiro ano, lutando contra o desânimo e a depressão causada pela limitação dos movimentos e dor crônica, confiei a uma amiga: "Meu corpo está caindo aos pedaços, e sinto que não tenho nada de valor para oferecer a Deus ou a qualquer outra pessoa".

As mãos dela descansaram sobre as minhas. "Você quer dizer que não faz diferença quando eu a cumprimento com um sorriso ou a ouço? Quer dizer que é inútil quando oro por você ou lhe ofereço uma palavra amável?".

Ajeitei-me em minha poltrona reclinável e disse: "Claro que não!".

Constrangida, ela perguntou: "Então por que você está dizendo a si mesma aquelas mentiras? Você faz todas essas coisas para mim e para os outros".

Agradeci a Deus por relembrar-me de que nada do que fazemos para o Senhor é inútil.

Paulo nos assegura de que nosso corpo pode estar fraco agora, mas que "ressuscitará em glória" (1 Coríntios 15:43). Porque Deus promete que seremos ressuscitados por meio de Cristo, podemos confiar que Ele usará todas as oferendas, todos os pequenos esforços feitos por Ele, para fazer a diferença em Seu reino (v.58).

Até mesmo quando estamos fisicamente limitados, um sorriso, uma palavra de encorajamento, uma oração ou uma demonstração de fé durante a nossa provação podem ser usados para ministrar ao Corpo de Cristo, diverso e interdependente. Quando servimos ao Senhor, nenhum trabalho ou ato de amor é insignificante demais para ter importância.

Xochitl Dixon

29 DE AGOSTO

Amor corajoso

Leitura: 1 Coríntios 16:10-14

Façam tudo com amor.
1 CORÍNTIOS 16:14

Os quatro capelães não eram conhecidos como "heróis". Numa gélida noite de fevereiro, em 1943, o navio de transporte *SS Dorchester* foi torpedeado na costa da Groelândia, durante a Segunda Guerra Mundial. Os quatro capelães deram tudo de si para acalmar os soldados em pânico. Um dos sobreviventes relatou que, enquanto o navio afundava e os feridos pulavam para os botes salva-vidas superlotados, os quatro capelães acalmavam o tumulto "pregando coragem".

Quando os coletes salva-vidas acabaram, cada capelão doou o seu a um jovem assustado. Os capelães tinham decidido afundar com o navio para que outros pudessem viver. Outro sobrevivente disse: "Foi a melhor coisa que já vi ou espero ver deste lado do céu".

Quando o navio começou a submergir, os capelães, abraçados, oraram em voz alta, oferecendo encorajamento aos que padeciam com eles.

O heroísmo desses homens foi marcado por bravura. Vemos que os quatro ofereceram a dádiva do amor. Paulo instou todos os cristãos a praticar esse amor, incluindo os da igreja devastada em Corinto. Atormentada por conflitos, corrupção e pecado, Paulo os exortou: "Estejam vigilantes. Permaneçam firmes na fé. Sejam corajosos. Sejam fortes". Em seguida, acrescentou: "Façam tudo com amor" (1 Coríntios 16:13-14).

É um excelente mandamento para todo cristão, especialmente em meio à crise. Na vida, quando surgem as ameaças, que a nossa reação mais corajosa seja refletir Cristo e compartilhar o Seu amor.

Patricia Raybon

2 CORÍNTIOS

Paulo é forçado a defender-se, apesar de não ser culpado. Alguns grupos surgiram na Igreja e começaram a questionar a autoridade do apóstolo. Nesse mesmo tempo, falsos mestres tinham entrado na Igreja para espalhar confusão sobre a doutrina e o ensino correto. À medida que Paulo apresenta o seu ponto de vista, ele também ensina sobre temas como a nova aliança, ofertas e doações à obra do Senhor, reconciliação e advertências aos que se rebelam.

ESBOÇO

Paulo fala sobre o ministério na Igreja, 2 CORÍNTIOS 1:1-4:18
Vários ensinamentos sobre ministério, serviço e reconciliação, 2 CORÍNTIOS 5:1-10:18
Liderança e autoridade na Igreja, 2 CORÍNTIOS 11:1-13:14

30 DE AGOSTO

Amar ao próximo com orações

Leitura: 2 Coríntios 1:8-11

...como resultado, deixamos de confiar em nós mesmos e aprendemos a confiar somente em Deus, que ressuscita os mortos. 2 CORÍNTIOS 1:9

"As pessoas ainda oram por mim?". Essa era uma das primeiras perguntas que o missionário fazia à esposa sempre que a permitiam visitá-lo na prisão. Ele tinha sido falsamente acusado e encarcerado por 2 anos devido a sua fé em Cristo. Sua vida corria perigo frequente por causa das condições e hostilidades na prisão e, os cristãos ao redor do mundo oravam fervorosamente por ele. Ele queria ter a certeza de que as orações não cessariam, pois estava convicto de que Deus usava essas orações de maneira poderosa.

Nossas orações pelos outros, especialmente pelos perseguidos por sua fé em Cristo, são um presente vital. Paulo deixou isso claro quando escreveu aos cristãos em Corinto sobre as aflições que ele enfrentou durante a sua jornada missionária. Ele estava sob grande pressão, tanto que pensou que não sobreviveria (2 Coríntios 1:8). Mas então Paulo lhes disse que Deus o havia libertado e descreveu a ferramenta que o Senhor usara para isso: "Nele depositamos nossa esperança, e ele continuará a nos livrar. E vocês nos têm ajudado ao orar por nós" (vv.10-11).

Deus se move por intermédio das nossas orações para realizar maravilhas na vida de Seu povo. Uma das melhores maneiras de amar os outros é orar por eles, pois por meio de nossas orações, abrimos a porta para a ajuda que somente Deus pode lhes prover. Quando oramos pelos outros, nós os amamos em Sua força. Ninguém é maior ou mais amoroso do que Deus.

James Banks

31 DE AGOSTO

A fragrância de Cristo

Leitura: 2 Coríntios 2:14-17

Somos o aroma de Cristo que se eleva até Deus.
2 CORÍNTIOS 2:15

Qual dos cinco sentidos suscita as suas memórias mais acentuadamente? Para mim, é definitivamente o sentido do olfato. Certo tipo de óleo bronzeador me leva imediatamente a uma praia francesa. O odor de frango temperado traz-memórias das visitas à casa de minha avó quando eu era criança. Um leve aroma de pinho diz "Natal", e certo tipo de loção pós-barba traz de volta os anos de adolescência de meu filho.

Paulo relembrou aos coríntios que eles eram o aroma de Cristo: "Somos o aroma de Cristo que se eleva até Deus" (2 Coríntios 2:15). Talvez ele estivesse se referindo às paradas das vitórias romanas. Os romanos se certificavam de que todos soubessem que eles haviam sido vitoriosos queimando incenso em altares ao longo da cidade. Para os vencedores, o aroma era agradável; para os prisioneiros significava a certeza da escravidão, ou a morte. Então, como cristãos, somos guerreiros vitoriosos. E quando o evangelho de Cristo é pregado, torna-se uma fragrância agradável a Deus.

Como o aroma de Cristo, quais perfumes os cristãos trazem consigo ao entrarem num recinto? Não é algo que possa ser comprado num vidro ou frasco. Quando passamos muito tempo com alguém, começamos a pensar e agir como essa pessoa. Investir tempo com Jesus nos ajudará a espalhar uma fragrância agradável àqueles que nos rodeiam.

Marion Stroud

1º DE SETEMBRO

Fazendo sua música

Leitura: 2 Coríntios 3:17-18

...todos nós [...] o Espírito, nos transforma gradativamente à sua imagem gloriosa... 2 CORÍNTIOS 3:18

Arianne Abela, regente de coral, passou a infância sentando-se sobre as suas mãos para escondê-las. Nascida com os dedos ausentes ou fundidos nas duas mãos, ela também não tinha a perna esquerda e faltavam-lhe os dedos do pé direito. Arianne amava música e era cantora lírica, ela tinha planejado graduar-se em gestão política. Mas um dia sua professora de coral pediu-lhe que ela o regesse, o que permitiu que as mãos dela se tornassem bastante visíveis. A partir desse momento, Arianne descobriu sua carreira, passando a reger coros de igrejas e hoje ela é a diretora dos corais em outra universidade. "Meus professores viram algo em mim", ela explica.

Sua história inspiradora convida os cristãos a questionarem: O que Deus, nosso santo Mestre, vê em nós, independentemente de nossos "limites"? Mais do que tudo, Ele se vê. "Deus criou os seres humanos à sua própria imagem, à imagem de Deus os criou; homem e mulher os criou" (Gênesis 1:27).

Como gloriosos "portadores da Sua imagem", quando os outros nos veem, devemos refleti-lo. Para Arianne, isso significa que Jesus, e não as suas mãos ou a falta de dedos, tem maior importância. Isso é verdadeiro para todos os cristãos também. "Portanto, todos nós, dos quais o véu foi removido, podemos ver e refletir a glória do Senhor, e o Senhor, que é o Espírito, nos transforma gradativamente à sua imagem gloriosa..." (2 Coríntios 3:18).

Assim como Arianne, nós também podemos conduzir a nossa vida pelo poder transformador de Cristo (v.18), oferecendo cânticos que honrem a Deus.!

Patricia Raybon

2 DE SETEMBRO

Melhor do que nunca

Leitura: 2 Coríntios 4:16–5:9

Por isso, nunca desistimos. Ainda que nosso exterior esteja morrendo, nosso interior está sendo renovado a cada dia... 2 CORÍNTIOS 4:16

A Catedral de Notre Dame em Paris é um edifício espetacular. Sua arquitetura é fascinante, e seus vitrais e belos detalhes internos são de tirar o fôlego. Mas depois de séculos de imponência elevando-se sobre a paisagem de Paris, o prédio precisou de renovação, que já tinha sido iniciada quando um incêndio devastador causou extensos danos ao antigo e glorioso edifício.

As pessoas que amam esse marco de oito séculos foram em seu socorro. Mais de um bilhão de dólares já foram arrecadados para a restauração do prédio. A estrutura de pedra teve que ser escorada. O interior danificado e os seus valiosos pertences precisam ser restaurados. O esforço vale a pena, porque para muitos essa antiga catedral permanece como um símbolo de esperança.

O que acontece com as construções também acontece conosco. Eventualmente, o nosso corpo, assim como essa igreja antiga, se deteriorará pelo desgaste! Mas, como o apóstolo Paulo explica, há boas-novas: embora possamos perder gradualmente a vitalidade física da juventude, o cerne de quem somos, o nosso ser espiritual, pode ser continuamente renovado (2 Coríntios 4:16).

À medida que o nosso objetivo passa a ser "agradar ao Senhor" (5:9), confiar no Espírito Santo para nos encher e transformar (3:18; Efésios 5:18), o nosso crescimento espiritual jamais precisará se deteriorar, independentemente da aparência do nosso "edifício".

Dave Branon

3 DE SETEMBRO

Dando o primeiro passo

Leitura: 2 Coríntios 5:11-21

...em Cristo, Deus estava reconciliando consigo o mundo, não levando em conta os pecados das pessoas. E ele nos deu esta mensagem maravilhosa de reconciliação. 2 CORÍNTIOS 5:19

Tham Dashu sentiu que algo estava faltando em sua vida e então começou a ir para a mesma igreja que a sua filha já frequentava. No entanto, eles nunca foram juntos. Em dias anteriores, ele a tinha ofendido, e isso gerou um desgaste no relacionamento entre eles. Assim, o pai entrava sorrateiramente, enquanto todos cantavam, e saía imediatamente após o culto terminar.

Os membros da igreja compartilharam a mensagem do evangelho com ele, mas Dashu sempre rejeitou educadamente o convite para colocar sua fé em Jesus. Ainda assim, continuava indo à igreja.

Um dia, Dashu adoeceu gravemente. Sua filha criou coragem e escreveu-lhe uma carta compartilhando como Cristo tinha mudado a vida dela e como ela desejava reconciliar-se com o seu pai. Naquela noite, Dashu colocou sua fé em Jesus e a família reconciliou-se. Poucos dias depois, Dashu morreu e entrou na presença de Jesus, em paz com Deus e com os seus entes queridos.

O apóstolo Paulo escreveu que devemos tentar "persuadir outros" a respeito da veracidade do amor e do perdão divino (2 Coríntios 5:11). Ele disse que "o amor de Cristo nos impulsiona" (v.14) a realizar a Sua obra de reconciliação.

Nossa disposição em perdoar pode ajudar os outros a perceber que Deus deseja reconciliar-nos com Ele (v.19). Você confia na força de Deus para demonstrar a essas pessoas o amor de Deus hoje?

Poh Fang Chia

4 DE SETEMBRO

Dê tudo o que você tem

Leitura: 2 Coríntios 9:6-14

Cada um deve decidir em seu coração quanto dar.
2 CORÍNTIOS 9:7

Escalonamento, esse é o termo usado no ambiente da boa forma, *fitness*, que permite espaço para qualquer pessoa participar. Se o exercício for de flexionamento, talvez você possa fazer dez seguidas, mas eu posso fazer apenas quatro. O incentivo da instrutora para mim seria escalonar o número das flexões de acordo com o meu nível de condicionamento físico no momento. Nem todos estão no mesmo nível, mas todos podem seguir na mesma direção. Em outras palavras, ela diria: "Faça suas quatro flexões com toda a sua força. Não se compare a ninguém. Por enquanto, apenas escalone os movimentos e continue fazendo o que consegue e, em breve, você poderá se surpreender com a capacidade de fazer sete e até mesmo dez repetições".

Quando se trata de "dar", o apóstolo Paulo foi claro: "Deus ama quem dá com alegria" (2 Coríntios 9:7). Mas o encorajamento dele aos cristãos em Corinto e a nós é uma variação dessa escala. "Cada um deve decidir em seu coração quanto dar" (v.7). Cada um de nós se encontra em patamares diferentes de doação e, às vezes, esses patamares mudam com o passar do tempo. A comparação não é benéfica, mas a atitude é. Considerando onde você está, semeie "com fartura" (v.6). Nosso Deus prometeu que a prática disciplinada de doar com alegria traz enriquecimento em todos os sentidos com uma vida abençoada que resulta em ações de "graças a Deus" (v.11).

John Blase

GÁLATAS

O evangelho de Jesus Cristo é a peça central deste livro. Paulo propõe-se a mostrar que Jesus veio salvar os pecadores perdidos, e eles não precisam de mais nada para a salvação. Ao que parece, Paulo não está tranquilo e admira-se de que eles tenham se afastado "tão depressa" da verdade e seguido "um caminho diferente" (1:6). Ele começa detalhando um esboço biográfico para apresentar a fé por meio da graça e, na sequência, embasa essa doutrina utilizando inúmeros exemplos (capítulo 3). Paulo conclui lembrando aos seus ouvintes sobre o grandioso poder do Espírito Santo.

ESBOÇO

A liberdade e o evangelho, GÁLATAS 1:1-4:31
A liberdade em Cristo e a vida pelo Espírito, GÁLATAS 5:1-26
Cuidados com os outros; Legalismo, GÁLATAS 6:1-18

5 DE SETEMBRO

É verdade?

Leitura: Gálatas 1:1-9

...ouviram a mensagem de Paulo com grande interesse. Todos os dias, examinavam as Escrituras para ver se Paulo e Silas ensinavam a verdade. ATOS 17:11

"Confie, mas verifique." Meu esposo ama essa citação do ex-presidente norte-americano, Ronald Reagan. Durante seu período presidencial, Reagan queria acreditar em tudo o que lhe diziam em suas transações políticas com outros. Mas, visto que a segurança de seu país dependia comprovação do que lhe era informado, ele se empenhava para verificar tudo.

Lemos, em Atos 17:11, que os bereanos tinham uma atitude semelhante sobre saber a verdade. "Todos os dias, examinavam as Escrituras para ver se Paulo e Silas ensinavam a verdade." Em outras palavras, os bereanos não confiavam simplesmente no que lhes diziam. Eles também verificavam por conta própria, cotidianamente.

É importante considerarmos isso também. Se recebemos nosso ensino bíblico por mediação da igreja, Escola Dominical, *podcast* ou de um vídeo, precisamos comprovar o que ouvimos certificando-nos com a Palavra inspirada de Deus (2 Timóteo 3:16-17). Devemos ser esforçados sempre "para receber a aprovação de Deus" e ensinar "corretamente a palavra da verdade", (2 Timóteo 2:15). Se fizermos isso, não nos tornaremos presa daqueles que ensinam um "caminho diferente" e daqueles que "distorcem deliberadamente as boas-novas de Cristo" (Gálatas :6-7); "falsos profetas que vêm disfarçados de ovelhas, mas que, na verdade, são lobos esfomeados" (Mateus 7:15).

Lembre-se, confie, mas comprove!

Cindy Hess Kasper

6 DE SETEMBRO

Não mais eu

Leitura: Gálatas 2:14-21

*Fui crucificado com Cristo; assim,
já não sou eu quem vive, mas Cristo vive em mim.
Portanto, vivo neste corpo terreno pela fé
no Filho de Deus, que me amou e se entregou
por mim.* GÁLATAS 2:20

No verão de 1859, Charles Blondin tornou-se a primeira pessoa a cruzar as Cataratas do Niágara numa corda bamba, algo que ele repetiria por centenas de vezes. Certa vez, ele fez isso carregando o seu empresário Harry Colcord em suas costas. Blondin o instruiu: "Olhe para cima. Você não é mais Harry Colcord, você é Blondin. Se eu me inclinar, incline-se também. Não tente se equilibrar sozinho. Se você fizer isso, morreremos os dois.

Em suma, Paulo disse aos cristãos na Galácia: Vocês não podem viver de maneira agradável a Deus a não ser pela fé em Cristo. Mas aqui está a boa notícia: vocês não precisam nem tentar! Nenhuma tentativa de merecer o favor de Deus será suficiente. Então, somos impassíveis em nossa salvação que deixamos morrer a nossa velha maneira independente de viver, como se nós mesmos morrêssemos. No entanto, continuamos a viver: "assim, já não sou eu quem vive, mas Cristo vive em mim. Portanto, vivo neste corpo terreno pela fé no Filho de Deus, que me amou e se entregou por mim" (Gálatas 2:20).

Em que situação agimos como se estivéssemos andando na "corda bamba" hoje? Deus não nos chamou para sair "dessa corda" em direção a Ele, mas o Senhor nos chamou para nos apegarmos a Ele e para caminharmos em Sua presença.

Glenn Packiam

7 DE SETEMBRO

Hospedando a realeza

Leitura: Gálatas 3:26-29

Pois todos vocês são filhos de Deus por meio da fé em Cristo Jesus. GÁLATAS 3:26

Após conhecer a rainha da Inglaterra em um baile na Escócia, Sylvia e seu marido receberam uma mensagem de que a família real gostaria de visitá-los e tomar um chá juntos. Sylvia começou a limpar sua casa e a preparar-se, ansiosa pela possibilidade de receber os convidados reais. Antes da chegada deles, ela foi, com o coração acelerado, até o jardim colher algumas flores para enfeitar a mesa. Naquele momento, ela sentiu que Deus a lembrava de que Ele é o Rei dos reis e que Ele está com ela todos os dias. Imediatamente, Sylvia sentiu-se em paz e pensou: "Afinal, é apenas a rainha!".

Sylvia está certa. Como o apóstolo Paulo observou, Deus é o "Rei dos reis e Senhor dos senhores" (1 Timóteo 6:15) e aqueles que o seguem são "filhos de Deus" (Gálatas 3:26). Quando pertencemos a Cristo, somos herdeiros de Abraão (v.29). Não estamos mais limitados pela divisão como raça, classe social ou gênero, pois somos "um em Cristo Jesus" (v.28). Somos filhos do Rei.

Embora Sylvia e seu marido tenham tido uma refeição maravilhosa com a rainha, eu não espero receber um convite semelhante tão cedo. Mas gosto de lembrar que o maior Rei de todos está comigo a cada momento. Os que creem em Jesus de todo o coração (v.27) podem viver em união, sabendo que são filhos de Deus.

De que modo o fato de nos apegarmos a essa verdade bíblica molda a maneira como vivemos hoje?

Amy Boucher Pye

8 DE SETEMBRO

Círculos apertados

Leitura: Gálatas 5:1,4-14

Portanto, permaneçam firmes nessa liberdade, pois Cristo verdadeiramente nos libertou. GÁLATAS 5:1

Um colega de turma ofereceu a minha família um cão da raça *collie* com *pedigree* que estava idosa demais para procriar. Logo descobrimos que ela havia, infelizmente, passado grande parte de sua vida dentro de um pequeno canil. Ela andava apenas girando dentro de pequenos círculos e não conseguia buscar algo ou correr em linha reta. E mesmo com um grande quintal à disposição para brincar, ela pensava que ainda que estava cercada.

Os primeiros cristãos, muitos dos quais eram judeus, estavam acostumados a ser contidos pela Lei mosaica. Embora a Lei fosse boa e tivesse sido dada por Deus para os convencer do pecado e levá-los a Jesus (Gálatas 3:19-25), era a hora de viver sua nova fé baseada na graça de Deus e na liberdade de Cristo. Eles hesitaram. Depois de tanto tempo, será que eles estavam verdadeiramente livres?

Talvez nós tenhamos o mesmo problema ou tenhamos crescido em igrejas que nos cercaram com regras rígidas. Talvez tenhamos sido criados em lares permissivos e agora estamos desesperados pela segurança que os limites nos oferecem. De qualquer maneira, é hora de admitirmos a nossa liberdade em Cristo (Gálatas 5:1). Jesus nos libertou para o obedeçamos por amor (João 14:21) e para servirmos "uns aos outros em amor" (Gálatas 5:13). Há muito amor e alegria disponível aos que compreendem que "se o Filho os libertar, vocês serão livres de fato" (João 8:36).

Mike Wittmer

9 DE SETEMBRO

Vida em paz

Leitura: Gálatas 5:16-25

Então vocês experimentarão a paz de Deus,
que excede todo entendimento e que guardará seu coração
e sua mente em Cristo Jesus. FILIPENSES 4:7

Em Perth, na Austrália, há um lugar chamado Casa *Shalom* onde as pessoas que lutam contra as adições buscam por ajuda. Nessa casa, elas encontram pessoas atenciosas que os apresentam à *shalom* de Deus (palavra em hebraico que significa paz). Muitas vidas destruídas sob o peso dos vícios de drogas, álcool, jogo e outros comportamentos destrutivos estão sendo transformadas pelo amor de Deus.

A mensagem da cruz está no âmago dessa transformação. Essas pessoas despedaçadas na casa *Shalom* descobrem que, por meio da ressurreição de Jesus, elas podem encontrar o seu renascimento. Em Cristo, encontramos a verdadeira paz e cura.

A paz não é apenas a ausência de conflito; é a presença da plenitude de Deus. Todos nós precisamos desta *shalom*, que só se encontra em Cristo e no Seu Espírito. Por esse motivo, Paulo destacou aos gálatas a atuação transformacional do Espírito. À medida que o Espírito Santo age em nossa vida, Ele gera o Seu fruto que inclui: "amor, alegria, paciência..." (Gálatas 5:22-23). O Espírito Santo nos concede o elemento vital da paz verdadeira e duradoura.

À medida que o Espírito nos capacita a viver na *shalom* de Deus, aprendemos a entregar as nossas necessidades e preocupações ao Pai celestial. Isso, por sua vez, traz-nos "a paz de Deus, que excede todo entendimento" e que guardará o nosso coração e mente "em Cristo Jesus" (Filipenses 4:7).

No Espírito de Cristo, o nosso coração experimenta a verdadeira *shalom*.

Bill Crowder

EFÉSIOS

Continuava a ser importante para Paulo, bem como para outros líderes da igreja do primeiro século, dissipar o pensamento de que os judeus e os gentios deveriam estar divididos nessa nova fé. Simplesmente, formava-se uma nova comunidade — a Igreja cristã. A ideia de unidade dos cristãos era essencial para fundir esses dois grupos em "um novo homem", como Paulo a descreveu em Efésios (2:15 ARA). Então, partindo disso, os cristãos deveriam caminhar em unidade e santidade enquanto vivessem e adorassem juntos. Essa era a orientação com a qual Paulo guiava o povo de Éfeso e da região circundante.

ESBOÇO

Bênçãos por estar em Cristo e selado pelo Espírito, EFÉSIOS 1:1-22
Vivos e unificados em Cristo, EFÉSIOS 2:1-22
Revelando o mistério da Igreja, EFÉSIOS 3:1-21
Vida na Igreja, dons espirituais e a nova pessoa, EFÉSIOS 4:1-29
A vida no Espírito, EFÉSIOS 4:30-5:21
Famílias e serviço, EFÉSIOS 5:22-6:9
Guerra espiritual, EFÉSIOS 6:10-24

10 DE SETEMBRO

A herança imerecida

Leitura: Efésios 1:3-14

Ele nos predestinou para si, para nos adotar como filhos por meio de Jesus Cristo, conforme o bom propósito de sua vontade. EFÉSIOS 1:5

"Obrigado pelo jantar, papai", disse-lhe enquanto colocava meu guardanapo sobre a mesa do restaurante. Eu estava de volta durante uma folga da faculdade e, tendo saído de casa há algum tempo, parecia estranho ter meus pais pagando por mim. "De nada, Julie", meu pai respondeu, "mas você não precisa me agradecer por tudo o tempo todo. Sei que você está se mantendo por conta própria por algum tempo, mas você ainda é minha filha e parte da família". Eu sorri e disse: "Obrigada, papai".

Na minha família, nada fiz para merecer o amor dos meus pais ou o que eles fazem por mim. Mas o comentário do meu pai me relembra de que nada fiz por merecer para ser parte da família de Deus também.

Na carta aos Efésios, Paulo diz aos leitores que Deus os escolheu para serem "santos e sem culpa diante dele" (1:4), ou para permanecerem santos e "sem culpa" diante dele (5:25-27). Mas isso só é possível por intermédio de Deus, que "é tão rico em graça que comprou nossa liberdade com o sangue de seu Filho e perdoou nossos pecados" (1:7). Não precisamos merecer a graça de Deus, o perdão ou a entrada na família de Deus. Simplesmente aceitamos a Sua dádiva.

Quando entregamos a nossa vida a Jesus, tornamo-nos filhos de Deus, o que significa que recebemos a vida eterna e que temos uma herança nos aguardando na eternidade.

Louvado seja Deus por oferecer tão maravilhoso presente!

Julie Schwab

11 DE SETEMBRO

Tudo é dádiva!

Leitura: Efésios 2:1-9

Vocês são salvos pela graça, por meio da fé. Isso não vem de vocês; é uma dádiva de Deus. EFÉSIOS 2:8

O Café *Rendezvous* em Londres tem iluminação agradável, sofás confortáveis e o aroma de café no ar. O que ele não tem são os preços. Começou, originalmente, como um projeto de uma igreja local, mas o lugar foi transformado um ano depois que começou. Os gerentes sentiram que Deus os chamava para fazer algo radical, "oferecer um menu grátis". Hoje você pode pedir um café, bolo, ou sanduíche sem custo. Não há sequer uma caixa de doação. Tudo é dádiva.

Perguntei ao gerente o porquê de eles serem tão generosos. "Estamos apenas tentando tratar as pessoas como Deus nos trata", disse ele. "Deus nos provê, quer o agradeçamos ou não. Ele é generoso conosco além do que podemos imaginar."

Jesus morreu para nos livrar de nossos pecados e nos reconciliar com Deus. Ele se levantou do túmulo e está vivo agora. Por isso, cada coisa errada que fizemos pode ser perdoada, e podemos ter uma nova vida hoje (Efésios 2:1-5). E uma das coisas mais incríveis sobre isso é que é tudo gratuito. Não podemos comprar a nova vida que Jesus oferece. Não podemos nem sequer doar para custear o gasto (vv.8-9). Tudo é dádiva de Deus.

À medida que o pessoal do Café *Rendezvous* serve os seus bolos e cafés, eles demonstram aos outros um vislumbre da generosidade de Deus. Você e eu recebemos a oferta da vida eterna porque Jesus já pagou por essa dívida.

Sheridan Voysey

12 DE SETEMBRO

Feito à mão para você

Leitura: Efésios 2:4-10

Pois, somos obra-prima de Deus, criados em Cristo Jesus a fim de realizar as boas obras que ele de antemão planejou para nós. EFÉSIOS 2:10

Minha avó foi uma costureira talentosa e premiada em seu estado natal que, ao longo da minha vida, celebrou ocasiões importantes com presentes feitos à mão: um suéter na minha formatura de Ensino Médio, uma colcha quando casei. Em cada item customizado, eu encontrava sua etiqueta, que dizia: "Feito pra você pela vovó". Em cada palavra bordada, eu sentia seu amor por mim e recebia uma declaração poderosa de sua confiança em meu futuro.

Paulo escreveu aos efésios sobre o propósito deles neste mundo, descrevendo-os como "obra-prima de Deus, criados em Cristo Jesus a fim de realizar as boas obras" (Efésios 2:10). Aqui, a palavra "obra-prima" denota um trabalho ou obra de arte. O apóstolo afirma que a obra-prima de Deus ao nos criar resultaria na nossa obra-prima de criar boas obras — ou expressões do nosso relacionamento restaurado com Cristo Jesus, para a Sua glória no mundo. Jamais poderemos ser salvos por causa de nossas boas obras, mas, quando a mão de Deus nos molda para os Seus propósitos, Ele pode nos usar para conduzir outros ao Seu grande amor.

Com sua cabeça inclinada sobre as agulhas, minha avó teceu e produziu itens que transmitiram seu amor por mim e o seu desejo de que eu descobrisse o meu propósito neste planeta. E, com os Seus dedos moldando os detalhes dos nossos dias, Deus tece o Seu amor e os Seus propósitos no nosso coração para que possamos experimentá-lo individualmente e demonstrar a Sua obra-prima aos outros.

Elisa Morgan

13 DE SETEMBRO

O cão e o aspersor de água

Leitura: Efésios 3:14-21

...Cristo habitará em seu coração [...]. Então vocês serão preenchidos com toda plenitude de vida e poder que vêm de Deus. EFÉSIOS 3:17,19

Na maioria das manhãs de verão, ocorre um drama interessante no parque localizado atrás de nossa casa. Envolve um aspersor e um cão da raça buldogue. Por volta das 6h30, os aspersores são acionados. Em seguida, Fifi, o cão buldogue (sim, eles a chamaram de Fifi) chega.

O dono de Fifi a livra da guia que a contém e ela corre com tudo até o aspersor mais próximo, atacando o jato d'água que molha seu rosto. Se a Fifi pudesse comer o irrigador, acho que ela o faria. É uma demonstração de absoluta exuberância o desejo aparentemente infinito que ela sente de ser encharcada pelo líquido do qual nunca se cansa.

Não há buldogues na Bíblia, nem irrigadores. No entanto, a oração de Paulo em Efésios 3 me traz à mente a lembrança da Fifi. Lá, Paulo ora para que os cristãos em Éfeso sejam cheios do amor de Deus e para que pudessem "compreender a largura, o comprimento, a altura e a profundidade do amor de Cristo". Ele orou para que fôssemos "preenchidos com toda a plenitude de vida e poder que vêm de Deus" (vv.18-19).

Ainda hoje, nós somos convidados a conhecer pessoalmente o Senhor Deus cujo amor infinito excede tudo o que podemos compreender, para que também nós possamos ser encharcados, impregnados e totalmente saciados por Sua bondade. Somos livres para submergir na profundidade, prazer e deleite de um relacionamento com Aquele que por si só pode inundar o nosso coração e nossa vida com amor, significado e propósito.

Adam Holz

14 DE SETEMBRO

Mansidão

Leitura: Efésios 4:1-6

Sejam sempre humildes e amáveis...
EFÉSIOS 4:2

Os problemas do cotidiano podem nos deixar mal-humorados e fora do prumo, mas nunca devemos justificar esses ataques de mau comportamento, pois eles podem ferir quem amamos e espalhar a miséria ao nosso redor. Só cumprimos a nossa parte quando aprendemos a ser agradáveis uns aos outros.

O Novo Testamento tem uma palavra que nos ensina sobre a virtude de como corrigir os nossos dissabores: a mansidão, um termo que sugere uma alma bondosa e plena de gratidão. Na carta aos Efésios, Paulo nos lembra: "Sejam sempre humildes e amáveis" (4:2), termos que sugerem que tenhamos alma bondosa e graciosa.

Ser humilde e amável é exercer a disposição de aceitar limitações e doenças, sem descontar a nossa irritação nos outros. É demonstrar gratidão pelo menor serviço prestado e tolerância com aqueles que não nos tratam bem. Suportar pessoas incômodas, especialmente crianças ruidosas e rudes, pois tratar bem os pequenos distingue uma pessoa boa e gentil. É ser manso perante a provocação. Ser silencioso; pois a calma e o silêncio imperturbável muitas vezes são as respostas mais eloquentes às palavras desagradáveis.

Jesus é "manso e humilde de coração" (Mateus 11:29). Se lhe pedirmos, em Seu tempo, Ele nos recriará à Sua imagem. George MacDonald, escritor escocês, diz: "Deus não ouviria de nós um tom áspero que abatesse o coração de outro, uma palavra que ferisse. [...] Jesus nasceu para nos livrar desses e de todos os outros pecados."

David Roper

15 DE SETEMBRO

Reconstruindo sonhos

Leitura: Efésios 4:20-24

...revistam-se de sua nova natureza, criada para ser verdadeiramente justa e santa como Deus. EFÉSIOS 4:24

Estêvão cresceu na periferia de Londres e com 10 anos entrou para o crime. Ele disse: "Se todo mundo está vendendo drogas e fazendo roubos e fraudes, então você também se envolve. É apenas um modo de vida". Mas, aos 20 anos, ele teve um sonho que o transformou. Ele ouviu o Senhor lhe dizendo: "Estêvão, você será preso por assassinato". Esse sonho o impactou muito e lhe serviu como um aviso. Estêvão voltou-se para Deus, recebeu Jesus como seu Salvador e o Espírito Santo transformou a vida dele.

Estêvão fundou uma organização que, por meio do esporte, ensina disciplina, moral e respeito às crianças carentes que vivem nas cidades. Ele glorifica a Deus pelo sucesso que tem visto à medida que ele ora com as crianças e as disciplina: "Reconstruímos sonhos mal orientados", diz ele.

Ao buscar a Deus e deixar para trás o nosso passado, nós, como Estêvão, seguimos a ordem de Paulo aos efésios para que acolhessem um novo modo de vida. Embora o nosso antigo "eu" seja "corrompido pelos desejos impuros", podemos procurar nos revestir "de sua nova natureza" a qual foi criada para ser "como Deus" (Efésios 4:22,24). Todos os cristãos envolvem-se nesse processo de contínuo aprendizado quando buscam a Deus por intermédio do Seu Espírito Santo para tornarem-se mais semelhantes a Ele.

Estêvão afirmou que a fé foi o alicerce decisivo para que a vida dele fosse transformada. De que maneira a sua fé o transformou?

Amy Boucher Pye

16 DE SETEMBRO

Removendo o intruso

Leitura: Efésios 5:25-33

Maridos, ame cada um a sua esposa, como Cristo amou a igreja.
Ele entregou a vida por ela. EFÉSIOS 5:25

Ainda era madrugada quando o meu marido levantou-se da cama e foi à cozinha. Eu vi a luz acender e apagar e me questionei sobre o motivo. Logo lembrei que na manhã anterior eu tinha gritado ao ver um "intruso" no balcão da cozinha; uma criatura indesejável e com seis pernas. Meu marido conhecia minha paranoia e chegou imediatamente para remover a indesejável dali. Portanto na manhã seguinte, ele acordou mais cedo para garantir que nossa cozinha estivesse livre desses bichinhos para que eu pudesse entrar sem preocupação. Que homem!

Meu marido acordou pensando em mim e colocou a minha necessidade antes da dele. Para mim, a atitude dele demonstrou o amor que Paulo descreve em Efésios 5:25: "Maridos, ame cada um a sua esposa, como Cristo amou a igreja. Ele entregou a vida por ela". Paulo continua: "os maridos devem amar cada um a sua esposa, como amam o próprio corpo, pois o homem que ama sua esposa na verdade ama a si mesmo" (v.28). A comparação que Paulo faz sobre o amor de um marido com o amor de Cristo baseia-se no fato de como Jesus coloca as nossas necessidades à frente das Suas. Meu marido sabe que tenho medo de certos intrusos e, por esse motivo, ele priorizou a minha preocupação.

Esse princípio não se aplica apenas aos maridos. Seguindo o exemplo de Jesus, cada um de nós pode se sacrificar amorosamente para ajudar a remover o intruso do estresse, medo, vergonha ou ansiedade, para que alguém possa se mover mais livremente no mundo.

Elisa Morgan

17 DE SETEMBRO

Leitura: Efésios 6:10-20

É tempo de orar de novo

Orem no Espírito em todos os momentos e ocasiões...
EFÉSIOS 6:18

Estacionei na garagem e acenei para minha vizinha Míriam e sua pequena filha Elisabete. Com o correr dos anos, a garota havia se acostumado com nossas conversas espontâneas que duravam mais do que "poucos minutos" e que acabavam em reunião de oração. Ela subiu na árvore no centro do jardim da casa delas, pendurou as pernas num galho e se ocupou enquanto a mãe e eu conversávamos. Depois de certo tempo, Elisabete desceu do seu galho de árvore e veio correndo até nós. Agarrando nossas mãos, sorriu e quase cantou: "É hora de orar de novo". Mesmo sendo tão pequena, Elisabete parecia entender como a oração era parte importante da nossa amizade.

Depois de encorajar os cristãos a serem "fortes no Senhor e em seu grande poder" (Efésios 6:10), o apóstolo Paulo ofereceu um ensino especial sobre o papel essencial da oração perseverante. Ele descreveu sobre a armadura que o povo de Deus precisaria em sua caminhada espiritual com o Senhor, que nos provê proteção, discernimento e confiança em Sua verdade (vv.11-17). Contudo, o apóstolo enfatizou que essa força concedida por Deus é a consequência do aprofundamento voluntário na dádiva vivificante da oração (vv.18-20).

Deus nos ouve e se importa com nossas preocupações, quer sejam expressas com ousadia, soluços silenciosos ou encarceradas profundamente no fundo de um coração abatido. O Senhor está sempre pronto para nos fortalecer em Seu poder, quando Ele nos convida a orar com perseverança.

Xochitl Dixon

FILIPENSES

A primeira pauta de Paulo nesta carta foi transmitir um sincero agradecimento aos seus amigos e a todo o povo santo em Filipos. Parece haver uma grande admiração mútua entre eles. Paulo reconhece ter sofrido, mas ainda se regozija. Ele pede que os seus amigos vivam em unidade e se conduzam de forma digna. Uma das passagens centrais para eles, e para nós, é o início do capítulo 2, quando Paulo apela à humildade, à luz do grande exemplo de Jesus, de pôr de lado as glórias do Céu para vir à Terra. Paulo diz aos seus amigos para prosseguirem e assegura-lhes da esperança de que encontrarão a paz de Deus.

ESBOÇO

Uma mensagem de agradecimento, FILIPENSES 1:1-11
Servir a Deus na aflição, FILIPENSES 1:12-30
Refletir a humildade de Jesus, FILIPENSES 2:1-11
Confiança total em Jesus, FILIPENSES 3:1-21
O poder da força do Senhor, FILIPENSES 4:1-9
Palavras de gratidão e contentamento, FILIPENSES 4:10-23

18 DE SETEMBRO

O piano encolhido

Leitura: Filipenses 1:1-11

*Tenho certeza de que aquele que começou
a boa obra em vocês irá completá-la até o dia em que
Cristo Jesus voltar.* FILIPENSES 1:6

Durante três anos consecutivos, meu filho participou de um recital de piano. No último ano em que tocou, eu o vi subir os degraus do palco e fazer a sua apresentação musical. Ele tocou duas músicas e depois sentou-se ao meu lado e sussurrou: "Mãe, este ano o piano era menor." Eu lhe respondi: "O piano é o mesmo. Foi você que cresceu."

Muitas vezes, o crescimento espiritual e o crescimento físico acontecem lentamente ao longo do tempo. É um processo dinâmico que envolve tornar-se mais semelhante a Jesus, e isso acontece à medida que somos transformados pela renovação da nossa mente (Romanos 12:2).

Quando o Espírito Santo está agindo em nós, podemos perceber conscientemente o nosso pecado. Com o desejo de honrar a Deus, esforçamo-nos para mudar. Às vezes, somos bem-sucedidos, mas em outros momentos, tentamos e falhamos. Quando parece que nada muda, desanimamos. Podemos comparar o fracasso com a falta de progresso, quando na verdade isso apenas demonstra que estamos no meio do processo.

O crescimento espiritual envolve o Espírito Santo, a nossa vontade de mudar e tempo. Em certos momentos em nossa vida, podemos olhar para trás e reconhecer que crescemos espiritualmente. Que Deus nos dê a fé para continuar a crer que "...aquele que começou a boa obra em vocês irá completá-la até o dia em que Cristo Jesus voltar" (Filipenses 1:6).

Jennifer Benson Schuldt

19 DE SETEMBRO

Cada momento é importante

Leitura: Filipenses 1:12-24

Pois, para mim, o viver é Cristo, e o morrer é lucro.
FILIPENSES 1:21

Quando conheci a senhora Ada, ela era a única sobrevivente de todo o seu grupo de amigos e de sua família e morava numa casa de repouso. "A pior parte de envelhecer é ver todo mundo seguir em frente e deixar você para trás", disse-me. Um dia, eu a questionei sobre o que lhe capturava o interesse e como ela investia o seu tempo. Ela respondeu com uma passagem das Escrituras, do apóstolo Paulo (Filipenses 1:21): "...para mim, o viver é Cristo, e o morrer é lucro". Em seguida, ela acrescentou: "Enquanto estiver por aqui, tenho trabalho a fazer. Nos meus bons dias, falo às pessoas daqui sobre Jesus; nos dias mais difíceis, ainda posso orar".

É muito significativo o fato de Paulo ter escrito a carta aos Filipenses enquanto ela estava na prisão. Ele reconheceu uma realidade que muitos cristãos compreendem quando enfrentam a própria mortalidade. Mesmo que o Céu pareça tão convidativo, o restante do tempo que temos na Terra é importante para Deus.

Como Paulo, Ada reconhecia que cada respiro que dava era uma oportunidade de servir e glorificar a Deus. Portanto, ela aproveitava os seus dias amando aos outros e apresentando-os ao seu Salvador.

Mesmo em nossos momentos mais sombrios, os cristãos podem se apegar à promessa da alegria permanente na comunhão com Deus. E, enquanto vivemos, desfrutamos de um relacionamento pessoal com o Senhor. Ele preenche todos os nossos momentos com valor e significância.

Randy Kilgore

20 DE SETEMBRO

Cantando com Violeta

Leitura: Filipenses 1:21-26

...quero partir e estar com Cristo, o que me seria muitíssimo melhor. Contudo, por causa de vocês, é mais importante que eu continue a viver. FILIPENSES 1:23-24

Uma senhora idosa chamada Violeta sentou-se em sua cama numa enfermaria jamaicana e sorriu quando alguns adolescentes pararam para visitá-la. O ar quente, pegajoso, do meio-dia entrava sem parar em seu aposento, mas ela não reclamou. Em vez disso, ela começou a buscar em sua mente uma canção para entoar. Então um enorme sorriso surgiu em sua face ao cantar: "Estou correndo, pulando, saltando, louvando ao Senhor!" Enquanto cantava, balançava os braços para frente e para trás como se estivesse correndo. As lágrimas surgiram na face das pessoas que estavam ao seu redor, pois Violeta não tinha pernas. Ela estava cantando porque, ela mesma disse: "Jesus me ama e no céu vou ter pernas para correr".

A alegria de Violeta e a esperançosa antecipação da eternidade deram um novo significado às palavras de Paulo quando ele se referiu às questões de vida e morte dizendo: "Mas, se continuar vivo, posso trabalhar e produzir fruto para Cristo. Na verdade, não sei o que escolher. Estou dividido entre os dois desejos: quero partir e estar com Cristo, o que me seria muitíssimo melhor" (Filipenses 1:22-23).

Cada um de nós enfrenta tempos difíceis que podem nos fazer desejar a promessa o alívio da eternidade com Cristo. No entanto, assim como Violeta nos demonstrou alegria, apesar das circunstâncias momentâneas, nós também podemos continuar "correndo, saltando, louvando ao Senhor", tanto pela vida abundante que Ele nos concede agora quanto pela suprema alegria que nos espera.

Dave Branon

21 DE SETEMBRO

Fácil de fazer

Leitura: Filipenses 2:12-18

*Pois Deus está agindo em vocês,
dando-lhes o desejo e o poder de realizarem aquilo
que é do agrado dele.* FILIPENSES 2:13

Meu pai e eu costumávamos derrubar árvores e cortá-las com um serrote de duas pontas. Sendo jovem e forte, eu tentava forçar a serra no corte. "Não force", dizia meu pai: "deixe que a serra faça o seu trabalho".

Penso nas palavras de Paulo em Filipenses 2:13. "Deus está agindo em vocês". Não se precipite e permita que Ele complete a Sua obra de transformação em nós.

O autor C. S. Lewis disse que o crescimento é muito mais do que ler e praticar o que Cristo disse. Ele explicou: "Cristo é uma Pessoa real e está atuando em seu favor, transformando-o gradual e permanentemente em um novo pequeno Cristo, um ser que compartilha de Seu poder, alegria, conhecimento e eternidade".

Deus age nesse processo hoje. Sente-se aos pés de Jesus e ouça o que Ele tem a dizer. Ore. "Mantenham-se firmem no amor de Deus" (Judas 1:21), lembrando-se o dia inteiro de que você lhe pertence. Descanse na certeza de que o Senhor está gradualmente o transformando. "Mas não devemos ter fome e sede de justiça?", você questiona. Imagine uma criança pequena tentando alcançar um presente que está no alto de uma prateleira, com os olhos brilhando de vontade. Seu pai, percebendo isso lhe alcança o presente.

O trabalho é de Deus; a alegria é nossa. Deus está agindo. Um dia alcançaremos a plenitude.

David Roper

22 DE SETEMBRO

Falsa confiança

Leitura: Filipenses 3:2-8

Sim, todas as outras coisas são insignificantes comparadas ao ganho inestimável de conhecer a Cristo Jesus, meu Senhor. FILIPENSES 3:8

Alguns anos já se passaram desde que meu médico me falou seriamente sobre minha saúde. Segui suas orientações, comecei a frequentar a academia e ajustei a minha dieta alimentar. Com o tempo, o colesterol baixou, o meu peso também, e a autoestima aumentou. Mas algo não muito agradável aconteceu, pois eu passei a julgar as escolhas alimentares de outras pessoas e a julgá-las. Não é engraçado que, muitas vezes, quando encontramos um sistema de pontuação que nos classifica bem, o usamos para nos elevar e diminuir os outros? Parece ser uma tendência humana inata nos apegarmos aos padrões que criamos, na tentativa de nos justificarmos. São os tais sistemas de autojustificação e gerenciamento da culpa.

Paulo advertiu os filipenses contra essas atitudes. Alguns estavam confiando no seu desempenho religioso ou na submissão cultural, e o apóstolo lhes disse que ele mesmo tinha mais motivos para se vangloriar de tais coisas: "se outros pensam ter motivos para confiar nos próprios esforços, eu teria ainda mais!" (Filipenses 3:4). No entanto, ele sabia que sua origem e seu desempenho eram "insignificantes" em comparação com o faro de "conhecer a Cristo" (v.8). Somente Jesus nos ama como somos, resgata-nos e concede-nos o poder de nos tornarmos mais parecidos com Ele. Não é necessário ganhar; nenhuma pontuação é possível.

A vanglória é ruim em si mesma, e quando ela se fundamenta em falsa confiança passa a ser trágica. O evangelho nos afasta da falsa confiança e nos coloca em comunhão com o Salvador que nos ama e se entregou por nós.

Glenn Packiam

23 DE SETEMBRO

É sobre quem você conhece

Leitura: Filipenses 3:7-11

*Sim, deveras considero tudo como perda,
por causa da sublimidade do conhecimento de Cristo Jesus,
meu Senhor...* FILIPENSES 3:8 9 (ARA)

No início de 2019, Charlie VanderMeer morreu com 84 anos. Por décadas, ele foi conhecido por milhares de pessoas como "tio Charlie", o apresentador do programa nacional de rádio *Hora da Bíblia para as crianças*. No dia antes de partir para a eternidade, ele disse a um bom amigo: "Não é o que você conhece, é quem você conhece. É claro que estou falando de Jesus Cristo".

Mesmo ao enfrentar o fim de seus dias, tio Charlie não deixou de falar sobre Jesus e a necessidade das pessoas de recebê-lo como seu Salvador.

O apóstolo Paulo considerou que conhecer a Jesus era a sua tarefa mais importante: "Sim, deveras considero tudo como perda, por causa da sublimidade do conhecimento de Cristo Jesus, meu Senhor; por amor do qual perdi todas as coisas e as considero como refugo, para ganhar a Cristo e ser achado nele" (Filipenses 3:8-9 ARA). E como conhecemos Jesus? "Se com a tua boca, confessares Jesus como Senhor e, em teu coração, creres que Deus o ressuscitou dentre os mortos, serás salvo" (Romanos 10:9 ARA).

Podemos conhecer fatos sobre Jesus, podemos saber tudo sobre a igreja e termos familiaridade e conhecimento bíblico. No entanto, a única maneira de conhecer Jesus como Salvador é aceitar Seu presente gratuito da salvação. É Ele *quem* nós precisamos conhecer.

Dave Branon

24 DE SETEMBRO

A cura para a ansiedade

Leitura: Filipenses 4:1-9

*Não vivam preocupados com coisa alguma;
em vez disso, orem a Deus pedindo aquilo de que
precisam e agradecendo-lhe por tudo
que ele já fez...* FILIPENSES 4:6

Estávamos entusiasmados com a mudança por causa do trabalho do meu marido. Mas as incógnitas e os desafios deixaram-me ansiosa. Teria de embalar tudo, procurar um lugar para morar, encontrar um novo emprego para mim, familiarizar-me com uma nova cidade e me estabelecer. Tudo parecia muito perturbador. Enquanto pensava na lista de "coisas a fazer", ecoaram em minha mente as palavras escritas pelo apóstolo Paulo: Não se preocupe, ore (Filipenses 4:6-7).

Se alguém pudesse estar ansioso sobre o desconhecido e desafios, esse teria sido Paulo. Ele naufragou, foi espancado e preso. Em sua carta à igreja de Filipos, ele encorajou seus amigos que também estavam enfrentando incógnitas, dizendo-lhes: "Não vivam preocupados com coisa alguma; em vez disso, orem a Deus pedindo aquilo de que precisam e agradecendo-lhe por tudo que ele já fez..." (v.6).

As palavras de Paulo me encorajam. A vida é cheia de incertezas, venham elas como uma grande transição da vida ou problemas familiares, de saúde ou financeiros. O que continuo a aprender é que Deus se importa. Ele nos convida a abandonar os nossos medos do desconhecido, entregando-os a Ele. Quando o fazemos, o Senhor, que sabe todas as coisas, promete a Sua paz, "que excede todo o entendimento, e que guardará [nosso] coração e mente em Cristo Jesus" (v.7).

Karen Wolfe

25 DE SETEMBRO

Local de descanso

Leitura: Filipenses 4:10-20

Sei viver na necessidade e também na fartura. Aprendi o segredo de viver em qualquer situação... FILIPENSES 4:12

Em um dia particularmente quente, o garoto Carmine McDaniel, 8, quis ter a certeza de que o carteiro do seu bairro estivesse bem e hidratado. Para isso, ele deixou uma caixa térmica com energéticos e garrafas de água na entrada da casa de sua família. A câmera de segurança registrou a reação do carteiro dizendo: "Água e energéticos. Obrigado, Senhor, obrigado!"

A mãe do garoto disse que o filho acha que é dever dele suprir o carteiro com bebidas refrescantes, mesmo quando a família não está em casa quando o carteiro faz suas entregas.

Esta história aquece o nosso coração e nos lembra de que há Alguém que supre "todas as nossas necessidades" (Filipenses 4:19), como afirmou o apóstolo Paulo. Embora ele estivesse definhando na prisão e incerto sobre o seu futuro, Paulo se alegrou pelos cristãos de Filipos, pois Deus tinha suprido as suas necessidades por meio do apoio financeiro deles. A igreja em Filipos não era rica; no entanto, era muito generosa, doando a Paulo e a outros, mesmo eles estando em "extrema pobreza" (2 Coríntios 8:1-4). Assim como os filipenses tinham suprido as necessidades de Paulo, da mesma maneira, Deus viria a suprir o que eles necessitavam, "por meio das riquezas gloriosas que nos foram dadas em Cristo Jesus" (Filipenses 4:19).

Deus muitas vezes envia a ajuda vertical através de meios horizontais. Ou seja: envia o que precisamos através da ajuda de outros. Quando confiamos a Ele as nossas necessidades, aprendemos, como Paulo, o segredo da verdadeira alegria (vv.12-13).

Marvin Williams

COLOSSENSES

A fim de contrariar um argumento incorreto, Paulo sinaliza a direção certa. Ele não nomeia as pessoas e as acusa; ele simplesmente explica a doutrina correta e espera que os seus ouvintes compreendam o que ele está refutando por meio do seu ensino. A chave para colocar as pessoas de volta no caminho certo é explicar as verdades fundamentais, como a supremacia e a plenitude de Jesus Cristo. O apóstolo ensinou aos colossenses que, para permanecerem fortes, eles deveriam permanecer ligados à Cabeça: Jesus. Ele prosseguiu o ensino sobre a doutrina intercalando-o com os ensinamentos sobre algumas práticas da vida cristã.

ESBOÇO

Uma oração para o povo de Colossos, COLOSSENSES 1:1-14
A supremacia de Jesus, COLOSSENSES 1:15-2:3
Liberdade e nova vida em Cristo, COLOSSENSES 2:4-23
Submissão a Jesus, COLOSSENSES 3:1-4:18

26 DE SETEMBRO

O maior mistério

Leitura: Colossenses 1:15-22

O Filho é a imagem do Deus invisível e é supremo sobre toda a criação. COLOSSENSES 1:15

Antes de, pela fé, crer em Jesus, eu ouvi o evangelho, mas lutei com a identidade de Cristo. Como Ele poderia oferecer perdão por meus pecados quando a Bíblia diz que somente Deus pode perdoar os pecados? Descobri que não estava sozinha em meus questionamentos depois de ler o livro de J. I. Packer, *O conhecimento de Deus*, (Ed. Cultura Cristã, 2014, pp.45-46). O autor sugere que, para muitos incrédulos, "A afirmativa cristã realmente estontenante é que Jesus de Nazaré é Deus feito homem ... tão verdadeira e totalmente divino quanto humano". Portanto, essa é a verdade que torna possível a salvação.

Quando o apóstolo Paulo se refere a Cristo como "a imagem do Deus invisível", ele está dizendo que Jesus é completa e perfeitamente Deus, Criador e Sustentador de todas as coisas no Céu e na Terra, mas também totalmente humano (Colossenses 1:15-17). Devido a essa verdade, podemos estar confiantes de que, por meio da morte e ressurreição de Cristo, Ele não apenas carregou as consequências de nossos pecados, mas também redimiu a natureza humana, para que nós, e toda a criação, pudéssemos nos reconciliar com Deus (vv.20-22).

Em um incrível ato inicial de amor, Deus, o Pai, revela-se nas Escrituras e por meio delas pelo poder de Deus, do Espírito Santo e por intermédio da vida de Jesus, o Deus Filho. Aqueles que creem em Jesus são salvos porque Ele é Emanuel — Deus conosco. Aleluia!

Xochitl Dixon

27 DE SETEMBRO

É Jesus!

Leitura: Colossenses 1:27-29; 2:6-10

...pois Deus queria que eles soubessem que as riquezas gloriosas desse segredo também são para vocês, os gentios. E o segredo é este: Cristo está em vocês... COLOSSENSES 1:27

Durante o concurso da TV norte-americana *America's Got Talent*, uma menina de 5 anos cantou tão bem que um juiz a comparou à famosa cantora infantil e dançarina dos anos 1930. Ele comentou: "Acho que Shirley Temple está morando em algum lugar dentro de você". Ela respondeu: "Não é ela. É Jesus!".

Fiquei maravilhada com a sua profunda consciência de que a alegria vinha por Jesus "habitar" nela. A Bíblia nos assegura de que todos os que confiam nele não apenas recebem a promessa da vida eterna com Deus mas também a presença de Jesus vivendo neles, por meio do Seu Espírito: o nosso coração se torna o lar de Jesus (Colossenses 1:27; Efésios 3:17).

A presença de Jesus em nós enche-nos de motivos de gratidão (Colossenses 2:6-7). Cristo nos capacita a vivermos com propósito e energia (1:28-29). Ele cultiva a alegria em nós, em meio a todas as circunstâncias, nos momentos de celebração e nos momentos de luta (Filipenses 4:12-13). O Espírito de Cristo traz a esperança ao nosso coração, de que Deus está agindo para que todas coisas cooperem para o bem, mesmo quando não podemos ver (Romanos 8:28). E o Espírito Santo nos concede a paz que persiste independentemente do caos que gira ao nosso redor (Colossenses 3:15).

Com a confiança que adquirimos por Jesus habitar em nosso coração, podemos permitir que a Sua presença brilhe por meio de nós, de tal forma que os outros não a deixem de notar.

Lisa Samra

28 DE SETEMBRO

Faça o oposto

Leitura: Colossenses 2:20-3:4

*Pois vocês morreram para esta vida,
e agora sua verdadeira vida está escondida com
Cristo em Deus.* COLOSSENSES 3:3

Uma excursão pelo deserto pode parecer assustadora, mas para os entusiastas da natureza é apenas mais um dos atrativos. Os trilheiros necessitam de mais água do que podem carregar, e por isso eles compram garrafas com filtros incorporados para poderem usar as fontes de água encontradas pelo caminho. Porém, beber nesses recipientes é contrário à lógica. Inclinando-se a garrafa, nada acontece. O caminhante sedento deve soprar dentro dela para forçar a água a atravessar o filtro. A realidade é contrária ao que parece natural.

Ao seguirmos Jesus, encontramos muitas coisas que são contrárias à lógica. Paulo destacou um exemplo: Cumprir as regras não nos aproximará de Deus. Ele perguntou: "Vocês morreram com Cristo, e ele os libertou dos princípios espirituais deste mundo. Então por que continuar a seguir as regras deste mundo, que dizem: 'Não mexa! Não prove! Não toque!'? Essas regras não passam de ensinamentos humanos..." (Colossenses 2:20-22).

Então, o que devemos fazer? Paulo nos deu a resposta: "Uma vez que vocês ressuscitaram para uma nova vida com Cristo, mantenham os olhos fixos nas realidades do alto..." (3:1). Aos vivos, ele disse: "Pois vocês morreram para esta vida", isso ele disse às pessoas que ainda estavam vivas, "e agora sua verdadeira vida está escondida com Cristo em Deus" (v.3).

Devemos nos considerar "mortos" para os valores deste mundo e vivos para Cristo. Agora aspiramos a um modo de vida demonstrado por Aquele que disse: "Quem quiser ser o líder entre vocês, que seja servo" (Mateus 20:26).

Tim Gustafson

29 DE SETEMBRO

O melhor está por vir

Leitura: Colossenses 3:1-11

Pensem nas coisas do alto, e não nas coisas da terra. COLOSSENSES 3:2

Vivemos na América do Norte e, em nossa família, março significa mais do que o fim do inverno. Significa que chegou a hora de apreciar os jogos de basquete universitário. Como fãs ávidos, assistimos aos torneios e torcemos por nossos times favoritos. Se ligamos os nossos aparelhos de transmissão bem cedo, temos a oportunidade de ouvir os comentaristas falarem sobre o próximo jogo e de apreciar alguns exercícios de aquecimento e o treino antecipado de alguns lances feitos pela equipe.

Nossa vida na Terra é como o pré-jogo de basquete. A vida é interessante e cheia de promessas, mas não se compara ao que está por vir. Pense na alegria de saber que mesmo quando a vida já é boa, o melhor ainda está por vir! Ou que, quando doamos alegremente aos necessitados, estamos investindo num tesouro celestial. Em tempos de sofrimento e tristeza, podemos encontrar esperança ao refletirmos sobre a verdade de que uma eternidade sem dor e sem lágrimas nos espera. Não é de admirar que Paulo exorte: "Pensem nas coisas do alto" (Colossenses 3:2).

O futuro que Deus nos prometeu nos permite ver toda a vida em novas dimensões. Embora esta possa ser uma ótima vida, a melhor vida ainda está por vir. É um privilégio maravilhoso viver aqui sob a expectativa da vida por vir.

Joe Stowell

30 DE SETEMBRO

Prosperando juntos

Leitura: Colossenses 3:5-16

Permitam que a paz de Cristo governe o seu coração, pois, como membros do mesmo corpo, vocês são chamados a viver em paz. COLOSSENSES 3:15

O meu marido, Alan, ficou sob o reflexo imponente das luzes que iluminavam o campo de atletismo, quando um membro da equipe adversária jogou uma bola para o alto. Com os olhos fixos na bola, Alan correu a toda velocidade em direção ao canto mais escuro do campo e bateu na cerca de arame. Naquela noite, entreguei a ele uma bolsa de gelo e perguntei: "Está se sentindo bem?". Ele me assegurou que se sentiria melhor se o tivessem avisado que ele estava muito perto da cerca.

As equipes funcionam melhor quando trabalham juntas. O ferimento dele poderia ter sido evitado, se alguém do time tivesse gritado quando ele se aproximou da cerca.

As Escrituras ensinam que os membros da igreja são designados para trabalharem juntos e cuidarem uns dos outros como equipe. Paulo nos diz que Deus se preocupa com a maneira que interagimos uns com os outros, porque as ações de uma pessoa podem impactar "a harmonia" da comunidade de cristãos (Colossenses 3:13-14). Quando todos nós acolhemos as oportunidades para servirmos uns aos outros, buscando unidade e paz, a igreja cresce (v.15).

Paulo instruiu os seus leitores: "Que a mensagem a respeito de Cristo, em toda a sua riqueza, preencha a vida de vocês. Ensinem e aconselhem uns aos outros com toda a sabedoria. Cantem a Deus salmos, hinos e cânticos espirituais" (v.16). Dessa maneira podemos inspirar e proteger uns aos outros por meio de relacionamentos ternos e honestos, obedecendo e louvando a Deus com corações agradecidos, prosperando juntos.

Xochtil Dixon

1º DE OUTUBRO

Atitude de gratidão

Leitura: Colossenses 3:12-25

Permitam que a paz de Cristo governe o seu coração, pois como membros do mesmo corpo, vocês são chamados a viver em paz. E sejam sempre agradecidos. COLOSSENSES 3:15

Morei por muitos anos num local onde os invernos podem ser brutais, com temperaturas abaixo de zero e neve sem fim. Certo dia de frio muito intenso, enquanto eu limpava a neve pelo que me parecia ser a milésima vez, nosso carteiro fez uma pausa em suas rondas para perguntar como eu estava indo. Disse-lhe que não gostava do inverno e estava cansado de tanta neve. E comentei que o trabalho dele devia ser bastante difícil nas condições climáticas extremas. Ele respondeu: "Sim, mas pelo menos tenho um emprego, e muitas pessoas não; por isso, sou grato por estar trabalhando".

Tenho que admitir que me senti inspirado pela atitude de gratidão dele. Com muita facilidade podemos perder de vista tudo o que temos para agradecer quando as circunstâncias da vida se tornam desagradáveis.

Paulo disse aos seguidores de Cristo em Colossos: "Permitam que a paz de Cristo governe o seu coração, pois, como membros do mesmo corpo, vocês são chamados a viver em paz. E sejam sempre agradecidos" (v.15). Ele também escreveu: "Sejam gratos em todas as circunstâncias, pois essa é a vontade de Deus para vocês em Cristo Jesus" (1 Tessalonicenses 5:18).

Mesmo em nossos tempos de luta e dor genuínas, podemos conhecer a paz de Deus e permitir que ela "governe" o nosso coração. E nessa paz, vamos encontrar lembretes de tudo o que nos foi dado em Cristo. Nisso, podemos verdadeiramente ser gratos.

Bill Crowder

2 DE OUTUBRO

Fale!

Leitura: Colossenses 4:2-6

*Orem também por nós, para que Deus
nos dê muitas oportunidades de falar do segredo
a respeito de Cristo.* COLOSSENSES 4:3

Betânia exclamou para seu colega de trabalho no restaurante: "Foi esse o homem! Foi esse o homem!". Ela se referia a Mário, que a encontrou pela primeira vez em circunstâncias diferentes. Enquanto ele cuidava do gramado da sua igreja, o Espírito o instigou a iniciar uma conversa com uma mulher que parecia ser prostituta. Quando ele a convidou à igreja, ela disse: "Você sabe o que eu faço? Eles não vão me querer lá". À medida que Mário lhe falava sobre o amor de Jesus e lhe garantia que Ele tem poder para transformá-la, lágrimas escorriam pelo rosto dela. E agora, passadas algumas semanas, Betânia estava trabalhando em um novo ambiente, sendo a prova viva de que Jesus Cristo tem o poder de transformar vidas.

Com o desejo de encorajar os cristãos a dedicarem-se à oração, o apóstolo Paulo fez dois pedidos: "Orem também por nós, para que Deus nos dê muitas oportunidades de falar do segredo a respeito de Cristo. É por esse motivo que sou prisioneiro. Orem para que eu proclame essa mensagem com a devida clareza." (Colossenses 4:3-4).

Você já orou para ter oportunidades de falar com ousadia e clareza sobre Jesus? Que oração apropriada! Tais orações podem permitir aos Seus seguidores, como aconteceu com Mário, falar sobre o Senhor em lugares improváveis e a pessoas inesperadas. Falar aos outros sobre Jesus pode nos tirar de nossa zona de conforto, mas as recompensas, as vidas transformadas, compensam os nossos desconfortos.

Arthur Jackson

3 DE OUTUBRO

Não recebeu o crédito?

Leitura: Colossenses 4:7-18

Da mesma forma, suas boas obras devem brilhar, para que todos as vejam e louvem seu Pai, que está no céu. MATEUS 5:16

Os musicais de Hollywood eram extremamente populares na década de 1960, e três atrizes em particular, Audrey Hepburn, Natalie Wood e Deborah Kerr, encantavam os telespectadores com suas performances irresistíveis. Mas grande parte do charme dessas artistas eram as vozes de tirar o fôlego que abrilhantavam as atuações delas. Na verdade, o sucesso desses filmes clássicos era em grande parte, devido a Marni Nixon, que dublou as vozes de cada uma das principais atrizes e cuja essencial contribuição foi por longo tempo ignorada.

Muitas vezes, no Corpo de Cristo há pessoas que apoiam outros que assumem um papel mais público. O apóstolo Paulo dependia exatamente de tais pessoas em seu ministério. Tércio, o escriba, deu a Paulo a sua poderosa voz escrita (Romanos 16:22). As orações de bastidores de Epafras eram essenciais para Paulo e para a Igreja Primitiva (Colossenses 4:12-13). Lídia abriu generosamente a sua casa quando o apóstolo cansado precisava de restauração (Atos 16:15). A obra de Paulo não teria sido possível sem o apoio recebido desses servos em Cristo (vv.7-18).

Nossos papéis nem sempre são altamente visíveis, mas Deus se alegra quando desempenhamos obedientemente a nossa parte em Seu plano. Ao "[trabalharmos] sempre para o Senhor com entusiasmo" (1 Coríntios 15:58), encontraremos valor e significado em nosso serviço, à medida que nosso trabalho trouxer glória a Deus e atrair outros para Ele (Mateus 5:16).

Cindy Hess Kasper

1 TESSALONICENSES

Durante a curta visita de Paulo a Tessalônica, a sua mensagem do evangelho mudou o rumo dos pensamentos desses novos cristãos. Por terem aceitado a nova fé, a vida deles foi transformada e enfrentaram perseguições. Quando as circunstâncias se tornaram difíceis, o apóstolo Paulo já não estava mais na cidade. Assim, algumas pessoas questionavam se o que Paulo lhes ensinara era o verdadeiro ensino, ou não. Portanto, a primeira coisa que Paulo lhes escreveu em sua primeira carta foi sobre a defesa do seu ministério (1 Tessalonicenses 2:1-16). Em seguida, ele lhes deu orientações sobre como praticar uma vida santificada como cristãos. Além disso, o povo estava preocupado com a forma como os acontecimentos em relação à morte e ao retorno de Cristose daria. Por este motivo, Paulo abordou o assunto nesta mesma carta (4:13–5:11).

ESBOÇO

Paul elogia o povo de Tessalônica, 1 TESSALONICENSES 1:1-10
História da Igreja de Tessalônica, 1 TESSALONICENSES 2:1-16
O relato animador de Timóteo
  e o interesse na Igreja, 1 TESSALONICENSES 2:17-3:13
Instruções de Paulo para o crescimento
  espiritual, 1 TESSALONICENSES 4:1-12
A promessa da vida eterna e da volta do Senhor,
  1 TESSALONICENSES 4:13–5:11
Conselhos sobre como devemos viver,
  1 TESSALONICENSES 5:12-22
Saudações finais de Paulo, 1 TESSALONICENSES 5:23-28

4 DE OUTUBRO

Construindo pontes

Leitura: 1 Tessalonicenses 1:1-10

...pois sua fé em Deus se tornou conhecida em todo lugar. Não precisamos sequer mencioná-la.
1 TESSALONICENSES 1:8

Ainda inédito em português, *Centennial*, de James Michener, é um relato ficcional da história e colonização do Oeste norte-americano. Pelos olhos do comerciante Pasquinel, o autor descreve as histórias dos indígenas *Arapaho* e dos europeus de St. Louis. À medida que Pasquinel, o rude aventureiro se movimenta entre a crescente confusão da cidade e dos espaços abertos das planícies, ele se torna uma ponte entre dois mundos que são drasticamente diferentes.

Os que seguem a Cristo também têm a oportunidade de construir pontes entre dois mundos muito diferentes, entre aqueles que conhecem e seguem Jesus e aqueles que não o conhecem. Os primeiros cristãos em Tessalônica estavam construindo pontes para alcançar as pessoas de sua cultura que adoravam os ídolos; porém, sobre eles, Paulo disse: "a palavra do Senhor tem se espalhado por toda parte, até mesmo além da Macedônia e da Acaia, pois sua fé em Deus se tornou conhecida em todo lugar" (v.8). A ponte que eles estavam construindo tinha dois componentes: a "palavra do Senhor" e o exemplo da fé deles. Ficou claro para todos que eles "deixaram os ídolos a fim de servir ao Deus vivo e verdadeiro" (v.9).

À medida que Deus se revela, por meio de Sua Palavra e de nossa vida aos que nos rodeiam, podemos nos tornar uma ponte para aqueles que ainda não conhecem o amor de Cristo.

Bill Crowder

5 DE OUTUBRO

A aprovação divina

Leitura: 1 Tessalonicenses 2:1-4

*Nosso propósito não é agradar as pessoas,
mas a Deus, que examina as intenções de nosso coração.*
1 TESSALONICENSES 2:4

Quando o lendário compositor Giuseppe Verdi (1813–1901) era jovem, sua ânsia por aprovação o tornou bem-sucedido. Sobre Verdi, Warren Wiersbe escreveu: "Quando Verdi produziu sua primeira ópera em Florença, o compositor estando sozinho e nas sombras, fixou seu olhar no rosto de um homem que estava na plateia — o grande Rossini. Verdi não se importava se as pessoas no salão o aplaudissem ou zombassem dele; tudo o que ele desejava era um sorriso de aprovação do músico mestre".

De quem é a aprovação que procuramos? Pai, mãe? Chefe? Da pessoa amada? Para Paulo, havia apenas uma resposta. Ele escreveu: "...falamos como mensageiros aprovados por Deus, aos quais foram confiadas as boas-novas. Nosso propósito não é agradar as pessoas, mas a Deus, que examina as intenções de nosso coração" (v.4).

O que significa buscar a aprovação de Deus? No mínimo, envolve duas coisas: abandonar o desejo pela aprovação alheia e permitir que o Seu Espírito nos torne mais semelhantes a Cristo que nos amou e se entregou por nós. À medida que nos rendemos aos Seus propósitos perfeitos em nós e por nosso intermédio, podemos vislumbrar o dia em que veremos o sorriso da Sua aprovação — a aprovação de Quem mais importa.

Bill Crowder

6 DE OUTUBRO

Deus está fazendo algo novo

Leitura: 1 Tessalonicenses 3:6-13

*E que o Senhor faça crescer e transbordar
o amor que vocês têm uns pelos outros e por todos...*
1 TESSALONICENSES 3:12

"Deus está fazendo algo novo em sua vida?" foi a pergunta que o líder fez em um grupo do qual participei recentemente. Minha amiga Marisa, que está enfrentando algumas situações difíceis, respondeu. Ela nos contou que precisa de paciência com pais idosos, resistência para os problemas de saúde de seu marido e ter compreensão com seus filhos e netos que ainda não escolheram seguir a Jesus. Em seguida, ela fez um comentário muito significativo e que contraria o que normalmente pensamos: "Acredito que o agir de Deus em mim é expandir a minha capacidade e as oportunidades de amar".

Isso se encaixa perfeitamente com a oração do apóstolo Paulo pelos novos cristãos em Tessalônica: "E que o Senhor faça crescer e transbordar o amor que vocês têm uns pelos outros e por todos..." (1 Tessalonicenses 3:12). Paulo os havia ensinado sobre Jesus, mas teve que partir abruptamente por causa de tumultos (Atos 17:1-9). Nessa sua carta, ele os encorajou a continuarem firmes em sua fé (1 Tessalonicenses 3:7-8). E ele orou para que o Senhor aumentasse o amor deles por todos.

Durante as dificuldades, muitas vezes optamos por reclamar e perguntar: *Por quê?* Ou nos questionarmos: *Por que eu?* Outra maneira de lidarmos com esses momentos seria pedir ao Senhor que expandisse o Seu amor em nossos corações e nos ajudasse a aproveitar as novas oportunidades de amar os outros.

Anne Cetas

7 DE OUTUBRO

Busque viver tranquilamente

Leitura: 1 Tessalonicenses 4:9-12

Tenham como objetivo uma vida tranquila...
1 TESSALONICENSES 4:11

"O que você quer ser quando crescer?". Todos nós já ouvimos essa pergunta quando éramos crianças e às vezes até como adultos. Essa pergunta nasce da curiosidade e a resposta frequentemente indica uma ambição. Minhas respostas se modificaram ao longo dos anos, comecei como caubói, depois motorista de caminhão, em seguida, soldado e, por fim, entrei na faculdade disposto a me tornar um doutor. No entanto, não lembro de nenhuma vez que alguém tenha sugerido ou que considerei conscientemente levar uma "vida tranquila".

No entanto, isso é exatamente o que Paulo disse aos tessalonicenses. Primeiro, ele os instou a amarem uns aos outros e a família de Deus ainda mais (1 Tessalonicenses 4:10). Em seguida, deu-lhes uma advertência geral que serviria para qualquer situação que fossem enfrentar. "Tenham como objetivo uma vida tranquila..." (v.11). O que Paulo quis dizer exatamente com isso? Ele esclareceu: ocupem-se "com seus próprios assuntos e [trabalhem] com suas próprias mãos, conforme os instruímos anteriormente. Assim, os que são de fora respeitarão seu modo de viver, e vocês não terão de depender de outros" (vv.11-12). Não queremos desencorajar as crianças a buscar seus dons ou interesses, mas talvez possamos encorajá-las a fazer o que escolherem, que o façam com o espírito tranquilo.

Considerando o mundo em que vivemos, as palavras *ambição* e *tranquilidade* não poderiam parecer mais distantes ou incompatíveis. Mas as Escrituras são sempre relevantes, então talvez devamos considerar a possibilidade de começar a viver com maior tranquilidade.

John Blase

8 DE OUTUBRO

Esperança no luto

Leitura: 1 Tessalonicenses 4:13-18

...não queremos que ignorem o que acontecerá aos que já morreram, para que não se entristeçam como aqueles que não têm esperança. 1 TESSALONICENSES 4:13

Enquanto o taxista nos conduzia ao aeroporto de Londres, ele nos contou a sua história. Ele tinha imigrado sozinho, aos 15 anos, procurando escapar da guerra e privações. Hoje, 11 anos depois, ele tem sua própria família e lhes provê o que não poderia lhes dar em sua terra natal. Mas ele lamenta por ainda estar separado dos seus pais e irmãos. Ele nos disse que essa jornada é difícil e só estará completa quando a família toda estiver novamente reunida.

Estar separado dos nossos queridos nesta vida é difícil. Perder um deles por morte é mais difícil ainda. Essa sensação de perda só será aliviada quando nos encontrarmos outra vez. Quando os novos cristãos de Tessalônica se questionaram sobre essas perdas, Paulo lhes escreveu: "...irmãos, não queremos que ignorem o que acontecerá aos que já morreram, para que não se entristeçam como aqueles que não têm esperança" (1 Tessalonicenses 4:13). Ele explicou que, como crentes em Jesus, podemos viver na expectativa de um reencontro maravilhoso, para sempre, juntos na presença de Cristo (v.17).

Poucas experiências nos marcam tão profundamente como as separações que suportamos, mas em Jesus temos a esperança de nos reencontrarmos. Em meio a dores e perdas, podemos encontrar o conforto de que necessitamos nessa promessa duradoura (v.18).

Bill Crowder

9 DE OUTUBRO

Na mesma equipe

Leitura: 1 Tessalonicenses 5:1-11,16-18

Portanto, animem e edifiquem uns aos outros, como têm feito. 1 TESSALONICENSES 5:11

Quando o *quarterback* (zagueiro) Carson Wentz, voltou ao campo depois de se recuperar de uma lesão grave, o *quarterback* reserva, Nick Foles, voltou graciosamente ao banco. Apesar de competirem pela mesma posição, os dois homens decidiram se apoiar e permaneceram confiantes em seus papéis. Um repórter observou que os dois atletas têm um "relacionamento único enraizado na fé que têm em Cristo", evidenciado por suas contínuas orações um pelo outro. Enquanto os outros os observavam, eles honraram a Deus lembrando-se de que estavam no mesma equipe, não apenas como zagueiros do Eagles, mas que como cristãos representavam o Senhor Jesus.

O apóstolo Paulo exorta os cristãos para que vivam como "filhos da luz" aguardando o retorno de Jesus (1 Tessalonicenses 5:5-6). Com nossa esperança e certeza da salvação que Cristo já nos proporcionou, podemos evitar qualquer tentação de competir por ciúme, insegurança, medo ou inveja. Em vez disso, podemos nos animar e edificar uns aos outros, como temos feito (v.11). Podemos respeitar os líderes espirituais que honram a Deus e viver "em paz" enquanto servirmos juntos para alcançar nosso objetivo comum, contar às pessoas sobre o evangelho e incentivar outros a viverem por Jesus (vv.12-15).

Ao servirmos na mesma equipe, podemos atender ao mandamento de Paulo: "Estejam sempre alegres. Nunca deixem de orar. Sejam gratos em todas as circunstâncias, pois essa é a vontade de Deus para vocês em Cristo Jesus" (vv.16-18).

Xochitl Dixon

10 DE OUTUBRO

Ajuda sábia

Leitura: 1 Tessalonicenses 5:12-15

Encorajem os desanimados.
Ajudem os fracos. Sejam pacientes com todos.
1 TESSALONICENSES 5:14

Quando parei no sinal vermelho, vi novamente o mesmo homem parado ao lado da avenida com uma placa de papelão: "Preciso de dinheiro para comida. Qualquer valor ajuda". Desviei o olhar e suspirei. Será que eu era um dos que ignoravam os necessitados?

Alguns fingem ter necessidades, mas na verdade são trapaceiros. Outros têm necessidades legítimas, mas enfrentam dificuldades para superar hábitos destrutivos. Os assistentes sociais nos dizem que é melhor darmos dinheiro aos ministérios de ajuda em nossa cidade. Engoli em seco e passei por ele. Senti-me mal, mas talvez tenha agido com sabedoria.

Deus nos ordena: "advirtam os indisciplinados. Encorajem os desanimados. Ajudem os fracos. Sejam pacientes com todos" (v.14). Para fazer isso bem, devemos saber quem pertence a qual categoria. Se alertarmos uma pessoa fraca ou desalentada, poderemos desanimá-la; se ajudarmos o ocioso, poderemos incentivar a preguiça. Na verdade, ajudamos melhor quando conhecemos a pessoa suficientemente bem para saber o que ela precisa.

Deus o tocou para ajudar alguém? Ótimo! Agora o trabalho começa. Não parta do princípio de que você já sabe o que essa pessoa precisa. Peça-lhe para compartilhar a sua história e a ouça. Em espírito de oração, doe o que lhe parecer sensato, não apenas para você se sentir melhor. Quando o nosso verdadeiro objetivo é "sempre fazer o bem aos outros", teremos mais facilidade em sermos "mais pacientes com todos" mesmo quando eles tropecem (vv.14-15).

Mike Wittmer

11 DE OUTUBRO

Maratona de oração

Leitura: 1 Tessalonicenses 5:16-28

Nunca deixem de orar.
1 TESSALONICENSES 5:17

Você luta para manter uma vida de oração constante? Muitos de nós sim. Sabemos que a oração é importante, mas também pode ser muito difícil. Temos momentos de profunda comunhão com Deus e, depois, momentos em que parecemos estar apenas repassando os acontecimentos. Por que temos tanta dificuldade ao orarmos?

A vida de fé é uma maratona. Os altos, os baixos e os platôs em nossa vida de oração são reflexos dessa corrida. E, assim como numa maratona, precisamos nos manter correndo, do mesmo modo continuamos orando. O ponto é: Não desista!

Esse é também o encorajamento que vem de Deus. O apóstolo Paulo disse: "Nunca deixem de orar" (1 Tessalonicenses 5:17), "Sejam pacientes [...] e não parem de orar" (Romanos 12:12) e "Dediquem-se à oração" (Colossenses 4:2). Todas essas afirmações carregam a ideia de permanecermos firmes e continuarmos na obra da oração.

Por Deus, nosso Pai celestial, ser uma Pessoa, podemos desenvolver um momento de comunhão íntima com Ele, assim como fazemos em nossos relacionamentos humanos. O pastor e autor A. W. Tozer afirma que, quando aprendemos a orar, nossa vida de oração pode crescer: "...do arranhão inicial mais casual até a comunhão mais plena e íntima de que a alma humana é capaz." E isto é o que realmente queremos: profunda comunicação com Deus. Isso acontece quando oramos sem cessar.

Poh Fang Chia

2 TESSALONICENSES

Não demorou muito até que as pessoas tentassem enganar os novos convertidos ao cristianismo sobre o que era a verdade. Tendo ouvido sobre isso, enquanto estava em Corinto, Paulo sentou-se e escreveu outra carta encorajadora, edificante e pedagógica para orientá-los sobre a doutrina e a prática da fé cristã, à medida que seguiam o seu Salvador, o Senhor Jesus Cristo.

ESBOÇO

Gratidão, encorajamento e oração pela bênção,
    2 TESSALONICENSES 1:1-12
Ensino sobre o Dia do Senhor, 2 TESSALONICENSES 2:1-17
Conduta cristã, 2 TESSALONICENSES 3:1-15
Saudações finais de Paulo, 2 TESSALONICENSES 3:16-18

12 DE OUTUBRO

Alívio para os atribulados

Leitura: 2 Tessalonicenses 1:3-12

Deus concederá descanso a vocês, que são afligidos...
2 TESSALONICENSES 1:7

Uma das minhas cenas favoritas na literatura ocorre quando uma tia resoluta confronta um padrasto mau sobre o abuso de seu sobrinho, David Copperfield. Essa cena ocorre no romance de Charles Dickens que leva o nome do personagem principal.

Quando David Copperfield aparece na casa de sua tia, seu padrasto chega pouco depois. Tia Betsy Trotwood não se agrada ao ver o mal-intencionado Sr. Murdstone. Ela elenca uma lista de infrações e não o deixa eximir-se da sua responsabilidade por seus atos de crueldade. Suas acusações são tão fortes e verdadeiras que o Sr. Murdstone, sendo uma pessoa normalmente agressiva, acaba saindo sem dizer uma palavra. Pela força e bondade do caráter de Tia Betsy, Copperfield finalmente recebe o tratamento justo que merece.

Há outro Alguém que é forte e bom e um dia corrigirá os erros do nosso mundo. Quando voltar, Jesus descerá do Céu com um grupo de anjos poderosos. "Deus concederá descanso a vocês, que são afligidos" e não ignorará aqueles que criaram problemas para os Seus filhos (2 Tessalonicenses 1:6-7). Até esse dia chegar, Jesus quer que nos mantenhamos firmes e tenhamos coragem. Independentemente do que tivermos de suportar na Terra, estamos a salvo por toda a eternidade.

Jennifer Benson Schuldt

13 DE OUTUBRO

Amizade submissa

Leitura: 2 Tessalonicenses 2:1-8

...fomos como a mãe que alimenta os filhos e deles cuida.
1 TESSALONICENSES 2:7

Don Tack queria saber como viviam os moradores em situação de rua. Então ele escondeu sua identidade e foi morar nas ruas de sua cidade. Ele descobriu que comida e abrigo eram oferecidos por muitas organizações. Em um dos abrigos, ele poderia passar a noite se primeiro ouvisse um sermão. Ele gostou da mensagem do orador convidado e queria conversar com ele depois. Mas quando Don estendeu a mão para apertar a mão daquele homem e lhe perguntar se poderia falar com ele, o orador passou por ele como se Tack não existisse.

Tack aprendeu que o que mais faltava no ministério aos sem-teto em sua área eram pessoas dispostas a construir relacionamentos. Então ele começou uma organização chamada *Servants Center* (Centro dos servos) para oferecer ajuda por meio da amizade.

O que Tack encontrou no abrigo foi o oposto do que as pessoas que ouviram o apóstolo Paulo experimentaram. Quando Paulo compartilhou o evangelho, ele também se entregou. O apóstolo deu testemunho disso em sua carta aos Tessalonicenses: "Nós os amamos tanto que compartilhamos com vocês não apenas as boas-novas de Deus, mas também nossa própria vida" (1 Tessalonicenses 2:8). Ele disse: "fomos como a mãe que alimenta os filhos e deles cuida" (v.7).

Em nosso serviço ao Senhor, compartilhamos apenas nossas palavras ou dinheiro, ou também nosso tempo e amizade?

Anne Cetas

14 DE OUTUBRO

De novo não!

Leitura: 2 Tessalonicenses 2:13-17

Somos sempre gratos porque Deus os escolheu para estarem entre os primeiros a receber a salvação por meio do Espírito que os torna santos e pela fé na verdade... 2 TESSALONICENSES 2:13

Enquanto eu lia a mensagem de texto no meu celular, minha temperatura começou a subir e meu sangue começou a ferver. Eu estava prestes a responder uma mensagem desagradável quando uma voz interior me disse para esfriar a cabeça e responder no dia seguinte. Depois de uma boa noite de sono, a questão que tanto me incomodava parecia tão trivial. Eu tinha exagerado porque não queria colocar o interesse de outra pessoa antes do meu. Não estava disposta a me incomodar para poder ajudar alguém.

Lamentavelmente, sinto vontade de responder com raiva com mais frequência do que gostaria de admitir. Constantemente me encontro tendo que colocar em prática as verdades bíblicas familiares, como "não pequem ao permitir que a ira os controle" (Efésios 4:26) e não olhem "apenas os próprios interesses, mas preocupem-se também com os interesses alheios" (Filipenses 2:4).

Felizmente, Deus nos deu Seu Espírito, que nos ajudará em nossa batalha contra o pecado. Os apóstolos Paulo e Pedro a chamaram de "a salvação por meio do Espírito" (2 Tessalonicenses 2:13; 1 Pedro 1:2). Sem Seu poder, somos impotentes e derrotados; mas com Seu poder, podemos ter vitória.

Poh Fang Chia

15 DE OUTUBRO

Um pedido de oração

Leitura: 2 Tessalonicenses 3:1-5

Finalmente irmãos, pedimos que orem por nós.
2 TESSALONICENSES 3:1

Recentemente, uma missionária nos visitou no estudo bíblico do qual eu participava. Ela descreveu como tinha sido encaixotar as coisas de sua casa, despedir-se dos amigos e mudar-se para um país distante. Quando ela e sua família chegaram, foram saudados com um florescente comércio de drogas e rodovias perigosas. A barreira linguística trouxe momentos de solidão. Eles contraíram quatro diferentes vírus gástricos. E a filha mais velha deles escapou por um triz da morte, após cair do corrimão inseguro de uma escada. Eles precisavam de oração.

O apóstolo Paulo vivenciou perigos e dificuldades como missionário. Ele foi preso, naufragou e foi espancado. Não é de admirar que suas cartas contenham pedidos de oração. Ele pediu aos cristãos de Tessalônica para que orassem por sucesso na disseminação do evangelho, que a Palavra de Deus se propagasse e fosse glorificada (2 Tessalonicenses 3:1) e para que Deus o livrasse dos homens "perversos e maus" (v.2). Paulo sabia que precisaria que Deus o concedesse "as palavras certas, para [...] explicar corajosamente o segredo revelado pelas boas-novas" (Efésios 6:19), que era outro pedido de oração.

Você conhece pessoas que necessitam de ajuda sobrenatural ao propagarem as boas-novas de Cristo? Lembre-se do apelo de Paulo: "pedimos que orem por nós" (2 Tessalonicenses 3:1) e interceda por eles diante do trono do nosso poderoso Deus.

Jennifer Benson Schuldt

16 DE OUTUBRO

Trabalho pesado

Leitura: 2 Tessalonicenses 3:7-13

Em tudo que fizerem, trabalhem de bom ânimo, como se fosse para o Senhor, e não para os homens. COLOSSENSES 3:23

Uma das ironias da vida é que, no Dia do Trabalho, a maioria dos trabalhadores têm um dia livre. Mas por uma boa razão. Não há uma melhor maneira de recompensar aqueles que trabalham tanto do que lhes dar um feriado!

Quando pensamos em nosso trabalho, nossas carreiras, talvez precisemos ver de perto o que é necessário fazer para oferecer o nosso melhor aos nossos empregadores.

1. Qualquer que seja a nossa tarefa, nossa obrigação é a de trabalhar para a glória de Deus (Colossenses 3:23). Nesse sentido, nenhum trabalho é melhor do que o outro. Cada um deles deve ter como resultado a honra de Deus.
2. A maneira como trabalhamos pode despertar o respeito daqueles que não seguem a Cristo (1 Tessalonicenses. 4:11-12). Um chefe não deveria ter que dizer a um cristão para fazer uso adequado do tempo ou trabalhar com diligência.
3. O nosso trabalho é uma maneira de cumprir os nossos dois propósitos: amar a Deus e aos outros. Demonstrar amor aos nossos companheiros é uma boa forma de mostrar que amamos a Deus (Mateus 22:37-40).
4. Precisamos trabalhar para sustentar aqueles que dependem de nós. As duras palavras de crítica são dirigidas àqueles que não cuidam da sua família (1 Timóteo 5:8).

Pode ser difícil quando o trabalho é pesado, até mesmo para aqueles que realmente gostam dos seus empregos, é bom ter um Dia do Trabalho, para uma pausa. Mas até chegar o dia quando todo o nosso trabalho estiver concluído, a nossa tarefa é fazer do nosso trabalho um testemunho para a glória de Deus.

Dave Branon

17 DE OUTUBRO

O segredo da paz

Leitura: 2 Tessalonicenses 3:16-18

Que o próprio Senhor da paz lhes
dê paz em todos os momentos e situações.
2 TESSALONICENSES 3:16

Graça é uma senhora especial. Quando penso nela, uma palavra me vem à mente: paz. A expressão tranquila e serena em seu rosto raramente mudou nesses seis meses desde que a conheço, apesar de marido dela ter sido diagnosticado com uma doença rara e, em seguida, hospitalizado.

Quando perguntei a Graça o segredo de sua paz, ela respondeu: "Não é um segredo, é uma pessoa. É a presença de Jesus em mim. Não há outra maneira de explicar a tranquilidade que sinto em meio a essa tempestade".

O segredo da paz é o nosso relacionamento com Jesus Cristo. Ele é a nossa paz. Quando Jesus é o nosso Salvador e Senhor, à medida que nos tornamos mais semelhantes a Ele, a paz se torna verdadeira. Coisas como doenças, dificuldades financeiras ou perigos podem estar presentes, mas a paz nos assegura de que Deus está com a nossa vida em Suas mãos (Daniel 5:23), e que podemos confiar que tudo será feito para o bem.

Será que já temos experimentado essa paz que vai além da lógica e do entendimento? Temos a certeza íntima de que Deus está no controle? Meu desejo hoje para todos nós reproduz as palavras do apóstolo Paulo: "Que o próprio Senhor da paz lhes dê paz" E que a sintamos "...em todos os momentos e situações" (2 Tessalonicenses 3:16).

Keila Ochoa

1 TIMÓTEO

A primeira carta direta de Paulo ao jovem Timóteo foi escrita para que ele impedisse que falsos mestres ensinassem coisas contrárias à verdade na igreja. Diante disso, Paulo citou o nome de Himeneu e Alexandre como homens que deveriam ser retirados da igreja. A admoestação seguinte de Paulo foi sobre a oração e a sua importância na igreja. Em seguida, ele menciona as mulheres e a situação delas nos cultos de adoração. Paulo continua exortando sobre a seleção da liderança da igreja, os perigos da prática de erros na igreja e o valor absoluto que deve ser dado à pregação da Palavra de Deus.

ESBOÇO

Falsas doutrinas em oposição à verdade, 1 TIMÓTEO 1:1-20
Como adorar, 1 TIMÓTEO 2:1-17
Liderança na Igreja, 1 TIMÓTEO 3:1-16
Falsos mestres, 1 TIMÓTEO 4:1-10
Nota pessoal de Paulo a Timóteo, 1 TIMÓTEO 4:11-16
Conselhos a respeito de disciplina na igreja, 1 TIMÓTEO 5:1-25
Os líderes da igreja, 1 TIMÓTEO 6:1-21

18 DE OUTUBRO

O que há de errado com o mundo?

Leitura: 1 Timóteo 1:12-17

*Cristo Jesus veio ao mundo para salvar os pecadores,
e eu sou o pior de todos.* 1 TIMÓTEO 1:15

Conta-se que, na virada do século 20, o editor de um renomado jornal perguntou aos leitores: *O que há de errado com o mundo?*
 Que pergunta, não? Alguém pode responder rapidamente: "Quanto tempo você tem para eu lhe contar?". Isso seria justo, pois parece haver muita coisa errada com o nosso mundo. À medida que o artigo prossegue, o jornal relata que recebeu várias respostas, mas uma em particular se sobressaiu. O escritor, poeta e filósofo inglês G. K. Chesterton escreveu uma resposta com quatro palavras, uma resposta surpreendente que não culpava a nenhum outro, mas apenas ele mesmo: "Prezados senhores, sou eu".

Se a história é verdadeira ou não, podemos questionar. Mas essa resposta? Não é nada além de pura verdade. Muito antes de Chesterton aparecer, havia um apóstolo chamado Paulo. Longe de ser um cidadão modelo ao longo da sua vida, Paulo confessou suas falhas do passado: já fui "blasfemo, perseguidor e violento" (1 Timóteo 1:13). Depois de afirmar que Jesus veio para salvar "pecadores", ele segue dizendo algo semelhante às palavras de Chesterton do qual "eu sou o pior de todos" (v.15). Paulo sabia exatamente o que estava e o que está errado com o mundo. E conhecia a única esperança de consertar as coisas: a graça de Deus "transbordar" (v.14). Que realidade maravilhosa! Essa verdade duradoura eleva nossos olhos à luz do amor salvador de Cristo.

John Blase

19 DE OUTUBRO

Impelidos a orar

Leitura: 1 Timóteo 2:1-8

Sempre me lembro de você em minhas orações, noite e dia. 2 TIMÓTEO 1:3

"Vários anos atrás, sentia-me impelida a orar por você, questiono-me sobre o motivo disso."

Essa mensagem de texto de uma velha amiga veio com a foto de um bilhete que ela guardou em sua Bíblia: "Ore por James, por sua mente, pensamentos e palavras". Ao lado do meu nome, estava o registro de três anos distintos.

Olhei para os anos anotados e recuperei meu fôlego. Escrevi de volta e perguntei em que mês ela começou a orar. Ela respondeu: "Por volta de julho".

Esse tinha sido o mês em que eu estava me preparando para sair de casa para um estudo prolongado no exterior. Eu enfrentaria uma cultura e um idioma desconhecidos e minha fé seria desafiada como jamais fora. Ao olhar novamente para a mensagem, percebi que havia sido o alvo da preciosa dádiva da oração generosa.

A bondade de minha amiga me lembrou de outra "motivação" para orar, a instrução de Paulo a seu jovem amigo missionário Timóteo: "Em primeiro lugar, recomendo que sejam feitas petições, orações, intercessões e ações de graça em favor de todos" (1 Timóteo 2:1). A frase "Em primeiro lugar" indica a prioridade mais alta. Nossas orações são importantes, explica Paulo, porque Deus "deseja que todos sejam salvos e conheçam a verdade" sobre Jesus (v.4).

Deus se move por intermédio da fidelidade na oração de inúmeras maneiras, encorajando outros e trazendo-os para perto de si. Podemos não conhecer as circunstâncias de alguém quando ele ou ela nos vêm à mente, mas Deus sabe, e Ele ajudará essa pessoa à medida que nós oramos!

James Banks

20 DE OUTUBRO

Em destaque

Leitura: 1 Timóteo 3:1-10

Além disso, os que são de fora devem falar bem dele, para que não seja desacreditado e caia na armadilha do diabo. 1 TIMÓTEO 3:7

O ponto de virada na luta pelos direitos civis nos Estados Unidos ocorreu em 1955, quando Rosa Parks recusou-se a ceder seu lugar no ônibus a um homem branco. Em 1994, o público ficou surpreso quando Rosa, já com 80 anos, foi roubada e assaltada em sua casa por um intruso. Pouco tempo depois, um cidadão alerta reconheceu o suspeito por uma foto da polícia e, com um amigo, subjugou o assaltante de Rosa até a chegada da polícia.

Mas os holofotes do público não foram bons para esse novo herói. Depois que ele deu uma entrevista na TV, os agentes do FBI o reconheceram como um fugitivo da lei. Eles o prenderam por dirigir o carro da fuga, em 1991, quando houve um assalto a um caixa eletrônico.

Esse episódio ilustra bem o fato de que o pecado não resolvido pode roubar a honra de uma pessoa pelo reconhecimento de que ela mesma não praticou o bem. É por isso que Paulo enfatizou em 1 Timóteo 3 como é importante que os líderes da igreja tenham uma boa consciência e que o histórico deles seja irrepreensível quanto à maneira de lidar com seus próprios pecados. Aqueles que querem ser conhecidos por andarem com Cristo devem enfrentar e lidar com qualquer coisa que os desqualifique ou mesmo impeça de receberem essa honra.

Viver com a consciência tranquila não é uma obrigação apenas religiosa e moral. É a única maneira de ser capaz de andar com Cristo sob os holofotes de um mundo vigilante.

Mart DeHaan

21 DE OUTUBRO

A importância das prioridades

Leitura: 1 Timóteo 4:12-16

Fique atento a seu modo de viver e a seus ensinamentos.
1 TIMÓTEO 4:16

Quando você viaja de avião, antes do voo decolar, um comissário apresenta as instruções de segurança e explica o que fazer caso haja perda de pressão na cabine. Os passageiros são informados de que as máscaras de oxigênio cairão do compartimento acima e que devem colocá-las em si mesmos antes de ajudar os outros. Por quê? Porque antes de poder ajudar o outro, você primeiro precisa estar fisicamente alerta.

Quando Paulo escreveu a Timóteo, ele enfatizou a importância de manter sua própria saúde espiritual antes de ajudar e servir aos outros. Relembrou o jovem sobre suas muitas responsabilidades como pastor: Havia ensinamentos falsos com os quais lidar (1 Timóteo 4:1-5) e doutrinas erradas para corrigir (vv.6-8). Mas para desempenhar bem seus deveres, o mais importante era que Timóteo ficasse "atento a seu modo de viver e a seus ensinamentos" e permanecesse "fiel ao que é verto" (v.16). Ele precisaria primeiro cuidar do seu relacionamento com o Senhor antes que pudesse atender aos outros.

O que Paulo disse a Timóteo também se aplica a nós. Cada dia encontramos pessoas que não conhecem o Senhor. Quando acumulamos nosso oxigênio espiritual primeiramente investindo o nosso tempo na leitura da Palavra de Deus, oração e capacitação do Espírito Santo, mantemos saudável o nosso relacionamento com o Senhor. Só então estaremos espiritualmente alertas para ajudar aos outros.

C. P. Hia

22 DE OUTUBRO

Trabalho de uma vida

Leitura: 1 Timóteo 5:1-8

Aqueles que não cuidam dos seus, especialmente dos de sua própria família, negaram a fé e são piores que os descrentes. 1 TIMÓTEO 5:8

Alguns de nossos amigos decidiram reduzir ou afastar-se de seus deveres junto à igreja por um tempo. Fizeram isso a fim de cuidar de membros da família: pais idosos, cônjuges doentes, irmãos, irmãs ou crianças com necessidades especiais. Todos estavam envolvidos em trabalhos muito frutíferos, para os quais tinham talentos singulares. Todos eles estavam certos de que havia muito ainda a ser feito.

Alguns escolheram reduzir o tempo e a energia que dispendiam em tais ministérios; outros deixaram completamente de lado tais afazeres. Foi difícil fazer esses ajustes porque o ministério havia sido parte da vida deles, uma obra para a qual investiram anos de preparo e eles ainda tinham muitos anos ainda para servir.

Ocorre-me, entretanto, que eles não desistiram do ministério que tinham assumido em sua vida, tinham apenas assumido outras responsabilidades. Amar e cuidar de outros é a nossa tarefa diária, e cuidar daqueles da "própria família" é o dever mais nobre e santo de todos. Negar-lhes o amor significa nos assemelharmos a um mundo frio e indiferente.

Nem todos podem afastar-se de sua carreira ou chamado para cuidar de outros. As realidades financeiras e as obrigações podem exigir o contrário. Mas esse amor não é a marca de alguém que faz o trabalho de Deus? Jesus não nos prometeu que aquele que dá um copo de água fria a um de seus filhos "não perderá a sua recompensa?" (Mateus 10:42).

David Roper

23 DE OUTUBRO

Valorize seu pastor

Leitura: 1 Timóteo 5:17-25

Os presbíteros que fazem bem seu trabalho devem receber honra redobrada, especialmente os que se dedicam arduamente à pregação e ao ensino. 1 TIMÓTEO 5:17

Eu estava assistindo um jogo de futebol de meu neto que estava na oitava série, quando o árbitro indicou que houve uma falta e parou o jogo. Aparentemente, depois que a bola foi jogada, o menino que a passou sofreu uma falta que exigia a cobrança de pênalti. O locutor em sua cabine disse: "Alguém levantou a bandeira no campo. A penalidade está atingindo o pastor, aliás, o jogador". Assim que ele disse isto, pensei comigo mesmo, Deus poderia cobrar essa falta de algumas igrejas hoje!

Não que os pastores sejam perfeitos. Se isso é o que estamos procurando, então igrejas sem pastores seriam a norma. O fato é que Deus nos chama para honrar aqueles que nos lideram espiritualmente, em particular "os que se dedicam arduamente à pregação e ao ensino" (1 Timóteo 5:17). Em minha opinião, pastorear é uma das ocupações mais difíceis no planeta. Vivemos num mundo sofisticado, acelerado e complexo, e as nossas expectativas por pastores com "alto desempenho" geralmente colocam uma barreira de alturas inatingíveis.

Portanto, vamos mudar o foco e nos tornarmos membros de igreja com alto desempenho, que honram nossos pastores com palavras de encorajamento e oração. Uma mensagem de apoio ou uma nota de agradecimento à entrada da igreja será de bom proveito para estimular os pastores a servir com alegria e eficiência.

Joe Stowell

24 DE OUTUBRO

Rico diante de Deus

Leitura: 1 Timóteo 6:6-11

No entanto, a devoção acompanhada de contentamento é, em si mesma, grande riqueza. 1 TIMÓTEO 6:6

Meus pais cresceram durante o período da Grande Depressão e enfrentaram muitas dificuldades quando eram crianças. Assim, foram adultos bastante econômicos, trabalhadores agradecidos e bons administradores do dinheiro. Mas ao mesmo tempo, jamais foram gananciosos. Deram tempo, talento e seu tesouro à igreja, grupos de caridade e aos necessitados. Na verdade, eles utilizavam o dinheiro deles com sabedoria e o doavam com alegria.

Sendo fiéis a Jesus, meus pais levaram a sério a advertência de Paulo: "Mas aqueles que desejam enriquecer caem em tentações e armadilhas e em muitos desejos tolos e nocivos, que os levam à ruína e destruição" (1 Timóteo 6:9).

Paulo deu esse conselho a Timóteo, o jovem pastor da cidade de Éfeso, uma cidade rica onde as riquezas tentavam tanto os ricos quanto os pobres.

O aposto os advertiu: "Pois o amor ao dinheiro é a raiz de todo mal. E alguns, por tanto desejarem dinheiro, desviaram-se da fé e afligiram a si mesmos com muitos sofrimentos" (v.10).

Então, qual é o antídoto para a ganância? Ser "rico para com Deus", disse Jesus (Lucas 12:13-21). Ao buscar e amar nosso Pai celestial acima de tudo, Ele continua sendo o nosso principal deleite. Como o salmista escreveu: "Satisfaze-nos a cada manhã com o teu amor, para que cantemos de alegria até o final da vida" (Salmo 90:14).

Regozijar-se no Senhor diariamente nos alivia da cobiça, deixando-nos satisfeitos. Que Jesus possa resgatar os desejos do nosso coração, tornando-nos "ricos para com de Deus"!

Patricia Raybon

25 DE OUTUBRO

Um coração aberto e generoso

Leitura: 1 Timóteo 6:17-19

Devem ser ricos em boas obras e generosos com os necessitados, sempre prontos a repartir. 1 TIMÓTEO 6:18

Depois que o carro da Vicki quebrou e não ter mais condições de ser consertado, ela começou a juntar dinheiro para adquirir outro. Cristiano, um dos clientes no restaurante de *fast food* onde ela trabalha recebendo os pedidos de compra a ouviu pela janela do *drive-thru* mencionar que precisava de um carro. "Eu não conseguia parar de pensar nisso e tive que fazer algo", disse Cristiano. Então ele comprou o carro usado que seu filho tinha colocado à venda, lustrou-o e entregou as chaves a Vicki. Ela ficou chocada: "Quem fez isso?", ela questionou com espanto e gratidão.

As Escrituras nos ensinam a viver com as mãos abertas, ofertando livremente como pudermos, provendo o melhor possível para os necessitados. "Diga-lhes [aos ricos] que usem seu dinheiro para fazer o bem. Devem ser ricos em boas obras e generosos com os necessitados..." (1 Timóteo 6:18). Não devemos nos limitar a praticar um ato de bondade aqui ou acolá, mas sim vivermos com alegria espiritual ao doar. Ser generoso é o nosso modo de vida normal. Sejam "generosos com os necessitados, [estejam] sempre prontos a repartir" (v.18).

À medida que vivemos com o nosso coração aberto à generosidade, não precisamos temer que ficaremos sem ter o que necessitamos. Pelo contrário, a Bíblia nos diz que, quando somos compassivos e generosos, experimentaremos "a verdadeira vida" (v.19). Com Deus, a vida genuína significa afrouxar o controle sobre o que temos e sermos livremente generosos com os outros.

Winn Collier

2 TIMÓTEO

Apesar da situação desanimadora em que Paulo se encontrava — imagine ser preso novamente após pensar que finalmente seria um homem livre —, o apóstolo encorajou Timóteo. Nesta nota ao seu "filho amado" (1:2), Paulo recordou Timóteo sobre o legado do jovem, encorajou-o a não se envergonhar e o exortou a continuar pregando o que ele o havia ensinado. Paulo lhe disse para ser ousado na graça de Jesus. Em 2 Timóteo 2, Paulo deu alguns conselhos de pastor para pastor sobre como lidar com falsos ensinamentos e discussões tolas. Disse a Timóteo que os tempos difíceis viriam, entretanto o encorajou a perseverar.

ESBOÇO

Encorajamento e conselhos para Timóteo, 2 TIMÓTEO 1:1-18
Os diversos papéis de um pastor, 2 TIMÓTEO 2:1-26
Ajuda para tempos conturbados, 2 TIMÓTEO 3:1-16
Desafio: Pregar a Palavra, 2 TIMÓTEO 4:1-5
Palavras finais de Paulo, 2 TIMÓTEO 4:6-22

26 DE OUTUBRO

A cobertura da fé

Leitura: 2 Timóteo 1:1-5

Lembro-me de sua fé sincera, como era a de sua avó, Loide, e de sua mãe. Eunice, e sei que em você essa mesma fé continua firme. 2 TIMÓTEO 1:5

De mãos dadas, meu neto e eu atravessamos o estacionamento para comprar uma roupa especial para a volta às aulas. Em idade pré-escolar, ele estava animadíssimo com tudo que isso envolvia, e eu estava bem determinada a transformar toda a animação dele em alegria. Eu tinha acabado de ver uma caneca de café com os dizeres: "Vovós são mães com muito glacê." O glacê é doce, igual a diversão, brilho e alegria! Esses detalhes explicam o tipo de vovó que eu sou, certo? Isso... e ainda mais.

Em sua segunda carta ao seu filho espiritual Timóteo, Paulo destacou a fé sincera do jovem e creditou-a à avó e à mãe dele (2 Timóteo 1:5). Essas mulheres viveram sua fé de tal maneira a ponto de Timóteo também vir a crer em Jesus. Certamente, Loide e Eunice o amavam e cuidavam das necessidades dele. Mas, com certeza, fizeram ainda mais. Paulo destaca a viva fé de ambas como a fonte da fé que mais tarde seria vista em Timóteo.

Meu trabalho como vovó inclui o doce momento da compra de uma roupa para o meu neto voltar à escola. Porém, mais do que isso, sou chamada a viver esses doces momentos quando compartilho a minha fé, quando oramos por nossos "lanchinhos" juntos; ao percebermos os desenhos de anjos imaginários nas nuvens do céu formando obras de arte de Deus ou ao cantarolarmos juntos uma música do rádio falando sobre Jesus. Que sejamos persuadidas pelo exemplo de mães e avós como Eunice e Loide para permitir que a nossa fé se torne o "glacê" da vida para que outros tenham o desejo de ter o que nós já temos.

Elisa Morgan

27 DE OUTUBRO

Confiar em Deus

Leitura: 2 Timóteo 1:6-12

...pois conheço aquele em quem creio...
2 TIMÓTEO 1:12

Quando João soube que tinha câncer terminal, ele e sua esposa Carol sentiram que Deus os chamava para compartilhar sua jornada de doenças *on-line*. Crendo que Deus ministraria por meio da vulnerabilidade deles, eles publicaram sobre os seus momentos de alegria e de suas tristezas e dores por dois anos.

Quando Carol escreveu que João "fora para os braços estendidos de Jesus", centenas de pessoas reagiram; muitas agradeceram a Carol pela disposição em compartilhar sua jornada. Uma pessoa observou que ouvir sobre a morte do ponto de vista cristão era saudável, pois "todos nós morreremos" algum dia. Outra disse que, embora nunca tivesse conhecido o casal, não conseguia expressar o encorajamento que havia recebido por intermédio do testemunho deles de sua confiança em Deus.

Embora João às vezes sentisse dores insuportáveis, ele e Carol contaram sua história para demonstrar como Deus os sustentava. Sabiam que esse testemunho produziria frutos para Deus, repercutindo as palavras de Paulo a Timóteo quando ele mesmo sofreu: "pois conheço aquele em quem creio e tenho certeza de que ele é capaz de guardar o que me foi confiado até o dia de sua volta" (2 Timóteo 1:12).

Deus pode usar até a morte de um ente querido para fortalecer a nossa fé nele (e também a fé de outras pessoas) por meio da graça que recebemos em Cristo Jesus (v.9). Se você estiver enfrentando angústias e dificuldades, saiba que Ele pode trazer conforto e paz.

Amy Boucher Pye

28 DE OUTUBRO

Servir fielmente

Leitura: 2 Timóteo 2:1-10

Suporte comigo o sofrimento, como bom soldado de Cristo Jesus.
2 TIMÓTEO 2:3

Tendo servido na Primeira Guerra Mundial, C. S. Lewis não era estranho aos estresses causados pelo serviço militar. Em um discurso público durante a Segunda Guerra Mundial, ele descreveu com eloquência as dificuldades que um soldado enfrenta: "Tudo o que tememos em todos os tipos de adversidade… aparece na vida do soldado em serviço ativo. Como a doença, a guerra ameaça trazer dor e morte. Como a pobreza, ameaça vir com a moradia precária, o frio, calor, a fome e a sede. Como a escravidão, ela ameaça com o trabalho, humilhação, injustiça e governo arbitrário. Como o exílio, separa-nos de tudo que amamos".

O apóstolo Paulo usou a analogia de um soldado que sofre para descrever as provações que o cristão pode experimentar no serviço a Cristo. Paulo, agora no fim de sua vida, suportou fielmente o sofrimento por causa do evangelho. Ele encoraja Timóteo a fazer o mesmo: "Suporte comigo o sofrimento, como bom soldado de Cristo Jesus" (2 Timóteo 2:3).

Servir a Cristo exige perseverança. Podemos encontrar obstáculos, por problemas de saúde, relacionamentos conturbados ou circunstâncias difíceis. Mas, como bons soldados, seguimos em frente, com a força de Deus, porque servimos ao Rei dos reis e Senhor dos senhores que se sacrificou por nós!

Dennis Fisher

29 DE OUTUBRO

Discurso suave

Leitura: 2 Timóteo 2:22-26

O servo do Senhor não deve viver brigando, mas ser amável com todos, apto a ensinar e paciente. 2 TIMÓTEO 2:24

Eu estava discutindo no *Facebook* e isso foi uma atitude errada de minha parte. O que me fez pensar que eu precisava "corrigir" um estranho sobre um assunto polêmico que dividia opiniões? Os resultados geraram palavras acaloradas, sentimentos feridos (pelo menos de minha parte) e perdemos a oportunidade de dar bom testemunho por Jesus. Esse é o resultado do "ódio digital". Essa é a expressão usada para as palavras duras lançadas diariamente pela rede. Um especialista em ética explicou que as pessoas concluem erroneamente que com raiva "discutem-se as ideias públicas".

O sábio conselho de Paulo a Timóteo continha o mesmo alerta. "Digo mais uma vez: não se envolva em discussões tolas e ignorantes que só servem para gerar brigas. O servo do Senhor não deve viver brigando, mas ser amável com todos, apto a ensinar e paciente" (2 Timóteo 2:23-24).

Esse bom conselho de Paulo a Timóteo foi escrito de dentro de uma prisão romana, e foi enviada ao jovem para prepará-lo a ensinar a verdade de Deus. O conselho de Paulo é também oportuno para nós hoje, especialmente quando a conversa é sobre a nossa fé. "Instrua com mansidão aqueles que se opõem, na esperança de que Deus os leve ao arrependimento e, assim, conheçam a verdade" (v.25).

Ser gentil com os outros faz parte desse desafio, e não apenas para os pastores, mas para todos que amam a Deus e procuram contar aos outros sobre Ele. Que possamos falar a Sua verdade em amor. O Espírito Santo nos ajudará com cada palavra.

Patricia Raybon

30 DE OUTUBRO

Spray de lama

Leitura: 2 Timóteo 3:1-7

Serão religiosas apenas na aparência, mas rejeitarão o poder capaz de lhes dar a verdadeira devoção. Fique longe de gente assim! 2 TIMÓTEO 3:5

Uma companhia britânica desenvolveu um produto chamado "Spray de lama", para que os moradores da cidade pudessem dar aos seus caros veículos 4x4 a impressão de terem feito um passeio *off-road*, sem jamais terem saído do asfalto da cidade. A lama é até filtrada, para remover pedras e fragmentos que possam arranhar a pintura. Segundo a companhia, as vendas estão sendo boas.

Existe, dentro de cada um de nós, uma tendência de valorizar nossa aparência exterior mais do que a pessoa que somos em nosso íntimo. Consequentemente, algumas pessoas aprimoram os seus currículos ou embelezam suas autobiografias. Mas como seguidores de Jesus isso não deve ocorrer conosco.

Paulo admoestou Timóteo com relação às pessoas na igreja que tinham a aparência de piedade, mas negavam seu poder. "Serão religiosas apenas na aparência, mas rejeitarão o poder capaz de lhes dar a verdadeira devoção. Fique longe de gente assim!" (2 Timóteo 3:5). A presença de Cristo em nós é o que conta, porque isso produzirá os sinais exteriores da fé.

A autoridade de Paulo para instruir a igreja sobre a autenticidade espiritual surgiu dos seus sofrimentos, não do "banho de lama". O apóstolo afirmou: , "pois levo em meu corpo cicatrizes que mostram que pertenço a Jesus" (Gálatas 6:17).

Deus nos chama para vivermos com autenticidade hoje.

David McCasland

31 DE OUTUBRO

Levando os filhos de Deus

Leitura: 2 Timóteo 3:10-15

Você, porém, deve permanecer fiel àquilo que lhe foi ensinado [...] Desde a infância lhe foram ensinadas as Sagradas Escrituras... 2 TIMÓTEO 3:14-15

Um reconhecido ateu acredita ser imoral os pais ensinarem religião aos seus filhos como se fosse verdade. Ele chega a afirmar que os pais que lhes transmitem a sua fé cometem abuso infantil. Apesar de esses pontos de vista serem extremos, ouço sobre pais que hesitam em encorajar seus filhos em relação à fé. Embora muitos de nós esperemos influenciar prontamente nossos filhos com sua visão de política, nutrição ou esportes, por alguma razão, alguns dentre nós tratam suas convicções sobre Deus de maneira diferente.

Em contrapartida, Paulo escreveu sobre como Timóteo havia sido ensinado desde a infância sobre "as Sagradas Escrituras, que lhe deram sabedoria para receber a salvação que vem pela fé em Cristo Jesus" (2 Timóteo 3:15). Timóteo não chegou à fé como adulto pelo poder de sua razão, por seus próprios esforços, sem ajuda. Ao contrário, a mãe dele alimentou o seu coração em relação a Deus; e o jovem permaneceu no que havia aprendido (v.14). Se Deus é vida, a fonte da verdadeira sabedoria, torna-se essencial que cultivemos ternamente o amor a Deus em nossas famílias.

Existem muitos sistemas de crenças que estão influenciando os nossos filhos. Programas de TV, filmes, música, professores, amigos, a mídia. Cada um deles traz consigo suposições (óbvias ou incógnitas) sobre a fé que verdadeiramente os influenciam. Que escolhamos não nos silenciar. A beleza e a misericórdia que nós já experimentamos nos compelem a orientar os nossos filhos em direção a Deus.

Winn Collier

1º DE NOVEMBRO

Feliz reencontro

Leitura: 2 Timóteo 4:1-8

Aquele que é testemunha fiel de todas essas coisas diz: "Sim, venho em breve!". Amém! Vem, Senhor Jesus.
APOCALIPSE 22:20

Alguns anos atrás, quando nossos filhos ainda eram pequenos, embarquei para voltar para casa após uma viagem ministerial de dez dias. Naqueles dias, as pessoas ainda tinham a permissão de permanecer na área de embarque e desembarque para cumprimentar os passageiros que chegavam. Quando meu avião pousou, saí do jato e fui cumprimentado por nossos filhos pequenos, tão felizes de me verem que gritaram e choraram. Olhei para minha esposa, cujos olhos estavam cheios de lágrimas. Eu não conseguia falar. Na área do portão, estranhos também se emocionaram ao ver os nossos filhos abraçando as minhas pernas e expressando suas emoções com choro. Foi um momento maravilhoso.

Lembrar-me da intensidade daquele momento serve como uma repreensão suave para as prioridades de meu próprio coração. O apóstolo João, desejando ansiosamente o retorno de Jesus, escreveu: "Aquele que é testemunha fiel de todas essas coisas diz: 'Sim, venho em breve!'" (Apocalipse 22:20). Em outra passagem, Paulo falou de uma coroa que aguarda aqueles que "…aguardam a sua vinda" (2 Timóteo 4:8). Contudo, por vezes, não me sinto tão ansioso pelo retorno de Cristo, como meus filhos se sentiram pelo meu.

Jesus é digno do melhor de nosso amor e devoção, e nada na Terra deveria ser comparado à ideia de o ver face a face. Que o nosso amor por nosso Salvador se aprofunde à medida que aguardamos nosso feliz reencontro com Ele.

Bill Crowder

2 DE NOVEMBRO

Da piedade ao louvor

Leitura: 2 Timóteo 4:9-18

Mas o Senhor permaneceu ao meu lado e me deu forças... 2 TIMÓTEO 4:17

As crianças procuravam, animadamente e com gratidão, suas cores favoritas e tamanhos adequados numa campanha de agasalhos. Um dos organizadores disse que, com os novos casacos, elas também "aumentavam sua autoestima e aceitação pelos colegas e melhoravam a frequência escolar nos dias de inverno".

Parecia que o apóstolo Paulo também precisava de um agasalho quando escreveu a Timóteo: "Quando vier, não se esqueça de trazer a capa que deixei com Carpo, em Trôade" (2 Timóteo 4:13). Detido numa prisão romana bastante fria, o apóstolo precisava de aquecimento, mas também de companhia: "fui levado perante o juiz, ninguém me acompanhou. Todos me abandonaram", lamentou ao enfrentar um juiz romano (v.16). Suas palavras tocam nosso coração com a honestidade da dor deste grande missionário.

No entanto, nas palavras finais da última carta de Paulo que temos o registro, suas saudações finais após um ministério de contundente impacto, ele deixa de lado piedade e louva: "Mas o Senhor permaneceu ao meu lado", acrescenta (v.17), e as palavras dele encorajam o nosso coração. Como Paulo declarou: "[Deus] me deu forças para que eu pudesse anunciar as boas-novas plenamente, a fim de que todos os gentios as ouvissem. E ele me livrou da boca do leão" (v.17).

Se você estiver enfrentando uma crise, não dispondo de roupas quentes para se aquecer ou amigos próximos que o ajudem, lembre-se de Deus. Ele é fiel em restaurar, suprir e libertar. Por quê? Para a Sua glória e para o nosso propósito em Seu reino.

Patricia Raybon

TITO

Embora um grupo de cristãos tivesse se estabelecido em Creta, eles ainda não tinham sido organizados numa verdadeira igreja do Novo Testamento. Portanto, Paulo deixou que Tito permanecesse no local para nomear os presbíteros e dar uma estrutura à igreja. Paulo reconheceu que o povo de Creta era difícil e que havia "muitos rebeldes" (Tito 1:10); por isso, deixou claro o tipo de pessoa que serviria como bispo (1:7-9). Além disso, Tito recebeu instrução sobre como lidar com vários grupos na igreja (idosos, jovens, escravos). Paulo também falou sobre o encorajamento para a prática das boas obras e o bom comportamento entre as pessoas.

ESBOÇO

Saudações de Paulo, TITO 1:1-4
Instruções sobre a liderança da igreja, TITO 1:5-9
Líderes rebeldes na igreja, TITO 1:10-16
O ensino correto para todos, TITO 2:1-15
Devoção às boas obras, TITO 3:1-8
O que evitar, TITO 3:9-11
Notas pessoais de Paulo, TITO 3:12-15

3 DE NOVEMBRO

Fala suave

Leitura: Tito 1:5-16

Mas, quanto a você, que suas palavras reflitam o ensino verdadeiro. TITO 2:1

Um homem que tentava explicar o significado da palavra *oratória* comentou, com ironia: "Se você diz que a cor preta é branca, isso é tolice. Mas se enquanto você estiver dizendo que o preto é branco, você rugir como um touro, bater na mesa com os dois punhos e correr de uma ponta a outra da plataforma, isso será *oratória*!

Podemos rapidamente nos surpreender com a maneira como as pessoas se expressam, mesmo que tenhamos algumas dúvidas sobre a mensagem que elas tentam repassar. Judas nos alertou sobre aqueles com bocas de "murmuradores e descontentes" (Judas 1:16). A massa da população muitas vezes é movida mais pelo estilo da fala, do que pelo conteúdo da mensagem.

De acordo com Paulo, chegará o tempo em que as pessoas se afastarão do verdadeiro ensino e tolerarão apenas aqueles que as entretêm e as fazem sentir-se bem (2 Timóteo 4:3-4). Portanto, devemos analisar e avaliar cuidadosamente à luz das Escrituras tudo o que ouvimos, até mesmo o que é ensinado e proclamado pelo mais eloquente dos oradores. Não devemos nos deixar influenciar pela simples oratória, especialmente na igreja! Precisamos ter certeza de que os estudiosos da Bíblia que ouvimos não estão mentindo, mas falando a "verdade" (1 Timóteo 2:7).

Não deixe que "conversas inúteis" (Tito 1:10) e enganosas o confundam. A eloquência jamais substitui a verdade.

Richard DeHaan

4 DE NOVEMBRO

Um bom professor

Leitura: Tito 2:1-10

Tudo que fizer deve refletir a integridade e a seriedade de seu ensino... TITO 2:7

Quando estudei na faculdade, conheci Irving Jensen, professor de ensino bíblico. Ele era muito conhecido por lecionar sobre os métodos de estudos da Bíblia, e por ter publicado dezenas de livros e artigos em revistas sobre o assunto. Era um professor muito influente e capacitado que acreditava profundamente naquilo que ensinava.

Jensen era muito convincente porque praticava o que ensinava. Suas palestras, às vezes, eram apresentadas com dificuldade, pois não usava técnicas vistosas em sala de aula, mas ele amava os seus alunos e nos ensinou a amar a Palavra de Deus pela maneira como ele vivia e nos instruía. Jensen vivia na prática as palavras de Tito 2:7-8: "Você mesmo deve ser exemplo da prática de boas obras. Tudo que fizer deve refletir a integridade e a seriedade de seu ensino. Sua mensagem deve ser tão correta a ponto de ninguém a criticar. Então os que se opõe a nós ficarão envergonhados e nada terão de ruim para dizer a nosso respeito".

Devemos comprovar o que dizemos sobre Cristo com um estilo de vida acima de qualquer recriminação e que não possa ser condenado por nossos inimigos. Nossa vida deve ser exemplar para permitir que as pessoas ao nosso redor sejam atraídas para a verdade a respeito de Cristo (v.10).

Nossas palavras e a nossa maneira de viver devem refletir a mensagem de Cristo. Por palavras e por ações — essa é a maneira de sermos bons professores.

David Egner

5 DE NOVEMBRO

Faça todo o bem que você puder

Leitura: Tito 2:11–3:2

*Ele entregou sua vida para nos libertar
de todo pecado...* TITO 2:14

Na igreja que frequento, o culto de domingo de manhã se encerra com um cântico baseado nas palavras de John Wesley. Cantamos, "Faça todo o bem que você puder, por todos os meios que você puder, de todas as formas que puder, todas as vezes que puder, a todos os que puder, sempre que puder; faça todo o bem que você puder". Aprendi a apreciar essas palavras como um desafio bastante adequado para vivermos como o Senhor Jesus, que andou "por toda parte fazendo o bem" (Atos 10:38).

Na carta de Paulo a Tito, há várias referências sobre fazer o bem. Lemos nessa carta que um bispo deve "amar o bem" (1:8). Os cristãos devem ser "zelosos de boas obras" (2:14) e "preparados para toda a boa obra" (3:1). O cristão deve ser "inteiramente dedicado às boas obras" (3:8).

Por toda parte, as pessoas estão famintas para conhecer o toque pessoal de Deus; como cristãos, nós podemos fazer algo quanto a isso. A maravilhosa dádiva do amor de Cristo, que nos foi concedida quando confiamos nele como nosso Salvador pessoal, jamais foi concebida para que servisse apenas a nós. A dádiva que recebemos deve ser transformada em atos de amor, bondade, ajuda e restauração onde quer que estejamos e em tudo que façamos.

"Faça todo o bem que você puder" trata-se de um grande tema musical para todo cristão, todos os dias.

David McCasland

6 DE NOVEMBRO

Pequena ilha

Leitura: Tito 3:1-7

*Não devem caluniar ninguém,
mas evitar brigas. Que sejam amáveis e mostrem
a todos verdadeira humildade.* TITO 3:2

Singapura é uma pequena ilha. É tão pequena que dificilmente consegue-se identificá-la no mapa-múndi. (Tente, caso não saiba onde ela se situa). Por ser densamente habitada, o respeito mútuo é muito importante. Um homem cuja noiva visitaria a ilha pela primeira vez, escreveu a ela: "O espaço é limitado. Portanto, você precisa sempre ter consciência do espaço ao seu redor. Você deve sempre se afastar para garantir que não está bloqueando alguém. O segredo é ser atenciosa".

O apóstolo Paulo escreveu a Tito, um jovem pastor: "Lembre a todos que se sujeitem ao governo e às autoridades. Devem ser obedientes e sempre prontos a fazer o que é bom. Não devem caluniar ninguém, mas evitar brigas. Que sejam amáveis e mostrem a todos verdadeira humildade" (Tito 3:1-2). Alguém já disse que a "nossa vida pode ser a única Bíblia que algumas pessoas lerão". O mundo sabe que os cristãos devem ser diferentes. Se somos briguentos, egoístas e rudes, o que os outros pensarão sobre Cristo e o evangelho que compartilhamos?

É bom ser propositalmente atencioso; esse objetivo se torna possível se dependermos do Senhor. É também uma maneira de sermos modelos de Cristo e demonstrarmos ao mundo que Jesus salva e transforma vidas.

Poh Fang Chia

FILEMOM

Repare na ironia da primeira frase de Filemom: "Paulo, prisioneiro de Cristo Jesus". Ele era um prisioneiro de Cristo, um prisioneiro do Estado romano e ainda assim procurava libertar um escravo da prisão da escravatura. Paulo oferece um agradecimento sincero a Filemom pela sua fé, e depois lhe diz que está orando para que esse servo compreenda o seu pedido difícil a respeito de Onésimo. Ele pede ao amigo que permita que a sua fé controle a sua reação com respeito ao regresso de Onésimo e que a atitude dele seja compassiva. Em seguida, Paulo se convida a si mesmo para uma visita à casa de Filemom após a sua libertação. A verdadeira hospitalidade cristocêntrica é a chave basilar para tudo o que está relatado no livro de Filemom.

ESBOÇO

O agradecimento de Paulo a Filemom, FILEMOM 1:1-7
Um pedido de perdão, FILEMOM 1:8-16
Uma promessa de Paulo, FILEMOM 1:17-21
Saudações e bênçãos, FILEMOM 1:22-25

7 DE NOVEMBRO

Paulo, o velho

Leitura: Filemom 1:1-9

...eu, Paulo, já velho [...] Suplico que demonstre bondade a meu filho Onésimo... FILEMOM 1:9-10

A celebração do meu 60º aniversário realmente mudou a minha perspectiva sobre a vida, pois eu costumava pensar que os sessentões eram "velhos". Comecei a contar o número de anos produtivos que ainda poderia ter e estabeleci esse número em dez. Continuei com esse tipo de pensamento sem saída até que me lembrei de um colega de trabalho muito produtivo que tinha 85 anos. Em seguida o procurei para perguntar-lhe como seria a vida após os 60. Ele me contou sobre algumas das maravilhosas oportunidades de ministério que o Senhor lhe dera ao longo dos seus últimos 25 anos.

O apóstolo Paulo, referindo-se a si mesmo como "velho", em Filemom 1:9, realmente reproduz a minha percepção sobre o envelhecimento: "eu, Paulo, já velho [...] Suplico que demonstre bondade a meu filho Onésimo" (vv.9-10). Paulo estava pedindo a Filemom para receber de volta o seu servo fugitivo Onésimo. Alguns acadêmicos acreditam que Paulo tinha aproximadamente 50 anos de idade ao escrever isso. Certamente, ele não era um cidadão idoso pelos padrões de hoje; todavia, a expectativa de vida naquele tempo era muito menor. Ainda assim, embora consciente de sua maturidade, Paulo continuou a servir ao Senhor por muitos anos ainda.

Embora possamos encontrar limitações físicas ou de outros tipos, o que realmente importa é que continuemos fazendo o que pudermos para o Senhor até que Ele nos chame para o lar celestial.

Dennis Fisher

8 DE NOVEMBRO

Removendo as barreiras

Leitura: Filemom 1:8-16

...é um irmão amado, especialmente para mim. Agora ele será muito mais importante para você, como pessoa e como irmão no Senhor. FILEMOM 1:16

Eu via Maria todas as terças-feiras ao visitar "a Casa": um lar que auxilia ex-prisioneiros a se reintegrarem na sociedade. Minha vida parecia ser diferente da dela: que tinha saído recentemente da prisão, lutava contra os vícios e fora, e estava, separada de seu filho. Diríamos que ela vivia à margem da sociedade.

Da mesma maneira, Onésimo sabia o que significava viver à margem da sociedade. Como escravo, ele aparentemente havia feito algo contra o seu mestre cristão, Filemom, e agora estava preso. Estando na prisão, ele conheceu Paulo e encontrou a fé em Cristo (v.10). Embora fosse um homem transformado, Onésimo ainda era um escravo. Paulo enviou Onésimo novamente a Filemom com uma carta pedindo-lhe para que o recebesse, não como escravo, "ele será muito importante para você, como pessoa e como irmão no Senhor" (v.16).

Filemom tinha uma escolha: Ele poderia tratar Onésimo como seu escravo ou recebê-lo como um irmão em Cristo. Eu também precisava escolher. Veria Maria como uma ex-condenada e viciada sob recuperação, ou como uma mulher cuja vida estava sendo transformada pelo poder de Cristo? Maria era minha irmã no Senhor, e tivemos o privilégio de caminhar juntas em nossa jornada de fé.

É fácil permitir que os muros do status socioeconômico, classe ou diferenças culturais nos separem. O evangelho de Cristo remove essas barreiras, transformando a nossa vida e os nossos relacionamentos para sempre.

Karen Wolfe

HEBREUS

Pelo fato de o autor não ter identificado uma audiência em específico, não é muito claro a quem este livro se destinava. Contudo, é claro que os destinatários em sua maioria, se não todos, eram cristãos judeus (e talvez alguns não cristãos) nas igrejas cristãs. Havia certo desânimo entre as pessoas porque elas enfrentavam perseguição, e talvez se questionassem se tinham sido sábios ao rejeitar as suas antigas tradições judaicas por essa nova fé.

Aparentemente, o livro foi escrito a alguns cristãos que estavam reconsiderando o seu compromisso com Jesus Cristo, e que o autor os encoraja a permanecerem na fé.

ESBOÇO

A superioridade de Jesus, HEBREUS 1:1-3:6
Admoestações sobre a incredulidade, HEBREUS 3:7-4:13
Jesus como Sumo Sacerdote, HEBREUS 4:14-7:28
A nova aliança de Jesus, HEBREUS 8:1-13
Jesus como santuário e sacrifício, HEBREUS 9:1-10:18
A importância da perseverança, HEBREUS 10:19-39

9 DE NOVEMBRO

O Jesus sorridente

Leitura: Hebreus 1:8-12

...Deus, o teu Deus, te ungiu. Derramou sobre ti o óleo da alegria, mais que sobre qualquer outro. HEBREUS 1:9

Se você fizesse o papel de Jesus em um filme, como o interpretaria? Foi esse o desafio que Bruce Marchiano enfrentou ao interpretar Jesus no filme bíblico *O evangelho de Mateus*, em 1993. Sabendo que milhões de telespectadores tirariam conclusões sobre Jesus com base em sua representação, o peso de "acertar" Cristo parecia esmagador. Ele caiu de joelhos em oração e implorou a Jesus por... bem, por Jesus.

Marchiano inspirou-se no primeiro capítulo de Hebreus, pois nessa passagem o escritor nos diz como Deus Pai separou o Filho ungindo-o com "o óleo da alegria" (Hebreus 1:9). Esse tipo de alegria é de celebração, uma alegria de conexão com o Pai que é demonstrada de todo coração. Essa mesma alegria reinou no coração de Jesus ao longo de Sua vida. A carta de Hebreus nos mostra que: "Por causa da alegria que o esperava, ele suportou a cruz sem se importar com a vergonha. Agora ele está sentado no lugar de honra à direita do trono de Deus" (12:2).

Inspirando-se nesse versículo das Escrituras, Marchiano o representou com um retrato único e cheio de alegria do seu Salvador. Consequentemente, o ator ficou conhecido como "o Jesus sorridente". Nós também podemos cair de joelhos e "implorar a Jesus por Jesus". Que Ele nos preencha com Seu caráter, para que as pessoas ao nosso redor vejam a expressão de Seu amor em nós!

Elisa Morgan

10 DE NOVEMBRO

Capaz de ajudar

Leitura: Hebreus 2:14-18

Uma vez que ele próprio passou por sofrimento e tentação, é capaz de ajudar aqueles que são tentados. HEBREUS 2:18

O "intervalo" de oito semanas de José do seu trabalho como mediador de crises numa igreja em Nova Iorque não significou férias. Nas suas palavras, era "viver novamente entre os sem-teto, tornar-se um deles, lembrar-se de como são famintos, cansados e esquecidos". A primeira passagem dele nas ruas acontecera nove anos antes, quando ele chegou àquela cidade sem emprego ou lugar para ficar. Durante 13 dias, ele viveu nas ruas com pouca comida e pouco sono. Foi assim que Deus o preparou para décadas de ministério entre os necessitados.

Quando Jesus veio à Terra, Ele também escolheu compartilhar das experiências daqueles que veio salvar. "Visto, portanto, que os filhos são seres humanos, feitos de carne e sangue, o Filho também se tornou carne e sangue, pois somente assim ele poderia morrer e, somente ao morrer, destruiria o diabo, que tinha o poder da morte" (Hebreus 2:14). Do nascimento à morte, nada faltou na experiência humana de Cristo, exceto o pecado (4:15). Porque Ele venceu o pecado, pode nos ajudar quando somos tentados a pecar.

E Jesus não precisa se familiarizar novamente com nossos cuidados terrenos. Aquele que nos salva permanece conosco e está profundamente interessado em nós. O que quer que a vida nos trouxer, tenhamos a certeza de que quem nos resgatou do diabo, nosso maior inimigo (2:14), está pronto para nos ajudar em nossos momentos de maior necessidade.

Arthur Jackson

11 DE NOVEMBRO

Afivelados!

Leitura: Hebreus 4:11-16

*Assim, aproximemo-nos com toda confiança
do trono da graça, onde receberemos misericórdia
e encontraremos graça...* HEBREUS 4:16

"O comandante acionou o aviso para apertar os cintos, indicando que estamos entrando em uma zona de turbulência. Por favor, retornem aos seus assentos imediatamente e afivelem os cintos de segurança." Os comissários de bordo dão esse alerta porque, em zonas de turbulência, os passageiros sem os cintos afivelados podem se ferir. Atados aos assentos, eles passam pela turbulência com segurança.

Na maioria das vezes, a vida não dá alertas para as inquietações que vêm em nossa direção. Mas o nosso amoroso Pai conhece e sabe das nossas lutas e nos convida a entregar-lhe as nossas ansiedades, dores e medos. As Escrituras dizem: "Nosso Sumo Sacerdote entende nossas fraquezas, pois enfrentou as mesmas tentações que nós, mas nunca pecou. Assim, aproximemo-nos com toda confiança do trono da graça, onde receberemos misericórdia e encontraremos graça para nos ajudar quando for preciso" (Hebreus 4:15-16).

Em tempos de turbulência, o melhor a fazer é irmos ao Pai em oração. A frase "graça para nos ajudar quando for preciso" significa que, em Sua presença, podemos estar "afivelados" em paz durante os tempos ameaçadores, porque levamos nossas preocupações Àquele que é maior do que tudo! Quando a vida parece demasiado pesada, podemos orar. Ele pode nos ajudar em meio à turbulência.

Bill Crowder

12 DE NOVEMBRO

Desejando o crescimento

Leitura: Hebreus 5:11-14

Quem se alimenta de leite ainda é criança e não sabe o que é justo. HEBREUS 5:13

O axolotle é um enigma biológico. Em vez de amadurecer para a forma adulta, essa salamandra mexicana, em perigo de extinção, mantém características de girino durante toda a vida. Os escritores e filósofos têm usado o axolotle para simbolizar alguém que teme o crescimento.

Em Hebreus 5, aprendemos sobre os cristãos que estavam evitando o crescimento saudável, contentando-se com o "leite" espiritual destinado aos recém-convertidos. Talvez por medo de perseguição, eles não estavam crescendo no tipo de fidelidade a Cristo que lhes permitisse serem suficientemente fortes para sofrer com Ele pelo bem dos outros (vv.7-10). Em vez disso, corriam o perigo de não mais demonstrar as atitudes cristãs que haviam demonstrado anteriormente (6:9-11), e não estavam prontos para uma dieta sólida de autossacrifício (5:14). Portanto, o autor escreveu: "Há muito mais que gostaríamos de dizer a esse respeito, mas são coisas difíceis de explicar, sobretudo porque vocês se tornaram displicentes acerca do que ouvem" (v.11).

Os axolotles seguem o padrão natural que o Criador estabeleceu para eles. Mas os que confiam em Cristo e o seguem foram criados para crescer em maturidade espiritual. À medida que crescemos, descobrimos que crescer nele envolve mais do que a nossa própria paz e alegria. O crescimento à Sua semelhança honra a Deus quando, com altruísmo, encorajamos os outros.

Keila Ochoa

13 DE NOVEMBRO

Fazendo nosso papel

Leitura: Hebreus 6:9-12

Deus concedeu um dom a cada um, e vocês devem usá-lo para servir uns aos outros, fazendo bom uso da múltipla e variada graça de Deus. 1 PEDRO 4:10

Quando as minhas duas netas tentaram representar o musical *Alice no País das Maravilhas Jr.*, seus corações estavam determinados a conseguir papéis principais. Maggie queria ser a jovem Alice, e Katie achava que Matilda seria um bom papel. Mas elas foram escolhidas para serem flores. Não era exatamente uma exposição digna de um grande teatro.

No entanto, minha filha disse que as meninas estavam "empolgadas com as amigas que receberam os papéis principais. A alegria delas parecia maior por encorajar os amigos e compartilhar da empolgação".

Que exemplo de como devem ser as nossas interações no Corpo de Cristo! Toda igreja local tem o que pode ser considerado um "papel fundamental". Mas também precisa das flores que têm um papel essencial, mas não tão destacado. Se outras pessoas conseguirem os papéis que desejamos, optemos por encorajá-las à medida que cumprimos apaixonadamente os papéis que Deus nos deu.

Na verdade, encorajar os outros é uma maneira de demonstrar amor pelo Senhor. "Deus [...] não se esquecerá de como trabalharam arduamente para ele e lhe demonstraram seu amor ao cuidar do povo santo..." (Hebreus 6:10). E nenhum presente de Sua mão é insignificante: "Deus concedeu um dom a cada um, e vocês devem usá-lo para servir uns aos outros, fazendo bom uso da múltipla e variada graça divina" (1 Pedro 4:10).

Imagine uma igreja de encorajadores usando diligentemente os dons que Deus lhes concedeu para a Sua honra! (Hebreus 6:10). Isso é o que chamamos de alegria e entusiasmo!

Dave Branon

14 DE NOVEMBRO

Guardiões de promessas

Leitura: Hebreus 6:13-20

Então Abraão esperou com paciência, e recebeu o que lhe fora prometido. HEBREUS 6:15

Emocionado pela promessa que ele estava fazendo à sua noiva, Jônatas gaguejou ao repetir seus votos matrimoniais. Ele pensou: *como posso fazer essas promessas e não acreditar que elas sejam possíveis de cumprir?* Ao terminar a cerimônia, seus compromissos ocupavam a mente dele. Após a recepção, ele e a esposa foram à capela e oraram, por mais de duas horas, para que Deus os ajudasse a cumprir sua promessa de amar e cuidar dela.

Os temores do noivo no dia do casamento baseavam-se no reconhecimento das suas fragilidades humanas. Mas Deus, que prometeu abençoar as nações por meio da descendência de Abraão (Gálatas 3:16), não tem essas limitações.

Para desafiar sua audiência cristã-judaica à perseverança e paciência para continuar em sua fé em Jesus, o autor de Hebreus lembrou as promessas de Deus a Abraão, a paciente espera do patriarca e o cumprimento do que lhe havia sido prometido (Hebreus 6:13-15). O fato de Abraão e Sara serem idosos não foi barreira para o cumprimento da promessa de Deus de dar a Abraão muitos descendentes

Você se sente desafiado a confiar em Deus, apesar de ser fraco, frágil e humano? Luta para cumprir seus compromissos e votos? Em 2 Coríntios 12:9, Deus promete nos ajudar: "Minha graça é tudo de que você precisa. Meu poder opera melhor na fraqueza". Por mais de 36 anos, Deus tem ajudado Jônatas e sua esposa a permanecerem comprometidos com seus votos matrimoniais. Por que não confiar no Senhor para ajudar você?

Arthur Jackson

15 DE NOVEMBRO

Histórias em uma cabana

Leitura: Hebreus 9:11-15

Cristo [...] entrou naquele tabernáculo maior e mais perfeito no céu, que não foi feito por mãos humanas...
HEBREUS 9:11

A cabana de troncos em estilo antigo era digna de aparecer numa capa de revista. Mas a estrutura significava apenas a metade do tesouro. Dentro, heranças de família pendiam das paredes, enchendo o ambiente de lembranças. Na mesa havia um cesto de ovos feito à mão, uma antiga travessa de biscoitos e uma lamparina a óleo. Um chapéu surrado ficava acima da porta da frente. "Há uma história por trás de cada objeto", disse o proprietário.

Quando Deus instruiu Moisés a construir o tabernáculo, havia uma "história" por trás de cada detalhe (Êxodo 25–27). O tabernáculo tinha uma só entrada, da mesma maneira que nós temos um único caminho para Deus (Atos 4:12). A espessa cortina interna separava as pessoas do Santo dos Santos, onde a presença de Deus habitava: Nosso pecado nos separa de Deus. No interior do tabernáculo ficava a arca da aliança, que simbolizava a presença do Senhor. O sumo sacerdote era um precursor do Sumo Sacerdote que viria, o próprio Jesus. O sangue dos sacrifícios prenunciava o sacrifício perfeito de Cristo: "Com seu próprio sangue [...] entrou no lugar santíssimo de uma vez por todas e garantiu redenção eterna" (Hebreus 9:12).

Tudo isso contava a história de Cristo e a obra que Ele realizaria em nosso favor. Ele o fez para que "todos que são chamados recebam a herança eterna que foi prometida" (v.15). Jesus nos convida a ser uma parte da Sua história.

Tim Gustafson

16 DE NOVEMBRO

O que não pode ser visto

Leitura: Hebreus 11:1-6

A fé mostra a realidade daquilo que esperamos; ela nos dá convicção de coisas que não vemos. HEBREUS 11:1

Os historiadores dizem que a era nuclear começou em 16 de julho de 1945, quando ocorreu a primeira explosão nuclear no longínquo deserto do Novo México, EUA. Mas o filósofo grego Demócrito (460–370 a.C.) já explorava a existência e o poder do átomo muito antes da invenção de qualquer coisa que pudesse até mesmo ver esses minúsculos blocos de construção do Universo. Demócrito compreendeu mais do que se podia ver, e disso resultou a teoria do átomo.

As Escrituras nos dizem que a essência da fé é aceitar o que não podemos ver: Elas afirmam: "A fé mostra a realidade daquilo que esperamos; ela nos dá convicção de coisas que não vemos" (Hebreus 11:1). Essa garantia não é o resultado de um desejo ou do pensamento positivo. É a confiança no Deus que não podemos ver, mas cuja existência é a realidade mais verdadeira do Universo. Sua veracidade é demonstrada em Suas obras criativas (Salmo 19:1) e tornam-se visíveis quando revela o Seu caráter invisível e o caminho por intermédio do Seu Filho, Jesus, que veio para mostrar o amor do Pai por nós (João 1:18).

Paulo diz que é em Deus que "vivemos, nos movemos e existimos" (Atos 17:28). Semelhantemente, "...vivemos pela fé, não pelo que vemos" (2 Coríntios 5:7). No entanto, não caminhamos sozinhos. O Deus invisível caminha conosco a cada passo da jornada.

Bill Crowder

TIAGO

Como tantas vezes aconteceu com as igrejas que recebiam cartas de Paulo e de outros, os irmãos que receberam essa carta estavam apenas aprendendo a navegar nas águas dessa nova jornada no cristianismo. Consequentemente, havia uma série de áreas desconhecidas. Por exemplo, como eles deveriam agir a respeito das provações que se infiltraram na vida deles? Por que lhes sobrevinham coisas más se estavam seguindo o caminho certo? Tiago aborda isso na sua carta. Além disso, como eles deveriam compreender a relativa importância da riqueza e da pobreza? Mais uma vez, Tiago tenta preencher essa lacuna. E como é habitual com um pastor cuidadoso, Tiago responde aos seus leitores com sabedoria em várias áreas à medida que eles buscam viver à semelhança de Cristo.

ESBOÇO

Provações e tentações, TIAGO 1:1-18
Ouvir e praticar a Palavra de Deus, TIAGO 1:19-27
Advertência contra o preconceito, TIAGO 2:1-13
A fé e as boas obras, TIAGO 2:14-26
O controle da língua, TIAGO 3:1-12
Um estudo sobre a sabedoria, TIAGO 3:13-18
Submissão e humildade, TIAGO 4:1-12
Confiança em Deus, não em si mesmos, TIAGO 4:13–5:6
O exercício da paciência, TIAGO 5:7-12
O poder da oração, TIAGO 5:13-20

17 DE NOVEMBRO

Está na atitude

Leitura: Tiago 1:1-12

...considerem motivo de grande alegria sempre que passarem por qualquer tipo de provação... TIAGO 1:2

Regina voltou para casa, desencorajada e cansada. O dia tinha iniciado com notícias trágicas, com uma mensagem de texto de sua amiga; piorou ainda mais em reuniões com colegas de trabalho que se recusavam a partilhar das suas ideias. Quando Regina estava orando ao Senhor, resolveu colocar o estresse de lado. Ela saiu e fez uma visita surpresa e levou flores a uma amiga idosa numa Casa de Repouso. Seu espírito se acalmou quando Maria compartilhou como o Senhor era bom para ela, dizendo: "Aqui tenho minha própria cama, uma cadeira, três refeições por dia e a ajuda das enfermeiras. E, ocasionalmente, Deus envia um cardeal para a minha janela só porque Ele sabe que eu os amo e Ele me ama".

Atitude. Perspectiva. Como diz o ditado: "A vida é 10% o que nos acontece e 90% como reagimos a isso". Tiago escreveu a um povo que fora espalhado por causa da perseguição, e pediu-lhes para considerarem a sua perspectiva sobre as dificuldades. Ele os desafiou com as palavras: "considerem motivo de grande alegria sempre que passarem por qualquer tipo de provação" (Tiago 1:2).

Cada um de nós está trilhando a sua própria jornada para aprender a confiar em Deus em meio às circunstâncias difíceis. A perspectiva plena de alegria de que Tiago nos falou virá quando aprendermos a ver que Deus pode usar as lutas para amadurecer a nossa fé.

Anne Cetas

18 DE NOVEMBRO

Os praticantes do mundo

Leitura: Tiago 1:19-27

Não se limitem, porém, a ouvir a palavra; ponham-na em prática. Do contrário, só enganarão a si mesmos. TIAGO 1:22

Logo após nos mudarmos para uma casa em um novo bairro, convidamos minha cunhada e seu esposo para um almoço no domingo. Enquanto cumprimentávamos as visitas à porta, um ruído estranho direcionou os olhares deles para a cozinha. Ao acompanhar seus olhares, congelei horrorizada. Uma mangueira defeituosa da nossa velha lava-louças espirrava água por todos os lados, como se fosse a tromba de um elefante enfurecido!

Minha cunhada Suzana entrou em ação. Largou a bolsa e entrou na cozinha antes de mim, desligou a água e pediu panos e um rodo. Passamos os primeiros 15 minutos da visita ajoelhadas secando o chão.

Suzana é uma pessoa de atitude, e o mundo é um lugar melhor por causa de pessoas como ela. Esses são os indivíduos que estão sempre prontos a cooperar, a envolver-se e, se necessário, liderar.

Muitos que assumem posições no mundo são também praticantes da Palavra. Esses são os seguidores de Jesus que aceitaram o desafio de Tiago e o guardaram no coração: "Não se limitem, porém, a ouvir a palavra; ponham-na em prática. Do contrário, só enganarão a si mesmos" (Tiago 1:22).

Você está fazendo tudo que sabe que Deus quer que você faça? Ao ler a Palavra de Deus, pratique o que aprendeu. Primeiro ouça, depois faça. A bênção de Deus será o resultado de nossa obediência (Tiago 1:25).

Cindy Hess Kasper

19 DE NOVEMBRO

Tem fome agora?

Leitura: Tiago 2:14-18

De que adianta, meus irmãos, dizerem que têm fé se não a demonstram por meio de suas ações? TIAGO 2:14

Thomas sabia o que precisava fazer. Ele tinha nascido em uma família pobre na Índia e fora adotado por norte-americanos. Em uma viagem de volta à Índia, ele testemunhou as terríveis necessidades das crianças em sua cidade natal. Portanto, ele sabia que tinha que ajudar. Thomas começou a fazer planos para voltar aos Estados Unidos, terminar seus estudos, economizar dinheiro e voltar à sua pátria no futuro.

Então, depois de ler Tiago 2:14-18, no qual Tiago pergunta: "De que adianta, meus irmãos, dizerem que têm fé se não a demonstram por meio de suas ações?" Thomas ouviu uma garotinha em seu país natal gritar para a mãe: "Mas mamãe, estou com fome agora!" e se lembrou das vezes em que passara muita fome quando criança: vasculhando latas de lixo em busca de comida. Thomas sabia que não podia esperar anos para ajudar. Ele decidiu: "Vou começar agora!".

Hoje, o orfanato que ele iniciou abriga 50 crianças bem alimentadas e cuidadas que estão aprendendo sobre Jesus e recebendo educação. Tudo porque um homem não adiou o que sabia que Deus estava pedindo para ele fazer.

A mensagem de Tiago também se aplica a nós. Nossa fé em Jesus Cristo nos proporciona grandes vantagens: o relacionamento com Ele, a vida abundante e a esperança futura. Mas que bem fazemos aos outros se não os alcançamos e nem ajudamos os que precisam? Você ouve o grito: "Estou com fome agora!"?

Dave Branon

20 DE NOVEMBRO

Apenas uma faísca

Leitura: Tiago 3:1-6

Assim também, a língua é algo pequeno que profere discursos grandiosos. TIAGO 3:5

"Estamos na biblioteca e podemos ver as chamas lá fora!" Ela estava assustada e ouvíamos isso em sua voz. Conhecemos a voz dela: nossa filha. Ao mesmo tempo, sabíamos que o campus da faculdade era o lugar mais seguro para ela e seus quase 3.000 colegas. O incêndio de 2018 se espalhou mais rapidamente do que qualquer um esperava, principalmente os muitos bombeiros. O calor recorde e as condições secas no cânion da Califórnia, junto com os lendários ventos, foram todas as pequenas faíscas necessárias para queimar 390 mil km², destruir mais de 1.600 construções e matar três pessoas. Nas fotos tiradas depois da contenção do fogo, o litoral exuberante de outrora lembrava a árida superfície da Lua.

Na carta de Tiago, o autor cita algumas coisas pequenas, mas poderosas: "um freio na boca do cavalo" e os lemes dos navios (Tiago 3:3-4). Embora sejam familiares, esses exemplos estão um pouco distantes de nós. Mas, em seguida, ele se refere a algo um pouco mais familiar para nós algo pequeno que todo ser humano possui: a língua. E embora este capítulo seja dirigido especificamente aos mestres (v.1), a aplicação se espalha rapidamente para cada um de nós. A língua, por menor que seja, pode levar a resultados desastrosos.

Nossas pequenas línguas são poderosas, mas nosso grandioso Deus é mais poderoso. A Sua ajuda diária nos concede a força para controlar e orientar as nossas palavras.

John Blase

21 DE NOVEMBRO

Método de limpeza

Leitura: Tiago 4:4-10

Lavem as mãos, pecadores; purifiquem o coração, vocês que têm a mente dividida. TIAGO 4:8

Ao lado da pia, duas criancinhas cantam alegremente a canção "Feliz aniversário" e a repetem duas vezes, enquanto lavam suas mãos. "Demora todo esse tempo para tirar os germes", diz-lhes a mãe. Assim, mesmo antes da pandemia da COVID-19, as crianças já tinham aprendido a limpar adequadamente as mãos.

Manter as coisas limpas pode ser um processo prolongado demais, como aprendemos na pandemia. Porém, limpar o pecado significa seguir alguns passos específicos para voltar a Deus.

Tiago exortou os cristãos espalhados pelo Império Romano a voltarem sua atenção a Deus. Eles se fizeram inimigos do Senhor ao se envolverem em disputas e lutas, batalhas por superioridade, bens, prazeres mundanos, dinheiro e reconhecimento. Tiago os exortou: "..submetam-se a Deus. Resistam ao diabo, e ele fugirá de vocês. [...] Lavem as mãos, pecadores; purifiquem o coração, vocês que têm a mente dividida" (Tiago 4:7-8). Mas como?

"Aproximem-se de Deus, e ele se aproximará de vocês" (v.8). Essas palavras são higienizantes e descrevem a necessidade de nos voltarmos para Deus a fim de varrermos o solo do pecado da nossa vida. Na sequência, Tiago explicou melhor esse método de limpeza: "Que haja lágrimas, lamentação e profundo pesar. Que haja choro em vez de riso, e tristeza em vez de alegria. Humilhem-se diante do Senhor, e ele os exaltará" (vv.9-10).

É humilhante lidar com o nosso pecado, mas aleluia! Deus é fiel para transformar a nossa "lavagem" em adoração.

Patricia Raybon

22 DE NOVEMBRO

Mudança inesperada

Leitura: Tiago 4:13-17

Como sabem o que será de sua vida amanhã?
TIAGO 4:14

Em janeiro de 1943, os ventos quentes atingiram um estado norte-americano elevando rapidamente as temperaturas de -20° para 7°C. Essa mudança drástica do clima, uma variação de 27 graus, ocorreu em apenas dois minutos. A maior variação de temperatura registrada nos EUA ao longo de um período de 24 horas é de incríveis 39,4°C! Em 15 de janeiro de 1972, no estado de Montana, EUA, registrou-se o salto de temperatura de -48° para 9°C.

As mudanças repentinas, porém, não são apenas um fenômeno climático. Às vezes é típico do próprio curso da vida. Tiago nos lembra: "'Hoje ou amanhã iremos a determinada cidade e ficaremos lá um ano. Negociaremos ali e teremos lucro'. Como sabem o que será de sua vida amanhã?..." (4:13-14). Uma perda inesperada. Um diagnóstico surpresa. Um retrocesso financeiro. Mudanças repentinas.

A vida é uma jornada com muitos elementos imprevisíveis. Por isso, Tiago nos adverte para que abandonemos os "planos pretensiosos" (v.16) que não levam em conta o Todo-Poderoso. Assim, ele nos aconselhou: "O que devem dizer é: 'Se o Senhor quiser, viveremos e faremos isso ou aquilo'" (v.15). Os acontecimentos de nossa vida podem ser incertos, mas uma coisa é certa: em todos os momentos inesperados da vida, nosso Deus nunca nos deixará. Ele é o único imutável ao longo de nossos dias.

Bill Crowder

23 DE NOVEMBRO

A longo prazo

Leitura: Tiago 5:7-11

Por isso, irmãos, sejam pacientes enquanto esperam a volta do Senhor... TIAGO 5:7

Uma pesquisa feita em 2006 com mais de 1.000 adultos revelou que a maioria das pessoas leva em média 17 minutos para perder a paciência enquanto espera em uma fila. A maioria perde a paciência em apenas 9 minutos enquanto espera ao telefone. A impaciência é uma característica comum.

Tiago escreveu para um grupo de cristãos que lutavam para ter paciência enquanto esperavam pela volta de Jesus (Tiago 5:7). Eles estavam vivendo sob exploração, e aflição e Tiago os encorajou a serem pacientes enquanto esperavam pela volta do Senhor. Desafiando esses cristãos a perseverarem sob o sofrimento, Tiago buscou encorajá-los a permanecerem firmes e a viverem sacrificialmente até que o Senhor voltasse para consertar tudo que estava errado. Ele escreveu: "Fortaleçam-se em seu coração, pois a vinda do Senhor está próxima" (v.8).

Tiago os instruiu para serem como o fazendeiro que espera pacientemente pela chuva e colheita (v.7) e como os profetas e o patriarca Jó, que demonstraram perseverança em meio às dificuldades (vv.10-11). A linha de chegada estava logo adiante, e Tiago encorajou os cristãos a não desistirem.

Quando somos provados e submetidos às provas num crisol de extremas angústias, Deus deseja nos ajudar a continuarmos vivendo por fé e a confiar em Sua compaixão e misericórdia (v.11).

Marvin Williams

24 DE NOVEMBRO

Correção gentil

Leitura: Tiago 5:19-20

...saibam que quem trouxer o pecador de volta de seu desvio
o salvará da morte... TIAGO 5:20

O clima do início da primavera era refrescante, e tendo minha esposa como companheira de viagem, nada poderia ter sido melhor. Mas a beleza daqueles momentos juntos poderia ter se transformado em tragédia se não fosse por um sinal de alerta em vermelho e branco que me informava que eu estava indo na direção errada. Como eu ainda não tinha feito a curva totalmente, enxerguei momentaneamente uma placa de "Não entre" bem à frente de mim. Obedeci rapidamente, mas estremeço ao pensar no mal que poderia ter causado à minha esposa, a mim mesmo ou aos outros se tivesse ignorado o sinal que me lembrava de que eu ia na contramão.

As palavras finais de Tiago enfatizam a importância da correção. Quem dentre nós nunca precisou ser "resgatado" pelos que nos amam e cuidam de nós dos caminhos ou atitudes, decisões ou desejos que poderiam nos ferir? Quem sabe o mal que poderíamos ter causado a nós mesmos ou aos outros se alguém não estivesse intervindo corajosamente no momento certo?

Tiago enfatiza o valor da correção bondosa com estas palavras: "saibam que quem trouxer o pecador de volta de seu desvio o salvará da morte e trará perdão para muitos pecados" (5:20). A correção é uma demonstração da misericórdia de Deus. Que o nosso amor e preocupação com o bem-estar dos outros nos encoraje a falar e agir de maneira que Ele possa usar para que possamos trazer alguém "de volta" (v.19).

Arthur Jackson

1 PEDRO

Com o desejo de encorajar adequadamente os seus leitores, que enfrentavam tempos difíceis, Pedro primeiro reforça as grandes recompensas advindas da salvação em Jesus Cristo. Na sequência, ele convoca os seus companheiros cristãos a lutarem por uma vida de santidade, tanto na comunidade cristã como perante os que estão fora da igreja. Ele também os faz lembrarem-se dos sofrimentos de Jesus como um encorajamento, e lhes propõe a ideia de que é um privilégio sofrer por amor a Jesus.

ESBOÇO

A bondosa saudação de Pedro, 1 PEDRO 1:1-3
Jesus: A nossa esperança viva, 1 PEDRO 1:4-12
Um chamado à santidade, amor e estudo, 1 PEDRO 1:13-2:12
Um chamado à submissão, 1 PEDRO 2:13-3:12
Suportando o sofrimento, 1 PEDRO 3:13-17
O exemplo de Cristo, 1 PEDRO 3:18-4:6
O autocontrole divino, 1 PEDRO 4:7-11
Mais sobre o sofrimento, 1 PEDRO 4:12-19
Instruções aos líderes da igreja, 1 PEDRO 5:1-9
Nota pessoal de Pedro, 1 PEDRO 5:10-14

25 DE NOVEMBRO

Maravilha invisível

Leitura: 1 Pedro 1:3-9

Embora nunca o tenham visto,
vocês o amam. E, ainda que não o vejam agora,
creem nele... 1 PEDRO 1:8

No declínio dos seus anos, os pensamentos da Sra. Goodrich entravam e saíam do foco com as memórias de uma vida desafiadora e plena de graça. Sentada junto à janela com vista para as águas de um grande lago, ela buscou o seu bloco de notas. Em palavras que em breve não mais reconheceria como suas, escreveu: "Aqui estou eu na minha cadeira favorita, com meus pés no peitoril da janela e meu coração no ar. O Sol tocando as ondas na água em constante movimento para onde eu não sei. Mas obrigada, querido Pai celestial, por Tuas inúmeras dádivas e eterno amor! Isso me surpreende sempre. Como posso amar tanto Alguém que não consigo ver?".

O apóstolo Pedro reconheceu essa maravilha. Ele tinha visto Jesus com os seus próprios olhos, mas os que leriam a sua carta não o tinham visto. "Embora nunca o tenham visto [...], creem nele e se regozijam com alegria inexprimível e gloriosa" (1 Pedro 1-8). Amamos Jesus não porque isso nos é ordenado, mas porque com a ajuda do Espírito (v.1) começamos a ver o quanto Ele nos ama.

Isso significa mais do que ouvir que Ele se preocupa com pessoas como nós. É experimentarmos por nós mesmos a promessa de Cristo de tornar real para nós a maravilha da Sua presença invisível e do Seu Espírito em todas as etapas da vida.

Mart DeHaan

26 DE NOVEMBRO

Ele levou nosso fardo

Leitura: 1 Pedro 1.18-25

Ele mesmo carregou nossos pecados em seu corpo na cruz, a fim de que morrêssemos para o pecado e vivêssemos para a justiça; por suas feridas fomos curados. 1 PEDRO 2:24

Não é incomum que as contas dos serviços de utilidade pública sejam surpreendentemente altas. Mas um senhor recebeu uma conta de água inacreditável e suficiente para causar uma parada cardíaca: uma conta de 400 milhões de reais! Certo de que não havia usado tanta água no mês anterior, ele brincou perguntando se poderia pagá-la em pequenas prestações.

Uma dívida de 400 milhões seria um fardo pesado, mas ainda pouco em comparação com o imensurável fardo que o pecado nos faz carregar. Tentar carregar o fardo e as consequências dos nossos pecados nos deixa cansados e cheios de culpa e vergonha. A verdade é que somos incapazes de carregar esse fardo.

E nem fomos feitos para isso. Como Pedro lembrou aos cristãos, apenas Jesus, o Filho de Deus, sem pecados, pôde carregar o fardo pesado dos nossos pecados e suas pesadas consequências (1 Pedro 2:24). Em Sua morte na cruz, Jesus tomou toda a nossa injustiça sobre si e nos ofereceu Seu perdão. Por Ele ter carregado o nosso fardo, não precisamos sofrer o castigo que merecemos.

Em vez de viver com medo ou culpa, o "estilo de vida vazio" que herdamos de nossos antepassados (1:18), podemos usufruir de uma nova vida de amor e liberdade (vv.22-23).

Marvin Williams

27 DE NOVEMBRO

Cartas amáveis

Leitura: 1 Pedro 2:4-10

Vocês, porém, são povo escolhido,
reino de sacerdotes, nação santa, propriedade
exclusiva de Deus. 1 PEDRO 2:9

Décadas atrás, o Dr. Jerry Motto descobriu o poder de uma "carta amável". Sua pesquisa demonstrou que o simples envio de uma carta demonstrando preocupação com os pacientes que haviam recebido alta após tentar o suicídio, reduziu pela metade a taxa de recorrência. Recentemente, os profissionais da saúde redescobriram esse poder quando enviaram textos, cartões e até memes como parte do acompanhamento aos pacientes severamente deprimidos.

Na Bíblia, 21 "livros" são na verdade cartas carinhosamente escritas para os cristãos do primeiro século que enfrentavam dificuldades por razões variadas. Paulo, Tiago e João as escreveram para explicar os fundamentos da fé e da adoração, e sobre como resolver conflitos e construir a unidade.

O apóstolo Pedro, no entanto, escreveu aos perseguidos pelo imperador romano, Nero. Pedro os lembrou de seu valor intrínseco para Deus e descreveu isso em sua carta: "Vocês, porém, são povo escolhido, reino de sacerdotes, nação santa, propriedade exclusiva de Deus" (1 Pedro 2:9). Isso os fez olhar para Deus e lembrar-se de que podiam "mostrar às pessoas como é admirável aquele que os chamou das trevas para sua maravilhosa luz" (v.9).

Nosso maravilhoso Deus escreveu um livro cheio de cartas amáveis para nós. São Escrituras inspiradas para que possamos nos lembrar sempre do valor que Ele atribui a nós. Que possamos ler Suas cartas diariamente, compartilhando-as com os que precisam da esperança que Jesus oferece.

Elisa Morgan

28 DE NOVEMBRO

Uma vida exemplar

Leitura: 1 Pedro 2:9-12

Procurem viver de maneira exemplar entre os que não creem... 1 PEDRO 2:12

Lendo o obituário de Catherine Hamlin, conheci um pouco dessa notável cirurgiã australiana. Na Etiópia, Catherine e seu marido estabeleceram o único hospital do mundo dedicado a vítimas do devastador trauma físico e emocional das fístulas obstétricas, lesão comum em países em desenvolvimento, que pode ocorrer durante o parto. Ela foi responsável por supervisionar o tratamento de mais de 60 mil mulheres.

Catherine, ativa aos 92 anos, ainda iniciava os seus dias com uma xícara de chá e estudo bíblico e fazia cirurgias no hospital. Ela disse aos curiosos que era uma cristã comum e que apenas fazia o trabalho que Deus lhe dera para fazer.

Senti-me grata por descobrir sobre sua vida excepcional. Ela me exemplificou poderosamente o encorajamento que a Bíblia oferece aos cristãos para viverem de tal forma que mesmo os que rejeitam enfaticamente a Deus vejam "...seu comportamento correto e [deem] glória a Deus quando ele julgar o mundo" (1 Pedro 2:12).

O poder do Espírito Santo que nos chamou das trevas espirituais para um relacionamento com Ele (v.9) também pode transformar o nosso trabalho ou áreas de serviço em testemunhos da nossa fé. Seja qual for a paixão ou habilidade que Deus nos concedeu, podemos dar-lhe significado e propósito ainda maior agindo de maneira que sejamos capazes de direcionar pessoas a Ele.

Lisa Samra

29 DE NOVEMBRO

Coisas a respeito de Deus

Leitura: 1 Pedro 3:13-18

...se alguém lhes perguntar a respeito de sua esperança, estejam sempre preparados para explicá-la. 1 PEDRO 3:15

Os colegas de trabalho de Miguel sabiam pouco sobre o cristianismo, nem pareciam se importar. Mas eles sabiam que Miguel se importava. Aproximava-se a Páscoa, e alguém mencionou casualmente que ouvira dizer que a Páscoa tinha algo a ver com o êxodo do Egito e queria saber qual seria a conexão. Um deles disse: "Ei, Miguel, você sabe sobre essas coisas a respeito de Deus. O que é a Páscoa judaica?".

Então, Miguel lhes explicou como Deus livrou os israelitas da escravidão no Egito. Contou-lhes sobre as dez pragas, incluindo a morte do primogênito em todas as casas. Explicou como o anjo da morte "passou sobre" as casas cujos batentes da porta estavam cobertos pelo sangue de um cordeiro sacrificado. Na sequência, falou como Jesus foi mais tarde crucificado na época da Páscoa de uma vez por todas, como o Cordeiro sacrificial. De repente, ele percebeu: *Estou testemunhando!*

Pedro, o discípulo, aconselhou a igreja numa cultura que não conhecia Deus. Ele lhes disse: "...se alguém lhes perguntar a respeito de sua esperança, estejam sempre preparados para explicá-la" (v.15).

Pelo fato de Miguel ter sido conhecido por sua fé, ele a compartilhou naturalmente, e o fez "de modo amável e respeitoso" (v.16).

Nós também podemos! Com a ajuda do Espírito Santo de Deus, podemos explicar, em termos simples, o que mais importa na vida: essas "coisas" a respeito de Deus.

Tim Gustafson

30 DE NOVEMBRO

Começando agora

Leitura: 1 Pedro 4:7-11

...amem uns aos outros sinceramente...
1 PEDRO 4:8

Quando a biópsia da minha irmã mais velha revelou um câncer, no final de fevereiro de 2017, mencionei aos meus amigos: "Preciso passar o máximo de tempo possível com a Carolyn e começando agora". Alguns me disseram que os meus sentimentos eram uma reação exagerada às notícias. Mas ela morreu em dez meses. E, mesmo eu tendo passado horas com ela, quando amamos alguém, nunca há tempo o bastante para o nosso coração amar o suficiente.

O apóstolo Pedro encorajou os cristãos da Igreja Primitiva: a amarem "uns aos outros sinceramente..." (v.8). Eles estavam sofrendo perseguição e precisavam do amor de seus irmãos e irmãs em sua comunidade cristã mais do que nunca. Por Deus ter derramado Seu próprio amor no coração deles, eles podiam então querer amar aos outros também. Seu amor se expressaria pela oração, pela oferta de generosa hospitalidade, gentileza e conversa sincera, tudo por meio da força que Deus concede (1 Pedro 4:9-11). Por intermédio da Sua graça, Deus lhes capacitou para sacrificialmente servirem uns aos outros para os Seus bons propósitos. Para que tudo que eles realizassem trouxesse "glória a Deus por meio de Jesus Cristo" (v.11). Esse é o poderoso plano de Deus que, por nosso meio, cumpre a Sua vontade.

Precisamos dos outros, e eles precisam de nós. Usemos todo o tempo ou recursos que já recebemos de Deus para amar, começando neste momento.

Anne Cetas

1º DE DEZEMBRO

Sendo sincero com Deus

Leitura: 1 Pedro 5:6-10

Entreguem-lhe todas as suas ansiedades,
pois ele cuida de vocês. 1 PEDRO 5:7

Curvo a cabeça, fecho os olhos, junto as mãos e começo a orar. "Senhor amado, entro na Tua presença como teu filho. Reconheço Teu poder e bondade...". De repente, abro os olhos, lembrando que o meu filho não terminou seu projeto de História e, tem jogo de basquete depois da aula. Imagino-o acordado até à meia-noite para terminar a tarefa. Preocupo-me ao pensar que esse cansaço possa levá-lo a contrair uma gripe!

C. S. Lewis escreveu sobre distrações durante a oração em seu livro *Cartas de um diabo a seu aprendiz* (Ed. Martins Fontes, 2009). Ele observou que, quando a nossa mente se desvia, tendemos a usar a força de vontade para voltar à nossa oração original. No entanto, Lewis concluiu que seria melhor aceitar as distrações como nossos problemas, entregá-las a Deus e torná-las o tema principal das nossas orações.

Uma preocupação persistente ou um pensamento pecaminoso que interrompa a nossa oração pode tornar-se o ponto central da nossa conversa com Deus. O Senhor quer que sejamos verdadeiros ao falar-lhe sobre as nossas maiores preocupações, medos e dificuldades. Ele não se surpreende com nada que lhe dizemos. Seu interesse em nós é semelhante à atenção que teríamos de um amigo muito próximo. Por esse motivo, somos encorajados a entregar todas as nossas preocupações e ansiedades a Deus, pois Ele cuida de nós (v.7).

Jennifer Benson Schuldt

2 PEDRO

Pedro queria lembrar aos cristãos que já tinham o que precisavam por intermédio do "poder de Deus" e que podiam escapar à corrupção do mundo. Ele então lhes deu oito orientações (2 Pedro 2:1-5), que poderiam ajudá-los a fortalecerem-se em Jesus. Eles foram preparados para ouvir as más notícias de que havia outros que queriam enganá-los para seu próprio proveito. A força e o poder divino com os quais Pedro introduziu o livro foram essenciais à medida que as pessoas tomaram consciência da presença de charlatões e falsos mestres na igreja.

ESBOÇO

A bondosa saudação de Pedro, 2 PEDRO 1:1-2
A progressão do crescimento na fé, 2 PEDRO 1:3-11
A Palavra de Deus é inspirada pelo Espírito Santo, 2 PEDRO 1:12-21
Tudo sobre os falsos mestres, 2 PEDRO 2:1-22
O Dia do Senhor se aproxima, 2 PEDRO 3:1-17

2 DE DEZEMBRO

Promessas inimagináveis

Leitura: 2 Pedro 1:2-8

E, por causa de sua glória e excelência, ele nos deu grandes e preciosas promessas. 2 PEDRO 1:4

Em nossos momentos de maior fracasso, torna-se fácil acreditar que já é tarde demais para nós, que perdemos a chance de ter uma vida com propósito e valor. Assim o ex-prisioneiro Elias descreveu o o seu sentimento sobre ser presidiário: "Destruí o meu futuro, a promessa do que eu poderia vir a ser".

Entretanto, a vida de Elias começou a ser transformada quando ele entrou para um curso universitário da "Iniciativa Prisional" em sua cidade. Quando Elias sobressaiu-se num debate com pessoas da Universidade de Harvard, isso o fez compreender que nem tudo estava perdido em seu futuro.

Uma transformação semelhante acontece em nosso coração quando começamos a compreender que a boa notícia do amor de Deus em Jesus são boas-novas para nós também. Admirados, começamos a perceber que não é tarde demais. Deus ainda tem um futuro para nós também.

E é um futuro que não pode ser conquistado nem perdido; depende somente da infinita graça e poder de Deus (2 Pedro 1:2-3). Um futuro no qual somos libertos do desespero deste mundo e do nosso coração para um cenário repleto de Sua "glória e excelência" (v.3). Um futuro seguro nas "grandes e preciosas promessas" de Cristo (v.4) e "na esperança de que, com os filhos de Deus, a criação seja gloriosamente liberta da decadência que a escraviza" (Romanos 8:21).

Monica La Rose

3 DE DEZEMBRO

Tradutor de Shakespeare?

Leitura: 2 Pedro 1:16, 2:3

Acima de tudo, saibam que nenhuma profecia nas Escrituras surgiu do entendimento do próprio profeta... 2 PEDRO 1:20

Há quem especule que William Shakespeare ajudou a traduzir a Bíblia na versão King James. Dizem que ele inseriu um criptograma (mensagem escrita em um código), enquanto traduzia o Salmo 46. Nesse salmo, na versão em inglês, a 46.ª palavra, contando do início, é *shake* (abalar) e a 46.ª palavra, contando do final, é *spear* (lança). Ou seja, as duas palavras em inglês juntas: *shakespear*, Shakespeare. Além disso, em 1610, enquanto essa versão estava sendo traduzida, Shakespeare tinha 46 anos. Apesar dessas coincidências, não há evidências seguras que fundamentem essa teoria.

Algumas pessoas também reivindicam ter encontrado significados escondidos, quando interpretam a Bíblia. Certos rituais religiosos citam um versículo fora de seu contexto, somente para conduzir alguém a uma teoria doutrinária herética. Alguns citam João 14:16, por exemplo, e dizem que "Encorajador" se refere à sua "nova revelação". Todavia, quando comparado com as outras Escrituras, o Encorajador que Jesus nos enviou é evidentemente o Espírito Santo (João 16:7-14; Atos 2:1-4).

O apóstolo Pedro escreveu: "saibam que nenhuma profecia nas Escrituras surgiu do entendimento do próprio profeta" (2 Pedro 1:20). Para interpretar uma passagem bíblica de forma precisa, precisamos sempre considerar o contexto e compará-lo com as Escrituras. Isso respeita o significado claro da Bíblia, sem procurar encontrar nela um significado escondido.

Dennis Fisher

4 DE DEZEMBRO

Vestido para enganar

Leitura: 2 Pedro 2:1-3,12-19

Tomem cuidado com falsos profetas que vêm disfarçados de ovelhas, mas que, na verdade, são lobos esfomeados. MATEUS 7:15

Caminhando pelas montanhas, Coty Creighton viu um bode que não se parecia com o resto do rebanho. Uma observação mais apurada revelou que o animal tão incomum era, na verdade, um homem vestido de bode. Quando as autoridades contataram o homem, ele descreveu seu traje como um macacão de pintor coberto com lã e disse estar testando seu disfarce para uma caçada.

A trapaça do caçador me faz recordar as palavras de Jesus: "Tomem cuidado com falsos profetas que vêm disfarçados de ovelhas, mas que, na verdade, são lobos esfomeados" (Mateus 7:15). Os falsos mestres não toleram o fruto do Espírito de Deus (Gálatas 5:22-23). Em vez disso, "...seguem desejos e instintos distorcidos e desprezam a autoridade" (2 Pedro 2:10). Eles são ousados, egoístas e dados à ganância (vv.10,14). Governados por seus próprios desejos, eles exploram as pessoas usando "mentiras astutas" (v.3). A Bíblia diz que esses líderes espirituais desobedientes estão fadados à destruição e levarão muitas pessoas inocentes e sem discernimento com eles (vv.1,2).

Em vez de perseguir ganhos pessoais, Jesus, o Bom Pastor, entregou Sua vida por Suas ovelhas. Deus não quer que ninguém seja enganado por falsos ensinamentos. Cristo quer que estejamos alertas em relação àqueles que enganam e que em vez disso o sigamos, o verdadeiro Pastor das nossas almas.

Jennifer Benson Schuldt

5 DE DEZEMBRO

Todos a bordo

Leitura: 2 Pedro 3:1-13

[Deus] é paciente por causa de vocês. Não deseja que ninguém seja destruído... 2 PEDRO 3:9

Um dia, ao deixar meu marido na estação de trem, observei o condutor enquanto ele olhava ao redor em busca dos retardatários. Uma mulher com o cabelo molhado saiu do estacionamento e entrou no trem. Depois, um homem de terno escuro caminhou até a plataforma e subiu a bordo. O condutor esperou pacientemente enquanto vários retardatários correram e embarcaram no último momento.

Assim como o condutor foi paciente com as pessoas que embarcavam no trem, Deus espera pacientemente que as pessoas o conheçam. No entanto, um dia Jesus voltará e "Os céus desaparecerão com terrível estrondo, e até os elementos serão consumidos pelo fogo" (2 Pedro 3:10). Quando isso acontecer, ou quando nosso corpo físico morrer, será tarde demais para estabelecer um relacionamento com Deus.

"[Deus] é paciente por causa de vocês", diz Pedro, "Não deseja que ninguém seja destruído, mas que todos se arrependam" (v.9). Se você atrasou a decisão de seguir a Cristo, há boas notícias, pois você ainda pode se entregar a Ele: "se você declarar com sua boca que Jesus é Senhor e crer em seu coração que Deus o ressuscitou dos mortos, será salvo" (Romanos 10:9). Ele o chama. Você correrá em Sua direção?

Jennifer Benson Schuldt

6 DE DEZEMBRO

Ele conseguiu

Leitura: 2 Pedro 3:14-18

Antes, cresçam na graça e no conhecimento de nosso Senhor e Salvador Jesus Cristo. 2 PEDRO 3:18

O pastor Watson Jones se lembra de quando aprendeu a andar de bicicleta. Seu pai andava ao seu lado quando Jones viu umas meninas sentadas numa varanda. "Papai, consegui!", ele falou. Mas ainda não tinha aprendido e percebeu tarde demais que não aprendera a se equilibrar sem o aperto firme de seu pai. Jones não tinha crescido tanto quanto pensava.

Nosso Pai celestial anseia que cresçamos e "amadureçamos, chegando à completa medida da estatura de Cristo" (Efésios 4:13). Mas a maturidade espiritual é diferente da maturidade natural. Os pais criam seus filhos para se tornarem independentes e a não precisarem mais deles.

Nosso Pai divino nos ensina a dependermos mais e mais dele diariamente.

Pedro começa sua carta prometendo "graça e paz à medida que crescem no conhecimento de Deus e de Jesus, nosso Senhor", e a encerra nos exortando a crescer na mesma "graça e no conhecimento de nosso Senhor e Salvador Jesus Cristo." (2 Pedro 1:2; 3:18). Os cristãos maduros dependem sempre de Jesus.

Watson adverte: "Alguns de nós ocupam-se em retirar as mãos de Jesus da direção da nossa vida". Como se não precisássemos das Suas mãos fortes para nos amparar, segurar e abraçar quando vacilamos e fracassamos. Não podemos crescer sem dependermos de Cristo. Só crescemos quando firmamos profundamente as nossas raízes na graça e no conhecimento de Cristo.

Mike Wittmer

1 JOÃO

João não era alguém disposto a desperdiçar uma boa introdução. Tanto esta carta como o seu evangelho completo (que foi escrito ainda mais tarde do que esta carta) iniciam de forma semelhante, enfatizando a existência de Jesus com Deus desde o passado eterno. Na sequência, ele abordou o tema do pecado, do qual alguns na Igreja afirmavam estar livres. João enfatizou o amor e a sua natureza essencial para os cristãos. Reiterou a importância de reconhecermos Jesus por quem Ele realmente é.

ESBOÇO

O objetivo de João em sua carta, 1 JOÃO 1:1-4
Vivendo na luz; lidando com o pecado, 1 JOÃO 1:5-2:14
O que se deve evitar, 1 JOÃO 2:15-27
Viver como filhos de Deus, 1 JOÃO 2:28-5:5
A certeza da salvação, 1 JOÃO 5:6-15
Os nascidos de Deus e os pecados 1 JOÃO 5:16-21

7 DE DEZEMBRO

Histórias de Jesus

Leitura: 1 João 1:1-4; João 21,24-25

Jesus também fez muitas outras coisas.
JOÃO 21:25

Quando menina, eu amava visitar uma pequena biblioteca local. Uma vez, olhando as estantes dos jovens adultos, achei que conseguiria ler todos os livros. Entusiasmada, esqueci que novos livros eram regularmente acrescentados às prateleiras. Embora eu tenha me esforçado, eram simplesmente muitos.

Livros novos continuam a preencher mais e mais estantes. O apóstolo João se surpreenderia com a disponibilidade de textos que temos hoje, já que seus cinco livros do Novo Testamento, o evangelho de João, as três epístolas e Apocalipse, foram escritos à mão, em pergaminhos.

João os escreveu porque se sentiu compelido pelo Espírito Santo a entregar aos cristãos o seu testemunho pessoal da vida e do ministério de Jesus (1 João 1:1-4). Mas os seus escritos continham apenas uma pequena parcela de tudo o que Jesus fez e ensinou durante o Seu ministério. Na realidade, João afirmou que, se tudo o que Jesus fez fosse registrado por escrito, "nem o mundo inteiro poderia conter todos os livros que seriam escritos" (João 21:25).

A argumentação de João permanece verdadeira. Não obstante todos os livros que já foram escritos sobre Jesus, as livrarias do mundo ainda não podem conter todas as histórias de Seu amor e graça. Podemos também celebrar o fato de termos as nossas histórias pessoais para compartilhar e nos alegramos que as proclamaremos para sempre (Salmo 89:1)!

Lisa Samra

8 DE DEZEMBRO

Como ficar na pista

Leitura: 1 João 2:18-27

*Vocês, porém, receberam [de Deus] a unção,
[...] o que a unção lhes ensina é verdade, e não mentira,
e é tudo que voces precisam saber.* 1 JOÃO 2:27

O corredor com deficiência visual mais rápido do mundo, David Brown, da equipe paralímpica dos EUA, atribui suas vitórias a Deus, aos conselhos de sua mãe: "Não fique à toa", e ao seu guia de corrida, o velocista Jerome Avery. Unido a Brown por uma corda amarrada aos seus dedos, Avery guia as vitórias de Brown com palavras e toques.

"Trata-se de ouvir as suas sugestões", diz Brown, que afirma poder "projetar-se" em corridas de 200 metros, onde a pista faz curva. "Estamos sempre revisando as estratégias de corrida, comunicando-nos, não apenas com dicas verbais, mas dicas corporais".

Na corrida da vida, somos abençoados com o Guia Divino. Nosso Ajudador, o Espírito Santo, lidera os nossos passos quando o seguimos. "Escrevo estas coisas para adverti-los sobre os que desejam enganá-los" (1 João 2:26). "Vocês, porém, receberam dele a unção, e ela permanece em vocês, de modo que não precisam que alguém lhes ensine a verdade. Pois o que a unção lhes ensina é verdade, e não mentira, e é tudo que precisam saber" (v.27).

João insistia para que os cristãos de sua época enfrentassem, com a verdade, os "anticristos" que negavam o Pai e que Jesus é o Messias (v.22). Também enfrentamos esses falsos mestres hoje. Mas nosso Guia — o Espírito Santo — nos conduz a Jesus. Podemos confiar em Sua orientação para nos tocar com a verdade, mantendo-nos no caminho certo.

Patricia Raybon

9 DE DEZEMBRO

Nosso verdadeiro "eu"

Leitura: 1 João 3:1-3

Sabemos, porém, que seremos semelhantes a ele, pois o veremos como ele realmente é. 1 JOÃO 3:2

No álbum de fotos dos meus pais, há a foto de um garoto rechonchudo, sardas, cabelos lisos, que gosta de desenhos animados, odeia abacates e tem só um disco, do grupo musical Abba. No mesmo álbum, há fotos de um adolescente. O rosto é oval; sem sardas, o cabelo ondulado. Ele gosta de abacates, filmes e jamais admitiria ter um disco do Abba! Eles pouco se parecem. Segundo a ciência, eles têm pele, dentes, sangue e ossos diferentes. No entanto, eu sou ambos. Esse paradoxo desconcerta os filósofos. Uma vez que mudamos ao longo da nossa vida, quem é o verdadeiro "eu"?

As Escrituras nos dão a resposta. Desde o momento em que Deus começou a nos tecer no ventre materno (Salmo 139:13-14), temos sido formados como um projeto único. Embora ainda não possamos imaginar no que finalmente nós nos tornaremos, sabemos que se somos filhos de Deus acabaremos por ser semelhantes a Jesus (1 João 3:2). Nosso corpo, com a Sua natureza, com a nossa personalidade, mas com o Seu carácter, com todos os nossos dons brilhando, todos os nossos pecados perdoados.

Até o dia do regresso de Jesus, seguimos para esse futuro. Pela Sua obra, passo a passo, podemos refletir cada vez mais a Sua imagem (2 Coríntios 3:18). Ainda não somos quem somos destinados a ser, mas à medida que nos tornamos como Ele, tornamo-nos o nosso verdadeiro "eu".

Sheridan Voysey

10 DE DEZEMBRO

O sacrifício final

Leitura: 1 João 3:16-23

Sabemos o que é o amor porque Jesus deu sua vida por nós. Portanto, também devemos dar nossa vida por nossos irmãos. 1 JOÃO 3:16

Quando o jovem Jaime viu algumas pessoas se debatendo nas águas de um rio volumoso, ele não ficou indiferente. Em um ato de heroísmo, pulou na água e ajudou a salvar quatro membros de uma família. Infelizmente, a família deixou o lugar enquanto ele ainda estava na água. Esgotado pelos esforços do resgate, ele submergiu, foi arrastado pela correnteza do rio e se afogou.

Quando estávamos nos afogando em nosso pecado, Jesus Cristo deu Sua vida para vir em nosso socorro. Somos aqueles a quem Ele veio resgatar. O Senhor desceu dos céus e nos levou para um lugar seguro. Ele fez isso carregando o castigo por todas as nossas transgressões ao morrer na cruz (1 Pedro 2:24) e ressuscitar três dias depois. A Bíblia declara: "Sabemos o que é o amor porque Jesus deu sua vida por nós" (1 João 3:16). O amor sacrificial de Jesus agora nos inspira a demonstrar amor genuíno "por meio de nossas ações" (v.18) para com os outros com quem nos relacionamos.

Se negligenciarmos o sacrifício final de Jesus em nosso favor, falharemos em ver e experimentar Seu amor. Hoje, reflita sobre a conexão entre o sacrifício do Senhor e Seu amor por você. O Senhor veio para nos resgatar.

Jennifer Benson Schuldt

11 DE DEZEMBRO

Amor destemido

Leitura: 1 João 4:7-12

Nós amamos porque ele nos amou primeiro.
1 JOÃO 4:19

Por anos, usei ablindagem do medo para proteger-me. Tornou-se a minha desculpa para evitar coisas novas, seguir meus sonhos e obedecer a Deus. Mas o medo da perda, mágoa e rejeição me impediram de desenvolver relacionamentos com Deus e com os outros. O medo tornou-me uma esposa insegura, ansiosa, ciumenta e uma mãe superprotetora. À medida que eu aprendo sobre o quanto Deus me ama, Ele muda a maneira como me relaciono com Ele e com os outros. Por saber que Deus cuidará de mim, sinto-me mais segura e disposta a colocar as necessidades dos outros antes das minhas.

Deus é amor (1 João 4:7-8). A morte de Cristo na cruz, a suprema demonstração do amor, demonstra a profundidade de Sua paixão por nós (vv.9-10). Podemos amar os outros com base em quem Ele é e no que Ele faz porque Deus nos ama e vive em nós (vv.11-12).

Jesus nos concede o Seu Espírito Santo quando o recebemos como Salvador (vv.13-15). Quando o Espírito nos ajuda a conhecer e confiar no amor de Deus, Ele nos torna mais semelhantes a Jesus (vv.16-17). Crescer em confiança e fé pode eliminar o medo gradualmente, simplesmente porque sabemos, sem sombra de dúvida, que Deus nos ama profunda e completamente (vv.18-19).

Quando experimentamos o amor pessoal e incondicional de Deus por nós, amadurecemos e nos arriscamos a nos relacionarmos com Ele e com os outros com amor destemido.

Xochitl Dixon

12 DE DEZEMBRO

Generosidade de Deus

Leitura: 1 João 5:1-6

Sabemos que amamos os filhos de Deus se amamos a Deus e obedecemos a seus mandamentos. 1 JOÃO 5:2

Sempre que minha querida tia Betty nos visitava, até parecia o Natal. Ela trazia brinquedos de *Guerra nas Estrelas* e me doava dinheiro quando ela saía. Quando eu ficava com ela, o freezer tinha muito sorvete e nunca legumes cozidos. Ela tinha poucas regras e me deixava ficar acordado até tarde. Ela era maravilhosa e demonstrava a generosidade de Deus. No entanto, para crescer saudável, eu precisava de mais do que a tia Betty me oferecia. Precisava que meus pais tivessem expectativas sobre minha pessoa e meu comportamento e exigissem que eu as cumprisse.

Deus pede mais de mim do que a minha tia Betty. Apesar de o Senhor nos envolver com o Seu amor incondicional, um amor que nunca vacila, mesmo quando resistimos ou fugimos, Ele espera algo de nós. Quando Deus instruiu Israel sobre como viver, Ele lhes deu os Dez Mandamentos, não dez sugestões (Êxodo 20:1-17). Consciente de nosso autoengano, Deus nos oferece expectativas claras: devemos amar a Deus e obedecer a Seus mandamentos (1 João 5:2).

Felizmente, "seus mandamentos não são difíceis" (v.3). Pelo poder do Espírito Santo, podemos praticá-los à medida que experimentamos o amor e a alegria de Deus. Seu amor por nós é abundante. Contudo, as Escrituras oferecem uma pergunta para nos ajudar a saber se amamos a Deus reciprocamente: Estamos obedecendo aos Seus mandamentos conforme o Espírito nos orienta?

Podemos dizer que amamos a Deus, mas o que fazemos em Sua força é o que exemplifica esse amor verdadeiro.

Winn Collier

2 JOÃO

A essência do ensino de João nesta carta sucinta pode ser resumida com duas palavras: amor e verdade. Ele escreve sobre a verdade, "que permanece em nós" cristãos, e se alegra ao descobrir que os seus filhos espirituais vivem "na verdade e no amor". Em seguida, o autor implora aos seus leitores que amem "uns aos outros". Todavia, ele não quer que os cristãos sejam hospitaleiros com aqueles que não ensinam a verdade. Portanto, o amor tem os seus limites.

ESBOÇO

Saudação de João, 2 JOÃO 1:1-3
Um chamado ao amor, 2 JOÃO 1:4-6
Ensinos sobre os enganadores, 2 JOÃO 1:7-11
Uma calorosa despedida, 2 JOÃO 1:12-13

13 DE DEZEMBRO

O outro lado do amor

Leitura: 2 João 1:1-11

*Graça, misericórdia e paz que vêm de Deus,
o Pai, e de Jesus Cristo, o Filho do Pai, estarão conosco,
os que vivemos na verdade e no amor.* 2 JOÃO 1:3

As estalagens romanas durante a época de Cristo tinham reputação tão ruim que os rabinos nem sequer permitiam que o gado fosse deixado nelas. Diante de condições tão ruins, os viajantes cristãos geralmente procuravam outros cristãos para conseguir hospedagem.

Em meio aos primeiros viajantes, havia os falsos mestres que negavam que Jesus era o Messias. Por esse motivo, a carta de 2 João diz aos leitores que há um momento em que é necessário não ser hospitaleiro. João havia escrito em sua carta anterior que esses falsos mestres eram o "anticristo" e que negavam: "o Pai e o Filho" (1 João 2:22). Em 2 João, ele explicou isso melhor dizendo a seus leitores que quem acredita que Jesus é o Messias e "permanece no ensino de Cristo tem ligação com o Pai e também com o Filho" (2 João 1:9).

Em seguida, ele advertiu: "Se alguém for a suas reuniões e não ensinar a verdade de Cristo, não o convidem a entrar em sua casa, nem lhe deem nenhum tipo de apoio" (v.10). Ser hospitaleiro com quem prega um falso evangelho, na verdade, ajudaria a manter as pessoas separadas de Deus.

A segunda carta de João nos mostra o "outro lado" do amor de Deus. Servimos a Deus e Ele acolhe todos de braços abertos. Mas esse amor genuíno não acolherá aqueles que enganosamente prejudicam a si mesmos e aos outros. Deus acolhe em Seus braços os arrependidos que vêm a Ele, porém, o Senhor jamais aceita a mentira.

Tim Gustafson

14 DE DEZEMBRO

Tocar um sino

Leitura: 2 João 1:1-6

Peço, portanto, que reafirmem seu amor por ele.
2 CORÍNTIOS 2:8

Conta-se a história de um rei que tinha um sino de prata em uma torre alta de seu palácio, no início de seu reinado. Ele anunciou que faria tocar o sino sempre que estivesse feliz. Dessa forma, seus súditos saberiam que ele estava alegre.

As pessoas esperaram o som daquele sino de prata, mas ele permaneceu silencioso. Os dias se transformaram em semanas, as semanas em meses e os meses em anos. Mas o sino não emitia qualquer som para indicar que o rei estava feliz.

O rei envelheceu e ficou grisalho e, por fim, deitou-se em seu leito de morte. Quando alguns súditos chorosos se reuniram ao seu redor, o rei descobriu que havia sido amado por seu povo ao longo dos anos. Finalmente, o rei se sentiu feliz. Pouco antes de morrer, estendeu a mão e puxou a corda que tocava o sino de prata.

Pense nisso: uma vida inteira infeliz porque não sabia que era amado e aceito calorosamente por seus leais súditos.

Como aquele monarca, muitas almas solitárias vivem seus dias sem a alegria de saber que são amadas e apreciadas pelas pessoas ao seu redor. Você conhece pessoas que precisam de uma palavra de encorajamento? Em caso afirmativo, diga a elas o quanto elas significam para você. Talvez seja exatamente isso que elas precisam para que sintam a alegria de viver.

Richard DeHaan

15 DE DEZEMBRO

Saudação!

Leitura: 2 João 1:1-11

*Se alguém for a suas reuniões e não ensinar
a verdade de Cristo, não o convidem a entrar
em sua casa...* 2 JOÃO 1:10

John Glenn fez história por se o primeiro astronauta norte-americano a orbitar sobre a Terra em 1962. Quando o seu foguete partiu da estação de lançamento, o astronauta que o acompanhava, Scott Carpenter, disse a ele: "Paz e prosperidade, John Glenn".

Embora não ouçamos essa expressão com muita frequência, o apóstolo João a utilizou em sua segunda carta escrita a uma "senhora escolhida" (2 João 1:1). E depois acrescenta: "Se alguém for a suas reuniões e não ensinar a verdade de Cristo, não o convidem a entrar em sua casa, nem lhe deem nenhum tipo de apoio" (v.10).

João é conhecido como "o apóstolo do amor," sendo assim, por que advertiria os cristãos a não abençoarem uns aos outros? Os evangelistas itinerantes dependiam da hospitalidade dos cristãos para lhes prover alojamento e alimentação. João explicou aos cristãos que a verdade bíblica é importante. Se os itinerantes não estivessem pregando a doutrina consistente com os ensinamentos apostólicos, os cristãos não deveriam os abençoar provendo-lhes hospedagem ou assistência financeira.

Isso se aplica aos cristãos de hoje. Devemos tratar a todos com generosidade porque Deus é bondoso conosco. No entanto, quando somos solicitados a apoiar uma causa financeiramente, é importante sempre pedir sabedoria a Deus. O Espírito que nos conduz "a toda a verdade" (João 16:13) nos mostrará quando será apropriado desejar paz e prosperidade àqueles que encontramos.

Dennis Fisher

3 JOÃO

Em termos simples, esta carta foi uma nota de agradecimento a Gaio acompanhada por um aviso sobre um homem da igreja que, com a sua atitude, causava problemas. João agradeceu a Gaio por ser tão hospitaleiro com pessoas que ele nem sequer conhecia quando lhe visitaram. Depois cita Diótrefes, que agiu maldosamente: não quis ouvir João, nem quis que os mestres visitantes participassem na sua igreja e rejeitou a boa hospitalidade. Diótrefes era tudo o que um líder cristão não deveria ser.

ESBOÇO

Saudações a Gaio e elogios à sua fidelidade, 3 JOÃO 1:1-8
Sobre o mau testemunho de Diótrefes, 3 JOÃO 1:9-11
Elogios a Demétrio, 3 JOÃO 1:12
Saudação final, 3 JOÃO 1:13-14

16 DE DEZEMBRO

Para meu amigo querido

Leitura: 3 João 1

*Eu, o presbítero, escrevo a Gaio, meu amigo querido,
a quem amo na verdade.* 3 JOÃO 1:1

O que o apóstolo João fez por seu amigo Gaio no primeiro século é uma arte que está morrendo no século 21: João lhe escreveu uma carta.

A jornalista, Catherine Field, do renomado jornal *New York Times* afirmou: "Escrever cartas está entre as nossas artes mais antigas. Pense em cartas, e Paulo de Tarso nos vem à mente". E podemos acrescentar as cartas do apóstolo João.

Em sua carta enviada para Gaio, João incluiu desejos de boa saúde ao corpo e à alma, uma palavra de encorajamento sobre a fidelidade de Gaio e uma nota sobre o amor dele pela igreja. João também falou sobre um problema na igreja, que prometeu discutir mais tarde, em particular. Escreveu ainda sobre o valor de realizar obras para a glória de Deus. No geral, foi uma carta encorajadora e desafiadora para o seu amigo.

A comunicação digital pode significar que a carta manuscrita está desaparecendo, mas isso não deve nos impedir de encorajar os outros. Paulo escreveu cartas de encorajamento em pergaminho; nós podemos encorajar os outros de diversas maneiras. O importante não é a forma como os encorajamos, mas sim dedicarmos um momento para que os outros saibam que, por amor a Jesus, nós nos preocupamos com eles!

Pense no encorajamento que Gaio sentiu ao abrir a carta de João. De modo semelhante, será que poderíamos refletir o amor de Deus sobre os nossos amigos com um texto atencioso ou um telefonema encorajador?

Dave Branon

17 DE DEZEMBRO

Não há alegria maior

Leitura: 3 João 1

Eu não poderia ter maior alegria que saber que meus filhos têm seguido a verdade. 3 JOÃO 1:4

Conheci um jovem casal que gostava de diversão e tinha três filhos pequenos quando sua vida tomou um rumo novo e maravilhoso. Em 1956, eles participaram de uma conferência evangelística e entregaram-se a Cristo. Pouco depois, no intuito de alcançar outros para compartilhar sua fé e a verdade acerca de Cristo, abriram a sua casa todas as noites de sábado para os alunos de Ensino Médio e universitários que desejassem estudar a Bíblia. Um amigo me convidou e tornei-me um frequentador daquela casa.

Aquele era um estudo bíblico sério, que incluía a preparação da aula e memorização das Escrituras. Cercados por uma atmosfera de amizade, alegria e riso, desafiávamo-nos mutuamente, e o Senhor transformou a nossa vida naqueles dias.

Permaneci em contato com o casal ao longo dos anos e recebi muitos cartões e cartas deles assinadas com estas palavras: "Eu não poderia ter maior alegria que saber que meus filhos têm seguido a verdade" (3 João 1:4). Como João escrevendo a "Gaio, [seu] amigo querido" (v.1), Roberto encorajava todos os que cruzavam seu caminho a continuarem caminhando com o Senhor.

Há alguns anos, participei de um culto em sua memória. Foi uma ocasião de júbilo e repleta de pessoas que ainda percorrem o caminho da fé, por causa desse jovem casal que abriu sua casa e seu coração para ajudar outros a conhecerem o Senhor.

David McCasland

18 DE DEZEMBRO

Imitar a Deus

Leitura: 3 João 1

*Amado, não deixe que esse mau exemplo
o influencie, mas siga apenas o que é bom. Quem faz
o bem prova que é filho de Deus; quem faz
o mal prova que não conhece a Deus.* 3 JOÃO 1:11

A maioria das pessoas concordaria que a vida é uma mistura dolorosa de coisas boas e ruins. Isso se exemplifica no casamento, na amizade, na família, no trabalho e na igreja. No entanto, ficamos surpresos e desapontados quando o egocentrismo toma conta da comunhão daqueles que buscam adorar e servir a Cristo juntos.

Quando o apóstolo João escreveu a seu amigo Gaio, ele elogiou a vida honesta e a generosa hospitalidade daqueles em sua igreja (3 João vv.3-8). Na mesma comunhão, entretanto, Diótrefes que, "[gostava] de ser o mais importante" (v.9), criara uma atmosfera de hostilidade.

João prometeu lidar pessoalmente com Diótrefes em sua próxima visita à igreja. Nesse ínterim, ele exortou a congregação: "Amado, não deixe que esse mau exemplo o influencie, mas siga apenas o que é bom. Quem faz o bem prova que é filho de Deus; quem faz o mal prova que não conhece a Deus" (v.11). As palavras de João repercutem a instrução de Paulo aos cristãos em Roma: "Não deixem que o mal os vença, mas vençam o mal praticando o bem" (Romanos 12:21).

Quando enfrentamos conflitos, podemos nos sentir propensos a "combater fogo com fogo". No entanto, João nos exorta a nos afastarmos do que é mau e seguirmos o que é bom. Este é o caminho que honra o nosso salvador.

David McCasland

JUDAS

O erro está se infiltrando na Igreja de Jesus Cristo e, por isso, Judas deixa de escrever sobre a salvação para abordar o crescente problema do falso ensino. Usando histórias do Antigo Testamento como ponto de partida, Judas fala de "indivíduos perversos" que rejeitaram a autoridade, falando de forma abusiva e olhando apenas para si mesmos. Ele diz que esses "são murmuradores e descontentes, que vivem apenas para satisfazer os próprios desejos" (Judas 1:16). Ele oferece um antídoto: "edifiquem uns aos outros em sua santíssima fé, orem no poder do Espírito Santo, e mantenham-se firmes no amor de Deus [...] tenham compaixão daqueles que vacilam na fé" (vv.20-22), e testemunhem para eles.

ESBOÇO

Saudações de Judas, JUDAS 1:1-4
Instrução sobre falsos mestres, JUDAS 1:5-23
Oração de louvor, JUDAS 1:24-25

19 DE DEZEMBRO

Orar ou roubar

Leitura: Judas 1:1-19

Pois alguns indivíduos perversos se infiltraram em seu meio sem serem notados, [...] pois negaram Jesus Cristo, nosso único Soberano e Senhor. JUDAS 1:4

A manchete dizia: "Catedral: outrora reverenciada como um santuário, agora é covil de ladrões e assassinos". O artigo falava sobre uma igreja atormentada pela violência. Um vigia noturno tinha sido assassinado. Em seguida, seu substituto fora espancado. E, em uma semana, sete paroquianos que foram à igreja para orar tinham sido assaltados.

Um policial observou tristemente: "O lugar em que deveríamos orar tornou-se lugar de roubar".

Quando Jesus viveu na Terra, Ele disse aos cambistas no templo: "'As Escrituras declaram: 'Meu templo será casa de oração', mas vocês o transformaram num esconderijo de ladrões!'" (Lucas 19:46). E Judas falou de outro tipo de roubo. Ele se referiu a certos homens na igreja que "se infiltraram em seu meio sem serem notados", motivados pela ganância (Judas 1:4).

Ainda hoje, homens desonestos e conspiradores espreitam dentro da igreja. Eles usam suas posições para atacar desavisados com falsos ensinos. Judas exortou os cristãos a serem fortes em sua fé para que pudessem repelir esses "indivíduos perversos" (v.4).

Agradecemos a Deus por cada servo do Senhor e nascido de novo que prega o evangelho e ensina a Palavra e cujos métodos são consistentes com Sua mensagem. Devemos tomar cuidado com os "ladrões e assaltantes" que estão mais interessados em roubar do que orar pelas pessoas.

Mart DeHaan

20 DE DEZEMBRO

Instintivamente errado

Leitura: Judas 1:18-20

*Mas vocês, amados, edifiquem
uns aos outros em sua santíssima fé, orem no poder
do Espírito Santo...* JUDAS 1:20-21

O autor Saul Gellerman, em seu livro *How People Work* (Como as pessoas trabalham, inédito), diz: "Resolver problemas organizacionais sérios pode exigir estratégias intuitivas de contra-ataque". Nos negócios, intuição de *contra-ataque* é uma maneira simples de se referir a ideias que contrariam o senso comum.

Os consultores que defendem tal forma de pensamento estão simplesmente reforçando o conselho de Jesus. Vez após outra, Ele advertiu os Seus seguidores a fazerem o que Deus diz ser certo, independentemente do que o desejo, o instinto e a intuição os instigava a fazer.

O desejo diz: "Eu quero isto". Jesus diz: "Há bênção maior em dar que em receber" (Atos 20:35).

O instinto diz: "Eu primeiro". Jesus diz: "os últimos serão os primeiros, e os primeiros serão os últimos" (Mateus 20:16).

A intuição diz: "Me sentirei melhor se eu me vingar". Jesus diz: "façam o bem a quem os odeia" (Lucas 6:27).

Querer algo não torna aquilo bom. Realizar algo não agrega valor à conquista. E ter sentimentos fortes em relação a alguma coisa não a torna correta. Como Judas escreveu, aqueles que seguem os seus próprios desejos e instintos provocam conflitos e divisões entre as pessoas (Judas 1:18-19).

A alternativa é ser espiritual, ou seja, fazer o que não nos vem naturalmente. Para isso, necessitamos da força sobrenatural que somente Deus pode nos conceder.

Julie Ackerman Link

21 DE DEZEMBRO

Mantenha o romance

Leitura: Judas 17-23

...e mantenham-se firmes no amor de Deus...
JUDAS 1:21

O retrato do grande estadista e advogado norte-americano, William Jennings Bryan (1860–1925) estava sendo pintado. O artista lhe perguntou: "Por que você usa o seu cabelo por cima das orelhas?".

Bryan respondeu: "Existe um romance envolvido isso. Quando comecei a cortejar a sra. Bryan, ela não gostava de como minhas orelhas eram salientes. Assim, para agradá-la, deixei crescer o meu cabelo para as esconder".

O artista lhe disse: "Isto foi há muitos anos. Por que você não o corta agora?".

Bryan piscou com os olhos e respondeu: "Porque o romance ainda continua".

E o seu envolvimento ainda continua, no seu relacionamento com Jesus? Quando pela fé confiamos em Cristo, experimentamos a alegria de saber que os nossos pecados foram perdoados e que fomos adotados na Sua família. Nosso coração estava plenamente transbordantes de amor pelo Senhor. Ansiávamos por agradar-lhe.

Entretanto, com o passar do tempo, o zelo do nosso primeiro amor pode ter começado a esfriar. Por isso, precisamos dar ouvidos às palavras de Judas na sua breve carta. Ele escreveu: "e mantenham-se firmes no amor de Deus" (Judas 1:21). Jesus usou termos semelhantes quando disse: "Permaneçam no meu amor" (João 15:9-10). Nutrimos esse amor quando nos concentramos em agradá-lo, em vez de agradarmos a nós mesmos.

Faça com que a sua comunhão com Jesus se perpetue.

David Egner

22 DE DEZEMBRO

Como permanecer firme

Leitura: Judas 1:24-25

Toda a glória seja àquele que é poderoso para guardá-los de cair... JUDAS 1:24

Era um dia frio e congelante de inverno, e eu pensava apenas em sair do carro depressa e entrar noutro lugar quentinho. Quando dei por mim, já estava no chão, com os joelhos virados para dentro e as pernas viradas para fora. Eu não havia quebrado nenhum osso, mas sentia muita dor. E ela piorava à medida que o tempo passava; e demorariam semanas até que eu me recuperasse completamente.

Quem dentre nós nunca levou um tombo? Não seria maravilhoso ter algo ou alguém que nos mantivesse de pé o tempo todo? Embora não existam garantias de segurança no sentido físico, há Alguém que está pronto para nos ajudar em nossa busca por honrar a Cristo, nesta vida, e nos preparar para, na próxima, entrarmos em Sua presença com alegria.

Todos os dias, deparamo-nos com tentações (e até falsos ensinamentos) que intentam nos desviar, confundir e enredar. Mesmo assim, não é pelos nossos próprios esforços que permanecemos de pé ao caminhar por este mundo. Como é bom saber que, quando mantemos a paz ao sermos tentados a falar com raiva, quando optamos pela honestidade ao invés do engano, quando amamos em vez de odiar e escolhemos a verdade ao invés do erro, provamos o amor de Deus que nos mantém de pé (v.24). E quando formos aprovados diante de Deus na volta de Cristo, o louvor que entoamos hoje por Sua graça ecoará pela eternidade (v.25).

Arthur Jackson

PARTE 9

◆

Profecia

Apocalipse

Encontramos, em Gênesis 3:15, a primeira profecia registrada nas Escrituras. É a promessa de que um dia o dano causado pela serpente no jardim do Eden seria reparado. Essa profecia cumpriu-se em Jesus por meio de Sua morte, sepultamento e ressurreição. E agora, em Apocalipse, vemos as profecias finais da Bíblia; incluindo a destruição final daquele que fez Adão pecar, conforme o relato em Gênesis. A mensagem profética do Apocalipse, embora contenha alguma imagética desconcertante e às vezes incomum, é simplesmente isso. No fim dos tempos, Jesus triunfará. Ele dará início a um futuro indescritível e magnífico a todos os que nele confiaram. Uma grandiosa revelação da majestade, do poder e do amor de Deus.

APOCALIPSE

As sete igrejas da Ásia tinham recebido várias mensagens dos autores das epístolas, mas esta mensagem era diferente. Esta seria uma mensagem do próprio Jesus, palavra por palavra, com cada carta especificamente elaborada para satisfazer a principal necessidade daquela igreja. Esse é o conteúdo dos capítulos 2 e 3 do Apocalipse. A seguir, as coisas tornaram-se fantásticas para João. Ele foi transportado para um lugar onde estava "perante a sala do trono de Deus". Diante dele foram reveladas espantosas visões de selos e pergaminhos, e ele ouviu trombetas e cânticos. João experimentou a vitória final de Deus sobre o mal e foi, ao final, apresentado ao novo Céu e à nova Terra. Mal temos palavras dignas para descrever tais acontecimentos, e João nos tornou acessível a compreensão sobre um novo mundo de esperança e grandeza que reflete toda a glória e majestade de Deus.

ESBOÇO

Prólogo e saudação de João, APOCALIPSE 1:1-8
A visão de João sobre o Filho do Homem, Jesus,
  APOCALIPSE 1:9-20
- Mensagens às sete Igrejas, APOCALIPSE 2:1–3:22
- Mensagens à igreja em Éfeso, APOCALIPSE 2:1-7
- Mensagens à igreja em Esmirna, APOCALIPSE 2:8-11
- Mensagens à igreja em Pérgamo, APOCALIPSE 2:12-17
- Mensagens a à igreja em Tiatira, APOCALIPSE 2:18-29
- Mensagens à igreja em Sardes, APOCALIPSE 3:1-6
- Mensagens à igreja em Filadélfia, APOCALIPSE 3:7-13
- Mensagens à igreja em Laodicea, APOCALIPSE 3:14-22

João tem a visão sobre o futuro, APOCALIPSE 4:1–22:6
- O trono no Céu, APOCALIPSE 4:1-11
- O Cordeiro abre o Livro, APOCALIPSE 5:1-14

- Profecia dos Sete Selos, APOCALIPSE 6:1-8:5
- Profecia das Sete Trombetas, APOCALIPSE 8:6-11:19
- Várias profecias: A besta e a dos 144 mil,
  APOCALIPSE 12:1-14:20
- A sete taças de julgamento, APOCALIPSE 15:1-16:22
- Profecia da derrota da grande prostituta sobre uma besta,
  APOCALIPSE 17:1-18
- A queda da Babilônia, APOCALIPSE 18:1-24
- A segunda revelação vindoura, APOCALIPSE 19:1-21
- Os mil anos, a derrota de Satanás, o grande trono branco,
  APOCALIPSE 20:1-15
- Novos Céus, nova Terra, nova Jerusalém,
  APOCALIPSE 21:1-22:6

Conclusão: Jesus vem! APOCALIPSE 22:7-21

23 DE DEZEMBRO

Perdoador da dívida

Leitura: Apocalipse 1:4-7

*Toda a glória seja àquele [Jesus Cristo]
que nos ama e nos libertou de nossos pecados por meio
de seu sangue.* APOCALIPSE 1:5

Pasmos é a palavra que descreve a reação dos formandos na cerimônia de graduação de 2019 numa universidade norte-americana. O orador da formatura anunciou que ele e sua família doariam milhões de dólares para pagar a dívida estudantil de toda a turma. Um estudante com empréstimos no valor de 100 mil dólares estava entre os graduandos que expressaram sua alegria com lágrimas e gritos.

De alguma maneira, a maioria de nós já contraiu dívidas: tendo de pagar por moradia, veículos, educação, despesas médicas ou outras coisas. Mas também conhecemos o incrível alívio de uma dívida carimbada como "PAGA"!

Depois de declarar Jesus como "a testemunha fiel destas coisas, o primeiro a ressuscitar dos mortos e o governante de todos os reis da terra", João com adoração reconheceu a obra de que resultou na anulação de nossas dívidas: "àquele que nos ama e nos libertou de nossos pecados por meio de seu sangue" (Apocalipse 1:5).

Essa simples declaração tem um profundo significado. Melhor do que o anúncio surpresa que os formandos ouviram durante a cerimônia de graduação, são as boas-novas de que a morte de Jesus (o derramamento de Seu sangue na cruz) nos liberta da penalidade que nossas atitudes, desejos e ações pecaminosas merecem. Pelo fato de essa dívida já ter sido paga, aqueles que creem em Jesus são perdoados e se tornam parte da família do reino de Deus (v.6). Essa é a melhor de todas as boas notícias!

Arthur Jackson

24 DE DEZEMBRO

Nosso novo nome

Leitura: Apocalipse 2:1-7

Também lhe darei uma pedra branca, e nela estará gravado um nome novo... APOCALIPSE 2:17

Ela dizia ser uma pessoa inquieta, mas, quando seu filho foi ferido num acidente, ela aprendeu a livrar-se daquela atitude que a restringia. Durante a recuperação de seu filho, toda semana ela se encontrava com amigos para conversar e orar, pedindo a Deus por ajuda e cura. Ao longo dos meses, à medida que ela transformava os seus medos e suas preocupações em oração, ela percebia que estava sendo transformada de uma pessoa preocupada para uma guerreira de oração. Ela percebeu que o Senhor lhe estava dando um novo nome. Sua identidade em Cristo estava se aprofundando em meio à luta pela tristeza indesejada.

Na carta de Jesus à igreja de Pérgamo, o Senhor promete dar aos fiéis uma pedra branca com um novo nome gravado nela (Apocalipse 2:17). Os comentaristas bíblicos têm debatido sobre o significado dessa passagem, mas a maioria concorda que essa pedra branca reitera a nossa liberdade em Cristo. Nos tempos bíblicos, os juris nos tribunais usavam uma pedra branca para o veredito de inocente e uma pedra preta para o veredito de culpado. Uma pedra branca também permitia ao seu portador o direito de entrar em eventos como banquetes; de semelhante modo, aqueles que recebem a pedra branca de Deus são bem-vindos ao banquete celestial. A morte de Jesus nos traz a liberdade, uma nova vida e um novo nome.

Qual o novo nome você acredita que Deus poderia lhe dar?

Arthur Jackson

25 DE DEZEMBRO

A Luz do mundo

Leitura: Apocalipse 3:14-22

Preste atenção! Estou à porta e bato. Se você ouvir minha voz e abrir a porta, entrarei... APOCALIPSE 3:20

Uma das minhas obras de arte prediletas está na capela de uma reconhecida universidade inglesa. A pintura *A Luz do Mundo*, do artista inglês William Holman Hunt, mostra Jesus segurando uma lanterna e batendo à porta de uma casa.

Algo intrigante na pintura é a porta não ter maçaneta. Quando questionado sobre a falta dela para abrir a porta, Hunt explicou que queria representar a imagem de Apocalipse 3:20: "Estou à porta e bato. Se você ouvir minha voz e abrir a porta, entrarei".

As palavras do apóstolo João e a pintura mencionada ilustram a bondade de Jesus. Ele bate gentilmente à porta de nossa alma com a Sua oferta de paz. Jesus espera pacientemente que o respondamos. Ele não abre essa porta, nem força a Sua entrada em nossa vida. Jesus não nos impõe a Sua vontade. Em vez disso, Ele oferece a todos o presente da salvação e a Sua luz para nos guiar.

A qualquer um que abrir a porta, Ele promete entrar. Não há quaisquer outras condições ou pré-requisitos.

Se você ouvir a voz de Jesus e Seu suave bater à porta da sua alma, sinta-se encorajado por saber que Ele espera pacientemente por você e entrará se você o convidar para entrar.

Lisa Samra

26 DE DEZEMBRO

O mágico não tão incrível

Leitura: Apocalipse 4:4-11

E, no mesmo instante, fui tomado pelo Espírito e vi um trono no céu e alguém sentado nele. APOCALIPSE 4:2

Em *O Maravilhoso Mágico de Oz* (Ed. Moderna, 2013), Dorothy, o Espantalho, o Homem de lata e o Leão covarde retornam a Oz com a vassoura que deu poder à Bruxa Malvada do Oeste. O mágico tinha prometido que, em troca da vassoura, eles lhes concederia os seus desejos mais profundos: uma carona para Dorothy voltar para casa, um cérebro para o Espantalho, um coração para o Homem de lata e coragem para o Leão covarde. Mas o mágico procrastina e diz a eles para voltarem no dia seguinte.

Enquanto eles imploram ao mágico, o cachorro de Dorothy, Totó, puxa a cortina, atrás da qual o mágico falava, a qual revelou que o mágico não era um mago, e sim apenas um homem medroso e inquieto do estado norte-americano de Nebraska.

Dizem que o autor, L. Frank Baum, tinha um problema muito sério com Deus e queria passar a mensagem de que só nós temos o poder de resolver os nossos problemas.

Em contrapartida, o apóstolo João puxa o véu para revelar o verdadeiro Maravilhoso Conselheiro por trás da "cortina". Podem faltar palavras para João (veja como ele utiliza a preposição *como* na leitura bíblica de hoje), mas o objetivo dele está bem explicado: Deus está sentado em Seu trono, cercado por um "mar de vidro, cintilante como cristal" (Apocalipse 4:2,6). Apesar dos problemas que nos afligem aqui na Terra (capítulos 2–3), Deus não está andando de um lado para o outro e roendo as unhas. Ele está agindo ativamente por nosso bem, para que possamos experimentar a Sua paz.

David Roper

27 DE DEZEMBRO

Vale a pena? É digno?

Leitura: Apocalipse 5:6-12

Digno é o Cordeiro que foi sacrificado...
APOCALIPSE 5:12

Helen Roseveare, uma médica missionária inglesa no Congo Africano, foi feita prisioneira por rebeldes durante a Rebelião Simba, em 1964. Espancada e abusada por seus captores, ela sofreu terrivelmente. Nos dias que se seguiram, ela se perguntou: "Vale a pena?".

Ao começar a ponderar sobre o custo de seguir a Jesus, ela ouviu a voz de Deus lhe falando sobre isso. Anos depois, ela explicou a um entrevistador: "Quando vieram os momentos terríveis durante a rebelião e o preço parecia alto demais, o Senhor pareceu dizer-me: Mude a pergunta. Não é: Vale a pena?, mas: Ele é digno?". Helen concluiu que, apesar da dor que havia sofrido, a resposta é sempre: "Sim, Ele é digno".

Com a graça de Deus atuando nela durante a sua terrível provação, Helen decidiu que o Salvador que havia sofrido até a morte por ela era digno de ser seguido, não importava o que enfrentasse. Suas palavras, "Ele é digno" repercutem os clamores dos que cercam o trono de Jesus no livro do Apocalipse: "Cantavam com forte voz: "Digno é o Cordeiro que foi sacrificado de receber poder e riqueza, sabedoria e força, honra, glória e louvor!"(Apocalipse 5:12).

Nosso Salvador sofreu, sangrou e morreu por nós, entregando-se inteiramente, para que possamos receber gratuitamente a esperança e a vida eterna. Tudo o que Ele fez por nós o torna merecedor e digno de todo o nosso melhor para Ele. Jesus é digno!

James Banks

28 DE DEZEMBRO

Apenas um toque

Leitura: Apocalipse 9:1-8

Ele, porém, colocou a mão direita sobre mim e disse: "Não tenha medo! Eu sou o Primeiro e o Último."
APOCALIPSE 1:17

Foi apenas um toque, mas para Célio fez toda a diferença. Sua pequena equipe se preparava para fazer um trabalho de caridade numa região conhecida pela hostilidade aos cristãos e o nível de estresse dele começou a aumentar. Quando ele compartilhou as suas preocupações com um companheiro da equipe, seu amigo parou, colocou a mão em seu ombro e compartilhou algumas palavras encorajadoras com ele. Para Célio, o breve toque significou um ponto de virada, um poderoso lembrete da simples verdade de que Deus estava com ele.

João, o amigo íntimo e discípulo de Jesus, havia sido banido para a desolada ilha de Patmos por pregar o evangelho quando ouviu "uma forte voz, como um toque de trombeta" (Apocalipse 1:10). Esse som surpreendente foi seguido por uma magnífica visão do próprio Senhor, e João caiu "a seus pés como morto". Porém, nesse momento assustador, ele recebeu consolo e coragem. João escreveu: "Ele, porém, colocou a mão direita sobre mim e disse: "Não tenha medo! Eu sou o Primeiro e o Último" (v.17).

Deus nos tira da nossa zona de conforto para nos mostrar coisas novas, para nos expandir e para nos ajudar a crescer. Mas Ele também traz coragem e conforto para passarmos por todas as situações. Ele não nos deixará sozinhos em nossas provações. Ele tem tudo sob controle. Ele nos tem em Suas mãos.

Tim Gustafson

29 DE DEZEMBRO

Alegre celebração

Leitura: Apocalipse 19:1-9

...pois chegou a hora do casamento do Cordeiro...
APOCALIPSE 19:7

Minha amiga Sharon partiu para estar com o Senhor um ano antes de a Melissa, a filha adolescente do meu amaigo Dave Egner também partir. Ambas morreram tragicamente em acidentes de carro. Certa noite, sonhei com as duas. Elas riam e conversavam entre si, enquanto penduravam fitas de serpentina num salão de festas e me ignoraram quando entrei. Sobre uma mesa com toalhas brancas, estavam os pratos e cálices de ouro. Perguntei-lhes se poderia ajudar a decorar, mas elas pareciam não me ouvir e continuaram suas tarefas.

Mas, daí a Sharon falou: "Esta festa é a recepção do casamento da Melissa".

"Quem é o noivo?", perguntei.

Ninguém respondeu, mas elas sorriram, entreolhando-se com conhecimento de causa. Finalmente, dei-me conta: é Jesus!

"Ele é o noivo", sussurrei ao acordar.

O meu sonho traz à mente a feliz celebração que os cristãos compartilharão quando Jesus voltar. Lemos, em Apocalipse, que será "o banquete do casamento do Cordeiro" (Apocalipse 19:9). João Batista, que preparou as pessoas para a primeira vinda de Cristo, chamou-o de "o Cordeiro de Deus, que tira o pecado do mundo" (João 1:29). Ele também se referiu a Jesus como "o noivo" e a si mesmo como o "amigo" (algo como o padrinho) que esperava por Ele (3:29).

No dia desse banquete e por toda a eternidade, desfrutaremos da comunhão ininterrupta com Jesus, nosso noivo, com Sharon e Melissa, e com todo o povo de Deus.

Anne Cetas

30 DE DEZEMBRO

A linda noiva

Leitura: Apocalipse 19:4-9

...pois chegou a hora do casamento do Cordeiro,
e sua noiva já se preparou. APOCALIPSE 19:7

Eu já oficializei muitos casamentos. Muitas vezes eles são planejados de acordo com os sonhos da noiva; no entanto, cada um dos casamentos foi único. Mas uma coisa sempre acontece: belamente adornadas em seus vestidos de noiva, cabelos bem penteados e faces radiantes, as noivas roubam o show.

Acho intrigante que Deus nos descreva como Sua noiva. Falando da Igreja, Ele diz: "pois chegou a hora do casamento do Cordeiro, e sua noiva já se preparou" (Apocalipse 19:7).

Esse é um maravilhoso pensamento para aqueles dentre nós que desanimaram por causa da condição atual da Igreja. Cresci como filho de pastor, pastoreei três igrejas e preguei em igrejas ao redor do mundo. Aconselhei pastores e paroquianos sobre os problemas profundos e preocupantes na igreja. E embora a igreja possa parecer não merecedora de amor, meu amor pela Igreja de Cristo não mudou.

Mas minha razão para amar a igreja mudou. Agora eu a amo mais do que tudo por quem ela é. A Igreja pertence a Cristo; é a noiva de Cristo. Sendo a Igreja preciosa para Jesus Cristo, ela se torna preciosa para mim também. Seu amor por Sua noiva, por mais imperfeito que sejamos, é nada menos do que admirável, extraordinário!

Joe Stowell

31 DE DEZEMBRO

Um bom final

Leitura: Apocalipse 22:1-5

*...porque o trono de Deus e do Cordeiro
estará ali, e seus servos o adorarão. Verão
seu rosto...* APOCALIPSE 22:3-4

Quando as luzes se apagaram e nos preparávamos para assistir a Apollo 13, meu amigo disse baixinho: "É uma pena que todos tenham morrido!" Assisti ao filme sobre a nave de 1970 com apreensão, esperando ver tragédia; e só perto dos créditos finais percebi que eu tinha sido enganado. Não conhecia nem lembrava o fim da história verdadeira, que, apesar de os astronautas terem enfrentado muitas dificuldades, todos regressaram vivos.

Em Cristo, podemos conhecer o final da história, que nós também estaremos vivos ao chegar ao lar. Com isso quero dizer que viveremos para sempre com o nosso Pai celestial, como está escrito no livro de Apocalipse. O Senhor criará um "novo céu e uma nova terra" quando fizer "novas todas as coisas" (Apocalipse 21:1,5). Na nova cidade, o Senhor Deus acolherá o Seu povo para viver com Ele, sem medo e sem a escuridão da noite. Temos esperança, pois conhecemos o fim da história.

Que diferença isso faz? Isso pode transformar os momentos de extrema dificuldade, como acontece quando as pessoas enfrentam perda de um ente querido ou até mesmo a sua própria morte. Embr recuemos ante o pensamento de morrer, ainda assim, podemos lher a alegria da promessa da eternidade. Ansiamos pela cidade já não haverá qualquer maldição, onde viveremos para sempre Deus (22:5).

Amy Bo

Nossos autores

James Banks
Pastor, Igreja da Paz, Durham, Carolina do Norte, EUA.
Autor de: *Orações pelos filhos pródigos* (Publicações Pão Diário, 2016), *Orações da Bíblia para crianças* (Publicações Pão Diário, 2024), *Praying Together* e da série *Descobrindo a Palavra*.

John Blase
Autor de: *Touching Wonder: Recapturing the Awe of Christmas* and *All Is Grace: A Ragamuffin Memoir*.

Henry Bosch (1914-1995)
Editor sênior do devocional *Pão Diário* (1956–81).

Amy Boucher Pye
Escritora, palestrante, líder de retiros. Mora em Londres, Inglaterra.
Autora de: *Finding Myself in Britain* and *The Living Cross*.

Dave Branon
Editor sênior de Publicações Pão Diário nos EUA. Foi editor-chefe da revista *Sports Spectrum*. Autor de: *Beyond the Valley* and *The Lands of the Bible Today*.

Anne Cetas
Editora-sênior do devocional *Pão Diário* nos EUA. Autora de: *Finding Jesus in Everyday Moments*

Poh Fang Chia
Editora, Diretora de Ministérios Pão Diário, Singapura.

Winn Collier
   Pastor, Igreja *All Souls*, Charlottesville, Virgínia, EUA. Autor de: *Restless Faith, A Burning in My Bones, and Let God*.

Bill Crowder
   Vice-presidente de conteúdo para Ministérios Pão Diário. Autor de: *Janelas no Natal* (Publicações Pão Diário, 2008), *Sucesso ou fracasso* (Publicações Pão Diário, 2010), *A vida espiritual em uma cultura secular* (Publicações Pão Diário, 2015).

Lawrence Darmani,
   Editor e romancista premiado em Acra, Gana. Autor de: *Grief Child*.

Dennis De Haan (1932-2014)
   Editor em Ministérios Pão Diário, EUA.

Mart De Haan
   Foi presidente de Ministérios Pão Diário.
   Autor de: *Pensando sobre...* (Publicações Pão Diário) e *A Matter of Faith: Understanding True Religion*.

Richard De Haan (1923–2002)
   Foi presidente de Ministérios Pão Diário e fundador do programa de televisão *Day of Discovery*, no ar de 1968 até 2016.

Xochitl Dixon
   Autora de diversos títulos em inglês e blogueira em xedixon.com. Autora de: *Waiting for God e Diferente como eu* (Publicações Pão Diário, 2024).

David Egner
   Editor sênior de Ministérios Pão Diário. Autor dos livretos: *Orando com confiança* e *Davi e Manassés: Superando o fracasso*, de Publicações Pão Diário.

Dennis Fisher
   Foi editor-sênior de pesquisas de Ministérios Pão Diário e presidente e consultor sobre estudos a respeito de C. S. Lewis para a Sociedade Teológica Evangélica.

Tim Gustafson
Editor de textos da série *Descobrindo a Palavra*, e foi editor-chefe do devocional *Pão Diário* nos EUA. Autor de: *Brother to Brother*.

C. P. Hia
Assistente especial do presidente de Ministérios Pão Diário em Singapura.

Kirsten Holmberg
Palestrante e autora, vive em Idaho, EUA. Autora de: *Advent with the Word: Approaching Christmas through the Inspired Language of God*

Adam Holz
Diretor de *Focus on the Family's website Plugged In*. Autor de: *Beating Busyness*.

Arthur Jackson
Foi pastor e hoje é o diretor de Diretor da *PastorServe*, região Centro-Oeste dos EUA.

David Roper
Foi pastor por muitos anos e é o autor de *Salmo 23 – Esperança e Descanso Vindos do Pastor* (Publicações Pão Diário, 2008): *Out of the Ordinary, The Strength of a Man*.

Cindy Hess Kasper
Editora-sênior de conteúdo de Ministérios Pão Diário, e autora textos devocionais desde 2006.

Sheridan Voysey
Escritor, orador, radialista em Oxford, Inglaterra. Autor de: *Resiliente: Um convite para viver à semelhança do Mestre* (Publicações Pão Diário, 2020).

Alyson Kieda
Editora-sênior de Ministérios Pão Diário.

Randy Kilgore
Escritor e capelão do local de trabalho; fundador de: *Desired Haven Ministries*, Massachusetts, EUA. Autor de: *Made to Matter: Devotions for Working Christians*.

Leslie Koh
Editor de Ministérios Pão Diário. Foi jornalista do *The Strait Times* em Singapura.

Monica La Rose
Editora, Ministérios Pão Diário. Mestra em teologia pelo *Calvin Seminary, Grand Rapids, Michigan*, EUA.

Albert Lee
Assistente-sênior do presidente de Ministérios Pão Diário em Singapura.

Julie Ackerman Link
(1950-2015) Começou a escrever para Ministérios Pão Diário em 2000. Autora de: *Above All, Love and Hope for All Seasons*.

Davi McCasland
Escritor desde a década de 90 para Ministérios Pão Diário. Autor de: *Oswald Chambers: Abandoned to God and Eric Lidell: Pure Gold*.

Elisa Morgan
Coapresentadora de: *Discover the Word and God Hears Her*. Presidente emérita das Mães dos Pré-Escolares (MOPS) Internacional. Autora de: *Praying Like Jesus, You Are Not*

Lisa Samra
Escritora, facilitadora de relações de mentoria com mulheres, criadora de grupos centrados na formação espiritual.

Julie Schwab
Professora-adjunta, Universidade de Cornerstone, Purdue Global e Southern New Hampshire, EUA.

◆

Keila Ochoa
Trabalha com a *Media Associates International* para ajudar a formar escritores em todo o mundo. Autora de uma série de livros em língua espanhola.

Remi Oyedele
Ativa no mundo dos negócios como diretora-sênior de melhorias contínuas. Blogueira em: em wordzpread.com.

Glenn Packiam
Pastor titular, *New Life Downtown* em *Colorado Springs*, EUA. Autor de: *Blessed Broken Given: How Your Story Becomes Sacred in the Hands of Jesus, Discover the Mystery of Faith*, e *Secondhand Jesus*.

Patricia Raybon
Escritora, jornalista, apoia projetos de tradução da Bíblia. Autora de: *I Told the Mountain to Move* e *My First White Friend*

Jennifer Benson Schuldt
Autora de textos técnicos, ela vive na área de Chicago. Escreve para Ministérios Pão Diário desde 2015.

Joe Stowell
Foi presidente do Instituto Bíblico Moody em Chicago, EUA e da Universidade de Cornerstone (Grand Rapids, Michigan, EUA). Autor de mais de 20 livros.

Marion Stroud (1940–2015)
Escreveu devocionais do *Pão Diário* a partir de 2014. Autora de: *Dear God, It's Me and It's Urgent and It's Just You and Me, Lord*.

Herb Vander Lugt (1920–2006)
Autor e editor-sênior de pesquisa por muitos anos em Ministérios Pão Diário.

Linda Washington
Autora de livros de ficção e não-ficção para todas as idades. Autora de: *Deus e Eu*; coautora: *The Soul of C. S. Lewis*.

Marvin Williams
Pastor, Igreja da Trindade, Lansing, Michigan, EUA. Autor de: *Loving God, Loving Others.*

Mike Wittmer
Professor de ensino bíblico, Grand Rapids Theological Seminary, EUA, pastor da Cedar Springs Baptist Church. Autor de: *Heaven Is a Place on Earth, The Last Enemy, and Despite Doubt.*

Karen Wolfe
Licenciada do Seminário Teológico Baptista de New Orleans, EUA, Karen escreve para contribuir para que vidas sejam transformadas por Deus. Karen cresceu na Jamaica, e hoje mora na Geórgia, EUA.

Joanie Yoder (1934-2004)
Ela e o seu marido, Bill, iniciaram um centro de reabilitação cristã na Inglaterra, ajudando as pessoas a tornarem-se dependentes de Deus em vez de dependentes da adição. Autora de: *God Alone*

Se você gostou desta leitura, compartilhe com outros!

- Presenteie alguém com um exemplar deste livro.
- Mencione-o em suas redes sociais.
- Escreva uma avaliação sobre ele em nosso site ou no site da loja onde você o adquiriu.
- Recomende este livro para a sua igreja, clube do livro ou para seus amigos.

Ministérios Pão Diário valoriza as opiniões e perspectivas de nossos leitores. Seu *feedback* é muito importante para aprimorarmos a experiência de leitura que nossos produtos proporcionam a você.

Conecte-se conosco:

Instagram: paodiariooficial
YouTube: @paodiariobrasil
Facebook: paodiariooficial
Site: www.paodiario.org

Ministérios Pão Diário
Caixa Postal 9740
82620-981 Curitiba/PR

Tel.: (41) 3257-4028
WhatsApp: (41) 99812-0007
E-mail: vendas@paodiario.org

Escaneie o QR Code e conheça todos os outros materiais disponíveis em nosso site:

publicacoespaodiario.com.br